THE

CHINESE

EMPIRE

George N. Wright

&

Thomas Allom

帝国 中央

THE

[英] 乔治·N·赖特 著

CHINESE

[英] 托马斯·阿洛姆 绘　何守源 译

EMPIRE

北京时代华文书局

停泊在广州附近珠江河面上的中国货船

槟榔屿

珠江口大虎山

新加坡

九龙矶头望香港

黄浦江上的复兴岛

香港码头

镇海孔庙

乍浦天尊庙，汤林森上校之死

英军攻占镇江

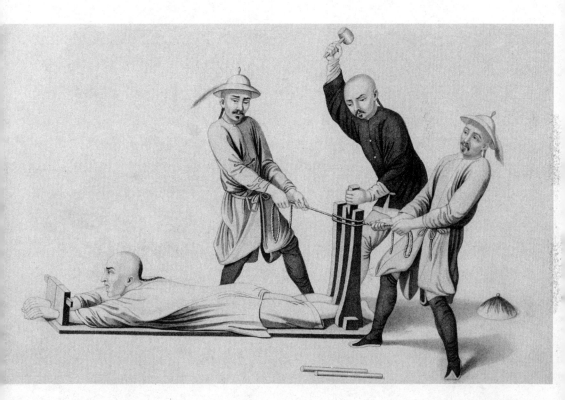

上夹棍

1858年版导言

　　中央帝国是一个神秘的国度，中华民族是一个神奇的民族——本书拟大力铺陈的，正是这个国家的礼仪风范、文学艺术、科学技术和古老文明。近年来，这个泱泱大国渐成西方关注的焦点，先后推出的介绍资料塞道盈途；特别是近日战事的结束，更将这个东方国度推至舆论的风口浪尖。1858年6月26日中英签订的《天津条约》，为西方国家与中国的贸易交流扫清了障碍，从此英籍人士只需手持一纸护照，即可在这个东方国度里畅行无阻，经商旅游，无所不可；英国大使只要愿意，完全可以拖家带口到北京居住；另外九个当下或者一俟条件成熟后即告知对外开放的通商口岸，领事亦可随时入驻；新教、罗马天主教获得了传教自由；英国官方机构通信联络使用的常规语言，也由硬性规定的汉语换为英语；中国政府担当起培养合格语言人才的任务，负责两国往来文本的中英文对译；跨国贸易方面，吨位率和进口关税依照合约也要下调。条约规定，英国战舰可以进驻任何中方港口；英国军官所到之处，中方官员必须以礼相待："朕"这个居高临下、貌似体现大国威仪、实则野蛮陈腐的词汇，必须从涉外语言中剔除。《天津条约》议定条款多达五十六项，内容涵盖打击暴民海盗、给予大不列颠"最惠国待遇"等诸多方面，以上所列，仅其荦荦大端而已。①

---

① 《天津条约》还附有专条，规定了广州英商的权益保障办法。——本书如无特殊说明，皆为译者注

《天津条约》令长期以来奉行闭关锁国施政方略的大清帝国放下身段，向世界敞开了大门；条约得以顺利草签，额尔金伯爵功不可没。英国扩大对华贸易口径，必然刺激中国的出口产业；而基督教的大行其道，也在客观上传播了现代文明、增进了华人福祉。英国得便在北京设立大使馆，乃是中央帝国做出的巨大让步，大不列颠从此登堂入室，有机会与专擅对华关系之利、独享在京设立永久使馆之权的俄罗斯一较短长、沾光分肥；另外，"朕"这一称谓的废除，将中央帝国统治者君临天下、视异域如草莽的优越感打落尘埃，对提升大英帝国的主体地位大有裨益。

《天津条约》规定，自该条约签订之日起一年内开放镇江；一俟南京及周边地带匪患消弭，长江水域择设三处对外通商口岸，开放区域从仅限东南沿海延伸至内陆的杭州；同时开放的口岸还有牛庄、登州、台湾、琼州，以及毗邻香港东北部自发性国际贸易已成气候的滨海小镇汕头。除牛庄一处名不见经传外，其余各口岸皆商旅云集、早为中国贸易发达城市。牛庄位于辽东半岛东进北折的辽河三角洲地带，系奉天省的出海口。奉天是满族人的发祥地，大清帝国南定中原之前的都城，立国前后建宗立庙、安置诸帝陵寝之地。现在的奉天设有多家府院衙门，是大清执一方之牛耳的亲王驻跸之地；牛庄也一改原边远小镇的荒凉面貌，成为大清帝国整个东北后院的门户。牛庄、登州扼东北全境及朝鲜半岛与外界商务往来之咽喉，其开放给西方社会带来了巨大的商机，同时改变了对华贸易中广州一家独大的格局。这座城市及周边地区排外仇外情绪之强烈，远超中国内地，游踪处处阅历广泛的福琼先生、于克神父、米怜神父、温格罗夫·库克先生等人，对此深有体会。

近年来，特别是《天津条约》签订以来，欧洲社会对中国的兴趣与日俱增。世俗人士希望揭开东方神秘大国的面纱、了解这个国家的自然资源、社会经济及风土人情，传教士们则希望将上帝的荣光播撒到世界的另一端。他们亲历躬行，将自己的所见所闻诉诸笔端，满足双脚从未跨出国门半步的那部分读者猎奇览胜的需要。绝大部分英国人对中国的印象，均来自这些先驱者发自一线的报道。中国太大太遥远，有条件亲临其胜境的英国人毕竟是少数。仰赖前述诸人及伊万博士（法国使团随团物理学家）的大作，我们才得以领略东方文明古国之全貌。本书对前人作品多有借鉴，若非原作湮灭无人查考，书中引用资料均注明了出处。

世人皆言中国是世界第一大帝国。中央帝国以中原为腹心，外引东北三省、蒙古、西藏，襟带海南、台湾两大岛屿，有朝鲜半岛为其属国，经营八极、囊括四海，幅员辽阔；大清历代皇帝勉力开疆拓土，功在不表。中央帝国的关外之地远大于中原，不过人烟相对稀少。约四百五十万平方英里的广大地域，四亿至五亿人口，构成了泱泱中央帝国。

本书主要涉及的大中央帝国传统疆域——中原地区位于北纬20度至42度、东经97度至123度之间，大小相当于六个法国、面积超过十一个英伦本岛；北以蒙古、满洲为屏障，由东至南依次为黄海、东海、南海三大水域所拱卫，西南邻暹罗，幅员辽阔、地形地貌复杂，欧洲人管窥蠡测，自然难知其详。从北方绵延不绝的大山、苍凉广袤的高原，到中部浩渺无际的冲积平原，再到南部"犬牙差互的山峰与大片盆地交织而成"的复杂地貌，中央帝国地形总体上呈西升东降、北高南低的走势，山地占区域总面积的三分之二，而其中最著名的山系有两条：秦岭，南岭。秦岭山脉自西北向东南延伸，横亘北纬31度与34度之间的广大地域；南岭大致呈东西走向，蜿蜒在北纬24度与27度之间。中国是个多山多河流的国家，中原大地上分布有三大水系：海河、黄河、长江（扬子江）；其中长江雄踞南方地区、斗折蛇行注入东海，是中国最长最大的河流，几乎贯通东西两界；中部地区有黄河东流注入黄海[①]，北部则有海河注入渤海湾（黄海西北部海域向内陆延伸形成的中国内海）。珠江流量不小，中国最大的对外通商口岸广州即坐落于河口三角洲地带，不过就流域覆盖面及重要性来讲，该河尚不能与其他三条大河相提并论。中国也是一个多湖泊的国家，境内著名的淡水湖计有洞庭湖、鄱阳湖、洪泽湖、西湖和位于浙江、江苏两省交

---

① 黄河 1855 年改道北折，流入渤海。

界处的太湖。与其辽阔的疆域及复杂的地貌相对应，中央帝国的气候也呈多样化态势；与同纬度欧洲地区相比，那里冬天更冷、夏天更热。中国的动植物及矿产资源极其丰富，除了我们欧洲司空见惯的牛羊等家养动物，犀牛、骆驼、水牛、熊、山豹、金钱豹、老虎、牡鹿、梅花鹿、羚羊、猴子、貘等大型哺乳动物出没于高山深林、游荡于旷野滩涂；欧洲拥有的两栖动物，中央帝国差不多应有尽有。至于鸟类，中国更称得上物华天宝、极尽丰饶：孔雀、雉、鹌鹑、灰鸽、鱼鹰，以及英国人常见的鹅、鸭一类水禽，在中国分布极为广泛；相关话题，本文后续部分将详加解说。驰誉世界的茶是中国的特产，当地繁育的木本植物还有桑、枣、桔、乌桕，以及枝叶扶疏高逾五十英尺的樟树；灌木类、多年生草本类经济作物也不少，诸如棉、大黄、人参、天门冬等；水果类除前面已有提及的橘子之外，还有荔枝、枇杷、黄皮等；从印度引进的甘蔗得到广泛种植，水稻、大麦、粟、小麦等粮食作物南北遍布；矿产资源种类也不少，从贵金属金、银，液态金属汞，到普通有色、黑色金属铜、锡、铅，再到红宝石一类奇珍异品，琳琅满目，不胜枚举。中央帝国还盛产一些特殊的矿物，如硬度仅次于金刚石的刚玉，用于制作砚台、花瓶的板岩，还有翡翠——一种中国人非常喜爱的绿色宝石，以及云母、玉髓、蛇纹岩等等。加工业方面，中国除了制茶业相当发达外（出口国外的茶叶均为炮制过的人工产品），陶瓷、丝绸产业源远流长、工艺精湛，其发展水平之高，他国难望其项背；中国人还擅长制作漆器及象牙饰品，方寸之间，气象万千，欧洲人莫不趋之若鹜。

中国行政区划共分十八个省（指当时的中国），不过这个国家的地理数据漏洞百出、各个版本相互龃龉、很难让人认同。下表是一位大学土木工程教授通过内部渠道获得的最新数据，具有一定的权威性，是截至目前最可信的版本。

省份	面积 （平方英里）	人口总数	人口密度 （人/平方英里）	首府
直隶	58,949	28,000,000	473（475）	北　京
山东	65,104	29,000,000	515（445）	济南府
山西	55,268	14,000,000	253	太原府
河南	65,104	23,000,000	353	开封府
江苏	44,500	38,000,000	853（854）	南京府
安徽	48,461	34,000,000	701（702）	安庆府
江西	72,176	30,000,000	421（416）	南昌府
浙江	39,150	26,000,000	671（664）	杭州府
福建	53,480	14,700,000	276（275）	福州府
湖北	70,450	37,000,000	525	武昌府
湖南	74,320	18,600,000	250	长沙府
陕西	67,400	10,000,000	148	西安府
甘肃	86,608	15,000,000	173	兰州府
四川	166,800	21,000,000	128（126）	成都府
广东	79,456	19,000,000	214（239）	广　州
广西	78,250	7,300,000	93	桂林府
贵州	64,554	5,000,000	82（77）	贵阳府
云南	108,969	5,500,000	51（50）	云南府
合计	1,299,009 （1,298,999）	375,100,000	（288.76）	

* 备注：括号内的数字为译者计算所得，原表所列数据（相应表项括号外的数字）有失精准。

单从人口角度看，中央帝国是当之无愧的世界第一大国。英联邦与俄罗斯疆域面积超过中央帝国，但人口总数不能与"天子之邦"——天子，中国人对皇帝的专用称谓——相提并论。事实上，俄罗斯的人口数只及中国的七分之一。如此庞大的民族，关于其历史传承、礼仪风俗、人文特点等方面的描述文字屡屡见诸书报资料，但众说纷纭、莫衷一是，读者无从得出完整的结论。根据于克神父的记载，中国人在他面前评论英国人，每发荒诞不经之言论，令人啼笑皆非。譬如他们宣称："英国人跟鱼一样在水下生活，在你毫无防备的情况下会冷不丁跳出水面，向你疯狂地发起进攻。等你引弓搭箭发起反击的时候，他们又会跳回水里，活脱脱就是一群青蛙。"一位报刊撰稿人认为："我们对中国人的认识虽然没有那么离奇，但也与准确到位相去甚远。"中华民族确实是一个奇特的民族，与我们不同的习俗和行为，在日常生活中屡见不鲜。中华文明源远流长，曾长期占据人类历史发展顶点，从科学技术到文学艺术，没有哪个国家或者民族能出其右。不过近数世纪以来这个民族抱残守缺，陷入全面停滞状态。工艺美术水平每况愈下不说，造纸、印刷、指南针这些古哲先贤的发明也没有得到有效的开发利用，以致欧洲人后来居上，将这个东方文明古国远远地抛在了后面。19世纪基督教文明席卷、将人类发展史带入全新境界的时候，中国还停留在蒙昧阶段。崇尚古制、裹足不前，奉行"祖宗之法不可变"的驭国之道，这是中华民族的一大特点。

中外交流史也从一个侧面证明了中央帝国的民族性：闭目塞听，自绝于世界民族之林；除非动用武力，外来文明征服不了。内战频发、外患迭至，最后被满族人的铁蹄征服、在外来政权控制之下苟延残喘数百年的中国，长期执行的是闭关锁国的政策。不经清朝当局允准与外国人私相往来，论律等同于叛国。如此繁庶的一个民族，我们的了解程度远不及史上有名的其他国家，究其因就在这里；历史固然悠久，却又盛行旧风陋俗，溯其源不外乎此。

中央帝国理论上实行的是封建专制政体，特点是中央高度集权，讲究"君臣之道，俨如父子"。"中国通行的政治体制运作形式是事君以忠、事亲以孝，"乔治·斯当东爵士说，"事君当如事父母，必须绝对服从。"中国人普遍认同这一观念，"君父"、"子民"就是对皇帝与臣工、人民之间相互关系的准确界定。如约翰·弗朗西斯·戴维斯爵士所言："皇上敬天，而民敬皇上。"我们从史志年鉴上看到的事实情况是，中国社会纲纪不振、变乱频发，这一套礼教往往流于形式；草民对"父母官"的敬重程度，显然与"钦封"、"诰命"的身份不相称。福琼先生指称，与高度集权化的施政体系相应，中央帝国的大员集地方军政司法权力于一身，吊民罚罪、遏制叛乱，其首要职责便是忠君报国。"皇宫门外，骑者下马、驾者下车，任何人不得僭制驰行。代表九五之尊的'龙椅'，连同象征皇室尊贵身份的金黄色帘幕，即便皇帝'龙体'阙如，众大臣也得敬奉如仪。圣旨到处，官吏须当庭焚香，面向北京跪拜接听。朝议大厅——所谓的'金銮殿'——设有一条铺陈华贵的通道，除皇帝一人之外，无人可以踏足。不过与其他亚洲国家的统治者不同，中国皇帝的穿着打扮不似品秩分明、极尽繁复的官员朝服，反以简单见长。"皇帝总揽天下威权，在"家天下"体系框架内指定皇储、委派朝野各级官吏。中国采用督抚官制，署理一省民政之要员名曰"巡抚"；"总督"则统辖区域在两省以上①，"两广总督"即兼领广东、广西两省军政大权，治所设在广州。若遇非常事态，皇帝特命"钦差大臣"全权处理相关首尾事务，以此作为常规吏制的有效补充。1841年至1843年间，中英两国在广州处理外资争端，中方负责交涉的就是"钦差大臣"。以下设布政使，专司财赋、民政；又设按察使，专管刑狱。此外，食盐产销关系国家命脉，故各省设有盐运使职司——"使"是大清帝国专司部门署理长官的通用职衔。对外通商口岸广州增设海关税务司，按律课征关税。戴维斯爵士指出："海关税务司长一般由皇帝信任的满族人担任，借外贸交易聚敛财富"，往来外籍客商悉受节制，"未经司长允准，一例不得放行"。

大清皇帝有四位辅政大臣：由满族人主导，满、汉殿阁大学士各两名组成的内阁，其成员统称"中堂"、"阁老"；内阁大员与帝国中央学府翰林院掌院学士组成最高议事机构，决机断事；另一中枢机构是军机处，专司涉密军国大事；民族及涉外事务，悉归"理藩院"署理；处理内政的机构是"六部"——吏、户、礼、兵、刑、工，各部职司分明，配备部吏若干。除此之外，中央职司部门还包括都察院，属员四十至五十人。都察院御史巡察各地吏治民生并具折呈报朝廷，以"钦差"之名行"间谍"之实，故可无惧地方各级官吏压制，为所欲为。当然这些人也不是毫无顾忌，一旦他们的奏折入

---

① 四川总督仅辖四川一省。

不了皇帝的法眼，轻则失宠、重则身败名裂，权力和风险总是互为表里、相生相伴。值得注意的一点是，大清帝国拣选上述文职官吏的原则是非饱学之士不用：据称从公元前10世纪起，中国即已建立起自己的国学体系；"学而优则仕"，学者参政有制衡皇权的积极作用。而科举取士制度的确立，为天下学人铺就了晋身之阶。不过学养渊深的人道德未必醇厚，贪官污吏多出学门，这样的例子史不绝书；故此一考定身价的做法，自有其值得商榷的地方。

关于中央帝国的军队、警务系统建设及社会处罚机制，后文将辟专章予以分剖。中国崇文轻武，武将品秩低文官一级。这个国家社会分化严重，动乱频仍，集团间的争斗及底层民众的叛乱史不绝书。不过有位法国现代作家①坚称："中国人自幼接受和平主义教育，视战争为最大的社会灾难、上天震怒对罪人实施的责罚，是人性灭绝道德沦丧招致的恶果。"他还说："中国历代皇帝有罢兵革、劝农桑的传统，奉行'兵者凶器也，圣人不得已而用之'的治世哲学，注重工农业生产、道路桥梁等基础设施建设。由此可见，赳赳武夫在中国难有作为，无论地位多么尊崇，在国家行政管理体系中只能充当文职官员的配角。

中国人没有统一的宗教信仰，天地河海诸界神仙都是他们膜拜的对象。这些神仙冥冥之中掌控人间诸般事务、决定每个人的生死荣辱，中国人敬畏之余，建庙立祠予以祭祀。某些沿袭至今的节日，即与祭神有关。中国影响较大的宗教流派有儒、释、道三支，欧洲学人探幽发微，对此多有介绍。中国信仰伊斯兰教的人也不少，该教何时流入中国，已经无从稽考，米怜神父经过长期潜研最后得出的结论是："这个时间可上溯至公元752年左右。"后一百年，两位阿拉伯游方人士的笔记中首次出现"中国"字样。中国境内有以色列部族存在，基督教早在公元635年左右即开始在该地区传播，史载最早的传教士是一位名叫聂斯托利的主教。1235年，基督教被朝廷认定非法，遭到取缔。不过《马可·波罗游记》中有一段话提到，与南京相邻、位

① 戴比上尉（Captain Daby），引文出自1858年8月6日《军情》（*Moniteur de l'Armee*）。——原注

于扬子江畔的某座城市"有两处建于1274年的聂斯托利派大教堂，一名聂斯托利教徒甚至受封为官，在当地衙门当职三年之久。这些教堂就是这位教士利用职务之便，在其任上动工兴建的。其人卸任后，当地政府衙门依例供养不怠。"早在1245年，教宗英诺森四世即纵横捭阖、为天主教扎根罗马打下了基础；而北京首现天主教传教士踪迹的年份，一直延宕至1288年。这一年，中国当朝皇帝亲切接见了孟德高维诺神父，并法外施恩，允准他在北京修建一座天主教堂。不过此后很长一段时间，天主教在中国寂寂无声、始终没有产生过大的影响；迨至1575年，教宗格列高利十三世派遣一位耶稣会教士至中国皇都传教，情形才稍有改观。这位教士获准在中国自由传教、发展信徒。耶稣会采取了灵活的治教策略，将适应中国传统礼仪作为安身立命之根本，初期虽有建树，但吸纳的会众并不多。1704年，教宗特使铎罗神父奉命赶赴北京，向在华信众颁布教宗敕令，禁止教友从事不合教规的礼仪活动①。教宗的圣谕被当朝认定有粗暴干涉帝国内政、颠覆皇家尊严之嫌，耶稣会逐渐成为社会排斥、政府打压的对象。1724年，耶稣会被宣布非法，诸多西洋传教士被驱逐出境。不过大清帝国对天主教本身网开一

---

① 明末意大利教士利玛窦来华传教，其在实践中总结出一套弘扬圣教的办法，即以学艺技术为敲门砖叩开权贵之门，并通过整合中国传统儒教，消弭东西文化间的巨大落差，此举是西方世界对国力强盛、文化发达的大明帝国做出的妥协，其核心是尊重、适应中国文化。其后耶稣会士以利玛窦首倡的原则应对中国传统礼仪，对于教徒敬天、祀祖、祭孔诸行采取兼容并蓄的态度。利玛窦去世之后，耶稣会内部正本清源的呼声渐高，争议的焦点是儒家经典中的"天"、"天主"和"上帝"是否和拉丁文的"Deus"具有同一意义，敬天、祀祖、祭孔是不是偶像崇拜和迷信活动，这就是中国近代史上一度甚嚣尘上的"礼仪之争"。1628年，在华耶稣会士在嘉定召开会议，会议决定沿用利玛窦的看法，不以祀祖祭孔为迷信，禁止以"天"和"上帝"称呼 Deus，保留"天主"译名。这是一个折中方案，对天主教在中国的传播产生了积极作用。可惜"道不相同者不相为谋"，中西文化的碰撞愈演愈烈，直至天主教被大清政府扫地出门。1705年，教宗专使铎罗抵华。康熙帝对他优礼有加，亲自接见他并对中国礼仪进行了详尽的阐发解释，借此说明祀祖、祭孔、敬天关乎亿万生民之信仰，绝非迷信。可是铎罗顽固坚持禁止中国礼仪的立场，并召法国传教士颜当入京，让他向康熙帝论述教廷有关礼仪之争的决议。康熙帝问他有关"天"与"天主"的问题，颜当的回答令康熙帝很不满意。康熙帝认为颜当一千人等对中国文化一无所解，居然跳出来讲经论道，实属荒诞不经。康熙帝谕令凡在华传教士均须领取清廷的信票，做出永不返回西洋的保证，并遵守利玛窦的规矩顺从中国礼仪，方可留居中国，否则驱逐出境。铎罗冥顽不灵，采取与朝廷分庭抗礼的策略，于1707年1月在南京发布教宗禁止中国礼仪的文件，要求传教士无条件遵行。结果，被囚于澳门。1721年1月，传教士将教宗的禁令译成中文，进呈御览。康熙帝阅后龙颜大愤，批示以后不准西洋人在中国行教。从此，康熙帝对天主教的政策和态度发生了根本性的转变，颁旨禁止一切传教活动。康熙帝的禁教政策在历史上产生了深远影响，清代诸帝一例奉行。

面，罗马教廷尚得勉力支撑中国境内的教堂，但处境艰难、动辄得咎，影响力日渐式微。俄国人在北京也建有宗教设施，不过其志不在劝诱改宗：18世纪初创设新教传道会，至1810年已发展信徒二十万。从1812年大清皇帝颁布禁教令直至《南京条约》签订的几十年间，这些俄国人也鲜有作为。《南京条约》的签订为新教的膨胀提供了便利条件，包括上海、厦门在内的多个城市获准兴建教堂：现在福音广为传播，整个中华大地莫之能御；依今之势，新教之光有望烛耀整个古老的东方帝国。不过现实不容教会中人回避：他们的道路依然漫长，并且荆棘满布。中国人并不偏执，他们不会自设藩篱、阻隔外来文化；三教九流，各行其道，中国人不在乎别人对自己的信仰持何种态度：在他们眼里，所有的信仰都有其存在的理由，都是劝善之道。"你的信仰是什么？"中国人也会问这个问题；如果对方的信念与自己相左，其绝对不会大惊小怪："宗教派别繁如过江之鲫，不过都重在教化。信仰不同，大道相通。"（于克神父语）

西方人士谈论中国的政府、中国的宗教信仰问题，观点大体上趋于一致；述及中国人，意见却大相径庭。绝大多数欧洲人足迹仅及中国沿海的四座开放城市，对中国人的印象停留在有限范围内的边民身上，对广大内陆地区的中国民众一无所知。于克神父说，中国人的民俗，从服饰到国民性，毋庸置疑有其共同点；如果你遍游大漠南北、长城内外，你会发现"中国人的口音在渐次变化，直到无法辨识。此外，中国人的服饰也有鲜明的地方特色，不看别的，只看着装打扮，你也能分辨出谁是广东人、谁是北京人。各省风俗习惯略不相同，给人异彩纷呈的印象。"他还注意到，许多社会现象"似与这个幅员辽阔的东方帝国现有的体制文明——其统一性、和谐性一向为欧洲人所称道——背道而驰。"

中国人从人种学上讲有蒙古人的特点，体格明显比周边国家的人民高大，不过从身高到体力稍逊欧洲人一筹。中国有一类统称"苦力"（搬运工）的特殊群体，体格精壮，吃苦耐劳，是华夏大地上绝无仅有的一个族群。中国人的头型介于欧洲人与非洲人之间：头发柔直、黝黑发亮，跟北美印第安人差堪仿佛；此外双目略斜、眉骨稍高且眉毛外扬。中国女性长相姣好，其中不乏姿容婉丽的美人。雷穆塞神父注意到，中国内陆地区女性肤色深浅不一、有细微的差别，给人赏心悦目的感觉。中国男女服装款式差别不大，都是宽袍大袖、腰间束一条绦带，布料从棉麻布、绸缎到毛织品，形形色色，不一而足。男性腰带一专多能，用途广泛：钱包、扇子、烟斗、装有烟叶或者鸦片的小布袋、竹筷（取食工具，作用相当于刀叉）或小刀，举凡日常应用之物，男人们都习惯系在腰间。中国男女均穿长裤，女性裤脚紧扎、突出自幼缠裹形成的畸形小脚——裹脚是中国妇女的标志，恰如青皮脑壳、后垂的发辫是男人的标志一样；中国女性蓄长发，婚前青丝云鬓、婚后挽个大髻盘在头顶——头发稀疏者还会夹塞一些填料，以利观瞻；中国妇女的头饰很有讲究，簪金垂玉、极致奢华；袜子男女皆穿，棉布袜、手工针织袜皆有；冬厚夏薄，鞋子也随季更换；最冷的数月间，中国人多穿皮袄棉裤。中国男人的帽子也很讲究：夏日戴凉帽，外观呈锥形，竹纤维制作，覆额绕颈、帽檐压得较低；锥顶处饰一小球（顶珠），颜色代表主人的身份；冬日戴暖帽，呢绒、毛皮之类保暖材料制成，帽檐可翻卷，同样饰有顶珠。中国人的礼服雍容华贵、非常美观，对此约·弗·戴维斯有一番评论："中式礼服的缺陷是鲜少使用白色面料，且由于浆洗频繁，看上去皱巴巴的。中国富人的一身行头确实不含糊，贴身内衣使用绢绸缝制的情况，屡见不鲜。"

中国有劝农桑、重织造的传统。当然，疆域如此广大的一个国家，受自然资源如土壤及气候条件的制约，农产品自然种类繁多、带状分布特征明显。不过"总体来看，中国是一个土壤肥沃、人口繁庶的国家，农耕文化之发达，世间罕有匹敌；从古至今，中国一贯奉行重农抑商的治国战略。"中国农历二月廿三（大致相当于公历3月底）是仲春亥日，庆祝春回大地、农忙季节再度降临。这一天，皇帝率太子、众亲王、三公九卿方形百官亲临先农坛，奉祀先农，扶犁开耕"藉田"，王公大臣各按品秩轮换，行"耕藉之礼"。此礼由朝廷发端，各省总督、巡抚等封疆大吏一例照行。此番缛礼过后，农民随即投入紧张的春耕大忙活动之中，举国上下，一片繁忙。"走过中国的乡间大道，我们经常看到一些老农站在路边，一手扶耙、一手提篮，用庄严的眼神打量着过往车辆，捡拾骡马拉下的粪便——有些人还披绸挂锦、衣着相当体面。显而易见，在中国人眼里，农事大于天，拾粪是一份光荣的工作。我留心观察，发现过往行人对这种事安之若素，略无鄙夷不屑之念。"（于克神父语。于克神父广见多闻，本段细节描述源于其撰写的中国民俗记录）

中国南方地区地势起伏、阡陌交错，很少见到英格兰乡村一望无垠的大片田亩。中国人使用的耕犁结构也相当简单，没有前支撑轮，耕深非常有限。中国南北两地耕作方式略有差异：北方人惯用水牛扯犁，而南方人则多用黄牛、马、毛驴[①]；没有畜力的家庭，妇女扯纤、男人扶犁，以此方式完成全部耕种作业——于克神父不止一次见证过此等场面。有一次他在"路边伫立良久，看被当成牛使唤的农妇是否能在耕地的中途获准休息片刻"。他发现"每耕完一垄，这些贫苦的农家夫妇都会停下来歇乏：就近爬到坡地桑荫下，抽一袋烟，体力稍微恢复后再下地劳作。"这一点令他稍感宽慰。谈到中国南方农民的生活，福琼先生如是说：

"作为一个社会阶层，中国的农民地位不低；但由于土地资源相对匮乏，中国农民的富裕程度似不及英国同行。中国讲究几世同堂，一个家庭就是一个完整的社会经济结构单位：从耄耋老者到嗷嗷待哺的婴儿，大家同处一室，尽享天伦之乐。有劳动能力的家庭成员，一到农忙季节都要下地；活多干不过来的时候，还要雇用短工救场。中国农民衣着简朴、生活自如；他们非常勤劳，但绝非迫于外部力量强加在他们身上的桎梏。我认为，这个世界上谁的日子过得最好，当数中国农民无疑。"

中国也以手工业发达闻名遐迩，其制作的丝织品美轮美奂，不仅在亚洲供不应求，在欧洲更是享有盛誉。中国的陶瓷工业也是天下独步，不过其工艺水平呈江河日下之势，福琼先生深有体会："中国古代的花瓶精雕细琢，色彩鲜丽生动，时下产品罕有其匹。"探查个中原因，他发现这跟市场需求变化无关：不是消费者购买力不足产品没有销路，而是工艺失传导致中国陶瓷工业制作水平整体下降。中国的渔业、水运业也相当发达，捕鱼捞虾、蓄养培

---

① 此处关于耕畜分布情况的描述似有错讹，但原文如此。

植水产品如养鸭、摆渡等作为常规产业，不少中国人世世代代传承不息：生于斯葬于斯，婚丧嫁娶毕于斯，水就是这些人安身立命的根本。广东一带的珠江水域，"靠水吃水"的现象尤其普遍——舱深二十至三十英尺的大船到处游弋，伴水而居的人口据称超过三十万。有关"水居族"的生活，我们后文将辟专章予以陈述；这里我只说明一点：这一特殊群体论长相有别于其他中国人，倒与爱斯基摩人有几分相似；他们被社会界定为"下等人"，禁止与其他各阶层人士通婚。

截至目前为止，我们对中国人的品格尚只字未提。西方人士对中国人的认识和评价，向来各执一词、真伪莫辨。郭士立[①]博士笔下的中国船夫，令人作呕；于克神父眼里的中国人，整体形象也让人不敢恭维。大多数欧洲作家都不大认同中国人的素质。福琼先生对中国人的评价却与此大相径庭——他的拥趸还有莫里森博士、米怜神父等，这些人均持与法国传教士温格罗夫相反的立场：

"家庭是每个中国人全部责任之所系，王子庶民，概莫能外。中国人知道鼠窃狗偷、杀人放火是错误行为，也知道诚信是安身立命之本、不会为了一点蝇头小利不顾'颜面'、坑害生意上的合作伙伴；不过我也没有找到确切的证据，证明中国人视坑蒙拐骗、巧取豪夺为耻辱，视位高权重者贪占国帑为德之大污。"

关于中国妇女的社会地位问题，欧洲人的理解也不尽相同。有些人认为，中国社会歧视女性，有些人的意见则与此相左：女性在中国得到普遍的关爱。绝大多数作者指称中国人有溺婴的恶习；米怜神父则另执一词：考虑到中国庞大的人口基数，溺婴率并不比英格兰高。真相常常隐藏在极端言论中。宝宁爵士[②]说："只要有营养价值，中国人什么都吃。"中国人结婚很早，三妻四妾的现象屡见不鲜；女人不仅乐见其成，并将占据"大房"的位置、对共事一夫的

---

① 郭士立（Karl Friedrich August Gutzlaff, 1803–1851），德国基督教路德会牧师，汉学家，1831年到澳门任英国东印度公司翻译，自此与中国结下不解之缘。

② 宝宁爵士（Sir John Bowring, 1792–1872），1854年至1859年期间任香港总督。

其他女人颐指气使当成人生快事。早婚早育使中国人口始终保持快速增长的态势，在占尽本土资源、无以容纳外来人口的同时，还大举向外移民，从周边国家到美国加利福尼亚州、澳大利亚，华人漂洋过海、无处不至。

以上为中央帝国及其国民性之概况，更多细节性内容，后文将详加述及。

目录

自然与人文景观

澳门远眺　/ 003

澳门贾梅士洞　/ 007

澳门南湾风光　/ 011

澳门妈祖阁广场大观　/ 015

澳门妈祖阁寺庙群　/ 019

西樵山　/ 023

七星岩　/ 027

肇庆府羚羊峡　/ 031

鼎湖飞瀑　/ 035

五马头　/ 039

韶州广岩寺　/ 045

海幢古寺　/ 051

海幢寺内的大雄宝殿　/ 055

广州郊外富商府邸　/ 059

广州巨贾潘长耀私邸的水榭　/ 063

广州城郊的行商府第　/ 067

广州运河南岸风光　/ 071

广州城外的琵琶洲塔　/ 075

大黄瘟塔　/ 079

广州一条街　/ 083

福建武夷山　/ 087

厦门港口景观　/ 091

鼓浪屿上观厦门　/ 095

曾厝坡下　/ 099

晋江入海口　/ 101

江西·武当山　/ 105

大庾山口　/ 111

杭州西湖风光　/ 115

江南古镇石门　/ 121

一蓑烟雨富春江　/ 125

舟山英军营地　/ 129

舟山峡谷　/ 133

定海恐怖要塞　/ 135

定海云谷寺里的天后神殿　/ 139

普陀山佛寺　/ 143

乍浦古桥　/ 147

扬子江上的金山岛　/ 151

扬子江上的银山岛　/ 155

飞流直下天柱山　/ 157

江南省太平昭关　/ 161

太湖烟波洞庭山　/ 167

太湖道观　/ 171

虎丘行宫　/ 175

虎丘山上试剑石　/ 179

南京　/ 185

南京官员府邸　/ 189

南京大报恩寺塔　/ 195

大报恩寺塔下俯瞰南京　/ 201

秦淮古桥金陵渡　/ 205

晴雨扬州渡　/ 209

江南省太平山上的寒泉　/ 213

江流奔涌镇江埠　/ 217

镇江西门　/ 221

焦山行宫　/ 225

鸬鹚捕鱼　/ 229

两河交汇之地　/ 233

陕西双峰山　/ 237

万里长城　/ 241

长城尽头

——台风蹂躏下的渤海湾　/ 247

热河小布达拉宫　/ 251

北京圆明园，正大光明殿　/ 255

皇城内苑——北海公园　/ 259

通州观星楼　/ 263

高官显宦的私宅内苑　/ 267

文化与社会习俗

寺院

——广州西关华林寺佛像　/ 273

求签问卦的中国人　/ 281

盛大迎亲仪式　/ 285

收纳聘礼　/ 289

中国的陵园　/ 293

厦门古墓群　/ 297

天津梨园　/ 301

京剧表演 / 305

大运河上通闸的货船 / 309

英德煤矿 / 313

竹水管道 / 317

瓜岛水车 / 321

中国茶文化 / 325

茶叶转运码头 / 331

田间插秧的苏州府农民 / 335

农夫插秧 / 339

宁波的万顷棉田 / 343

清棉 / 347

锦衣云裳话蚕桑 / 351

染丝作坊 / 357

剥茧缫丝的中国女子 / 361

中国女性的产业劳动 / 367

湖州南浔的刘氏庄园 / 371

广州城里的帽庄 / 375

中国的鸦片烟民 / 379

厦门所见掷骰子的赌徒 / 383

斗鹌鹑赌钱的广州船工 / 387

金坛纤夫 / 391

临清杂耍 / 395

临清街头踢毽子的市民 / 401

东昌府街头食摊 / 405

天津街头的游方郎中 / 409

道光皇帝午门阅兵 / 413

清朝官员的家宴 / 417

后庭秘事 / 421

玩牌的清朝富贵人家女眷 / 425

官家女眷的闺阁 / 429

达官贵人乘轿出行 / 433

西直门外 / 437

北京街头的灯笼店 / 443

通州街头的猫狗贩子 / 449

剃头挑子 / 453

剃头匠 / 457

定海城郊 / 461

张灯结彩 / 465

迎春大典 / 469

清明祭祖 / 473

端午赛龙舟 / 477

中秋拜月 / 481

重阳佳节放风筝 / 485

衙役与囚犯 / 489

囚犯 / 493

游街示众 / 497

游街示众 / 501

中国式惩戒：打板子 / 505

打板子 / 509

其他

大清将领 / 515

八旗兵 / 519

弓箭手 / 523

潮白河畔的军营 / 527

穿鼻之役 / 533

甬江口 / 535

舟山之战：攻占定海 / 539

宁波，舟楫如云的甬江河道 / 543

"伊莫金号"与"安德洛玛刻号"

战舰穿越虎门 / 547

黄埔，孤岛长天 / 551

厦门之门 / 555

乍浦之战 / 561

九龙维多利亚炮台 / 565

译后记 / 568

插图目录

停泊在广州附近

珠江河面上的中国货船 ／1

槟榔屿 ／2

珠江口大虎山 ／3

新加坡 ／4

九龙矶头望香港 ／5

黄浦江上的复兴岛 ／6

香港码头 ／7

镇海孔庙 ／8

乍浦天尊庙，汤林森上校之死 ／9

英军攻占镇江 ／10

上夹棍 ／11

澳门景观 ／003

漂泊澳门 ／005

澳门贾梅士洞 ／007

澳门南湾风景 ／011

澳门妈祖阁的广场大观 ／015

澳门妈祖阁建筑群内的庙宇 ／019

西樵山麓景观 ／023

肇庆七星岩 ／027

肇庆府境内羚羊峡景观 ／031

肇庆鼎湖的瀑布 ／035

五马头 ／039

韶州广岩寺 ／045

海幢寺停泊处和入口 ／051

广州海幢寺里的大雄宝殿 ／055

广州郊外富商府邸 ／059

广州郊外富商大贾私邸内的水榭 ／063

广州城郊的商人府邸 ／067

轻舟犁绿水，雁字列长空

——广州河景 ／071

广州附近的水乡和琵琶洲塔 ／075

欧洲人在广东开设的工厂 ／077

威震珠江的大黄痞塔炮台 ／079

广州街头景观 ／083

福建境内的武夷山 ／087

厦门港口景观 ／091

厦门看鼓浪屿 ／095

曾厝坡下的厦门景观 ／099

英国海军靠岸 / 101

武当盛景 / 105

大庾山口 / 111

杭州西湖边的雷峰塔 / 115

石门古镇 / 121

无限风光富春江 / 125

舟山的英军营地 / 129

舟山定海的峡谷 / 133

定海的恐怖要塞 / 135

定海云谷寺佛像 / 139

普陀山大寺 / 143

乍浦古桥 / 147

扬子江上的金山岛 / 151

扬子江上的银山岛 / 155

天柱山瀑布 / 157

位于安徽含山县

西北部的太平昭关 / 161

洞庭山 / 167

太湖道观 / 171

虎丘山行宫 / 175

苏州虎丘山上的试剑石 / 179

南京 / 185

南京达官贵人的宅邸 / 189

南京大报恩寺塔 / 195

南京街景

——大报恩寺塔俯瞰 / 201

南京的桥 / 205

扬州桥 / 209

江南省的西山寒泉 / 213

镇江河口 / 217

镇江西门 / 221

焦山行宫 / 225

浦口——江上渔者 / 229

黄河的入口 / 233

双峰山下 / 237

长城大观 / 241

天津渤海湾，长城尽头 / 247

热河小布达拉宫 / 251

圆明园内景 / 255

皇城内的御苑 / 259

通州观象灵台 / 263

北京城郊的贵胄宅第 / 267

广州西关华林寺 / 273

占卜吉凶的中国人 / 281

盛大迎亲仪式 / 285

收受聘礼 / 289

中国陵寝 / 293

厦门古墓群 / 297

天津梨园 / 301

京剧表演 / 305

京杭大运河船闸 / 309

英德煤矿的矿场 / 313

香港竹水管道 / 317

瓜岛水车 / 321

茶叶加工坊 / 325

正在装载茶叶的货船 / 331

田间插秧的苏州府农民 / 335

田间插秧 / 339

宁波棉田 / 343

弹棉花 / 347

养蚕剥茧 / 351

染丝作坊 / 357

缫丝女工 / 361

编织袜子的中国妇女 / 367

湖州南浔的丝庄 / 371

广州城里的帽庄 / 375

中国的鸦片烟民 / 379

厦门所见掷骰子的赌徒 / 383

斗鹌鹑赌钱的广州船工 / 387

金坛的纤夫 / 391

临清杂耍 / 395

临清街头踢毽子的市民 / 401

东昌府军营外的饮食摊 / 405

天津街头的游方郎中 / 409

道光皇帝午门大阅兵 / 413

清朝官宦人家的晚宴 / 417

清朝达官贵人的宴乐怡游 / 421

玩牌的女眷 / 425

大家闺秀 / 429

达官贵人出行 / 433

北京西门　/ 437

北京街头的灯笼店铺　/ 443

街头猫贩　/ 449

剃头挑子　/ 453

剃头挑子　/ 457

定海城郊　/ 461

元宵节　/ 465

迎春赛会　/ 469

清明祭祖　/ 473

龙舟竞渡端午节　/ 477

中秋拜月　/ 481

九九重阳放风筝　/ 485

衙役与罪犯　/ 489

提审嫌犯　/ 493

定海戴枷游街的犯人　/ 497

游街示众（图一）　/ 501

游街示众（图二）　/ 502

打板子　/ 505

杖责犯人　/ 509

清军将领　/ 515

八旗兵弁　/ 519

清军弓箭手　/ 523

潮白河畔的军营　/ 527

大角战役　/ 533

甬江口　/ 535

攻占定海　/ 539

宁波，舟楫如云的甬江河道　/ 543

"伊莫金号"与"安德洛玛刻号"

战舰进逼虎门炮台　/ 547

耸立在广州—黄浦航线上的高塔　/ 551

厦门牌楼　/ 555

金门炮台　/ 557

乍浦战事

——战后火光烛天的郊野　/ 561

伫立九龙远眺香港　/ 565

自然与人文景观
Scenery and Architecture

澳门景观

澳门远眺

傲立中流长拥洪波，

激溅的浪花如霓裳婆娑。

似有相思牵动两边的恨水，

在她的脚下汇成一曲离歌。

——拜伦

澳门半岛风景秀美有余、防卫能力不足，环岛丘陵犹如一柄双刃剑，挥向外可以御敌，挥向内则所向披靡：掌控这些怪石嶙峋的山峰意味着占领全岛，而澳门港优良的水文条件又为外国大型军用船只提供了通航之便。澳门岛扼中国大陆之门户，物阜民丰、人杰地灵，域外列强自然不会轻易放过。葡萄牙冒险家一直在东海一带洋面逡巡，利用贿赂、以物易物等方式获取生活必需品；逮着机会也不忘痛下狠手，靠诈骗、抢劫攫取不义之财，让中国人在掉进的圈套、蒙受的损失中认清西方不良人士的嘴脸。1537年，葡萄牙船队遭遇了一系列不测事件，方济·沙勿略罹难，葡萄牙获准登岸休整，在澳门半岛的娘妈角建立起晾晒货物、维修船舶的临时据点。不过这只是大明朝"皇恩浩荡、地方优容"之举，葡萄牙人并没有得到长期占用该地段的承诺，且周边都是原住民，根本不存在建立独立殖民据点的条件；在岸葡萄牙人一旦行为失检，官府一例究罪并可随时驱逐出境。为争得一小块歇脚的地方，葡萄牙一方当初表示愿意支付大额租金，只可惜他们会同西班牙人垄断中国对外贸易的图谋没有得逞，预期的回报随之化为泡影。迫于情势，葡萄牙人不得不上下打点地方官僚，将租金下调到每年一百五十英镑。

澳门市镇依地势而建，面朝碧水荡漾的港湾、背靠披绿簇翠的山冈，长三英里、阔一英里，整体布局略呈弓形。从山脊到山脚，教堂、塔楼、高大的住宅楼，清一色的欧式建筑隐现深林，营造出一派欧洲的田园风光。澳门半岛与大陆对岸高价的香山间有一道窄窄的地峡相连，香山之巅有大清重兵把守，坚固的炮台再配以深沟高垒，恫吓温顺如绵羊的小民百姓绰绰有余。那条充当半岛与陆地之间唯一联络通道的澳门地峡上，官府秉承视邻如仇、闭关锁国的一

漂泊澳门

贯作风，筑起一道防御设施齐全的高墙，将他们视作异类的基督徒阻挡在外。据称清朝官府设置这道障壁的初衷是防范罗马天主教徒潜入内地，在民间为非作歹、偷盗婴儿、传习邪教。借口冠冕堂皇，手段不堪一哂。挟大国之威辖制区区百十个葡萄牙游民，原不需如此劳师动众。可能的答案是：清廷着意给人定罪，通过散布类似的谣言，为其盲目排外行为张目。香山县丞常驻澳门，除时不时削减葡国租地生活用品的供应量、严格防范葡萄牙暗中增员之外，还设定严苛条件，不准葡萄牙人新建住宅、维修旧舍，经常突入租界内检查兵员装备和人员配置，确保武器弹药不超限额，兵员保持在四百人以内。葡萄牙人的一举一动都在大清官吏的严密监视之下，不敢越雷池半步；稍有违制，必然招来重责。加之租界建设工作由中国人独立承担，葡萄牙就是想暗做手脚，也没有可乘之隙。

澳门租界葡萄牙的执事人员包括总督、法官、主教各一名，年薪均为六百英镑。工作不多、工资不少，这些葡萄牙官吏的生活过得相当滋润。长住澳门半岛的中国人在三万名以上，大清帝国行使管辖权；欧洲人包括葡萄牙人、黄白混血种人（葡萄牙人与马来妇女生下的后代），以及各等级外国人，统属葡萄牙总督府管理，总数不超过四千名。不过葡萄牙当局的执政权力在澳门并没有保障，当地政府衙门动辄出一通告示，责令外国人在几个时辰内离开本境——人不能逗留，财产不能带走——为当地政府创造财富，这就是基督徒在澳门得到的礼遇。衍至最后，澳门的教堂虽大门洞开，却不见基督徒入内；租界内有限的几处商人寓所，也是十室九空；整个澳门港车船寥寥、几乎变成了一座死港。

澳门贾梅士洞

澳门贾梅士洞

他是缪斯的使者，天赋异禀；

他笔底生花，从不做无病之呻吟。

用他那火热的诗行温暖你的心胸，我的爱人；

但不要沾染他多舛的命运，让你的灵魂蒙尘。

——《咏〈贾梅士集〉》，拜伦

澳门一带风光旖旎，令人流连忘返的景观不止一处，其中尤以贾梅士[1]洞最是可圈可点。贾梅士洞是由葡萄牙人专为纪念本国最著名的诗人贾梅士而开辟的一处东方胜迹，孤悬于巉岩绝壁之上，襟半岛而带苍山，踏长浪而瞰桑田，视野极其开阔。澳门游客以跻身富丽堂皇的私家休闲娱乐设施——金堡酒店为荣，从此地出发，行不多时便可抵达雄踞崖顶的小寺庙——贾梅士洞。寺庙设计简陋，庙内除供有一尊贾梅士的半身雕像外，别无他物。学养欠佳或者对世界文学发展史个别细节知之不详的人，贾梅士洞之行恰能弥补他们的记忆盲区，《卢济塔尼亚人之歌》的部分章节就是在这里写成的。

生前命运多舛、死后备极哀荣，路易·德·贾梅士的才华生前并未获得世人的认可，坟头那几捧零落的花束，本应供奉于纪念伟人的庙堂之上。只可惜天地不仁，这位英才受尽奔走红尘、塞道盈途、颠沛流离之苦。贾梅士1524年生于里斯本，大学毕业后返回原籍并很快与一位宫女——凯瑟琳·丹台德坠入爱河。不过他的幸福时光并没能延续多久，就因他的助手卷入一场纷争而受到牵连，被放逐到内地小城圣塔伦。才高八斗的人往往情欲横流，昔日里斯本的情场浪子，成了今日圣塔伦的诗坛圣手，无以排遣的情愁、忧国忧民的悲怀，化成缠绵悱恻的诗行奔涌而出，其风头之健，连流芳千古的文学巨擘——但丁、彼特拉克、阿里奥斯托、塔索诸人——也无以过之。生就一颗诗人脆弱而敏感的心，却偏要经受战火的洗礼，贾梅士被编入远征摩洛哥的大军，以普

---

① 路易·德·贾梅士（Luís de Camões, 1524–1580），葡萄牙语作家，著有堪比《荷马史诗》的诗作——《卢济塔尼亚人之歌》。

通士兵的身份转战各地，同时笔耕不辍、于行军打仗的间隙书写华章。危难催人奋发、生死考验胆气，诗界天才、文学巨匠贾梅士也是一位冲锋陷阵不避矢石的勇士：休达一役，他受了伤，失去了右眼。诗人希望当局体察他的伤痛，能为他专心从事自己热爱的事业创造条件。但手操生杀予夺之权、内怀嫉贤妒能之心的当局闭目塞听，不给他改变命运的任何机会。胸中另有抱负的贾梅士愤而离开军营，于1553年远赴印度果阿邦——其父西芒·瓦斯·德·贾梅士即在一场沉船事故中命丧此地，不过那已经是三年以后的事了。初到印度的贾梅士常以同胞在这片东方神奇的大地上建立的丰功伟绩为荣，写下大量为葡萄牙民族歌功颂德的诗歌。不过印度毕竟是带有殖民地性质的异域别国，许多风俗习惯多少给贾梅士春水般泛滥的爱国心蒙上了一层尘垢。目睹当地政府冷酷残暴、恣意妄为的诸般行径，贾梅士愤慨之余写了一首讽刺诗，矛头直指劣迹斑斑的当权人士，为此招来统治阶层的怨怼排挤，被发配到更加偏远的澳门。葡萄牙当局给他指派法官一职，不过澳门偏处一隅，人烟稀少，守着这份闲差，纵情山水、享受与欧洲迥乎不同的大自然风光便成了贾梅士的日常。

贾梅士因祸得福，任职澳门期间每天都腾出大量的时间，孜孜追求个人抱负。他以瓦斯科·达·伽马远征印度的历史事件为题材，潜心创作《卢济塔尼亚人之歌》。这部传世经典中伊内兹·德·卡斯特罗的传奇故事与拥有呼风唤雨之魔力的亚丹玛斯特尔在伽马第二次穿越好望角时出手发难的情节，尤为脍炙人口。融基督教精神与神话色彩于一炉，是贾梅士作品的魅力所在，也是招致卫道士们非议的地方。不过这并不代表信仰的缺失，与作者本人的倾向性无关；毕竟贾梅士生活的年代，主流意识还处在混沌蒙昧状态。此外，《卢济塔尼亚人之歌》模仿古典史诗的痕迹明显，一定程度上损害了这部大气磅礴、荡人心魄的天才作品的整体风格。不过瑕不掩瑜，《卢济塔尼亚人之歌》匠心独运，绮丽动人而又不显雕琢，堪称雅俗共赏的典范，无论胸无点墨的田夫渔妇、还是学有所成的文士贵胄，全球各地操葡萄牙语的人莫不熟读成诵。那饱含爱国主义情怀和民族自豪感的诗行，经作者一支生花妙笔的点染，幻化成历史天空中一座不朽的丰碑，永远镶嵌在葡萄牙民族的记忆深处。

与青春的容颜一样容易凋落的是少年的虚荣和嫉妒。随着年事渐长，葡萄牙权贵与贾梅士之间尽释前嫌，这位被雪藏大半生的爱国诗人终得拨云雾而见青天。

贾梅士命运多舛，归国路上也经历了一场生离死别的考验。在湄公河口，他搭乘的船只被风浪打翻；与他那勇敢却在果阿邦之灾中罹难的父亲不一样，他本人虽侥幸逃得一命，但他的中国爱侣狄蜡梅却葬身滚滚波涛，落得尸骨无存的下场。沉船事故发生后，贾梅士一手高举《卢济塔尼亚人之歌》诗笺、另一只手击水中流，经历九死一生之险情，方得靠岸登陆，那情形与凯撒大帝托一沓价值无量的自传手稿，辗转亚历山大港的万顷波涛之上，只身游往停泊在远处的己方帆船一样狼狈。从死神的铁腕中逃脱的贾梅士刚到果阿邦，便因无力清偿债务被投进监狱。好在这一次有朋友念在其颠沛日久、眼看老之将至的分上出手担保，他才得重获自由、踏上归国旅程。这一次贾梅士虽谈不上衣锦还乡，但以《卢济塔尼亚人之歌》一诗博得年轻的国王塞巴斯蒂昂的垂青。其时葡萄牙王朝正在酝酿劳师远征、攻打非洲的摩洛哥，深受史诗字里行间流露出来的浪漫主义情怀与冒险精神之感染，雄心勃发的塞巴斯蒂昂决心御驾亲征，渴望经此一役建立不世之功勋，成为名垂千古的现实版卢济塔尼亚。1578年凯比尔堡一战，塞巴斯蒂昂马革裹尸，可谓求仁得仁；然而年轻国王的死对贾梅士来说不啻晴天霹雳：他失去的不仅是王室的庇护，还有祖国的独立和民族兴旺发达的希望。不名一文、万念俱灰、周围是世人雪霜刀剑一般猜忌与排斥的目光，从云端跌回低谷、满心伤痛的贾梅士回到了家乡；落日晚景之下，陪伴他的只有一位不离不弃的忠仆——靠着街头行乞供养主人的乔。尽管处境极为凄凉，贾梅士依然笔耕不辍，写下了大量怨天尤人的抒情诗篇。在印度仆人无力奉养、生存希望日渐渺茫的情况下，贾梅士获准进入里斯本一家医院坐等末日的到来。1580年——恩主塞巴斯蒂昂战殁两年之后——欧洲文坛巨子、葡萄牙一代诗圣贾梅士在贫苦寂寞中为自己的悲剧人生画上了句号。十五年后，葡萄牙为这位渡尽劫波的爱国诗人树起了第一座纪念碑，他的诗篇也被翻译成欧洲各种语言，广为流传。

澳门南湾风景

澳门南湾风光

且看金碧辉煌的楼阁教堂,

今日街头的景观美不胜收。

多少征帆如云祥集,

点缀人头攒动的码头。

——L. E. L

　　葡萄牙有过一段辉煌的历史——经济迅猛发展、对外扩张活跃，综合国力持续走强带来的是基督教信仰在世界范围内的传播以及本国文化艺术事业的高度繁荣，发达的海运业一度为其赢来"海上马车夫"的美誉。不过站在历史的角度回头看，葡萄牙的崛起终究只是一时的风光；风烟散尽后的葡萄牙，除了作为古罗马治下卢西塔尼亚省的部分遗迹——巍峨庄严的古建筑至今屹立不倒外，其余的铅华早已被时代洗白；他们横行世界之时在远东——中国东海区域攫取的殖民地，也纷纷宣告独立；而古老的布拉干萨王室的余脉——葡萄牙王国的最高主宰者，在遭遇敌对势力困扰、国运危若垒卵之际选择了退避三舍，将自己祖先苦心经营数百年积攒下的基业拱手让人。关键时候还是大英帝国挺身而出，派出由威灵顿公爵率领的无敌舰队为这个风雨飘摇的王国主持正义。由此可见，君主系天下兴亡于一身，这在专制国家是难以解除的政治魔咒。也曾商旅云集、缔造东方自由贸易港口的神话，也曾桀骜不驯、令不可一世的邻邦加宿敌西班牙敛息屏声，进入其辖区海面时撤下本国的大旗换上自己的旗帜，也曾让远渡重洋来此谋求发展的英国商人赚到盆满钵溢……无论有过多么光鲜照人的历史，今日澳门却疲态尽显，一派落日晚景的气象。

　　澳门南湾商贸至今保持着东方形胜、国际商埠的地位，是葡萄牙帝国光荣残留的一抹暗影。站在船头看南湾，碧水长天、黄沙漫漫，一片清新漂亮的房屋顺着海岸线描出一带优美的曲线，迎着翻卷的浪花绵延七百余码；此情此景，对于长期颠连在空阔海面上的水手来说，不啻人间天堂。建筑物前面留有大片的空地，遥对石砌的防波堤。堤下散布着一些凸码头，从堤顶一直延伸至水下的石级依稀可辨。这里是葡萄牙总督设署办公之地，英国人开办的工厂也在悬挂有大清帝国龙旗的海关旁边——几座低矮却不失坚固的平房。所谓的"商业街"尽头处有一片融朴实无华的外观与匠心独运的设计于一炉、算不得高大却以占地面积见长的建筑群，那便是葡国设在澳门的参议院。南湾靠后可见一处村镇，彰显各国家、各民族建筑特色的屋宇交连互接，英国商业人士的住宅、葡萄牙人及中国人建造的寺院、庙宇，异彩纷呈、蔚为壮观。从第一次踏足大清帝国领土到目前为止，葡萄牙人共在澳门一地建造了十二座教堂，其中规模最大、装修最豪华、建制最完备且附设教会大学的一所——圣若瑟大教堂，即位于此处。澳门与中国普通沿岸居民区外观迥异其类，前出海岸线一带的英国、葡萄牙建筑，将原住民只有一层且标高明显低于西洋标准的住宅遮得严严实实。这一格局的形成，大致与中西方人士的生活习惯迥异有关。中国人虽然住在海边，但他们并不具备开发海洋资源的能力，农产品经营、手工业依然是当地支柱性产业，米店、蔬菜店遍布街头，木匠、铁匠、制衣匠司空见惯，水产经营领域仅限开海鲜店一途，与经过大航海时代洗礼的西方人不可同日而语。

除去圣若瑟大学，葡萄牙人还在澳门先后开设皇家文法学校一所、各类教育培训机构多所，致力于弘扬葡萄牙文化、传播基督教福音；澳门的社会福利设施也相当完备，其中包括一所女婴养育院，收养女性孤儿。南湾尽头有一处金碧辉煌的宫殿式建筑，内供前澳门大法官贾梅士的雕像一尊。相传葡萄牙文学经典——《卢济塔尼亚人之歌》的绝大部分章节，就是在澳门创作完成的。

澳门的港口在半岛的另一侧，与南湾相距十英里之遥。这是一个转运码头，陆上交易由水深不足、吞吐量有限的内港完成，两港间有小型船只负责接驳。1843年中英战争前，进入澳门港的外籍船舶都要接受大清帝国海事机构的检查：一位稽察吏登船查验货载情况，确认不存在任何问题后才准许停泊，一并填写报单备案。过完这一关，远洋货轮尚需放自备的驳船下水，前往海关衙门办理通关手续、缴纳关税，获取准许女性随船人员登岸的允诺——根据大清相关律例，外国女性禁止入境，故此只能在黄埔以外区域短暂停留——等待一纸虎门准入证。经过多次外交和军事较量，大清帝国当局迫于国际压力，不得不屈尊俯就，更改或者废止烦琐且不尽合理的通关规程，澳门执中外贸易之牛耳的窗口地位日益衰落，渐被后起之秀香港所取代。澳门拥有得天独厚的经济地理及社会发展条件，然而始终未脱沉沉暮气。每年的溽暑季节，广州的有钱人都会举家到这里消夏；葡萄牙人抓住这个虽说不是千载难逢、却也是一年只有一回的机会，舞会、餐会、音乐会、展会，当然包括假面舞会和尽显南欧万般风情的假西洋景，一应娱乐项目粉墨登场，营造出一番歌舞升平的狂欢节气象。

澳门半岛附近有一座与贾梅士洞隔海相望的小岛，经过葡萄牙人多年的苦心经营，岛上建起了教堂、大学、瞭望台等一系列传播西方现代文明的机构设施，晨钟暮鼓，常伴琅琅读书诵经之声；晓月夕阳，带出行色匆匆的行人。不过随着葡萄牙帝国的衰落，小岛昔日的风光已经变成了土堆瓦砾，湮没于乱花荒草之中。这座小岛扼澳门内外港水上交通之咽喉，表层土壤肥厚，佳木扶疏、芳草遍地，美如嵌在珠海蓝天间的一粒翠珠，守护既无肆虐中国周边海域的东北季风之害，又无外港吞吐量过大不堪重负之忧，波平如镜，棹声相闻的内港。澳门内港近年也出现了衰落的迹象，这一方面与自然因素有关——泥沙淤积海水变浅，而消极怠惰、不善经营的葡萄牙人本身也难辞其咎。安森勋爵造访澳门期间，所乘的船只曾长驱直入、停泊在四座小岛环抱的港湾内进行维修；迨至今日，由于海底过度抬升，大小规格相同的船舶已无法通过——关于澳门内港近年经历的沧桑巨变，这一事实无疑做了最好的注脚。

澳门妈祖阁的广场大观

澳门妈祖阁广场大观

看，那一爿富丽堂皇的神殿，

无日不在炫耀神祇的力量；

泥塑木雕的偶像恰如古代哑剧中的丑角一般，

端严的仪表下，暗藏着无知与诞妄。

那鹿砦横陈的门面如大地的毒刺，

穿透云雾迷蒙的天际；

黑黢黢的庙门张开独眼巨人空洞的眸子，

投射出一抹幽暗的佛光，将世界遮蔽。

——C.J.C.

　　葡萄牙虽然攫取了澳门，但在治理这块孤悬海外的方隅之地方面能力有限，不仅政绩乏善可陈，也没有给当地人的生活带来实质性的变化。澳门最值得一提、最古朴典雅，也最受世人尊崇的建筑——妈祖阁，便是中华民族与可鄙的葡萄牙人分庭抗礼、保全优秀文化遗存的一个例证。与绝大多数外观千篇一律、雕梁画栋、粗鄙不堪的寺庙不同，妈祖阁的设计朴素大方、匠心独运，施工建造也是尽善尽美，正对大海的一侧绿树掩映、巨石林立，那柔媚与粗犷并存的景致令人心旌摇曳。融自然人文之美于一炉，足见当初建筑师的审美趣味超凡脱俗，驾驭环境的能力非常人可比。

　　妈祖阁位于澳门半岛的西北部，与市区相去半英里之遥。尽管中国的道路多崎岖难行，但往返妈祖阁的这段路一边是港口曲曲折折的海岸线，一边是绿草如茵的松山，徜徉其间，那种美好的感觉只能用心旷神怡来形容。妈祖阁位于山坳深处，行人绕行山梁，忽见石阶悬垂脚底，此即通往妈祖阁所在地——一块开阔小洼地的唯一通道。缘阶而下，可直达庙宇大门；分立两侧的两根红色标志性旗杆，三枚金球、一方斗斗缀顶，凸显帝王气象的装饰，为当地人指明了朝圣礼佛的方向。宽阔的廊阶下竖着三块巨大的石碑，上面刻着功勋人物的名讳头衔及行状，浮辞虚意，极尽歌功颂德之能事。碑外就是闻名遐迩的妈祖阁前地，开阔敞亮，风光怡人，本书所附插图描绘的就是广场一带的景色。妈祖阁不以宏大的气势、峭拔的地形见长，但草木土石、远景近观，无不显露出巧夺天工的神韵；那种体现在构造细节上的玲珑繁复、精美玄妙，全世界鲜有其例。方隅之地，浓缩的却是整个东方帝国的壮丽江山，这样的壮锦，饶是大清帝国疆域广大，也难找出堪与此地一较短长的风物；雄伟的建筑、奇特的山石、发于石底的草木，如诗如画，意趣盎然。中国士大夫投放巨资、绞尽脑汁营建的私家花园，在这大自然的奇景面前黯然失色；造诣最深的中国山水画师，又怎能凭一枝秃笔绘出如此雅趣天成的景致。妈祖阁周边有墙体和原生大石块相互连接形成的封闭区域，中国的宗教建筑设施都依循这一布局，这点与英国古代的祭祀围场有异曲同工之妙。矮墙之上打了一排短桩，桩间镶嵌着结构规整的花窗，乐器、武器、文房四宝等象征性装饰品，琳琅满目。窗体中有一个区域主题内容颇有特色，描绘的是情节性较强的故事场景：骑坐在四足神兽背上的小孩，一群毕恭毕敬的追随者，两名打着华盖的女子紧跟其后；代表正义的圣徒群体前方不远处，头上长角的魔鬼撒腿奔逃、狼狈不堪。另有一个窗格表现虔心礼佛的场面：信众拥立于佛座之前，焚香还愿，顶礼膜拜，气氛庄严肃穆。

　　妈祖阁正殿由五个结构单元组成：中段高耸、两端下沉，墙面装饰风格亦迥然不同。金碧辉煌的琉璃瓦顶、造型夸张的飞檐式正脊及垂脊、精雕细琢体现中国山川风貌、社会习俗的船形顶饰，在表达"一帆风顺"良好祝愿的同时，展露中华民族建筑文化的精髓。飞檐之下是两块长方形饰板，纵向排列、红石镶框：上框内是形形色色不可名状的人物角色半浮雕，下框内是箪食壶浆来此朝拜的历代信士留下的墨宝。展板之下是一孔凿自整块石料的圆形大气窗，工匠为此付出了多少心力，可想而知。正门两侧镂满文字图案的半露式方柱，将中庭与层次错落的挂间分隔开来。隔间亦饰有琉璃瓦坡顶，斗拱飞檐、中式小船装面、辅之以劝化世人的名言警句，与中殿珠联璧合、浑然一体；其正立面墙上所开采光大窗，纹饰繁缛芜杂，但跟美观、醒目一类艺术品的基本要求相去甚远。也许当初负责捉刀的工匠认为，诚心比匠心更重要，只要锲而不舍，就能感天动地。不管其人动机如何、目的是否达到，但有一点是肯定的：他在中国建筑史上留下了最浓墨重彩的一笔；有勇气和欲望步其后尘的能工巧匠，从此绝迹江湖。

澳门妈祖阁建筑群内的庙宇

澳门妈祖阁寺庙群

远离异教徒麇集的庙堂，

摆脱那无休无止的喧嚣；

你奉守的说教难以企及的地方，

才有灵魂深处那恬适的微笑。

偏居一隅、蝇营狗苟的暗昧修士，

把演绎荒唐当成了坚守正义：

带着卫道士式的偏执和癫狂，

与圣方济各会、穆斯林、佛教分庭抗礼。

——C.J.C.

研究发现，罗马天主教与佛教从义理规范到行为准则有许多相近相通的地方。不过教会中人无论学识有多渊博，谈到这个问题时总是闪烁其词、语焉不详。罗马与澳门相去万里，妈祖阁的建设年代久远，与天主教在远东的滥觞了无关系，然而其建筑布局而非内部陈设体现天主教修道院里日常生活这一事实，依稀可辨。妈祖阁里，僧人的服饰、生活及礼佛方式、信仰内核等与天主教徒几无差别，西方人士每每看到僧人们举行仪式，都会情不自禁地联想到修道院。就在澳门这海中孤舟一般的小地方，有着最完备的宗教建筑设施和持斋念佛恪守教规、身穿画中所示的那种简朴僧袍、清心寡欲、专以弘扬善道为务的僧人群体。他们的居所可不像衣着打扮那么粗疏：雕梁画栋、精美的墙饰，再配以三两幅字画，给人典雅华贵的印象。如果坊间的传言不全是造谣中伤，那么我们有理由相信，表面上洁身自好的僧人，实有于背后上下其手捞取个人好处、寻欢作乐败坏风纪者，"出家"并不意味着看破红尘。

通往妈祖阁正殿的走廊装饰也相当华丽精美，与主殿相比实有过之而无不及。廊檐两端的基座上安放着中式建筑门前常见的那种石兽，造型奇特但雕工精良、栩栩如生。穿过这些荒诞不经的艺术偶像，便是妈祖庙的主殿，令人齿寒但信徒们奉行不逮的宗教礼仪便在这里上演。前文已有交代的那面圆形大窗对面是佛龛，东方人敬奉的神祇居高临下、俯瞰拜倒在底座之下的芸芸众生。明澈的阳光透过窗户，洒在龇牙咧嘴、形同鬼魅的一尊尊塑像上，令人作呕。朝夕面对与食人生番几无差别的怪物，真不知释迦牟尼的人间使徒值得同情还是应予鄙视。除了用各种材料制作而成、大小不一、奇形怪状的神灵，以及围裹在泥塑木雕周围的配享之物，殿内法器饰品异彩纷呈、目不暇接，磕头烧香之余，信士还可以尽情欣赏"奇珍异宝"。殿内墙壁的装饰风格与我们的军营有得一比：锣鼓弓箭、刀枪剑戟，这些彰显征服或臣服的符号，居然出现在向善之地的墙壁上；大小、款式、颜色迥乎不同的灯笼及斜搭在挂钩上的花彩、花环等，高悬屋梁、点缀着大殿的各个角落。但有香客造访，僧人必定迎候；他们的职责之一，就是向来人兜售一种大红纸条上写满谶语、道德说教以及祈福祷告一类句子的平安符。妈祖庙香火鼎盛、游人如织，出售平安符是一笔不菲的收入。殿内供奉的诸天神佛座前油灯长明，香客通常会选择自己信奉的神祇，将购买的线香点燃后插到神坛上的香炉内，然后跪伏在神座下焚符祷告。殿侧设有通往生活区的大门，尽管常有寺僧游来荡去，但普通的香客不仅无法入得其门，即便偷觑几眼也会遭到执事僧人的喝止。

大殿正门对面设有一道楼梯，这是连接空间相对狭小但配置奢华的另一处活动平台的通道。殿前经过平整的半圆形空地向外延展，由一道低矮的石墙与外面潺潺流淌的溪水分隔开来。墙体装饰繁缛，上面刻满命相学一类愚不可及的读物所大肆宣教的歪理邪说。但见高低错落的山岩间，曲水回澜、一峰突起，岩顶赫然耸立着一座玲珑别致的小庙，庙内供奉着释迦牟尼的塑像，外面悬挂着一纸大红灯笼。小庙旁边是一座门面装饰带几分葡萄牙风格的单体建筑，琉璃瓦覆顶；前面一块接近圆形的场地，占据了大半个高台。正对窗户的巨石上搁着一方木架，上放收纳香火之资的功德箱。这个六角形的架子对善男信女的感召力到底有多大，这一点无从揣知。不过从功德箱敛财的速度难以与正殿同类设施相比来看，此处门庭要冷清许多。

这一组高踞半坡之上的微型建筑群落背山面海，风景幽绝；再加上近在咫尺、一览无余的人文奇观，这么一块完美呈现中国人审美意趣的风水宝地，最后竟然沦落到孤灯空照功德簿、老僧闲伴日月行的地步，个中秘辛，耐人寻味。

西樵山麓景观

西樵山

哦，让女巫的灯笼，魔法师的骏骥，

或一柄魔杖一副冲天之翼，

载我横穿深邃的碧霄，

徘徊在巨石堆砌的摇篮，

翱翔于雾气鸿蒙的林梢。

微飔拨动大地的琴弦，

云溪濡湿草叶和花冠；

让我开启一场逐梦之旅，

傍红倚翠，踏断西樵山！

——C. J. C

广州西部一百英里许有西樵山，层峦叠嶂，峭壁如削，景色十分壮丽迷人。这一带云遮雾绕、连绵不绝的群山是珠江水系许多支流的发源地；漠漠平林，潺潺逝川，汇成西江这条广东境内重要的水上交通干线，也造就了沃野千里的珠江平原。山中怪石嶙峋、古木参天，是旅行者心驰神往的圣地，也是各种神仙狐鬼传奇故事的摇篮。不过童话并不是西樵山唯一可堪嘉许的财富，这里的矿产开发和各类工农业产品的加工能力同样可圈可点，盛产黄金、宝石、丝绸、珍珠、沉香木、锡、水银、糖、铜、钢铁、硝石、乌木和木本香料植物。丰饶的大地，丰富的物产，使怀抱西樵山、襟带东、南海的广东省成为中国最富裕、商业化程度最高、最注重文明礼仪的省区。

西樵山之险峻以及与这座连绵起伏的大山密切相关、广泛流传于当地民间的神话传说之丰富，览诸天下，罕有其匹。每一处山隘都有雄厚的文化背景、每一条山溪莫不流淌着荡气回肠的故事。大自然的鬼斧神工和人类无穷无尽的创造力，共同缔造了西樵山这片瑰丽神奇的世界。

据称西樵山状若游龙，绵延四十余里。境域简村、沙头、龙津、金瓯深沟高垒，恰似超自然力量构筑的堤坝；青嶂绿陂，托起如锥如炬七十二峰，挥洒朝霞夕雨，戟指蓝天白云。西樵山格局独特，如堆如聚的群峰环峙中央一大片凹陷区域——云遮雾绕、恍若仙境的"烟岭"，远观如百合抱蕊、雉堞环郭：东南有大科、白云、紫云、黄云诸峰阻挡饱含水汽的东风，西北有白山、铁峰、翠云峰、狮子峰阻挡冬天的寒流，在中国东南毗邻大海、狂暴的台风每年都会定期发作的地区，这里营造了一隅风轻雨柔、宁静祥和的乐土。如花绽放的群峰敧倚滔滔江水，奔涌不歇直到澳门。云岭之内，源自天柱峰、天台峰巅的清溪或悬挂于绝壁之上，或激溅于乱石之间，浮光跃金、鼓浪翻波，直落山下的石坝，汇集涓涓泉流，浩浩荡荡流入珠江。云峪内阡陌纵横、炊烟袅袅，居民带有某种与生俱来的特点：乐天知命、想象力和判断力奇强；他们给周围的景物赋予的名字，无不映射地理地形、自然资源等信息，诗意盎然、耐人寻味：金井、银井、铁井、玉岩，显而易见含有金属矿脉；另外还有一些地名与风云雷电、神仙狐鬼以及中国传统图腾崇拜的对象——神龙有关，意蕴与那无边的深林一样深远，令人浮想联翩。

烟峪背靠石峰，可见一挂飞瀑如练如虹，扑入山下的"无底洞"，形成一股伏流潜行半英里，然后露出地面，注入"珍珠渠"——西江的支流之一。西樵山群峰环绕，山内云腾雾绕、林暗水明，中国仁人志士追求的"世外桃源"不过如此。"古代阿比西尼亚贤明君主为众王子选择的栖身之地是阿姆哈拉，周边高山环峙，中腹地势辽阔，只有一条掩藏在巨石之下的峡隙可供出入；至于这条通道是自然天成还是人工开凿，至今无人能解。"

西樵山人维持生计的手段花样翻新，打鱼是其中的主业之一。中国人不满足于一蓑一笠一钓竿的低效打鱼方式，普遍采用拉网的方式捕鱼。西樵山民外出打鱼乘坐吃水很浅的平底小船，船尾敷设两组竹（木）架子，架端安装滑轮，上穿渔网。渔船顺水拖行，溪中游鱼纷纷落网。渔人根据经验判断捕获的鱼量收网，之后牵拉挽绳、拖网上船。香港渔民的打鱼方式，与此如出一辙。

肇庆七星岩

七星岩

七星岩，告诉我，何故独立于广漠大荒，

宛若夜空中高挂的北斗，闪烁星的呓语。

你们是否曾同仇敌忾、纵横天界，如今

坠落凡尘，将曾经的辉煌留给茫茫大地？

你们用自己伟岸的身躯，碾碎不可一世的恶魔，

化身七座不朽的丰碑，问何日可得归去？

——C.J.C

西樵山七十二峰，峰峰叠翠、处处流泉，景色美不胜收；唯七星岩不同寻常，不仅景观独特，周边民风尤其纯朴。见多识广的地理学家，见山止步；寻访人间胜迹的文人墨客，观石沉吟。这里是中国南方农村社会生态的集大成者，观察中国的社情民俗，最理想的地方莫过于此。七星岩一带地势低平，岩间地面可能位于海平面以下；泥土冲积层的广泛分布，为该地区的地质构造与地形成因提供了最可靠的佐证。异峰突起、间距大致相等的七星岩为风化石灰岩结构，深不可测的岩洞、犬牙差互的石笋和石钟乳，将大自然的浑然天成演绎得淋漓尽致，证明这里曾经长期经受过风蚀或者雨水、河流的冲刷作用。同为石灰岩质、高达五千英尺的五峰石腾起远方，与七星岩遥遥相对。这些本来寸草不生的石山，部分地段风化粉尘不断堆积，渐次形成可以涵养水分的土壤，虽然贫瘠但足可为某些植物种类的繁育提供足够的养料；其上栽种的茶树枝叶之繁茂，即便自然条件优越的地区也是望尘莫及；部分地段经当地人祖祖辈辈坚持不懈的努力，凿岩为田、撮土为壤，如今已改造成阡陌纵横的人间乐园。鳞次栉比的农舍、密密匝匝的茶桑，七星岩上的景观，实为人间一奇。这里的穷人和外来户偏居边缘地带，生存环境与世居冲积平原的殷实人家不可相比；但仰赖代代相传的劳动技能和优良家风，这些人照样过着饫甘餍肥的幸福生活。

七星岩孤峰戟天，平原风光旖旎、山景如诗如幻，是中国人心驰神往的旅游胜地，备受世人推崇。五峰石上巨瀑飞挂，远观如珠帘、如玉帛，声闻几十里。瀑布的发源地位于山顶小盆地，周边四座尖峰披星捧月、直插云天；但见水汽氤氲、草木勃发，山中一派欣欣向荣的景象，素享"洞天福地"之美誉；

而矗立其上的山峰，每座都有生动体现山形地脉、极具中华民族文化特点的名称：凤巢、玉屏、云雾、云路。云路山前的孤瀑"晨映日光晚带霞"，跌落三级没入山下的莽莽深林，水声如雷，不敢近闻。

托马斯·阿洛姆先生的钢版画注重勾勒七星岩的轮廓，对景物细节着墨不多。不过这幅画不仅以描绘异域奇景为务，还以反映当地农民的生产生活见长。画家的眼光聚焦于爬藤类植物葫芦之上，简陋的爬架散布画面，花叶散漫、籽实离离。根据现代植物分类法，葫芦是葫芦科、葫芦属大类下的一个植物品种，在中国种植地域很广。中国人掏出可以食用的果瓤，与米、肉加醋共煎，制成类似布丁的即食点心；坚硬的果壳则另有妙用：或制成葫芦点心盘、或制成瓢、钵、瓶、碗、杯一类的炊具器皿，满足家庭日常用度之需。葫芦壳还有一些特别的用处，如稍加描画扮作鸟头，用于诱捕水禽；这些虽然算不得什么惊世骇俗的发明，却也是物尽其用的一桩鲜例。

葫芦架外，画面中还出现了田间劳作的稻农。远处珍珠渠的两条水道依稀可辨，这条人工河水量不小，为周边广大地区提供了通航、灌溉之利。

肇庆府境内羚羊峡景观

肇庆府羚羊峡

你用奔涌不息的流水，

荡涤昨日的血痕；

明澈的小溪里飘荡着多少英魂，

散碎的阳光是摇曳的呻吟；

当沉沉夜幕悄然散去，

你的噩梦亦然冰冷，浸透你难以洗刷的恶行。

　　广东西部冈峦纵横、河流广布、矿产及珍稀植物资源相当丰富。这一带地区山势嵯峨峭拔，苍岩高悬溪涧、激流凿穿青嶂，大自然的鬼斧神工造就了一方瑰丽神奇的人间胜境。单看形神兼备、极富表现力的中文山名，即可对每座山、每条河的特点揣知一二。粤西山脉古木参天、新叶垂地，热带炽热的阳光被遮挡在蒙络摇缀的树冠之外，树下只有一片浓得化不开的绿荫；一挂瀑布从犬牙差互的石笋、石钟乳间喷涌而出，黝黯的洞壁上荡漾着一帘珠玉的反光。

　　出肇庆向东十英里，西江洪流穿西山群峰而过，在山外不远处汇合另外两条大河，形成广东省境内四通八达的水上运输网络枢纽。西山之魅力不仅在其异峰突起、屏障天南的巍巍雄姿，深厚的人文积淀同样令人心旌摇曳。远在三国时代，东吴孙权委派步骘为交州刺史，领兵平定岭南。岭南一向为蛮荒之地，地方割据势力啸聚衡毅、钱博诸人旗下，奋起反抗东吴军的侵略。双方在崇山峻岭间摆开战场，展开了一场殊死较量，一时尸横遍野、流血漂木，西江之水变色。败军的守护神愤恨不已，当下运用法术将一群山间游弋的羚羊变成石头——羚羊峡之名，便是这一场惨烈战事的见证。

　　天地之大，造物主独钟西山。江水在群山间奔涌，切开一道道如线的峡谷；悬崖绝壁之上除了丛生的草木，不见一块可扶犁耕作的完整土地。不擅家桑之利，并不意味着西山没有任何开发价值。相反，山中丰富的森林与矿产资源吸引着八方豪客，腰缠万贯的矿主、蝇营狗苟的木工附岩而居，在这里采掘无尽的宝藏。很多人终年生活在水上：许多小木筏捆绑在一起，便是一处漂泊无定而又永不沉没的村落，饮食起居、生老病死，这些特殊的"村民"守望相助，在船上度过漫长的一生，既没有也不寻求在陆地上另辟家园。四会周边山区盛产白银，高要境内铁矿储量丰富，锡矿也在肇庆一带的山地间广为分布。砚台是中国的“文房四宝”之一，石材的主产地位于西江羚羊峡东侧烂柯山端溪，经过精心研磨制成的“端砚”，向来受中国文人士大夫青睐；而当地出产的“彩砚”（使用深红色、红色夹杂粉色条纹或晶蓝发亮的石料制成的砚台）更是千金难求。

除了银、铁、锡等矿产资源外，肇庆的金、汞、宝石储量也相当可观；肇庆不是单纯的矿业基地，矿产品加工业也取得了长足的进步，锡、铜、铁冶炼作坊分布很广。肇庆地处亚热带地区，北回归线穿境而过，热带花木种类之繁、水果产量之高，在大清帝国南方地区首屈一指。在英国供之高堂、只有富贵人家才供得起的铁树，肇庆的山野间俯拾即是；英国人称赏不已的珍禽——孔雀，在这里可是司空见惯的寻常鸟类。动植物资源的多样性，在肇庆一地体现得最为充分。虽不及孔雀婀娜多姿，却也一身锦翎彩羽、观赏性与任何大型鸟类相比不遑多让的山鸡，以好斗嗜杀、敢于向任何物种发起攻击著称的哺乳动物——包括体格高大黑毛挓挲的猿猴、面目狰狞毒比蛇蝎的河鼠等，都在这里安家落户。西山谷地流淌的大河小溪里生活着一种水獭，外形虽与英国同类相似，性情却极度凶残；飞禽走兽一旦误入这种动物的领地，必然招致非死即伤的可怕后果。

肇庆鼎湖的瀑布

鼎湖飞瀑

重崖叠嶂垂天穿云，
飞瀑流泉气势如虹；
斜阳辉映漫天珠玉，
林表回响雷霆万钧。

——伯纳德·巴顿

　　高山林立、湖沼广布、河流交错、平畴漠漠，融各种地质地貌于一炉的肇庆，以地形复杂、物产丰饶著称；中国第二大山泉——鼎湖，即坐落在一带莽莽苍苍的原始森林里。肇庆山水明秀，湖中有锦鳞潜翔，洞底多堆积矿物，青岚幽谷间富集铁、铜、锡等金属物质以及天青石、宝石等珍玩异品；加之气候温和、降雨量充沛，石隙间稍沾泥土，便有青松翠柏落地生根、茁壮成长，所以这里木材蓄积量之大、产量之高，洋洋大清帝国内地各省难望其项背。鼎湖所在的山区，佳木成林，鲜花铺地，柠檬、柑橘、佛手等果类植物叠嶂盈谷；而枝叶蒙络摇缀如山巅织锦、天边浪涌的树丛里，飞鸟穿梭、野鹿出没，竹浆鞣制的纸张、利用广泛分布的野生白蜂巢提炼蜂蜡，是当地两大支柱产业。尽管鼎湖周边地区物华天宝、富甲天下，素享"帝国粮仓"之盛誉，但泱泱中央帝国，膏腴之地非止一隅，"江西产，有早餐；江南熟，天下足。"这一则谚语反映了长江中下游地区物产之丰盈，是农耕经济发展状况的生动写照。

　　鼎湖山瀑布左侧山丘之上有一处香柏环绕的小镇，相传古代这里出过一位清正廉明的地方官，他爱民如子、德庇四方，因而得到治下万民的拥戴。理政之余，他喜欢顺着瀑布攀爬至阒无人迹的山顶，与藏身幽洞中的龙王倾心交流；据称龙王与黄帝所铸、后来遗落湖中的宝鼎有牵连。无论是自身走火入魔抑或是受到山中鬼魅之魅惑，这位誉满桑梓功垂千古的父母官，后来竟然自投飞瀑，落得尸骨无存的下场。

与英国西敏寺里象征王权神授、永世传承的"命运之石"①一样，沉没在鼎湖中的宝鼎本来是镇国神器，国祚不衰、鼎必有属。可惜在中国古代某朝的一次宫廷斗争中，失势的皇子为求卷土重来，竟然挟一己之私将宝鼎沉入一汪山巅的深池，"鼎湖"之名即由此而来。此后历朝历代的帝王都没有放弃追回宝鼎的努力，可任凭他们筛尽寒泉之水，那件神奇的宝物就是痕迹无着。"鼎"在中国古代政治文明中有独特的寓意："定鼎"表示建立国家、"问鼎"意即改朝换代，"鼎"不仅指代拥有三足两耳的器物——中华民族有过去、现在、未来时空轮回的古代宇宙观，以及与此有千丝万缕联系的基督教信仰建立在"三位一体"神学体系之上，这一切断非机缘巧合。

地方官为寻鼎而死，此事在当地引起强烈反响。爱戴他的乡民自发筹资，在鼎湖山巅他舍身投水之处——崖畔巨石上专门修建了一座祠堂，每年举办庙会以示悼念，杂耍、竞技、"搏杀"等各项表演活动在水上开展，主题是实现他未了的心愿：历尽千难万险、抱得宝鼎归。鼎湖庙会与中国传统节庆活动——端阳赛龙舟有得一比：同样的龙舟、同样的桨手，区别在于鼎湖赛事具有特定民族文化意蕴，且有明确的竞赛目标：夺得宝鼎或类似奖品的一方胜出。厚赏之下，必有勇夫；这项在密林深处、险峰绝顶的天池里举办的活动，因此更具冒险性，场面也更加紧张刺激、扣人心弦，常有求功心切的船队相互倾轧、导致船毁人亡的悲剧发生。

---

① 公元 843 年，肯尼思一世建立苏格兰王国时，在当时的苏格兰王国都城斯昆加冕时就座的大岩石，被称为"斯昆石"或者"命运之石"，是直到今天为止英国君主加冕时必需的圣物之一。据说这块石头的来历不同凡响，《圣经》人物雅各布曾头枕此石，梦见通往天堂的阶梯。另有传说它来自古埃及或古爱尔兰。

五马头

五马头

五匹骏马奋蹄扬鬃，

无数战士并肩穆立；

五座山峰横空出世，

在凄风苦雨中走过多少个世纪。

是强敌的震慑、还是魔法的羁绊，

使这些远古的战士勒马不前，屏声静息？

抑或是天地之精华、日月之芳泽，

独钟此山，成就一段诗人梦寐以求的奇迹？

——C.J.C.

北江发源于江西山地，斗折蛇行三百五十余英里，经由广东虎门流入南海。北江流域地形多变，飞瀑溅玉、峭壁生烟，无限风光令学者悄然动容、骚客文思泉涌，即便是奔走红尘的升斗小民，面对如此壮观的景象，也会大饱眼福。北江上游河段穿行在崇山峻岭之间，一水之隔，两岸风光殊异：一边是质地相对松软、易受剥蚀的石灰岩，另一边是坚不可摧的石英岩，北江之水从两种地质构造不同的夹缝中呼啸而过，忽而开山劈石，忽而没入地下，波谲云诡、难描难画。尽管处处是深谷幽涧、断崖残壁，北江却也不是伤心之地。长年累月江水的冲刷，导致石灰岩岸山石崩落、淤塞河道，再有经验的船工、再好的游泳健儿，置身于如此湍急的江流中，稍不留神也会遭遇灭顶之灾。有一处险滩堆积着大量的船体残骸，这是激流行船、运气比技术更重要的见证。前出绝壁幽谷，江面渐趋宽阔，一抹松影，满目青山，吸引着船头旅人的目光。山坳、坡地长满灌木嘉树，夹杂着红艳欲燃的山茶花。近岸狭长的河谷地带村落广布，碧绿的烟草遍植庄前屋后。泛舟北江上游，那一番别样的情调，是中国北方任何一处河流都无法比拟的。

北江千里奔流，至潮州府地段又恢复了上游怪石峥嵘、花木寥落的冷森面目。潮州是大清帝国行政区划体系中的二级治所，下辖六个三级区域。潮州城位于两河交汇地带，西河、东河在这里合为一处，换上"北江"的名称滔滔南流。潮州矿产资源丰富，贸易相当发达。市井通衢，一派繁忙景象；行商坐贾，孜孜不懈于途。洋溢着勃勃生机的街头，展现的是人民安居乐业、对未来充满希望的美好愿景。潮州府港汊广布，主要交通工具是客货兼运的小船。这些船只有一个特点：船工清一色都是女人。这些女人不施粉黛、不修边幅，少了些许柔媚，多了几分坚韧；中国妇女通常享受到的那份呵护和尊重，诸如不在公众场合抛头露面等，也被剥夺殆尽；西方女性与生俱来的自由平等权利，她们更是闻所未闻。隔着一条北江，潮州府的对面是另一座城市，两城之间连着船体支撑起来的浮桥。浮桥中段设有通断装置，便于放行舟楫、拦截不速之客。

本书所附"五马头"插图场景的画外部分——五马头的前面是陡峭的悬崖，巨石横空，如乌云垂天。其中最险峻的主峰山势如削，一线石级从山脚处蜿蜒攀升，直通山顶。这一段畏途稍显平夷的地方，还可以看到一处古代建筑的遗迹。这幢建筑物设计简陋、外观乏善可陈，也没有什么彪炳史册的典故轶事为其增光添彩。不过作为文明古国，中国古建筑的背后总是隐藏着一些或朴素感人或荒诞不经的传说，这座破破烂烂的佛教建筑也不例外。相传几千年前，有位僧人被仙气氤氲的五马山所吸引，决定在其主峰的半山腰建造一座寺庙，并常住寺中戒持修行。这个和尚表达信仰的方式与众不同：他腰挂铁蒺藜锁链，经常被硌得皮开肉绽。他这么做是有宏伟目标的：舍身饲虫——用自己溃烂的伤口喂养蛆虫。这些虫子一朝长大、羽化成蝇，老和尚便会立即着手另行"领养"一批，口中还念念有词："肉还多着呢，够你们吃的了！"这位苦行僧用他的至诚至善或者愚不可及的行为创造的神话，可信度如何并不重要，重要的是吸引了大批朝圣者纷至沓来，为这座残破的寺庙奉上取之不尽、用之不竭的财帛。如果说有关僧人舍生取义的神话只是空穴来风，那么打着他的旗号到处招摇撞骗的和尚就不是传说了。利用愚民对神、对神化人物的盲目崇拜牟取私利，这是他们的惯用伎俩。

站在五马头群峰的最高处放眼远望，西河、白河像两条宽阔的银带，在连绵起伏的丘陵间越飘越远，变成天际两条若隐若现的细线，飘出数英里行程，直到最后在潮州府地界扭作一处、摇身一变成为北江。河谷冲积带地势平缓，阡陌纵横，视野相当开阔。群山环抱之中，但见一峰独秀。这座被当地人视作中国最高峰的山拥有一个让人浮想联翩的名字：飞来峰。据称位于该山之巅、现已毁弃的寺庙是仙人一夜间从中国的北方搬过来的，"飞来"一词，即与这一段掌故有关。

画中的五马头怪石嶙峋、了无生机，与草木葳蕤、碧岫含烟的江南山景迥异其类。寸草不生的五马头由石英岩构成，经年累月的风蚀作用，在抛撒一地砂粒的同时，将整座山体雕饰得光怪陆离、异彩纷呈，与远近广布的露天煤层、黑如墨染的冈峦相映成趣。中国煤炭资源丰富：直隶的硬煤，长江沿岸的烟煤，鄱阳湖区的褐煤，取之不竭、用之不尽；五马头山区出产的含硫煤炭，也行销周边区域。由于煤层较浅，中国人采煤的方式也别具一格：他们顺着山坡挖掘平洞，矿工用手推车将采到的煤炭运至矿口的悬台，再直接倾入运煤的泊船。中国煤炭储量之大、种类之全，全世界罕有其匹。以中华民族的勤劳智慧，假以时日，这片东方大地上浩浩荡荡的江河湖海里，装备精良的蒸汽轮船等现代化交通工具必将大行其道，恰如北美各州一般。

五马头产煤区建有一座绿矾加工厂。这种金属化合物的制作工艺流程是将等量的铁矿石与煤炭碾碎混合，堆砌成四面体并外敷石膏，此过程产生的热量足以使混合物堆料凝固成型；将制成的型材静置一段时间，待产生的烟气挥发殆尽后再投入水中加热，形成绿矾晶体。

中国是重农主义的国家，灌溉农业相当发达，水利设施花样翻新、巧夺天工，这一切无不彰显中华民族的勤谨务实精神和惊人的创造力。北江北岸的沙滩上是大片的甘蔗田，一架水车昼夜不停地运转，以满足这种耗水量较大的作物生长发育的需要。水车是原始的提灌设施，外观粗糙，但内部结构如传动装置等自有精妙之处。两根粗壮的木柱竖在河床上，形成一个与河岸线垂直的平面。木桩的作用是支撑一根大约十八英尺长的轮轴，轮轴两端安装大小不等的水力驱动轮两辐：邻岸一侧转轮的直径比远端转轮小十八英寸左右，两轮下半部分浸没在水中，上半部分突起于河岸线之上，轮辋与轮轴末端之间斜连十八条三分位处互参的轮毂。轮轴内端与外辋、外端与内辋双向连接的轮毂，以及与轮辋形成同心圆的加固圈、串接桁条，为水车运行安全提供了额外保障。轮毂间状若柳条框的编板与水流对冲，驱动水车沿固定方向旋转。内外两轮的外缘均绑有与地平面呈二十五度角倾斜的木勺、竹筒之类的取水设施，装配的活动盖板上行时关闭、下行时敞开，汲取的河水倾入宽大的渡槽之内，源源不断地流向蔗田。

除了轮毂和立柱，整架水车使用的建造材料几乎都是竹子。轮辋、轮毂、挡板、汲水筒、桁条，都是经过特殊加工的竹料——竹节、宽窄不一的竹条、削薄的竹篾片，等等。如此复杂的机械装置，大大小小的构件间没有一枚钉子、一根马簧，事实上看不到任何金属制品的影子，其用料之廉、寿命之长、维护成本之低（即建即用，无须维护）、泽被面积之大，着实令人叹为观止。

韶州广岩寺

韶州广岩寺

基督的信徒，看好你们的家园！

拂拭心头的尘埃，守护理想的圣殿！

圣灵之幽谷不容亵渎、不可背叛，

捍卫你们万能的主，披甲执锐，奋勇向前！

基督的信徒，看好你们的家园！

——C.J.C

　　从梅岭深处奔涌而出、横贯广东全境的北江流域青山绿水、风景如画，但土质并不似勃勃的景观那般肥沃。白河的河道经过流水的长年冲刷，形成石灰岩质堤岸与砂岩质河床层次分明的地质结构。不过一般之中有特殊。白河一处河段地势险峻，河水切入砂岩山体，形成深达八百英尺的峡谷，山势如削，清流如瀑，景色十分壮丽。去峡谷不多几里格①，便是围裹在砖石城墙之中、看上去壁垒森严的韶州府。白河深水航道在此发端，上游常用的竹筏或平底小型木板船一律止步，更换为轻载帆船。韶州城头有一座浮桥，承重结构为一字排开直抵两岸的一列小船；中心航道处的浮船与桥面分离，便于往来船只通行。泛舟白河，但见河岸约七百英尺高处一岩前出，悬垂于涟滟清波之上，广阔的河面至此收束，汤汤河水奔涌而过，激荡冲决，摄人心魄；凸岩上部山石攒聚、兀立如柱，令人叹为观止。这是进入韶州城地段的最后一道风景，着实可圈可点。那块悬空的石灰岩质巨石有一个响亮的名字——广岩，灰黑色石面多有孔隙密布的区域，给人玲珑剔透之感。岩体间有凹陷区，宛若一度欣欣向荣的草木枯死掉落留下的斑痕，与钟乳石参差错落，点染出超乎自然的玄幻之美。穹窿之下是一方升出水线仅数英尺的宽大平台，一段窄窄的台级直通石窠内的佛寺；寺内生活着若干和尚，青灯孤影，与佛为伴，侍弄一片信仰的净土。

　　马戛尔尼爵士游览广岩寺后留下了浓墨重彩的一笔，对该寺当年的风采

---

① 1里格约为6000米。

做了至为生动具体的描述。时过境迁，要么是半个世纪岁月的侵蚀，要么是佛教文化品味悄然发生了变化，总之今日广岩寺铅华褪尽，雄风难觅，外观大异从前。"河水在这里陡然转弯，回水区形成了一汪波平如镜、水色黝黑的深潭。两岸巉岩腾空而起，如同两头躬腰屈背的史前怪兽一般缠作一处，穿云翳而倚绝壁，暗若垂天之翼。我们弃舟登陆的地方仅可容身，断无转圜之余地，可谓险象环生、命悬一线。头顶险峰、脚踏危谷，每走一步都伴随着万般觳觫战栗，那感觉恰如置身于死神张开的大网一般。我们鼓起勇气投身险途，方为克服怯懦心理而欣慰；回望一眼险象环生的处境，恐惧再次掠过我们的心头。我们面前是一挂凿出来的台阶，从河岸直通山顶，狭窄、陡峭、坎坷不平。石级尽头一抹尖削的山顶若隐若现，那就是我们前进的方向。我们历经艰险攀爬至广岩寺所在的平台，已是筋疲力尽。一位年纪老迈的秃顶和尚从他寄居的洞穴里钻了出来，声称他将充当我们一行人的导游，引领大家参观洞天式佛寺。我们最先踏足的位置是人工凿造的斋房，二十五英尺见方，一面临水，崖畔设有护栏。这个地方打点得相当齐整：中式桌椅锃光瓦亮，洞顶中央悬挂着一盏产自伦敦的硕大玻璃吊灯，五色杂陈的纱灯、纸灯散布各处。那盏吊灯颇有来历，据称是一位广州富豪香客的布施。穿过斋房，我们爬上一段逼仄的石级，进入位于其正上方的主体建筑——佛殿。与斋房相比，广岩寺宝殿的面积大出不少。殿内供着一尊菩萨像，一手持弯刀，一手举火把，典型阿拉伯人笑容可掬的面孔，露出两排大金牙，看上去威风八面、气度不凡。只可惜说起教中大神的丰功伟绩，那位与菩萨日夕相伴的老和尚也是知之甚少，遑论我等教外之人。观其奉祠丰厚之状，此神祇之前生必为清朝贵胄，即便不属皇族，也是勇贯三军战功赫赫的将军，说不定是堪与普鲁士王、斐迪南大公并驾齐驱的人物。菩萨脚下摆着神龛供桌，香烟缭绕、灯烛通明，极尽奢靡之能事，颇有罗马天主教堂的风范。大殿四壁满布大字体石刻，都是一些佛家谶语、醒世格言，看上去十分抢眼。

"菩萨像对面是宽大的洞口，上覆遮天蔽日的巨石，下临不可测的深渊，没有强健的神经系统和超常的自控能力，望一眼足以让人心胆俱裂。秃头和尚带我们出大殿、穿亭廊、遍览广岩寺的宗教和生活设施，其中包括厨房以及僧侣佛事之余休息睡觉的禅房。这些建筑物均凿自石壁，一锉一锛，无不凝结着佛教徒辛勤的汗水；没有坚不可摧的意志和持续不断的努力，绝难创造出这样的奇迹。现在老和尚对我们一行人此行的目的已经了如指掌，他点燃了更多灯笼火把，将这些平时不见天日的特殊地下室照了个通明透亮，以便我们观察其中的布置铺排，揣摩攀岩附壁的和尚们的日常生活。恰在此刻，有几个与我们禀赋相同的生物进入我们的眼帘——

天堂的圣火，曾经在他们的胸中孕育。

埋迹深山，身羁危崖，满脑子荒诞无稽的妄念，他们的生存状态，在我们这些西方人士看来，无异于是信仰畸变的榜样、人性堕落的标杆。理想、信念、普罗米修斯式的献身精神、灵魂那执着而高贵的追求、与生俱来的善念……一切美好的品质，均在打着宗教旗号传播的精神癫狂中丧失殆尽。这不堪入目的一幕，令人瞬间产生了对理性与智慧之光的渴望。"

今日广岩寺已非昔日可比。马戛尔尼爵士笔下的景致，经过长达半个多世纪的改造，大多已无迹可寻。菩萨粗犷的鞑靼人形象已经荡然无存，换成了温文尔雅的东方人士面孔，只是其座下的神龛尚在，半截石壁上凿出了一座莲花的轮廓；另外，寺院的规模似大不如前，寺僧人数有所减少。马戛尔尼爵士浓墨重彩形容过的险道，栏索也换成了护墙，安全措施得到了加强。唯一没变的是广岩寺和尚精于算计的市侩习气：他们滴溜儿的小眼睛始终不离游客左右，揣度他们的身份地位，察言观色、献媚讨巧，利用一切机会捞取好处。他们拿出平时搜集的各种石料，作为礼物馈赠客人，但他们的动机很明确：换取客人的无价之宝。行脚僧也好、和尚沙弥也好，这些遁入空门的佛教徒与罗马天主教神父一样，都是不事稼穑、凭一身袈裟神袍聚敛财富的寄生虫。我曾经邂逅一位行乞的游方僧，一颗头剃得光秃秃圆溜溜锃光瓦亮的，背着一块内容与度牒相似、标明佛籍的木板，两膝绑着毡垫挨个儿跪拜富家之门，嘴里唱着应景的词句，手上敲着一只形似秋梨的木制法器——木鱼，名曰化缘，实则与穷讨恶要相去无几。和尚喇嘛披的法衣款式相同，都是一袭长袍外带丝绒大翻领；

各人在教中的地位级别，可通过布料的颜色进行辨识。大清帝国推行男人蓄发的制度，但有秃顶者，必为佛教僧侣无疑。行走江湖的和尚一般会戴一顶帽檐宽大、帽顶后部镶一块木片或玉石之类作为装饰的斗笠或者草帽，遮阳挡雨，一举两得。偶尔也能见到帽子夹在腋下，打着雨伞走来走去的僧人。中国雨伞使用竹竿伞柄、竹篾伞骨，伞面是经过特殊处理的油纸。遍布中国各地的寺院及公共场所，常有僧侣、尼姑之流长跪祈祷，用自虐向大众展示自己的虔诚，彰显佛陀的伟大，其行径与印度先师、西方的苦行者一脉相承，不排除其中有居心不良之辈、欺世盗名之徒。千里迢迢奔赴中国传教的印度高僧，与罗马天主教一样到处散播陈腐的教义教规，兜售精神鸦片，禁锢民众的思想，假神佛之名愚弄大众。

　　偏处荒郊野外、藏身乱石之中，寺僧个个面有菜色、境况凄凉，广岩寺这样的修道院、隐修所之类的宗教设施，罗马天主教会不乏其例。巴勒莫附近佩莱格里诺山上的圣罗莎丽亚教堂，就是南欧一道闻名遐迩的景观。深邃、潮湿、幽暗的天然洞穴，凿壁而成的神龛，神龛中半隐半现、粗鄙不堪的圣女头像；小教堂东侧奢华冶艳的神坛之下，赫然摆放着同一圣女的精致影像。那是一块当地教会奉为圣物的神石，女修道院依石而建，既能彰显神迹，也能引来四方朝圣者，为修道院带来丰厚收入[①]。葡萄牙罗克森特角左近有一处规模不小的地下宗教设施，名曰"科克修道院"，教堂、圣器储藏室、餐厅，还有足可容纳院内所有可怜的方济各教士的寝室。修道院各处的墙壁、屋顶、地板上，软木塞星罗棋布；从桌椅板凳、窗牖门扉等生活用品到十字架之类法器，无处不见软木塞的痕迹。看得出来，隔雨水防渗漏是这所寺院的日常要务。无论广岩寺，还是圣罗莎丽亚、科克修道院，都是理性沦丧的产物、自我堕落的渊薮，他们的偏执、狭隘，理应受到世人的鄙视；不过与马德拉岛上的方济各教堂相比，境界还是要高出不少，至少在室内陈设上不似后者阴森恐怖、令人作呕。这座教堂的内墙上人体骨骼如腿骨、胳

---

① 　参见赖特《地中海上的岛屿及沿岸地区》（*The Shores and Islands of the Mediterranean*）一书。——原注

膊骨密密匝匝围了一圈，上面摆满死人的头盖骨。天花板上一盏黯淡的吊灯洒下一抹如烟如雾的光芒，照亮森森白骨，摇曳一地鬼影。面对一拨又一拨慕名而来的参观者，一位光头神父手指骷髅、挨个儿介绍教中先驱的光辉业绩，其眉飞色舞、趾高气扬之状殊难形容。

海幢寺停泊处和入口

海幢古寺

疯狂的偶像崇拜，

神化了仪式，淹没了上帝。

——莎士比亚

与广州隔岸相望的珠江三角洲地区是典型的江南水乡，不仅是城区居民休闲度假、享受自然风光、呼吸新鲜空气的好去处，更有远近善男信女前来烧香礼佛，不绝于途。出广州市区满目狼藉、散发出阵阵秽味的狭窄街道，登临海幢古寺桥，江风扑面，生沁人心脾之润；孤岛凌波，有海市蜃楼之妙。高大的树木枝叶扶疏，或摇曳洪波之上，或参差田畴之间，色彩斑驳，明暗交织，像一曲无声的交响乐，回响在天地之间。

这里有中国最著名的佛教寺院，中华文化传承中最不可理喻的部分——迷信，在这里演绎得淋漓尽致。临江而望，渡口船来船往，码头上人头攒动；闹嚷嚷的人群，展现中国人愚昧的一面。上至耄耋老者、下至蹒跚学步的儿童，这些人不畏旅途劳顿，跋山涉水赶到这座孤悬江口的小岛上，匍匐氤氲烟气之间，跪伏泥胎木偶之下，祈求看不见摸不着的英灵原谅他们的罪过、守护他们健康安全，让他们免受斧钺刀箭加身之害，在战火频仍的年代里苟延残喘。林子大了，什么鸟都有。在这个岛上晃悠的人，并非全都抱着一颗礼佛之心，这里也啸聚了一拨"靠庙吃庙"、专事坑蒙拐骗的无良之徒，亵渎信众一心向佛的初心：在他们眼里，这些村夫野佬看不好随身财物，他们偷一点、骗一点，也是理所当然之事。愚者可欺、骗子无罪，难道这就是中国的处世之道？善与恶、真与假、好与坏，这些最基本的道德操守，中国人又是如何奉行的？

数扇大门、几道影壁，托起斗阁山墙；独具特色的凹面出檐式建筑、造型奇特的鸟兽虫鱼雕饰，给这座水上天堂蒙上了"曲径通幽处"、"酒肆倚深林"的恬静之美。岛上有几株千年古榕，虬枝攀缘、气根高悬，绿叶蒙络摇缀、筛下点点日月之光；垂若半天之云的树冠下面，略显简陋的屋宇乍隐还现。山门的两侧摆放着硕大的木雕，面目狰狞、杀气腾腾，是中国传统建筑文化中的镇宅之宝，用于防范不洁之物的侵入。越过雕像，进入一处封闭的院落，眼前赫然出现一条石板铺就的小径，蜿蜒于花草林木之间，直通形形色色的神祇高踞神台之上的柱廊。第二道院落的后侧有三座巍峨庄严的大殿，里面供奉的神像体格庞大，雕饰繁复，外观也更加阴森恐怖。中央大殿内供奉着著名的三世佛：燃灯佛、释迦牟尼佛、弥勒佛，主往生、现在、未来三界。众多力士菩萨拱卫佛像之侧，俱各盘膝打坐，每像高达十一英尺。三大佛尊雕像前面摆着香案，长香高烧、青烟缭绕，奇花异果之类供品四季不断。除了载诸佛教经典的古圣先贤，这座寺院里还供奉有十八位本土僧佛：功行圆满、飞升西方极乐世界的历代清朝皇帝。大殿的侧壁悬绣幔垂地，使用金丝银线编织出来的孔子名言赫然在目。数根彩漆镏金木柱上擎屋梁，其中十字交叉的主梁上悬挂的数百盏灯笼洒下红色的炫光，营造出一派端严凝重的气氛——恰如天光宣泄，将住院和尚孜孜以求的神效点染得酣畅淋漓。

寺院内多间禅房大小相同，陈设整齐划一；另有僧舍一间，其大容得百人。从穿着打扮到面色气度，足见寺僧等级森严、供养高下有别：有些人身披流光溢彩的袈裟，一看就知道福缘不浅；有些人则衣衫褴褛、形销骨立，活脱脱一副命运弃儿的模样。佛门并非净地，寺院里的不公，尘世间罕有其匹；信众的施舍养肥了槽边的猪，绝大多数猪却只能望食兴叹。生前欲求无度、死后备极哀荣，那些吃得脑满肠肥的猪，即使撑断了那一口浊气，也有个动听的说法：圆寂，最后无一例外地埋迹于为它们量身打造的储尸塔内，享受世人的顶礼膜拜。

佛教拜祭仪式相当繁复。熬到住持位置的老和尚长跪神像之前，不停地用额角触碰一块被教中人奉为神明的石头，以此彰显神祇的崇高与信仰的虔诚；不过对于绝大多数信众来说，隆重的仪式只是无谓的表演，不值一哂。佛教流传地域虽然广阔，但奉教者与庞大的人口基数相较，实属凤毛麟角；即使像大清帝国这样寺庙遍地、碑塔林立的泱泱大国，莫之能外。除了举办宗教仪式时多数人显得漫不经心之外，佛寺在中国人眼里与神圣不可侵犯的宗教设施相去甚远，阿美士德勋爵朝觐归来，曾假道广州拜访当地大员。这位勋爵的北京之行处处碰壁、所获无多，不过一行人在广州的生活得到了官方的照拂：特许在海幢寺内住宿。大佛金身被搬离基座，寄存于河对岸一处寺庙内，主殿被辟作教会使团的用膳房。勋爵的随员没有放过这一细节，他们不无感慨地说："中国人与佛教的关系若即若离，改变他们的信仰并不是什么难事；举凡深入民众身体力行的西方传教士，均深知个中秘辛。"

广州海幢寺里的大雄宝殿

海幢寺内的大雄宝殿

一切都在证明，这个神是多么的邪恶！

——《第十二夜》

　　海幢寺是大清帝国江南地区最大的寺院，其间日日上演的偶像崇拜闹剧和种种令人忍俊不禁的愚行，见证过的欧洲人为数不少，版画所绘场景固然给人豪奢怪诞的印象，但其真实性和权威性不容置疑。供奉有三尊大佛的大雄宝殿是一幢高大雄伟的密檐斗拱式木建筑，雕梁画栋，极尽浮华。殿内摆满面目狰狞的雕像，四面墙上是品味乏善可陈但寓意非常鲜明突出的画作，主题多为人死后接受阎罗王的审判、作恶多端者堕入十八层地狱遍历残酷惩罚的场景，体现天堂生活的美好画面始终没有出现；姹紫嫣红的彩带、光怪陆离的瓷器，以及许多不可言表的装饰品，摆得到处都是。天王殿前是一张红漆金粉的大供桌，代表过往、今生、未来的三世佛端坐殿内，金身高达十英尺左右。现世佛居中、过去佛居右、未来佛居左，广受中国人推崇的三宝佛个个慈眉善目，除了那一身黄灿灿的镀金包装，再没有什么引人注目的地方。每座佛像前都配备有一张独立的神台，杯、盘、碗、盏、瓮、盆、香炉，狼藉满桌，轻烟袅袅的线香、长香以及粉饼之类的合成香料、花束、供品散发出来的香气，氤氲在大殿内外，令人掩鼻。锡纸也是殿中的常用之物，燃烧后余烬散落在焦黑色的纸灰里，分外触目；佛座前总是亮着一盏长明灯，象征佛光普照、永无止息；佛像上部悬着一块牌匾，上书"大雄宝殿"四个阴刻大字。

　　关于海幢寺的建筑特色及宗教活动开展情况，本书已辟专章予以详细说明，本节只稍加说明，聊作补笔。今日中国寺院举办佛事的方式与早期阶段的欧洲基督教会几无差别，这说明两大宗教最初都注重繁文缛节，同根同源的痕迹明显；只是基督教在漫长的发展过程中除旧布新、不断完善，导致今日判若云泥之格局。中国圣哲的著作中有一段话，可引为这一现象的注脚：

　　"西方将有集天神、神使、先讲诸身份于一体的神人（耶稣）降生，其母为处女（圣母马利亚）；此神人12岁辞家而去，多年后又回到世人中间，并开始宣讲今生往世轮回之说（死者复生，灵魂不灭）。神人传教布道，死后化身为佛（升天）。佛虽为一人之身，但有三生之造化（三位一体），托世而成过去、现在、未来三世之金佛。"佛教与基督教之间遥相呼应的地方很多，在此不拟赘述。

广州郊外富商府邸

广州郊外富商府邸

盈盈一水间，

日月共徘徊；

不见清涟动，

天光自在飞。

——L. E. L

　　中式别墅是风格不同、大小各异的房屋组拼而成的建筑群落，看似杂乱无章，实则意趣无穷。建筑物外观灰暗沉闷，内部装饰却别有洞天，锦幛华幔，香雾缭绕，给人心旷神怡的感觉。女性被"圈养"——在家从父、出嫁从夫，亦即婚前归父母看管、婚后由丈夫禁锢——的国家，民居格调大致如此。中式建筑有一个特点：没有标准化的设计规范，由此导致了外巧内拙、华而不实的建筑风格。研究中国公共与民用建筑细节，并与欧式建筑稍作对比之后我们不难发现，中国人不懂材料力学，无法利用几何学原理设计合理的承重结构，故此使用单一石料砌筑大跨间高层楼，诸如西方世界司空见惯的教堂、大厅等，中华民族不具备这方面的能力。他们能做到的就是编结梁、柱网，用分解重力的办法建造低矮狭小的屋宇。建不了阔房子并不妨碍中国人摆阔，有钱人家有的是深宅大院，曲径回廊、亭台楼榭，除容纳家庭成员、仆役安居这需要外，养性怡情的设施也不少。大殿正堂等对占地面积有一定要求的建筑，中国人采取的变通措施是梁下加柱，立柱因之成为中国建筑艺术世界里一道亮丽风景线。如果宅院足够大，伫立高层建筑之上的女眷也无抛头露面、落入外人眼底之虞，中国人也会起造两三层的小楼。南方各省人口密集，房屋鳞次栉比，住宅一般不设前墙，前门脸用涂料粉刷成大红大紫的颜色，覆顶、雕栏，圈出一方半封闭的前廊空间。这种房屋的承重柱的材质是松树原木，公共建筑物、豪奢之家雕云镂水、描龙画凤，外观精美程度堪比艺术品，不过绝大部分民居的墙柱红漆落地、朴实无华，没有任何多余的装饰。中国南方地区雨水多，屋瓦是建筑物的标准配置，黏土烧制的曲面形瓦片交连互接，形成一列列微型引水管道，与英国同类设施几无差别。中式建筑的墙体设计也颇有特色：鲜亮端凝的青砖配以白色抹缝，条块分明，看上去相当赏心悦目。不管欧洲人眼里中式屋顶是美的还是丑的象征，这部分建筑体可是中国工匠着力最多的地方——山墙镶边、内饰繁复，单单常用的中国传统吉祥图案的名头就有云如意、龙凤呈祥、麒麟送子、凤凰牡丹、狮子抢球、蝙蝠、八吉、暗八仙、花草纹饰，等等。当然，中国的园林艺术独步天下，别墅总体规划自然不限于打造单体建筑精品，充满野趣的湖光山色、曲径奇石也是不可或缺的设计元素。一园之内，溪水潺潺、水上画桥，更有幽潭、巨石、雕塑、碑刻之类的人造景观点染其间，或隐现芳草之间、或孤卧碧波之下，动静相宜、疏密有致，不谙东方审美观念的外国人只有叹服的份儿，却没有模仿的能力。"在纵情山水、怡性自然方面，中国人深谙个中秘辛，值得我们学习借鉴。"莱伊先生说，"我们的运河直来直去，少了几分'明月照沟渠'的韵味；我们的农场一眼望穿，没有令人产生浮想联翩、恍若世外高人和神仙眷侣藏身其中的深林烟障。除非亲身前往中国，长期浸淫于这个东方文明古国传承几千年的园林文化，领悟中国人细腻隽永的画魂诗怀，否则我们永远参悟不透那种天马行空、无所羁绊的建筑风格。"

广州郊外富商大贾私邸内的水榭

广州巨贾潘长耀私邸的水榭

精心呵护女人，我们心头荡漾的清辉，

她们的爱感天动地，伴我们终老斯年。

不要指责她们轻薄，且勿漫说她们虚伪，

她们的心柔弱如花，怎堪风雨的摧残。

——巴里·康沃尔

我们英国见诸文字的历史不过区区几百年，但社情民俗之发轫已多不可辨；英伦三岛部分古建筑（多分布在苏格兰、北爱尔兰诸地）的建造年代不早于公元10世纪，且先祖的遗脉未断，当初拓荒者的后代一直围绕祖业繁衍生息；然而这些建筑物的历史却如雪泥鸿爪、踪迹漫灭，别说可资佐证的文字材料，就连口耳相传的故事也找不到一宗。走过数千年文明发展历程的中国，许多东西成为难解之谜，自是情理之中的事。

广州近郊有一座商人的别墅，气派虽不及本书另处提及的其余达官贵人的府邸气派，但也是重楼高阁、曲径通幽，将中国的园林建筑艺术发挥到了极致，完全可以满足豪门女眷倚窗听风雨、凭栏赏春秋的需要。别墅建筑物雕柱绕廊、飞檐前展，兼有茂密的花木遮蔽夏日毒烈的阳光，清冽的人工湖水送来丝丝微凉，可见这是一处避暑胜地。色彩浓艳的漆柱、浮凸繁芜的雕工，为那些或凌波驭虚，或隐现层林的楼阁平添了不少韵味；湖中游荡的小船镂舷画桨堪称艺术瑰宝，船上的女士及伫立在微型码头一般的入水石阶旁的女士，个个身着绫罗绸缎，打扮得珠光宝气。疏密有致是家居环境布局设计依循的通例，这个别墅建筑群的规划也深得其妙。高柱宽廊、露台敞阁，充塞厚重的楼宇；短桥长亭、花圃假山，点缀空阔的户外场地。被圈养在高墙之内、无缘接触社会生活的中国妇女，流连宛若盆中风景一般精致的林园，填补内心的空虚，几乎构成她们人生的全部要义。

随着一大批充满传奇色彩的中国典籍被翻译成欧洲文字，蒙在这个东方帝国文化天空上面的神秘面纱，终被一点点揭了开来。男属阳，代表天，女属阴，代表地——高高在上的"天"统驭沉浊卑下的"地"，这就是中国人崇尚的"天道人伦"。不过中国男性撑起的"天空"并非总是阳光明媚、滋润万物；中国女性构建的"大地"承接的也不是雨露恩泽，而是"男尊女卑"传统观念的重荷。莫里逊博士一部内容真实性、译文本身的权威性均无从查考的中国图书译本中出现的一段文字，就是这个国家女性生存状态的见证："（在中国）男女从出生的那一刻起，得到的就是不同的待遇。男孩子一生下来就备受荣宠，绸缎裹身，被安置在松软的床上，平时有的是珠宝器物玩个尽兴，稍不高兴还可以大吵大闹、哭个惊天动地；而女孩子落地后只配缠一身麻布，玩具也只有土石瓦片——好坏都容不得她们出头，她们能做的就是研习女红厨艺、学会忍气吞声过日子。"这段话中的"好坏都容不得她们出头"也可以这么翻译："她们手无缚鸡之力，难以承受生活的苦累。"如此稍作变通，行文表达的境界大不一样。不过总体而言，中国人的生育观念形同儿戏，读之令人忍俊不禁。

广州城郊的商人府邸

广州城郊的行商府第

在那块神奇的土地上，

人生就是闲庭信步；

没有痛苦忧伤，没有生活的扰攘，

命运的天空里没有凄风苦雨。

——L. E. L

　　广州郊外行商潘长耀的府邸不仅是豪宅典范，也是园林式建筑中的圭臬。中国的绅商以热情好客著称于世，"上门就是客"、"主随客便"是他们奉行的待客之道，这与只重礼仪淡薄人情的欧洲社交习俗大相径庭。大清帝国贵族住宅的布局有成规定例：访客只能出入客厅、流连前院，女眷则被安置在内宅，两大功能区域各据一方，形成两个孤立封闭的世界。大户人家的内宅是女人的天下，不仅各类建筑设施极为华美，金银珠宝等但凡入得了女性慧眼的器物也是琳琅满目、应有尽有。所有围绕人工湖而建的柱廊、凉亭乃至屋檐下棱格繁复的窗牖，全都遮掩在茂林修竹之下，柳荫如染、湖风送凉，即使是艳阳高照的正午，园内的小气候还跟旭日初升的早晨、朗月乍现的薄暮一样，没有丝毫溽暑季节酷热难耐的感觉。

　　"女子无才便是德"，中国人不重视女性的教育。以孔夫子之圣明，其人思想体系亦然不能免俗，致使歧视女性的社会意识污染中华文化数千年之久。男为乾，高高在上；女为坤，伏地而生，"唯上智下愚为不移也"。

　　中国的法律禁止开办女学，女性群体从降生到这片东方沃土的那一刻起，就被剥夺了接受教育、参与社会生活的权利，甚至连最基本的血缘关系、亲情伦理都得不到保护。

　　这就是中国女性的命运，游离于文明之外，被整个社会冰封雪藏。作为对这一饱受歧视的特殊群体的补偿，中国的有钱人倒是舍得下血本花大钱，给自己的妻女营造后庭天堂，但凡在他们眼里能博红颜一笑、多少慰藉她们空怀苦情的东西，他们都会不遗余力地到处罗致。精致华美的服装首饰、争奇斗艳的花鸟虫鱼，都是女子闺阁不可或缺的点缀；不过潘长耀的私邸布局融中华建筑文化各元素于一炉，广厦高阁、幽阶曲栏、澄池漫径、芳圃湖嵌……每一处设施都是匠心独运的产物，堪称别墅中的圭臬翘楚，整个大清帝国域内罕有其匹；仗着一双缠成畸形的小脚在家庭小圈子里打转的女眷，这个与象牙之塔有得一比的后院，就是她们勾勒时光、养性怡情的小宇宙。

画面中呈现的主体建筑物的屋顶形似倒扣的莲花或者莲子，其下八角回廊上疏疏落落散布着几个游人，靠近柱廊中段的位置有两位男士并肩而立，其中一位手指湖心的游艇，两人的目光都望着小艇的方向。莲花是佛教徒眼中的神物，融入建筑设计元素，原也在情理之中；中国人制作的油纸伞，远观即如田田莲叶，足见宗教对中国社会文化和民族心理的深刻影响。潘长耀别墅主厅的屋顶虽依整体建筑结构略有拉长，但莲花的轮廓清晰可辨。古希腊建筑构件——立柱的样式酷肖亭亭玉立的树杆，柱头上方的涡卷纹饰模仿的是地中海地区最常见的灌木树种——莨苕以及其他花草的外观。中欧人的建筑灵感取自大自然，西欧又何尝不是如此：德鲁伊森林枝叶密结的幻影，为我们提供了柱式穹窿门的设计模板；而摩尔人建造的豪华宫殿，内景与石笋林立的石灰岩洞几无差别。

轻舟犁绿水，雁字列长空——广州河景

广州运河南岸风光

金珠玛瑙原非我有，

幸有商人货通万家。

他们出售珠光宝气，

我们购买富贵荣华。

——玛丽·霍维特

　　在闻名遐迩的琵琶洲塔附近汇入扬子江的广州运河，是大清帝国江南漕运主干道，沿途风光旖旎，工农业发达。游弋在水光潋滟的大运河上，厅廊各处悬挂精致的灯笼，奇花异草罗列堂前、遍植庭院，一看就知道耗资不菲的别墅随处可见。与意大利的水上城市威尼斯一样，广州运河两岸上的别墅也自带"码头"，美轮美奂的画舫系于石阶之下，专供财大气粗的人们四处游玩之用。偶尔可以看到商人临河而建的商铺或者作坊，都是底层走廊前搭一架梯子，方便搬运货品；而廊柱的显眼位置悬挂着商家的字号牌，坊名、经营项目等列于其上。见识过威尼斯潟湖风光的欧洲人士巡游广州大运河时，一定会有似曾相识的感觉；而安静祥和的气氛、如诗如画的景色，又令人流连忘返，仿佛置身于天堂乐土、故国家乡，全然忘却潜藏周围的杀机。这里不是外国人的禁区，"番鬼"尽可四处走动，欣赏天朝上国的田园风光，观察中国人的穿着装扮和举止行为；同时充任展览动物的角色，听凭面无表情的大清子民围观。在堪称"东方里阿尔托"的大桥上，托钵化缘的僧人、摆摊算卦的江湖术士繁如过江之鲫。算命先生是这里的一道奇景：他们或穿行于人流之中，或端坐卦桌之后，眼前摆一本从祖先那里继承而来的卦书；路人只需支付一点微不足道的卦金，便可借由此类人之口排疑解惑、探知未来。深闺怨妇、失爱丈夫、痴情得不到回报的恋人、舐犊情深的父母、沦落天涯的游子……各怀心思的人们围着卦摊，急切地等待着命运的预言。

　　广州运河波平如镜，沿岸花木扶疏，风景怡人，其中最优美的景点，当推大魁阁塔一带。这里的建筑物轻灵别致，雕镂精美的竹管廊柱貌似弱不禁风，事实上却坚不可摧，抵挡中国东南沿海地区常见的恶劣天气绰绰有余。小楼的上层漆色鲜丽，镶金嵌银的格子窗方便养在深闺的妇女观察外面的花花世界，既得愉悦心性，又无抛头露面之虞，在适度解放人性的同时又"不违祖制"。

桨声欸乃、河风习习，驱舟大运河上，得间瞅一眼别墅的内部设施，玲珑剔透的灯笼长悬屋梁，各类家常应景之物争奇斗艳。回望对岸，穷人的蜗居与富豪的华厦高下立判，蝇营狗苟者之流与悠游度日的闲人泾渭分明；然而不论日子过得好坏，这里的人都显得那么幸福安详、和乐美好。暴露在广阔视野里的运河南岸，一座与满地奢华不相称的茅舍搭在前出河面的悬堤之上，其后便是重楼画阁的富商别墅。茅舍的旁边辟有一角敞院，枝叶参天的大树晴天遮阳、阴天挡雨，将场院的各个角落覆盖得严严实实。物质上处于赤贫状态，但精神上与每一个华夏子民一样文明开化、通情达理的屋主，守着这块方寸之地做生意、讨生活，维持简朴的生活。也只有崇尚勤俭节约的中华民族或者资源极度匮乏的游牧民族才可以忍受食不果腹、衣不蔽体的生活。浓荫如盖的大树下还可以看到一个类似码头的设施，这位孑然一身、游离于社会边缘的穷苦人也会每天划着自家的小船外出巡游，要么劳碌终日赚取一点微薄的收入，要么忙里偷闲寻找一点生活的乐趣，但得今日吃饱、不记明日无粮、胸襟之旷达令人咋舌。

但是中国人，或者更确切地说广州人，以船为居、常年漂泊水上的不在少数。这个被称为"疍家人"的特殊群体分布如此广泛，以致广州运河部分河段船满为患，造成航运堵塞的情况。部分船只并排比肩而立占据河心航道，只与河岸间保持一点距离，形成一个封闭的群落，给过往船只的通行造成诸多不便，在广受船工诟病的同时，周边民众也大为不满。在当地人眼里，这些来路不明的"水上吉卜赛人"是货真价实的贱民，双方老死不相往来，遑论联宗通婚、相互融合。广州人普遍认为"疍家人"无根无源，是珠江口外辽阔的大海蘖生的物种；若非道光皇帝额外加恩，他们只能出没于惊涛骇浪间，终身与鱼鳖蟹虾为伍。

广州附近的水乡和琵琶洲塔

广州城外的琵琶洲塔

明净的阳光澄澈如水，

洒满绿茵茵的草地。

一带村落托出玲珑宝塔，

眼前有景如此回肠荡气。

——H.

　　越是靠近广州，越能感受到扑面而来的繁荣气息：不唯河渠治理情况益见严整，河上往来的商船越来越多，在堪称水乡泽国的珠江三角洲地段，村落处处、阡陌纵横，人烟也更加稠密。遍布河岸码头的船工篷屋、商店、大商人的私宅别墅、错落有致的民宅，掩映在迎风摇曳的大树下，一派田园风光，无限人文胜境，宛然时光绘就的图画，天光云影，意趣盎然。其中有一处所在尤其引人注目：古色古香的瓦舍伫立长堤，瞩望汤汤流水；参差披拂的古木之下，一道宽阔的石阶直抵河面。这一片建筑群落的对面是一座小岛，岛上建有佛教寺院，高耸的佛塔周边分布着大清帝国的江防工事。鸦片战争期间此地曾经发生过短暂的战斗，英国皇家海军肃清珠江口岸防御力量，派遣小股兵力攻击炮台；清兵抵抗微弱，战事历时二十分钟左右即告结束。这座名为琵琶洲的小岛是当地人心目中的灵境圣地，过往各色人等多选择在此弃船登岸，向佛寺中供奉的守护神献礼，祈求神灵庇佑、心想事成、出入平安。从琵琶洲到广州，珠江潮涌、远山含黛，大运河的涟漪摇荡着都市的喧嚣，直落眼底。作为清廷划定的租界，外国人在这一城郊地段具有合法的居留权。不过由于帝国当局重重设限，外国人在这里的日子并不好过；一方是自认为天威浩荡、广施雨露恩泽于"蛮夷"的大清帝国，一方是处处掣肘举步维艰的移民；何以形成反差如此强烈的局面，发人深省。这一带游民啸聚、乞丐横行，鸦片战争前专以围观哂笑外国人为务，间以坑蒙拐骗、巧取豪夺种种不端之行为，社会风纪之败坏，超乎想象。

　　越过（或者更准确地说：透过）舟楫桅帆的森林，欧洲人于1856年前即在广州城郊开办的工厂赫然在目。然而大大小小的各型船只散布江面，挨挨挤

欧洲人在广东开设的工厂

挤、密密麻麻，几至间不容针的地步；短短一段航程，通行之难堪比穿行迷宫跨越天堑。没有当地官府衙役的保驾护航，仅凭一己之力想抵近海关，这在广州水域几乎是不可能的事。即便有衙役开道，旅途依然充满艰险。航道之争，英国人亲身领教过不少回：轻则恶言相向，重则大打出手，这样的闹剧，在珠江口水面上无日不在上演。宁波诸口岸的开放，澳门外贸份额的加大，以及香港在英国殖民政府主导下的开发，一定程度上缓解了珠江流域的货运压力。但是广州作为大清帝国开向世界的窗口城市，贸易地位并没有得到根本性的改变，广州人口近数年也一直保持着稳定增长的势头。他们期待大清帝国重新走上闭关锁国之路，一家独大垄断中国对印度、欧洲进出口业务。然而目今之势，他们的梦想注定会落空。

威震珠江的大黄痦塔炮台

大黄痦塔

来吧！正义的力量一齐动手，

将这座人间大狱夷为平地。

从戟天的塔尖到幽暗的地下室，

这里没有对主的赞美，只有呻吟和哭泣。

——《基督教的俘虏》

广州城附近的珠江大水漫溢，形成河汉纵横、长洲遍布的水乡泽国。对于熟悉这一带地形地貌的本土人士来说，长河落日、碧野苍天，这里的一切都是大自然绘就的风光长卷；异域人士初涉此地，稍不留心就会迷失在滩头荡尾，不费一番周折走不出来。这里找不到一处裸露的泥土，密密匝匝的草木遮蔽的河岸，挨挨挤挤的屋宇结成的村落，高下错落、蒙络摇缀，将造物的神奇演绎到极致。作为热带雨林生态环境发展最好的地区，广州盛产奇花异果，春有桃李冬有梅，一年到头盛开的鲜花，即便是工于丹青、妙手天成的中国艺术家，也有落笔不到的时候；浮光跃金的河面、团团簇簇的佳果，本身就是最精最美的图画，穷天下之颜色，谁人能染？竭世间之才俊，哪个敢描？

西方人称之为"澳门水道"的一段河面上有座小岛，外观酷肖搏击中流的小船，闻名遐迩的大清海防要塞——大黄痣塔就建在这座岛上。大黄痣塔是一座四级浮屠，石块砌筑的防护墙环绕塔基，墙体上洞开的炮口虎视江面，大清水师炮队雄踞其中，戒备相当严密。这座塔的来历无从查考，不过根据中国军事工程部署传统及一贯的战略战术风格，该设施的设计初衷应该是这样：塔顶设置了望哨，观察周围敌方动态并向隐身在战壕内的士兵发布战斗指令。建筑物很高，但这样的配置战术上实在不高：敌军大炮一通远程精准轰炸过后，高塔完全有可能轰然倒塌，化身落石飞瓦将堑壕内的伏兵连同武器弹药一起埋葬，其杀伤力是区区几枚炸弹望尘莫及的。这座小岛的面积在一英亩左右，岛上除了几株遮天蔽日的大榕树外，便是军事设施。这几株树对于顶盔掼甲、一年四季驻扎于此的士兵来说很有用途——如火的骄阳下，那凉风习习的浓荫是他们最后的庇护所。堑壕之上遍植树木，遮风挡雨兼纳凉，此做法在大清帝国非常流行。中国专家认为，榕树不仅挡得住阳光，还抵御得了敌军炮弹的攻击。偌大一个帝国，甚嚣尘上的都是这一类妄言，难怪好端端的军营，总是与浮屠宝塔相伴，显得那么不伦不类——设计者以为威势赫赫的高塔有震慑作用，令来犯之敌有所顾忌、不敢贸然靠近。

从中英两国间关系首度出现裂痕直到鸦片战争爆发后的1841年6月23日，这座孤岛要塞一直控制在大清帝国水师手中。当大英帝国舰队出现在河面上的时候，清军未作任何抵抗，两英里外的广州也未采取任何驰援措施，炮台就这样轻而易举地落入我手。参与战事的英方军官声称，如果大清水师稍有抵抗的决心和殊死一战的斗志，居高临下发起反击，则英军进退失据、必败无疑。作为广州的门户，只要大黄痦塔屹立不倒，再强大的海军也进不得半步，广州城的安全可保无虞。大英帝国海军官兵登上炮台后惊讶地发现，这座貌似孤悬于浩渺烟波间的小岛其实与河两岸交连互通——十层十英寸见方的木板构建的浮箱用粗大的铁闩楔接在一起，首尾相接横亘江面之上。只可惜大黄痦塔一夕易手，这一防御工事设计者的良苦用心，最后悉数付诸东流。

第一次鸦片战争的硝烟未散，大清帝国上下本当体察英军的实力，对战后所签和约各项条款奉行不逮。可惜没有契约精神的清廷机关算尽，总想逃避履约责任，加之清军水师击沉一艘悬挂大英国旗的舰船，导致两国关系再生裂隙，战争或无可免。

广州街头景观

广州一条街

城中一条长街，

令人魂牵梦绕。

所有街坊邻居，

对我如此友好。

——玛丽·霍维特

　　老广州是中国城市的典范，最能体现中国市井的社会风尚和人性百态。综观扬州繁华街头如火如荼的交易行为，揣摩其后掩藏的商业文化，结合观光游客对此地特色的总结评价，不难看出扬州与欧洲大陆城市甚至古老的伦敦有诸多相似之处。历史悠久源远流长、贸易发达货通天下，一代又一代在这片热土上繁衍生息的人民付出辛勤的劳动，用自己的双手不断拓展城市的边缘，缔造人口密集生机勃勃的郊区。本节插图描绘的街景在欧洲人看来虽然似曾相识，但与欧洲的都市或者小镇没有丝毫关系。这是中国南方最古老的城市之———广州中心地段的街头景观，真实性不容置疑。广州古城墙周长仅六英里，但城中居民加上以船为家、常年生活在珠江浩渺烟波里的水手，总人口达一百余万。

　　广州地域狭小，但每一寸土地都得到了合理有效的利用。四通八达的狭窄街道、鳞次栉比的房屋，极大地拓宽了居民的生活空间。这样的城市布局限制了车马的通行，却为步行者创造了一个来去自如的天堂。设置重重警示标志的伦敦步行街，便利性无过于此。巴黎也有类似的街区，不过上覆天篷、铺排更加考究奢华。广州的小街全部铺有大块的花岗岩，岩体高出路面少许且相互间留有较大的空隙。车行其上，乘坐的人自然要经受一番颠簸之苦，即使获准在城内任意驱驰的特权人士也会视之如畏途。广州的市内交通还有一大不方便处：街头巷尾一律收仄，另装厚重的木板或铁板门，看上去与普通民居的大门毫无二致；"门口"常设值更房一间，各家轮流守夜，守护一方平安。一城之内处处设防、寻常巷陌壁垒森严，其实这也不是社会发展史上的孤例。曾几何时，欧洲大陆诸城即有犹太人隔离区，大街两端同样各装大门，每至晚间便闭门落锁，并由地方警备机构派员把守，防范不速之客闯入。长期在日本九州岛长崎地区做生意的荷兰人，如果想留宿岸上，也要获得当地治安部门的许可，在守备森严、形同监狱一般的外国人留置区歇息。

建筑力学知识的匮乏，导致中国工匠在住宅的设计建造方面左支右绌，两层以上的民居在中国并不多见，但有也是照搬荷兰的样式——虽经本土化改造极尽浮饰虚雕之能事，却也难掩古朴笨拙、与建筑科学发展水平极不相称的一面，类似建筑物在英国切斯特等古城比比皆是。广州富人住砖房，小康之家居木屋或砖木屋，穷人则蜗居土坯房之内，房屋建筑式样与农村几无差别，不同之处只是显得更加拥挤。乾隆皇帝有一次观赏大英帝国城市建筑图册，期间发表过这样的感慨："你们国家土地太少了，房子都建这么高。"

一幅描绘托马斯·格雷沙姆爵士时代伦敦伦巴第大街的图画，体现的场景与今日广州相差无几。敞开的门窗、遮风挡雨的漆窗外加前突的浅檐、装备固定护栏的走廊，这些都是中式商铺的标配。各家的货品陈列门外，主家无失盗之忧、客户得检视之便，逶巡期间，那种其乐融融的购物体验，断非伦敦、巴黎的百货商厦可比。商铺前面狭小的空间里，长长的竹柄撑起巨大的竹伞，挨挨挤挤，你不让我、我不让你；毫不起眼的伞盖之下，大大小小的交易搞得热火朝天，讨价还价之声不绝于耳。每到夕阳西下、夜幕降临的时候，各家窗外、门顶的灯笼便会点亮，照得满街流光，暗影倏忽。这些灯夜晚是照明工具，白天是街头一景，少有人家会在不需要的时候收起来。商铺的门顶、窗侧位置通常会悬一块标牌，彰显主人的名头或店铺的历史，这就是中国人看重的"字号"。早先英国也流行此风，托马斯·格雷沙姆爵士名下实业的铭牌，便是蟋蟀图案。"神龙乔治"、"皇冠圣经"之类别出心裁的徽标，直到上个世纪才宣告废止，换成更富传统文化或建筑艺术色彩的设计元素。英国古城与中国城市的相似之处颇多，上述之外，刻印在门楣等显眼位置的格言警句等内容差可比拟，可谓相去万里而灵犀互通。我国的面包老店入口处都会嵌一块劝善格言牌："惜粮者必不穷"；切斯特一处老木屋向面处悬挂的则是体现基督徒精神的颂词："神佑吾侪"——事实上，《圣经》中的名言警句是封建时代英国贵族府邸长廊过厅中最常见的点缀。尊古守制的天朝帝国子民，这方面的工作与世界上任何一个文明国家相较也不遑多让：摘自孔夫子著述、振聋发聩启迪心智的圣人之言，屡屡见于各家各户的厅堂；至于我们关注的重点——商铺中张贴的与规则、信义等有关的格言也是琳琅满目，其中流传最广、最广为人知的三句话是："言无二价""概不赊欠""童叟无欺"。

中国商业箴言花样翻新、不胜枚举，耐人寻味的也不少："一日之计在于晨""殷鉴未远，本店概不赊欠""闲话越多赚钱越少""财源滚滚""货真价实""细水长流"，等等；有些店面的门口还会竖一块牌子，上书"谢绝化缘乞讨"一类警示语。

由于广州的街道都比较狭窄，偶尔有屈尊俯就视察市井民情或者参加什么庆典的朝廷大员，随从仪仗摆不开不说，还只能步行；地方官员上街购物或私相拜会，也是轻车简从、安步当车。

尽管服饰不同、语言各异，宗教信仰及法制体系千差万别，欧洲人与中国人的社会行为习惯却惊人的相似。广州的街市布局很有特点，同类商品集中经营，形成一条又一条特色产品街，此俗在欧洲部分大城市亦然流行：主祷文广场是最典型的例子，单品经营一条街之类，更是数不胜数。广州的街道名称也离奇古怪——标准的汉语，不过多为天外飞来的词语，与街巷的特色不相比附。外国人最熟悉的广州街道当数"龙街"和"金街"，而我们也有数不清的"狮街"——中国人的图腾是龙，我们的则为狮子——以及"黄金广场""黄金大道""黄金巷"等等。中国的街道很有民族特色，清新雅致、古色古香，给人赏心悦目之感；市民也都安分守己，除了追求人类共同的目标——发家致富之外，从不妄生事端。中国商人求财的欲望是如此强烈，以致每家每户商铺里都供着财神爷的画像；商人们朝烧香、晚祈祷，无非求个"财源滚滚、日进斗金"。

广州城人口密集的地区，防火工作做得非常扎实到位，确保灾情发生后能够快速响应、迅即扑灭。街道口封闭门旁边均设保安岗，安保人员配备大号的警铃、铜锣或者警号，另外各家各户的屋顶都搭建有类似眺台的应急设施：一旦出现火情，保安率先鸣号、敲锣或者摇铃示警，居民可借助内部通道攀爬至眺台之上，观察火情或者溜下竹竿逃生。

福建境内的武夷山

福建武夷山

林中仙子鼓瑟而歌，

我们却丝毫不为所动；

报复心切的她们扬起大海的洪波，

散作长云充塞无边浩瀚的苍穹；

又横穿林野凝结成大雨滂沱，

践踏辽阔的大地，舞动滔滔江河。

——莎士比亚

武夷山不仅以所产茶叶品质出众著称于世，更以风景雄奇秀美、文化积淀丰厚闻名。苍岭幽壑、明溪暗洞，莫不林木葳蕤、奇石横陈；而直插云霄的松石、深不可测的山洞，无处不与神秘的民间传说在一起。武夷山位于福建省西北部建宁府境内，纵横三十六峰，戟指长天；逶迤九曲溪水，膏泽大地；清清山溪流过的地方，每一块岩石、每一处洞穴、每一道悬崖，都曾是历代文人墨客驻足流连的地方、吟风弄月的对象，折射出民族发展、社会进步的光芒。

武夷山名与神话传说有关。相传很久很久以前，一位名叫"武夷"的仙王经常乘风驾云降落凡间，流连于武夷三十六峰之巅。至于这位情状与焦光差可比拟的仙王身世如何，以及他频频造访此山有何用意等，无人能解。这位仙人育有两子：长子名"武"，次子名"夷"；仙王死后，王业即传于此二子。不过由于仙王驻跸之地是武夷山最高峰，山势险峻峭壁如削，除了长子武以外还没有人敢以身犯险、贸然攀登，故此山上景致如何、是否真有仙人的宫阙，至今不得而知。

传说中国三国时期福建大旱，牛羊仆道、草木尽枯，处在死亡边缘的灾民不得不向当朝天子魏王求救。魏王体恤民情，亲临福建为万民祈福。魏王一路风尘仆仆地赶来，直奔武夷山腹地九曲溪畔，选定一块巨大的悬岩作为祭天的神台。他备齐牛酒果馔之类的祭品，主持开展隆重的祭天仪式，同时还向山妖河神献活祭；祈求这些地仙上天言善事、回宫降甘霖。仪式临近收尾的时候，但见天边一仙驾鹤飞来，翩然降落在山巅之上，俄顷天地如墨、大雨如注，干涸数月的河床被洪峰淹没，驾鹤仙人逗留过的那巨石也由此得名"仙鹤岩"。宋代大儒朱熹曾讲学于此并题壁多处，更为这座人文积淀深厚的名山增添了厚重的历史感。仙鹤岩下暗藏一窟，窟内平坦的地面上散布着几块大石。根据朱熹老学究的考辨，这些石头的前身是仙人济济一堂讲经论道时使用的桌椅板凳一类物什，之后仙人驾鹤西去，因恐凡夫俗子玷污了他们留下的圣迹，故在起行时悉数点化为冰冷的石头。

环山钟灵毓秀，大自然赋予的魅力本来不小，兼有中国人起的那些极富想象力的山名从旁点缀，令人浮想联翩。三块暗红色岩石拼成的秃峰，在中国人嘴里成了玉女峰、幔亭峰、天游峰、铁笛峰……每一个名字都那么富有诗情画意，那么摄人心魄。铁笛岩之名源于一个美丽的传说：据称宋朝道士李陶真曾隐居于武夷山中，整日游弋三十六峰，过着闲云野鹤的生活。李陶真擅音乐，一支铁笛吹得惊天地泣鬼神，宋人黄妹夸其出神入化的演艺，曾赋诗云"一声苍壁裂，再奏蛟龙悲"，堪称中国的俄耳甫斯①。

---

① 俄耳甫斯：希腊神话人物。善弹竖琴，其高超的演奏技巧甚至使擅以歌声迷惑航海者的女妖塞壬心折不已。俄耳甫斯在妻子欧律狄克遭毒蛇咬伤致死后，曾历尽艰险到地府索回爱妻一命，但因未遵冥王之嘱、在返回人间的最后关口回头看了妻子一眼，致使欧律狄克魂飞魄散。经此一劫，俄耳甫斯万念俱灰，遂隐居色雷斯的岩穴之中了却残生。后因不敬酒神，被酒神的使女杀害并惨遭肢解。

厦门港口景观

厦门港口景观

　　故国的影子出现在远方，

　　　到处弥漫着宁静和安详。

　　　不见阴森森的舟楫摇曳波浪，

　　　海天交接处，便是魂牵梦绕的故乡。

——拜伦

　　杜赫德^①滞留中国期间，厦门便以商旅云集、经济发达而著称于世。如果中国遵循市场规律，厦门这座自然风光优美、地理位置优越的港口城市完全有望发展成为华东贸易中心。"厦门是闻名遐迩的良港，地势高峻的岛屿环伺港外，形成一道阻隔强劲海风的天然屏障；港内罡风不起、波澜不惊，气候条件得天独厚。加之厦门水深港阔，大型船只可直抵海岸，吞吐量之大、航运之安全，向为世人所称道。厦门也是一个繁忙的港口，舟楫林立、长帆如云。大约二十年前，这里还常有欧洲邮轮出没；可惜时过境迁，现在的厦门再也难觅外国船只的踪影——厦门作为大清帝国最大的对外通商口岸的历史地位，早已被广州所取代。厦门是大清军事重镇，驻军人数达六千至七千名，由一位汉人充任水师提督，署理当地防务。有一岬角横亘于厦门港水道，两石对立，突出水面数英尺，状若法国布雷斯特港口之明加雷角^②。距此三里格处有岛名'鼓浪屿'，下有石罅贯通全岛，风鼓浪涌，声若钟磬。厦门与金门群岛隔海相望，前出金门便是台湾。作为大清帝国的海上防御前哨，金门岛如同一只架设在万顷碧涛之上的眼睛，警惕地注视着往来厦门与台湾之间的大小船只。"郭士立取道厦门入华传教，多年之后，当他的双脚再度踏上这处"名港"的热土时，发现这里的山水没有变，这里的人，或者更恰切地说，这里的衙门对待外国人的态度也没有变。唯一改变了的是这座港城

---

① 杜赫德（Jean Baptiste du Halde，1674-1743），法国神父，耶稣会教士，西方汉学著名先驱之一，著有《中央帝国全志》（全称为《中央帝国及其所属鞑靼地区的地理、历史、编年纪、政治及博物》）一书。

② 明加雷角：原文为"Mingaret"，中译名不明。

的规模和外观：除了地域扩大到方圆十六英里、人口猛增至二十万外，大街小巷里骤然多出了许多庙宇、浮屠，高挑的飞檐斗拱，鳞次栉比的民居，将狭窄的街面点缀得楚楚有致。这座海滨城市等级分明、贫富悬殊，大量社会财富集中在少数人手里，绝大多数平民竟日为生计奔波，却始终深陷仓无余粮、身无分文的泥淖，无力自拔。如果大清帝国能够顺天应人，向全世界敞开厦门的大门，其间蕴藏的巨大商机足以带动一方经济的快速发展，这座城市乃至毗邻区域人民生活的改善，指日可待。当下之势，厦门只向台湾地区及邻国日本开放，外贸交易体量未能超越两百艘小船组成的商队所能运载的最大负荷。饶是如此，厦门一地所课的关税，依然占去福建一省财税收入总额之大头。

英国商人梦寐以求的，无非是重获对风平浪静的深水良港厦门的使用权。厦门港见证了大英帝国惨淡经营远东的历史：1685年，"迪赖特号"商船曾驻泊此地；1744年，"哈德威克号"商船也曾在港湾内短暂停留；1832年，阿美士德勋爵出使中国途经厦门，盘桓日久却未得与大清帝国朝廷建立起有交往的沟通渠道，怅然返国——清朝统治者闭目塞听、作茧自缚，不惜动用武力维护自己那点残存的尊严；除较大的鼓浪屿之外，厦门港周边的鸡屿、大屿、火烧屿等三座小岛也严密布防，管控进出港口的水道。厦门本岛地形多变，峭拔的石峰之巅同样建有军事设施，居高临下，虎视周边区域；不过由于兵力严重不足、武器装备落后，且因位置过高，火力根本投射不到应当严防死守的战略要地，两军对垒之时发挥不了任何作用。厦门山中胜景向来为世人所推崇，即便日夕与之面对的当地人士，也是山色照水色、相看两不厌；幽壑之内寺庙、别墅广布，高大的佛塔拔起林莽间，晨钟暮鼓，摇曳无边风光。英军攻占厦门之后，登岛的水兵见此人间罕有之美景，无不欢喜雀跃。他们攀岩附壁，四处游走，发现岩隙中多有封存完好的陶罐，打开罐盖，赫然映入他们眼帘的是码放得整整齐齐的人体骸骨，上面有红色颜料标注的数字或者记号。这些陶罐到底有什么来历，无论当初的发现者，还是后来的研究者，都没有找到令人信服的答案。

厦门看鼓浪屿

鼓浪屿上观厦门

波澜不惊的海面，

倒映五彩缤纷的山峰。

那是大自然铸造的明镜，

历经风雨，映照古今。

——H.

　　受大清帝国当局闭关锁国政策的影响，英国人虽不能再进入风景如画的厦门港，但中英两国建立在多年商贸往还基础上的民间联系纽带，牢不可破。朝廷关闭中国东南沿海除广州一地之外所有通商口岸之前，厦门的对外贸易已初具规模；后迫于英军的强势干预，清国不得不开放五埠，也是厦门最先伸出热情的双手、欢迎久违的西方人卷土重来。靠近厦门的海面上一岛穆立，岛上既有深沟高垒的要塞，也有土壤肥沃的田畴，森森悬垂的危岸、草木勃发的山崖，将涌动不歇的狂涛和漫天飞舞的飓风阻遏在外，围出一隅波平如镜的内港，这就是扼出入厦门港之要冲的鼓浪屿。由于这一带洋面水文复杂、过往船只频频失事，落难的船员不得不铤而走险，四出抢劫。鼓浪屿的兵力和军事设施均不足抵御猖獗的海盗，每至晚间，部署在岛上的"红衣大炮"便会发出沉闷的警报声，提醒港内加强戒备、防范海盗突袭。甚至在英国皇家海军驻扎期间，这一套做法依然得到遵行。

　　站在鼓浪屿高处遥望厦门，优美的景色、繁忙的码头、热闹的市井，无边风物尽收眼底。千帆竞渡的深水航道横陈脚下，密集的屋宇点缀长条状的岬角；稍远处的近岸航道波光粼粼，云腾雾绕的石灰岩质大山宛如一道画屏，将气象万千的大陆遮掩在后面。徜徉于鼓浪屿小径，俯仰厦门风光，恍若置身魔幻之境。

　　福建境内地形复杂，厦门、鼓浪屿等海上或沿岸地区的居民与内地重峦阻隔、交通极为不便，故此对外贸易向来发达。厦门与台湾地区之间的经济交流非常活跃，新加坡也是厦门多年的贸易伙伴。输出蔗糖、输入大米等生活必需品，是厦门人与福建北部诸地互通有无、维持经济联系的主要方式。与世隔绝的生活环境导致福建成为中国的化外之地，除民俗民风独树一帜之外，闽南话也与中国其余地区流行的方言迥异。至于这种特殊语言是对外交流过程中异化的产物，还是地地道道的方言土语，这个问题无人能解。

曾厝坡下的厦门景观

曾厝坡下

这是一座赏心悦目的城市:

面对人类缔造的奇迹,我的心

变成闹攘街市的一部分,

常伴无边胜景,脉动无限欢欣。

——玛丽·霍维特

斯托达特上尉绘制的厦门，水光山色，雾气氤氲，景致旖旎迷人。画家将视点放在曾厝坡古墓群内，防御设施齐备的城墙巍然穆立，鳞次栉比的房屋静卧在群山环抱的峡谷之内。市井之后一泓静如平湖的海湾，便是厦门内港。连绵起伏的冈峦渐伸渐远、横亘天际，与外港方向的鼓浪屿遥遥相对。仰赖周边星罗棋布的岛屿及海岸山脉的翼护，厦门内港狂风不作洪波不起，大船常驻港内，不忧樯倾楫摧；轻舟往来穿梭，无惧灭顶之灾，堪称天造地设的东方良港。

厦门是中国东南沿海各商埠中最靠近广州的一处，地理位置得天独厚。一旦大清帝国闭关锁国的政策有所松动，广州一家独大、垄断中国对外贸易的地位再现动摇，厦门之门敞开之日指日可待。近期中英两国军事冲突的战况，有望给这颗镶嵌在太平洋西海岸的明珠带来持久繁荣。

英国海军靠岸

晋江入海口

虽然前方战云密布、刀枪如棘，

大英帝国的军人何惧马革裹尸。

要么凯歌高奏，要么埋骨异乡，

勇士的命运就是战斗到最后一息。

攻占厦门之后，大英帝国海军编队一路北上，突入晋江三角洲河道。福建滨海重镇——泉州，即坐落在晋江南岸，与河流入海口相距仅数英里之遥。因为此港是中国禁烟运动烽烟最炽的地区之一，中英冲突爆发之后，大清当局即大张旗鼓地修长防御工事，将泉州城打造成抵抗英军侵略的桥头堡。关于两国军事冲突期间发生的诸多荒诞不经之事，战争亲历者斯托达特上尉交由阿洛姆先生处置的一幅版画比任何苍白无力的文字渲染都更具说服力。画中一支英国海军陆战队在数艘战舰翼护之下，正奋力攀登晋江北岸的一处岬角；其时大清水师作壁上观、始终游离于火炮的射程之外，而坚守炮台负责狙击抢滩登陆之敌的八旗兵虚放几枪便落荒而逃，一应枪炮弹药辎重悉数委于敌手：仅镇海一地缴获的战利品——岸炮，价值就不止一万英镑，不过始终未发一弹，形同虚设。不过这还不是荦荦大端。闽洋海防工程的全线崩塌，意义远大于阵前斩获、装备得失。

泉州是一座滨海城市，晋江航道为其海上及内陆交通提供了极大的便利，地理位置优越、市场经济发达，是大清帝国境内屈指可数的大都会之一，亭台楼阁、耸寺高塔，公共建筑随处可见。泉州是"府"级建制中心，下辖三级（郡县）城市七处；泉州城街巷宽阔敞亮，从整体规划到基础设施建设，可圈可点之处甚多；城外晋江水面上有一座造型奇特的桥梁，堪称文明圭臬、建筑之绝响。卫匡国①撰写的旅途见闻录曾述及此桥，溢美之词流

---

① 卫匡国（Martino Martini, 1614–1661），天主教耶稣会意大利籍传教士，汉学家。

诸笔端:"因缘际会,我与这座东方大桥有过两次邂逅,其庄严肃穆的外观、别具一格的构造,每次都令我驻足流连、大感震撼。这座大桥通体使用黑色巨石搭建而成,外观并非中国司空见惯的拱式结构:三百根梭形桥墩楔入河床,略显膨胀的中段、尖削的端头提高了桥体的抗洪能力;桥面铺料是整块的条石,五块一组,每块的宽度根据本人实测足有十八步。千余块石材经工匠一斧一凿打磨成外形尺寸完全相同的制材,然后严丝合缝搭建成平整的桥面,人力消耗之大,可想而知。桥墩前后端各填拱石加固,上镇卧狮,栏杆各处雕花镂草、意趣盎然。晋江两岸地形虬曲盘绕、地质构造复杂,湍急的河流奔涌而下,波翻浪涌,蔚为大观。此桥落成之前,一水阻隔、犹如天堑,沉船事故时有发生;一位主政泉州的地方大员不忍看生灵涂炭,倾其私囊捐建大桥;如果中国通杜赫德所言非虚,此桥的建造费用当在五十万英镑以上。"

武当盛景

江西·武当山

澄溪荡山阿，

飞泉悬幽池。

如珠复如霭，

流响惊松石。

——《幽涧》

赣南梅岭地质构造多为页岩、变质岩，奇峰峻石，秀甲天下；大地女神似乎对这个地方青睐有加，于徜徉山水、怡情养性之余，用她那双巧夺天工之妙手，塑造出南河源头——武当山乱石穿云、危岩蔽空的奇观。环抱小村、襟带长谷、畸而不落、垂而不坠，万有引力在这里失去了法力，冥冥中似有一股超自然的力量，将武当山一带定格成如梦如幻的世界。从山之头到水之尾，梅岭无处不胜景，阿尔卑斯山之瑰丽，不过如此。生活在这一带的中国人，精骛八极，心游万仞，为每一处烟云缭绕的青峰，创造摇曳心旌的传奇故事；用每一段清澈婉转的碧水，演绎荡气回肠的悲欢离合。瑰丽的自然风光与人类美好的理想，在这里水乳交融，共同编织出一幅波谲云诡的人文图景。

传说古代有个"武国"，诸王子修文习武、智慧超卓，不仅学有所长，且都有爱国护民的慈悲心肠；其中有一位王子范图[①]更以勇毅果敢、性情独特见称，在他那些优秀的侪辈中脱颖而出。范图是一位学养过人而又无所畏惧、个性魅力十足的王子。也许是天性使然，厌倦深宫生活的他，憧憬着有朝一日逃出牢笼，享受在大自然中毫无羁绊的生活。二十岁那年，他按捺不住寂寞，独自打马外出，到应该回宫的时候还不见踪影。国王派遣侍卫四处寻找，还张贴告示晓谕民众：凡有告知王子下落者，重重有赏。但是王子这一去如同泥牛入海，再也没有消息。最后国王不得不面对现实，为最得他的欢心、可惜苍天不佑的爱子举行葬礼，并从诸子中另择一人继承王位。冬去春来，光阴荏苒，转

---

① 范图：原文为"Too-Fan"，此处为音译。

眼间好几年过去了。这一天，新晋太子范虎①带着一班随从，前呼后拥到武当山打猎。在追逐猎物的过程中，一干人走散了，失伴的太子孤身犯险，直闯入一片人迹罕至的林地。眼看着金乌西坠、霞光渐收，陷入绝望的太子突然看到一位布衣荆钗、貌若天仙的女子翩然而至，问了一番客人抛迹荒野的情由后，邀请他到自家的茅屋内安歇。如花美眷，加上如此热情好客，太子直看得瞠目结舌，哪里还顾得上说话！林中仙子把客人的沉默理解为疲劳过度，忙不迭呼朋引伴、叫家人过来帮忙，一位年轻人应声出现在茅屋的大门口。他二话不说，当下牵马坠镫，引客人进屋休息。

那位妙人还有她身边的男子极尽地主之谊，在热诚接待太子的同时，还自告奋勇充当向导，答应第二天就带他走出迷途、重返他熟悉的那片围猎场，可太子这一夜心如撞鹿、辗转难眠。饫甘餍肥、阅人无数的太子，被眼前这位朴实无华的女子摄去了魂魄。贵为一国之储君，他忽而志得气满，自认为天底下没有他得不到的东西——迟早有那么一天，这个女子会成为他的囊中之物；忽而又为自己放纵邪欲、夺他人之志以逞一快的龌龊念头而深感忏悔。获悉那对男女系结发夫妻之事实后，他马上跟男方做起了交易：不惜一掷千万金，务求抱得美人归。对于太子无休无止的纠缠，主人表现出极大的克制，不过他也知道眼前的这个人是什么货色了：若非无智，必属无耻，总之是个丧心病狂的人。他遵从中国人的礼仪恭送客人走出自家的地界，还说了许多祝福的话。

被欲念冲昏头脑的太子离开了夫妇，对男主人的临别雅言充耳不闻。他浑浑噩噩地穿行在林莽间，所幸胯下的那匹马还有一点灵性，驮着主人一路下山，终得与他那一班随从相聚。看到主子平安归来，这些人如释重负，无不欢喜雀跃。

此时的太子已经在欲望的泥淖中迷失了本性，一门心思想着罗织怎样的罪名构陷武当村夫，清除横亘在他和美人之间的那块绊脚石。他跑到父王那里告御状，说有人胆大包天、目无王法，大肆盗猎皇家园林里的珍禽异兽。他声称自己虽然不知道这个人的名字，但对他的举止行藏了如指掌，也知道这个人

---

① 范虎：原文为"Hoo-Fan"，此处为音译。

隐藏在深山中的巢穴；如蒙父王恩准，他愿意替天行道，亲自出马惩罚这个恶贼。国王听信了儿子的一面之词，授予他生杀予夺之大权。太子范虎当即召来素日与其沆瀣一气、唯其马首是瞻的死党，杀气腾腾地赶往世外桃源武当山，找到一度热情款待过他的那位村夫，宣称他涉嫌擅闯禁地，遭人告发，现奉国王之旨特来调查情况。见色起意、忘恩负义，村夫对眼前这个人的肮脏心理洞若观火。强压下心头窜动的怒火和鄙夷不屑，他毕恭毕敬地对来者说："伟大的太子殿下，给我一点时间，让我跟自己的爱妻说几句话，安顿一下我外出期间的家庭事务，完了我跟您走。"太子答应了他的要求，远远地监视着村夫的一举一动。村夫在妻子的耳边嘀咕了好一阵子，不过太子心知煮熟的鸭子飞不到哪里去，生离死别关头，给他们留足了卿卿我我的时间。但是这一回太子拨错了算盘：村夫给妻子交代的，完全是另一回事。"我的贤妻，等我跟太子范虎和他的那拨人马走后，你马上带着那条镶有钻石的腰带翻过那座山，抄近道赶往王宫。"村夫谆谆告诫妻子，"进宫后，托最大的官将腰带交给国王，并且给国王捎一句话，就说这条腰带的主人遭到陷害，不明真相的国王颁旨处死，现在命悬一线。如果国王不亲自移驾营救，必死无疑！行动要快，大慈大悲的佛会保佑你的！"

太子范虎既已指证村夫犯有弥天大罪，就得来一场审判走走过场，在大庭广众面前处死罪犯。考虑到"嫌犯"体格健壮，有驱虎之力、逐兔之能，如果有同党铤而走险劫法场，就凭他们几个膏粱纨绔之徒，谁人当得一二！故此太子决定就近行刑，最佳地点，就是附近一处巨石夹峙的平台。

太子一党裹挟着"人犯"穿出幽谷、跨过横搭在马栏河两岸峭壁上的两座危桥，攀岩附壁直奔山顶。在这里，太子将以莫须有的罪名判处村夫死刑，然后将其丢下万丈深渊，让这个有恩于他的人落得个尸骨无存的下场。太子的图谋只实现了一半——刚宣读完判决还没来得及执行，山下陡然出现大队人马：他们来势凶猛、杀气腾腾，显而易见不是来给太子打下手的。更有一位健者打马向前，大呼"刀下留人！国王驾到，抗命者斩"，直冲入太子设置的临时法堂。未得片刻，国王已经登临山顶，出现在太子死党围成的人墙内。"范虎，你有负我对你的信任、有辱武国太子的名号，不配做我的儿子、领受我的荫庇！你厚颜无耻、刻薄寡恩，只配寄身荒郊野外，与野兽为伍！从今日起，你和这个受尽你的迫害、差一点命丧九泉的囚徒互换位置，你去往他的茅屋，他做武国太子，这就是你为非作歹的下场！"宣毕口谕，国王当下转身直奔披枷戴锁的囚徒，一头扎在他宽阔的胸膛上，动情地叫了起来："我的孩子！我失散多年的儿子！我的范图！"——此刻的他全无一点帝王的威仪，只是一位思子心切、多少年来倚门望归的慈祥老人。

范图劫后重生，其蒙难的地方后来建起了一座雄伟壮丽的大殿，内设道场（"当"）用以纪念其人其事，这就是"武当"山名的来历。

大庾山口

大庾山口

　　——你荡漾着神秘气息的河面上，

　回旋着时光的魅影，和信仰的神迹。

　　时光的河流卷走青春的印记，

　　多少繁华被岁月漂白，零落成泥。

　　　　　　　　　　——《时光的流水》①

---

① 《时光的流水》（*The Water of Life*），德国神话故事。

　　赣江是江西省最大的河流，浩浩荡荡的河水在崇山峻岭间穿行，如看不见的巨笔描绘的一幅山水长卷，沿途翠色接天、珠玉流响，景色美不胜收。不过最值得大书特书的景观还在大庾岭下的大桥一带：这里峭拔的山石层层堆叠，直落云端；雾气氤氲的河床之上，但见田畴交错，农舍远近相望：勤劳的中国人堆石成垄，垒土作田，利用河泥和风化层将莽莽苍苍的荒野改造成美好的家园。这里虽然偏僻，但也不是法外之地，大清帝国专制政权的影子照样存在。靠近河岸的交通要道上有一处建筑设施，从插在门前猎猎飘摆的龙旗上可以判断出来，这是当地官方设置的征稽站或检查站一类机构。本书插画中的稽查官就坐在门外空场上的一垛干草前，打着一把硕大的竹布伞，为其遮凉的仆人身形下陷，看上去似乎已不堪重负。这位小官僚眼观六路、耳听八方，他要管控河面上来来往往的船只有没有偷税漏税或从事不法活动；自用的官船需要修理，他得监督。上游梅岭北部山地里生产的茶叶、蚕丝向外转运，这里是必经的关口。驾一叶扁舟，在山间小溪里随波逐流、颠连到此的船工，对这座横亘江面之上的"九孔石拱桥"向来心存敬畏，深恐换船不利索，招致飞来横祸。

　　这座桥跨度虽大，桥宽却不出数步，看样子是专为那些"跨枣红马过三寸桥"的神人建造的神物；不过其结构之精巧，着实令世人瞠目。估计当初建造这座小桥的工匠脑子里，除了官员的指令外考虑最多的就是材料强度、桥墩的倾角，以及填料的黏固性能了；至于边压、旁压一类需要精密测算的数据，其人根本无暇顾及或者根本不具备相关能力。好在监工的官员也不是这方面的行家里手，没有胆色赶上一大群牛在桥上晃来晃去、检验工程质量——再说耕牛在这块不宜农桑的贫瘠大地上，本来就是稀缺资源。

据称这座大桥是中国一位古代名将为满足大量士兵渡河的需要而督建的。这位将军上通天文下晓地理，是一位集军事指挥才能与阴阳八卦之术于一身的人物。桥建好后，他宣布此桥之下舟旅不宜，顺流而下或逆流而上者，必须在这里抛锚登岸，换用对面河段的船舶。可以揣知，这位将军对石拱桥的通过能力缺乏自信，故此编造这么一个弥天大谎，以免载荷较大的船只撞塌桥墩，造成不可挽回的损失。曾有经营船运业务、生意做得很大的当地人不惜铤而走险，打破这一千年魔咒。其人在试航前先准备了一些香烛牲礼，前往寺庙或祠堂祭告各方神灵，祈求先人的庇护。此人走后再无消息，久候不见人归的乡党们于是赶到他祭拜的场所，赫然发现此人跪在神牌的前面，兀自磕头如捣蒜一般。众人呆立半晌，反应过来后一齐上前劝止；然而这位号称敢为天下先的勇士却无动于衷——事实上此人已经中邪，这头一磕就是整整一年，直到洗清罪愆的那一刻，神佛先贤才解除了施加在他身上的魔咒。经此一难，商人不仅彻底打消了引船过桥的想法，还在大江南岸兴修货栈，为"转桥"贸易大开方便之门。

杭州西湖边的雷峰塔

杭州西湖风光

生死一线，祸福相依，

天堂里也有风雨凄迷。

草木葳蕤的山坡之下，

荒冢横陈，尸骨枕藉。

唯有西湖荡漾碧波万顷，

摇曳坟茔和野花的倒影。

——C. J. C

西湖坐落于南宋首都、江南名城杭州西部，湖面宽阔、湖水澄明如镜，周边景色如诗如画。西湖周长二十英里，沿岸风光旖旎、港汊密布；湖心两座小岛，有如碧螺卧波、翠裙濯涟，参天古木荫庇一方胜境。一条宽阔的石板路直通杭州的西湖港口，妙景天成、游人如织，肥沃的土壤和良好的气候条件创造了西湖花红柳绿、生机勃发的世界。杭州城内官高位显的贵族、腰缠万贯的富商，莫不以居西湖之畔、览一窗晴雨为人生快事。亭台楼阁、高下相间，别墅宫阙、参差远近，从环湖一带连绵起伏的群山脚下，直到粼粼波光日夕轻抚的岸边，各式各样的建筑物隐现深林、点缀芳丛；更有精心侍弄的私家花园、公共娱乐设施，为这一方人间天堂平添许多人文气息。西湖水域不知道寂寞，处处轻舟画舫、昼夜钟鼓笙箫，常有阔绰的主儿还会自带伙食船，烫酒备菜，宴游竟日，席间自然少不了西湖盛产的银鲢——此情此景，除了威尼斯的拉古纳，西方世界里恐怕还没有什么地方堪可一比；满人治下的大清帝国，高人雅士会聚烟波、吟风弄月、论道谈玄的时代已经一去不复返，故而娱性怡情之物，唯余美酒佳肴而已。当然，在性别歧视观念根深蒂固的中国，这样的场合不会有女性参与。一个完全摒弃女性智慧、男女间不存在理性交流的社会，那是何等的枯燥乏味！排斥同类、自命不凡，拒绝与操守更加高尚、进化更加完美、情感世界更加细腻丰富的人类另一半进行精神领域的沟通，这是男人自身的悲剧，也是知识和理性的陷阱、社会的障碍。须知上帝造物，原各具缺陷，优势互补才是臻于至善的不二法门。崇尚天性的社会塑造完备的人格，这样的环境培养出来的人，与青春少女相处的岁月都会在他们的心中打下最温馨最浪漫的印记，无论遭遇多少坎坷、经历多少风雨，人性的光辉将永不泯灭。但是中国没有具备此等学养的社会阶层。中国人擅长插科打诨、出言不逊、搬弄是非、尔虞我诈——禁止女性出入这样的社交圈子，也许是中国人最明智，也是最无奈的选择。

除了泛舟清波、静享惬意人生之外，西湖游客寻欢逐乐的方式还有不少。呼朋引友、饕餮满桌美食者有之，执一支鸦片烟枪、吞云吐雾者有之，聚众赌博、自甘堕落者有之；稍具礼义廉耻之心、不愿自污其行者则凭栏闲坐，时不时地抽几口土产烟叶自娱。

心灵还没有被举手投足异乎同类的本地人污染的游客，流连青山秀水，遍访名胜古迹，满目锦绣，花香浸衣，施施然其乐何及！西湖水陆一线，坡岸平缓，茵茵绿草间点缀着怒放的水仙；向里地面抬升处，但见紫红色的罂粟开满堤埂，宛若一圈新添素雅的花环镶在枝叶披离的丛林边缘，高大的乌桕、樟树、桧柏等或常见或罕见的乔木，郁郁森森，绿遍山原。西湖植物群落中最具观赏价值的种类有：变色玫瑰和中东玫瑰、丁香花、构树、杜松、棉花、异彩纷呈的凤仙花科植物、苋草，以及以莲子的行销驰誉欧洲的莲花。不过欧洲人见得到的莲子，都是天朝专门供应海外市场的次品。这些风姿绰约的植物争奇斗艳，在水草丰润、土质肥沃的谷地竞相绽放美丽的花朵，仰承雨露恩泽、织锦青山脚下，与婆娑的树影酬唱应和。西湖周边山地多溪流，忽作垂崖之瀑、忽而芳踪漫灭，一路欢歌，汇入西湖一池静水；驾一叶扁舟逆流而上，踏勘溪岸人迹罕至的林地，历来都是杭州人最为热衷的娱乐探险活动。幽闭的深林，因飞架于众多溪涧之上的小桥而显得灵动和谐、神采飞扬：修桥补路是中国人着力最多的公共工程，不过中国人的桥梁建筑技术水平却不甚精湛，与英、法诸欧洲国家相较，只能用"稚嫩"来形容。高下错落的寺院、若隐若现的别墅、林地、花园、坟墓等人文景观，点缀西湖周围连绵不断的群山；倾颓在历史漫漫尘埃里的宫阙楼阁，留下昔日皇城最后的一抹残影。南宋时期的杭州主城由三个依山傍水的功能区组成，十英里长又高又厚的砖墙，围裹出偏安一隅的坚城。外城是皇帝署理政务的地方，宋度宗辄在这里举办万人宴，遍罗美酒佳肴，欢饮达旦；中城为皇宫，麇集各类皇家建筑设施；内城则为妃嫔宫娥的居所——后宫，秋千弄影、风荷惊鱼，多得数不清的佳丽穿梭于花前月下，彰显大国之威。1275年元兵攻破杭州（时称临安），恭帝①携母后投降蒙古大军，被移送大汗忽必烈大本营并遭废黜，次年即殁。数百年帝脉，一朝断绝；几十里皇都，至此没落。

西湖沿岸码头有一景，那就是披绸挂锦、专用于拉客的游车。西湖举目皆胜境、移步成乾坤，可去之处本来极多。湖心岛虽小，也是螺蛳壳里做道场，别有洞天：浮光跃金的湖面，倒映布局精致的楼阁，正好用于举办婚庆大典；怀有异趣雅兴的地方士绅闲来也喜欢在此一聚：泥炉小酒，高朋满座，大快朵颐之余，尚能览一湖晴雨、展万古胸臆；人生得意，莫过于斯！

但是我们的生命总是那么脆弱，死亡是人生挥之不去的伴侣。西湖歌舞未散、宴乐正酣，明艳的山花溪草外，阴郁的松柏却摇曳起满山的苍凉、在西湖澄波里投下无边的暗影，似在向攀骖辍棹、闲度美好年华的游客暗示：今日有尽时，明朝未可知。

> 当悼者散去，悲声渐歇，
> 荫庇坟头的老树，泪枝依然婆娑。

清风鼓片帆，笑语动轻舟；生机勃勃的西湖水面，正对的是坟茔堆聚、荒草蔓生的"死亡谷"。已成冢中枯骨的前辈们，也曾——

> 奔走于无谓的希望，
> 战栗在虚幻的恐惧；
> 为晨光下的种种愚行，
> 在薄暮里暗自饮泣。

---

① 原文解读史实似有错讹：元兵攻破临安的时间是公元1276年，并非作者所说的1275年；在位皇帝宋恭帝其时年仅5岁，被掳后也没有即殁。1288年遭忽必烈发配西藏、出家为僧，1323方被赐死，殁年53岁。宋恭帝埋骨异乡，没有建庙立祠，故没有庙号，原文使用的"Kung-tsung（恭宗）"称谓，也属空穴来风。

演绎放肆的青春，追逐无尽的梦想。中华民族的社会习俗、文化传承及国人的日常行为习惯诸方面都存在恶浊愚昧之处；不过这个民族提倡孝道，对待逝者的态度至为尊崇，仪礼至为隆重哀婉。"中国人讲究'死者为大'，他们对已逝之人的缅怀之情如此强烈，几至无以解脱的地步。"从云雾缭绕的山顶，到鲜花铺地的湖畔，西湖整面坡谷都被辟为墓地，大小外观各不相同的墓冢、异彩纷呈的纪念碑以及坟前零落的祭品，绵延数英里，落日晚景，满目萧索。高大的柏树披散苍凉的枝叶，阴郁的树冠之下偶见小小的圆亭，白色的柱脚撑起蓝色的伞盖，想必是为列祖列宗修建的锦殿华厦。生前享尽荣华、死后备极哀荣，大清帝国的满族贵胄及汉族达官贵人，死后的待遇跟普通百姓也有差别——半月形风水墙前面，竖着黑色大理石墓碑；镏金碑文除载明死者的身份地位之外，自然少不了堆砌溢美之词、表达缅怀之意。石棺、祭坛、悼壁、立柱、拱顶、方尖碑、宝塔……但凡中国人认为可寄托哀思的道具，这里应有尽有；劳心费力、徒靡财物，如此铺张浪费的行为究竟有什么意义，在外人看来匪夷所思，中国人几千年来却乐此不疲。除了下葬时每位死者坟头都会种植一株歇灵之树外，垂柳、愈创木等外形独特、切合悼亡抚孤之主题的植物也遍植墓园。清风徐来，这些树木柔曼的枝叶拂过坟顶、墓碑，清扫漫长岁月蒙上的浮尘，堵挡路人窥伺的目光，为死者守护一方"家园"。漆漆暗夜里常有灯火在山谷里游移，不过附近的居民经多见广、不以为意——亲友掌灯扫墓，这在中国是常有的事；特别是清明、寒衣节所在的春秋两季，中国人都会大张旗鼓地清扫墓园、祭祀祖先，摆上香烛牲馔之类的祭品，叩头施礼、奉茶奠酒，仪式相当隆重。倘若祭拜的对象只是普通的亲友，中国人还可以"随礼"、委托别人代尽义务；然而告慰父母之灵，必须由本人亲力亲为，这在中国是不能违背的原则、亘古不变的铁律。

在中国的墓地经常可以看到一种奇特的现象：方才还在摆放祭品、伏地大哭的遗孀，立起身子便擦干眼泪，在丈夫冰冷的墓碑上投著问卦、卜算前程。中国人信奉宿命，算卦是他们决疑解惑、探究自身前途命运通用的手段；每处寺院庙宇的神坛边都摆放着签筒，里面插满写有卜辞的长条状卦签。卜者先是上香叩头以表虔敬，然后拿起签筒使劲摇晃，弹出来的单支卦签上书写的内容，在卜者看来就是冥冥中的定数。一般人无法解读卦理，不过这也不要紧：

卜者可以查对签筒旁边摆放的卦书，也可以到和尚、道士、算命先生处讨教。深陷丧夫之痛、青灯孤影苦度人生的中国妇女，除了寄望于丈夫的在天之灵保佑、重拾人生之外，再也无力改变自己的命运。抽到好签的幸运儿都心有灵犀，可以参透命相之理、预知一生富贵，此说虽然荒诞无稽，可中国人从远古洪荒文明时代起直至今日，始终迷在其中、奉行不逮。

> 命数摆在他的面前，
> 先知在为他解读天言。

西湖风景所在皆妙，而最古老、最著名、也最引人注目的去处当数雷峰塔。雷峰塔位于西湖岸边的一座小山峰上，其外观型制、内部结构以及所用的建筑材料等均与中华大地上随处可见的普通浮屠大相径庭，当属远古建筑无疑。当地的权威机构宣称，雷峰塔建造年代久远，根据可靠证据推定，与夫子活动的时期相当，即距今已有两千多年的历史。经历漫长岁月的风雨侵凌，雷峰塔尚有四层塔体屹立不倒；以西湖优越的地理与气候条件，这座塔即使无檐无顶，再保存几千年同样不成问题。雷峰塔赭石作梁柱，绿筿掩黄墙；重檐衔日月，拱窗含晦明，风物最是佳妙。唯独疏于管护，塔体尘封垢积、青苔遍布，绕阶尽是荒草，檐间点缀野花，名为神佛仙居所，佛光其实难进。中国文人推崇的古韵，雷峰塔无疑发挥到了极致；但从文物保护的角度看，寄生植物年复一年对塔体结构造成的破坏不容小觑。首提雷峰塔之名的欧洲人是公元13世纪远赴中国传教的意大利人马可·波罗，其笔下的雷峰塔净高一百二十英尺——衍至今日，虽经数百年沧海巨变，塔高数据却未见一丝一毫的缩水。

石门古镇

江南古镇石门

空明澄碧的河面上花藤飘转，

恰似神奇的大自然编结的桂冠。

点点阳光弹奏流水的音符，

宛若从天而降的金箭拨动大地的琴弦。

——L.E.L

　　愚昧的民族文化格调固然不高，但这并不妨碍审美意趣的长足发展（泱泱中华就是彰显这一悖论的国中翘楚：论手艺人人超凡入圣、讲智慧个个不堪一哂）；时人奉为至典的艺术规范，我们常常能够从历史的尘烟中找到一些蛛丝马迹，证明古人的见识并不比当世低下。我们的教堂、修女院一般都依山傍水而建，周边地段广植茂林修竹、奇花异草，旨在固土培基、遮风挡雨、营造舒适的工作生活环境。在文化遗产乏善可陈、社会文明发展程度无从考证、尚处于蒙昧与开化中间状态的古代国家，民居建设却毫不含糊，在环境的选择等方面都表现出别具匠心的一面：通盘考虑物质生活与安全保障方面等自然条件与天气、景观因素，择址多在植被茂密、有足够土质肥沃的地块可供开发利用的谷地，前有流水满足住户繁衍生息、对外交通之需要，后有丘壑抵御风雨的侵凌。只可惜在现代社会工业化大潮的冲击之下，古代文明特有的那份优雅从容已经随着被削平的山头、被填埋的溪谷、被抽干最后一滴水的湖泊、被开发利用的蛮荒之地，悄然远去。

　　日夕面对大自然的山民，对风景之美的感悟能力源自天性；中国山川壮丽、风物雄奇，国民的风水意识更是深入骨髓。东方最大的河流长江横贯全境的江南省①，青岫含烟、碧波映霞，当地人民上至达官士子下至渔父樵夫，莫不内怀诗情画意、外解白云苍狗，美感修养超乎我们对这个民族智慧文明整体水平的认知。石门上下游数英里的范围内，河岸壁立山岩如削，不过地势于俯

---

① 江南省，明代中国南部地区行政中心（南直隶）。

仰起伏间多了一些变化，平缓的坡地夹杂其间，稻椒离离，鸡犬之声相闻；岸外广袤的原野则另有一番景色：沉郁苍凉的死水、黯然兀立的礁石充塞天地之间，既不能导流入河、回收利用大片的沼泽地，也没有完整的路线可供通行。鉴于严酷的自然条件，当地人多聚居水边，或占据平整的谷地，或凿屋凸崖之巅，或结庐幽潭之侧，一蓑烟雨，换得锦鳞千条。石门一带水流湍急，行舟其上不啻挑战死神；船只在明涛暗涌的推动下愈滑愈快，抵近关口时稍有疏忽，偏离航道或估算距离出错，便可能撞上夹江对峙、高耸入云的石峰，落得尸骨无存的下场。从地质学的角度看，石门一带的山体多为石灰岩构造；江流长年不断的冲刷浸润，靠近水面的岸壁形成坚固的角砾岩层，不排除大理石广泛分布的可能性。不过当地人对石材加工生产并没有表现出多大的兴趣，上好的建筑材料无人采掘或烧制石灰，原始风貌因而得到很好的保护。

石门的两根柱子——突入水中的险峰——下覆石坎，一路冲决激荡的湍流至此敛迹，为往来船只提供了一席驻泊之地。由于河面陡然收窄，石门段江流暗涛汹涌、深不可测，逆流而上和顺江而下的鱼类麇集于此，形成资源至为丰富的天然渔场。这里的渔民多用鸬鹚猎鱼，既方便快捷又无以身犯险之虞，不过超额收益大部分以渔权转让费的形式，尽入国库。

石门之名得自长江两岸相对而立、如擎天之柱戟指云端的孤峰。中国历代迁客骚人面对此人间奇景、大自然的绝唱，无不驻足流连，留下大量极尽铺排夸张之能事的清辞华赋。不过石门之险峻秀美，即便以长于舞文弄墨、好发惊人之语的中国人，所言也无半点虚饰。由于山之高度与水面的宽度不成比例，再高明的画家，构图方面也难做到尽得其意。进入幽深的峡谷，高逾一千英尺的绝壁倚云而立；一线天光游移岸畔，投下如墨般浓厚的暗影。旅人潜行其间，除却明灭浪尖的舷灯、翻卷脚底的白浪，一路朦朦胧胧，几乎不辨一物。行约里许，便是声名远播的雾谷。四千年江水的雕琢，打造出一片雨气空蒙的幻境。如果游人有足够的勇气继续走下去，行不多时便会邂逅一挂落差一百英尺以上的瀑布，撞得珠玉满怀、白雾侵肌。蒙络摇缀的枝叶间筛下的缕缕清光透过雾霭，照亮凝脂一般绿莹莹的江水。中国的方志修撰者声称，石门瀑布翠色可掬，蓝草之色虽纯，犹不过此。

无限风光富春江

一蓑烟雨富春江

有德之士必得厚偿，

伟大的人格铸就辉煌。

且看辛辛那提蓬头垢面的农民，

昔日扶犁田畴，今日征战沙场。

——拜伦

公元25年，当时落难蒙尘、后成为大汉朝中兴之主的光武帝刘秀结交出身豪门的会稽士子严光，相约共游祖国的高山大川，探访名胜古迹、拜会高人异士、于乱世之中寻求一方可以安身立命的净土。刘秀登基后，严光不辞而别，从此音容渺渺、杳无消息。思念故交心切的光武帝遣使到处查找，终于在偏远的齐地觅到此人的踪迹。从烟雨江湖回归统驭四海总揽天下之权的朝廷，光武帝当即封严光为"大夫"——皇帝的私人谋士、一言九鼎的重臣。自此朝中事务无论大小，光武帝都要过问严光。

光武帝对少小时代冶游的伙伴恩宠有加，经常留严光在宫中过夜，甚至于抵足而眠、作彻夜之谈。有一天晚上，梦中的严光竟然将自己的双脚搭到皇帝的胸口上，由于睡得太实，双方都浑然不知。第二天薄明时分，一位关心国计民生、时刻以皇帝的安危为念的大臣便上气不接下气地赶到寝宫，宣称他梦到有大星冲犯天庭、预示有不祥之事发生。及至说清楚夜里发生的情况后，这位大臣心下顿时释然[①]。自此皇帝对严光更加另眼相看，加官晋爵之余，常以军国大事相询。严光也确实不负圣恩，光武帝在他的辅佐之下，国势日盛、人民安居乐业。而每当光武帝对严光的卓越贡献提出嘉奖的时候，严光总是谦虚地回答：是皇上圣明，用人有道，才有海清河宴的太平盛世。

功成名就、位极人臣，这位被光武帝誉为"良师益友"、"当朝贤哲"的高人最后竟然挂冠而去，舍弃荣华富贵、抛别中兴明主，躬耕垄亩、垂钓烟波，

---

① 古人认为皇帝就是天，大星冲天，与严光踩到皇帝的胸口一事暗合，严光无疑就是一颗天上的大星了。

有此风骨的人全世界寥寥可数，实属苏拉①、马尔博罗②、华盛顿、玻利瓦尔之流人物。不过平心而论，光明磊落如严光者，数千年来西方就出了一个辛辛纳图斯③。

富春山位于浙江省境内，丹崖绿树，风景如画。水势浩大的钱塘江穿山越隘、呼啸而去，留下一地的怪石和两岸的绝壁，将石灰岩构造的山体雕琢成人间奇观。烟气弥漫的主峰下面有一处平台，零星散落着几户人家。但见一道飞瀑如丝如雾，直落悬岩，在山脚处凝成涓涓细流，汇入一泓碧潭；潭水清冽幽深，宛若一面硕大的镜子，癖岸边的景物勾画得纤毫毕现。这一胜景位于桐庐县城西十英里处，属严州管辖。高峻嵯峨、直插云霄的高峰，与周边地区的气候形成强烈的反差：别处阴晴无定、气候变化无常，这里却总有晴天朗日——此地便是融悠悠传说与无限风光于一炉的严陵山，又名金峰、丝岭。除却一山一瀑一潭，严陵山的美景还有多处：西湖、圣湖，波光潋滟；凌云、东阳诸河，流响深林；小溪、澄池，更是繁如星月经天、轻云出岫。严陵山之秀美，世所罕见。

这就是中国的辛辛纳图斯功成身退之后为自己选择的栖身之所。唯有智慧过人、学识渊博、协助汉光武帝建立过不世功勋的严光，才有资格独占这一山苍黛、满目烟霞。严光退隐之后，每天的主要工作就是侍弄地亩、养家度日；稍得闲暇便一蓑一笠垂钓山水，为此还特意凿出了一段石阶，在林木间参差披拂蜿蜒潜行、直通岸底。高坪紧挨严陵山脚处有座凉亭或钓台，一条石阶小道斜挂嶂壁、连接山顶的田畴菜畦。凉亭正前方有一组塑像，主题是反映当地山民的日常生活：用滑竿（两根竹竿或木棍之上扎缚承载器具如竹椅等）运送人或者货物。在无车可乘无路可走的山区，这种简易装置是唯一可资利用的交通工具。

---

① 卢基乌斯·科尔内利乌斯·苏拉（Lucius Cornelius Sulla，前138—前78），古罗马执政官之一，著名政治家、军事家。
② 约翰·丘吉尔，第一代马尔博罗公爵（John Churchill, 1st Duke of Marlborough，1650—1722），英军统帅，民族英雄，在英国与法国等邻国的战事中屡立战功。
③ 辛辛纳图斯（Lucius Quinctius Cincinnatus，前519—前430），古罗马共和国时期的传奇英雄。

舟山的英军营地

舟山英军营地

自然女神静卧在，那一片与世隔绝的幽谷中，
　　头枕层林，脚踏碧水；
温暖的阳光充塞天地，方始拂过暗影幢幢的花木，
　　却又拨动大海那跳荡的音符。
善良的村民结庐而居，鸡鸣即出，鸟落而宿，
　　袅袅炊烟摇曳着生命的纯朴。
忽见狼烟翼展天际，金戈铁马纷乱静谧的山巅；
　　军营的号角惊起浓荫中的倦鸟，
　　士兵的脚步踏出一路尘烟。

　　　　　　　　　　　　——C.J.C

地理位置靠近杭州湾南岸总台山岬角的舟山群岛，数百座大小岛屿散落在广袤无垠的海面上，如珠落玉盘、星月经天，点缀出无比雄浑神奇的自然景观。从地质构造的角度看，这些小岛曾经是大陆的一部分，强劲的海风和奔腾的海水，操纵岁月这把永不歇息的刻刀，将地表所有可以剥离的东西吞噬殆尽，只剩下嶙峋的怪石兀立在惊涛骇浪间，为贸然闯入的外来船只竖起一道道墓碑。舟山群岛的地貌极其崎岖，暗红色、灰黑色的岩石突起，风波浪尖、数百英尺的垂天之柱直插云霄，演绎着旷古的苍凉和生命的羸弱。然而，就在这一大片貌似寸草不生的石灰岩荒岛上，勤劳的中国人代代开发，打造出了欣欣向荣的海上家园。

舟山群岛的主岛——舟山岛，长二十英里，六至十英里宽，方圆五十英里，是一片拥有县级建制的行政区域，县治设在定海，隶属宁波府管辖。扬帆海上，眼前的舟山岛风光旖旎、如诗如画——明暗色彩变幻多端，斧劈刀削一般的山峰此起彼伏、充塞天际，幽深的峡谷蜿蜒其间，直抵海岸边人工修建的防波堤。舟山远观如海上仙山，近看更是风光无限。青峦如聚，披一身天光云影俯瞰散碎而肥沃的谷地。水稻、棉花、玉米、甘蔗、烟草、桃李之属，高下错落，疏密有致，将散碎的田园装扮得生机盎然、楚楚有致；茶树、岩栎、野草莓点染着浅沟深壑；再看碧空下点点闪烁的峰顶，春夏秋冬总是披着绿色的盛装，恍若抛落人间的玉簪，玲珑剔透、黛碧生烟。高草灌木遍布的山坡上，但见枝繁叶茂的大树攒聚成堆，掩映着雕梁画栋的庙宇和花团锦簇的墓地。站在开阔海域里航行的船头远望舟山岛，黑黢黢的烟雾缭绕的峡谷地带事实上得到了广泛的开发利用，谷间狭长的冲积带田畴交错，茄子、苞谷、豆类等作物条块分割，在山脚下的平野中描画成忽隐忽现的巨大棋盘。舟山岛上没有天然的河系，但大小山头清溪如注，当地农人截流入坝，涵养水源、保护水质的工作做得非常到位。集沙量较大的干渠，加上海水内灌淹没低地形成的回水沟，共同构成舟山岛上的可通航水域。鸦片战争期间，英军攻占定海后二十六团曾在舟山岛山地短期驻扎，上面建有本岛最重要的水库之一。水库周边围着一大圈民房，这是一个家族聚居地。中国人注重亲情伦理，父母在，子不投异乡，子子孙孙几代同堂，家庭成员的数量不断膨胀，家宅——包括宗祠、仓库等附属设施——亦愈扩愈大，以血缘关系纽带凝聚成的村落应运而生。村落外缘的房屋看上去与里圈的建筑物别无二致，但两者的功能大相径庭。舟山岛常年高温多雨，且富含腐殖质的土壤异常肥沃，故此水稻产量远大于消费量，余粮酿制的米酒除满足本地需求之外，尚可供应外地市场。那些散落于村头巷尾的小屋，就是酿酒的家庭作坊。

怀特中尉的一幅速写画中表现的场景，就是二十六团驻扎的山地。一支分遣队穿过高下相间的农舍，爬行在通往东岳山[1]宿营地的山径上。光滑的石壁，长满甜芋的田畴，可容三人并行的小路斗折蛇行，直通峰顶。这条路具有舟山岛道路设施的典型特征：铺满或纯天然或留有斧凿之痕的石板，一段斜坡、一段石级，岛民运送物资全凭手提肩扛，即使最简单的交通工具——手推车，这样的路上也无法通行。

舟山岛民的社会习俗既与中华民族传统文明一脉相承，也有其鲜明的地方特色。乔斯林勋爵[2]在他的旅行札记中提到，舟山人葬仪之隆重、方式之独特，遍览整个中华大地，罕有其匹。"这座岛上的土著，不会将逝去的亲人埋入土中，这一点与其他地区的中国人大相径庭。"乔斯林勋爵写道，"死者通常被安放在制作精良的棺椁之中，置于特设的灵堂内，棺木周围摆放着盆栽的鲜花和藤蔓类植物。每入一家，首先映入我们眼帘的，就是门厅之内成排的棺

---

① 原文为"Irgao-shan"。

② 乔斯林勋爵（Viscount Robert Jocelyn, 1816-1854），英国驻华商务总监、香港总督查理·义律爵士（Lord Charles Elliot）的秘书。

材。在好奇心的驱使之下，我们忍不住打开这些看上去保养得很好的棺材一探究竟。我们发现，这里的人对死者优礼有加，尸身上穿的衣服，还有头侧摆放的馒头、米饭等，与在世时并无二致。"

画中的东岳山一峰突起，附近看不到建筑物的痕迹。其实舟山岛开发年代悠久，东岳山下就是翁州古城。翁州城始建于公元唐宣宗统治时期的720年前后，是三级建制的地方行政中心。

舟山定海的峡谷

舟山峡谷

莽莽丛林披挂斜谷，

云蒸霞蔚曼妙美景；

常有塔寺突露头角，

灼灼其华文明幻影。

——戈德史密斯

　　戈德史密斯笔下的山川壮景，是舟山群岛一带自然风光的真实写照；山垒螺髻、水流碧玉、炊烟与海风共舞、荒野共阡陌峥嵘，舟山之美，非笔墨可形容。中华民族数千年文明传承膏沃这里的每一个角落，远离大陆的舟山并不是化外之地。优越的地理位置和得天独厚的经济条件（舟山地处北京、广州两地之间，无北京之严酷、广州之酷热，气候温润宜人），发达的渔耕经济、深厚的文化积淀，造就了一隅孤悬海外的洞天福地。舟山是颐养天年的好去处，当地人的平均寿命明显高出周边地区。

定海的恐怖要塞

定海恐怖要塞

前进，英格兰的健儿们！

向严阵以待的敌人发起冲锋！

任隆隆炮火在耳边炸响，

让不散的硝烟弥漫你的征程。

——《士兵誓师》

英军侵略大清帝国东南沿海诸要塞以来，最惨烈的战事发生在定海。坐落在杭州湾、扼进出钱塘江之咽喉的舟山群岛本是一道抵御海潮冲击、外敌侵犯的屏障，可惜后一作用并未得到有效的发挥。本书后文以目击者的口吻对定海沦陷做了淋漓尽致的表述，其中不少内容涉及这座岛城的建筑布局以及炮台、港口等军事、民用设施。虽然战争的结果并无悬念，但整个战事的进行过程却跌宕起伏、发人深思。大清朝廷自认为固若金汤的海防要塞，守军稍触即溃；抵抗最顽强、明知以卵击石毫无胜算却不肯退后的，倒是武备薄弱、名不见经传的滩头阵地。定海城防工事坚固，城垣内外高低错落的山丘上，刀兵林立、军容相当壮盛。然而得天独厚的地理条件并没有转化为军事优势，清兵布防的位置要么太高，导致打击力大打折扣；要么完全暴露在敌人的火力攻击之下，战场生存能力极差。英国远征军名之为"恐怖要塞"的定海炮台，即位于突起溪谷之上、高达二百英尺左右的一座山峰上。英军大兵压境之时，大清帝国便将拒敌于国门之外的全部希望寄托在这一隅之地。

定海战役之惨烈、"恐怖要塞"守御将士之英勇，仅为英军有战以来所见，然而斗志和毅力为他们换来的只是陈尸疆场。决定舟山战役胜负的因素有两个：其一是英国皇家海军训练有素、单兵作战能力强；其二是中国人不谙战争艺术，对现代化武器装备的远程杀伤力估计不足。故此清军苦心孤诣经营的炮台，经不起英军战舰的数轮炮击，没有支撑多久便化身土石瓦砾，自顾尚且不遑，遑论对抢滩登陆的英军造成现实威胁。

定海城外有一处小峡谷，草木葳蕤，美景如画。谷内散落着数处建筑精美、空间宽敞的别墅；峡谷内一侧异峰突起，一座龙脊莲花式的卷檐八角亭兀立山巅，俯瞰峥嵘山原、遥对恐怖要塞、眺望波光粼粼的大海——这处建筑便是定海人的宗祠，祥凝瑞集，游人如织。舟山群岛的开发历史相当久远，遍布丘壑平野的人行便道就是最有力的证据，其中最引人注目的一条，跨越灌渠、穿山越脊，宛若临风飘转的丝带，将定海城与港口连为一体。有人曾目睹清朝地方大员乘坐一顶轿子攀山而上，亲临那座常年开放的宗祠祭祖慰灵，不过舟山的小路向以坎坷崎岖著称，并不是散步冶游的好去处。舟山有土的地方就有田，从山脚到山巅、从村头到水边，到处阡陌纵横、稻椒成畦，富含腐殖质的土壤再经农民勤劳的双手精心侍弄，回报自然丰厚——用丰衣足食形容当地人的生活，恰如其分。舟山的主要物产包括稻谷、棉花、甘薯、茶叶，以及乌桕树的种子炼制的蜡烛等，自用之外，常有节余推向市场。舟山人运送货物基本依赖人力：先以竹筏一类平底船具沿小溪、人工河载货出山，然后以中国人惯用的肩挑方式转送港埠。司徒塔特上尉笔下的舟山早为西方人所熟知，画中数艘准备接货或卸货的小船驶抵河岸，对面是大户人家的宅邸，脚夫出入堂下、船工挥篙阶前，一派生机勃勃的繁忙景象；而这家人的田畴就隐在屋后，给人无限遐想的空间。中国人追求的山水之美、园林之胜，舟山群岛做了最好的诠释。仰赖大自然的恩赐和本土人士坚持不懈的努力，枯瘦与丰腴、简约与繁复、淡雅与华丽，这些景观美不可或缺的构成元素，在这里得到淋漓尽致的体现。

定海云谷寺佛像

定海云谷寺里的天后神殿

当贪得无厌的本能支配人心，

冷酷虚伪是你恶行的见证！

悲天悯人的上帝打发他的使者，

化身鼓翼而飞的白鸽，携带至纯至真的福音。

迷失的世人，你们是否幡然悔悟？

是否意识到信仰、希望和大爱，才是基督徒的使命？

定海云谷寺里摆放的神像似画非画、似雕非雕，造型暴露了其与佛教之间千丝万缕的联系：要么传承佛教，要么受其影响。这组神像用整木锯板，伴以灰泥黏合楔接而成的高凸浮雕，镀金点彩，装饰华美，怪诞的造型和鲜丽的颜色营造出一种光怪陆离的视觉氛围。寺庙的主神为一位女性，头顶光环、手持莲花、怀抱婴儿、骑跨于凌波遨游的海豚之上。女神栖身的壁龛类似石窟，神座前摆放着数尊小雕像，神态谦卑虔敬、展现对司水之神顶礼膜拜的狂热心态。女神一侧的崖壁上站着一名士兵、另一侧则为水手；神龛布局中占据突出位置的是一介农夫，另有一位头戴王冠的皇帝屈身神座之侧，抬手向慈悲为怀、普度众生的圣母施礼。上至手握国之重器的帝王，下至食不果腹衣不蔽体的行脚僧流浪汉，社会各阶层人士在这位女神面前无不俯首帖耳、敬畏有加，其在中国人宗教信仰体系里占据的地位是何等尊崇，由此可见一斑。神座前端是一张箱式大桌或者平台一类设施，上面摆放的除了泥塑木雕的偶像之外，自然少不了烛台香炉等佛家应事之物。就在这一方硕大的供桌前面，善男信女和着锣鼓钟磬之音，用自己光秃秃的额头撞击坚硬的地板，美其名曰叩头施礼。

云谷寺建筑规模之大、装潢之豪华、器用之精美、圣迹之多、香火之盛，不仅为舟山之最，纵览整个大清帝国都罕有其匹。可惜以广结善缘、普济苍生自命的佛家弟子，却不容外国人踏足他们的圣殿；偶有游客获得开门接纳的礼遇，那也跟文明开化或热情好客无关：寺僧无非是想创造机会，向"蛮邦野人"炫耀天朝上国的优越性。

佛是禅院供奉的最高级别的神，统驭天下、号令各路神祇、主宰一应法器。云谷寺供奉的虽是女神，但陈设与奉佛的天王殿并没有多大差别。两寺中均有女神和儿童形象："菩萨"、"圣母"、"天后"、"观音"，名目虽不尽相同，但都指向"天界皇后"这一身份。佛寺山门处常置石碑，其上镌刻的碑文内容大致相似：天界之圣母，居普陀山，息风止浪，佑我华夏；或者金花天后居此圣宫，雨露遍施，膏泽沃土，生草木而育万民。

中国的道家（仙家）与佛教有千丝万缕的联系。有足够的证据表明，是佛教在中国的传播，促成道教之兴盛；不唯信仰体系师承佛教，道教的许多礼仪规范也与佛教如出一辙；而诸多情状与基督教中的圣母马利亚暗合的道教天后，原型与佛教中地位仅次于佛的神祇——菩萨的渊源关系，尚需学界进一步研究探明。

除了声闻四达的天后神殿，云谷寺还拥有丰富多彩的佛雕、佛宝等宗教遗产。与定海所有的寺院道观等祭神拜佛的场所一样，清朝达官贵人以及过往外国人都不吝施舍奇珍异宝，借此寻求神灵保佑、实现个人意愿；积年累月不断堆积，渐呈琳琅满目之景象。据称神龛中的每一尊小雕像都代表坐化圆寂的高僧，不过看那副尊容，很难想象有人会长成那副模样。诚然，我们基督教社会里也闹过类似的笑话：寺院唱诗班坐凳之下被非神职人员刻满不堪入目的图案，据称是为了发泄对满嘴圣父圣子圣灵、满肚子男盗女娼者流的不满。暹罗曾给云谷寺赠送过一头白象，算是为这座寺庙宝藏序列增光添彩的附丽之举。不过这头颇具灵性的动物在定海的生活过得差强人意：饲喂虽然到位，却也没有得到任何特殊的礼遇。

普陀山大寺

普陀山佛寺

没有丝竹宴饮的鼓噪，

没有金钱名利的诱惑；

佛殿的廊檐寂寂如斯，

唯有一片宁静与祥和。

——H.

舟山群岛中的普陀山是中国佛教第一名山，向以建筑规模宏大、香火鼎盛著称。这座面积不逾十二平方英里、土著不超两千人的蕞尔小岛上住着三千余名僧众，这些终身不娶远离红尘、奉行毕达哥拉斯主义生活方式的所谓出家人，在中国享有一个专用名称——"和尚"。舟山群岛有大小岛屿三百余座，比普陀山①更大、土质更肥沃、物产更丰饶的岛屿比比皆是，然而单论此岛的地势，远观山形之嵯峨、近看植被之茂密，却没有一座能与之相比。佛家弟子选择在普陀山造墓立庙，看中的就是这里漠漠烟云垂大荒般的清静。普陀山上建有大小庙宇四百余座，其中供奉佛祖如来法身的一座最为壮伟。该庙建在一道窄窄的峡谷内，千尺高峰耸立两侧，谷内清溪潜行、花木扶疏，一派欣欣向荣的景象，看样子是这座地贫民瘠的小岛上土壤最肥沃的地段。两根深深植根于天然巨石之中的旗杆宛若门廊，带出斗折蛇行通往寺院大门的石级；上下两层结构的僧舍挨挨挤挤并作一处，顶脊饰有张牙舞爪的蛟龙，主体建筑相当厚重结实；僧舍的后方是一座在大清帝国随处可见的多级浮屠，标记寺僧做法事从而也是善男信女烧香礼佛的去处。普陀山寺院处在远离尘嚣的幽僻之地，僧侣们朝闻钟鼓暮听经，佛卷青灯伴终身。康熙皇帝嘉许的天主教在中国境内的传播非止一日，西方传教士带来的著述很有可能就是他们案头必备的读物之一。定海城里到处摆卖从澳门天主教堂流入的十字架以及圣主耶稣、圣母马利

---

① 出海远航的商人，临行前都有到普陀山拜佛、求观世音菩萨保佑的习俗：只需施舍些许财物，他们就能得到一枚护身符或者别的什么"吉祥物"。普陀寺香火鼎盛，"佛家三宝"之一的"僧物"，借由这一渠道获取的不少。——原注

亚的画像，由此可见他们对葡萄牙人演绎宗教的方式同样烂熟于心。普陀山佛教建筑群中曾经出土过一具雕工精美、镶有底座的大十字架，这一令人啼笑皆非的现象，只能从信仰渗透的角度出发才能做出合理的解释。

佛教是一个组织严密的宗教，有专门的机构和神职人员弘扬佛法；不过由于佛教宣读的那一套教义多含修身怡性、培德育智等内容，故在世俗界亦拥有强大的影响力，信徒乐于施舍钱物奉养寺院，此为佛脉的延续和发展奠定了基础。满族人入关、天下初定之后，毁于战火的南京经过连年累月的建设，慢慢恢复了昔日之荣华，废弃的宫城建筑材料——或金黄或翠绿色的琉璃贴瓦等被转送普陀寺，整修一新的宝殿散射正午的阳光，数英里外的海上灼然可见。普陀寺供奉的主神是观世音菩萨，规制略小的配殿里安放着天后神台；大小殿堂内均放置胶泥或者石膏塑造的佛陀巨型雕像，或站或坐，或独占神阁或与五十弟子济济一堂。主寺内挂着一口大钟，上面刻满密密麻麻的汉字；旁边另装一面牛皮大鼓，鼓面直径在八英尺左右。

乍浦古桥

乍浦古桥

长桥高塔，重殿烟阁，

充塞八荒六合。

走过历史的漫漫长河，

迷失在现代文明的角落。

——H.

　　原始森林是大自然的舞台，绵延无尽的时光和风霜雨雪共同谱写生命从勃发到寂灭、生生不息发展演化的壮歌。看訇然倒落林中的参天大树，或俯伏或支棱或相偎相依攒聚成簇，间有落于溪谷之上、勾连岩岫嶂壁的大木，恰如鬼神运斤、施惠苍生，为过往路人提供通行之便。人类早期搭建的简易平拱桥，灵感大概即源于此。随着社会文明的进步与科学技术的发展，跨度更大、构造更复杂合理、更坚固耐久的桥梁应运而生，其中不乏联拱复廊、雕栏画柱、桥面宽阔平整的建筑杰作。中国人削峰填谷、修筑栈道的历史也很悠久，逶迤南京城外群峰中的那条南北向古道，便是广东当地工匠的手笔。

　　乍浦单拱平桥稚拙古朴，设计建造的年代相当久远。厚重的桥墩矗立河床之上，宽大的石板层层堆砌，中段聚拢成拱横跨江面，两端略倾铺设台阶；桥头不远处可见码头，舟楫往还，交通发达；桥肩处增置圆拱形桥洞，既具节省石料减轻承重结构负荷的效用，又提高了整座桥体的泄洪能力。

　　乍浦古桥的栏杆上饰有蹲踞的石狮，制作粗糙但不失草原之王威风凛凛的神韵，设计者以此体现这座古代建筑物巨大的价值和非凡的意义。中国向称礼仪之邦，征战有功的将领勒石刻碑，学有所成的大儒建坊立祠，吟风弄月的文人流芳千古——中国人对各行各业卓有建树的人敬若神明，其尚武崇文的精神，普天下罕有其匹；南京运河开凿者的塑像立于前述栈道之侧的山地制高点供世人瞻仰，名传千秋万代。中国历朝历代的帝王死后往往也建庙享祠，不过无论分布范围还是建筑规模，都不能与具有广泛社会影响力的圣哲先贤相提并论。祭祀在中国的礼仪规范中占据相当重要的地位，被排除于一切社会活动之外的妇女自然不能参与其中；不过站在礼教制高点上的中国男人往往会摆出一副怜香惜玉的姿态，宣称不让妇女参加祭拜活动是为了保护这一社会群体的身心健康，以此掩饰赤裸裸的性别歧视行为。无论拘于礼发乎心，抑或确实出于保护女性的善意，域外人士知之不详、不便置喙；然而中国人对"妇道"重视有加却也是不争的事实，女祠牌坊遍及各处，用于旌表德隆望尊的妇女。

扬子江上的金山岛

扬子江上的金山岛

莹莹发亮的翠林，金碧辉煌的宝塔，

涌动的江流昼夜拍打金山岛的长堤。

在这片远离尘嚣的净土里，德庇四方的国王

发现了一幢小茅屋——古代大隐的遗迹。

贤明的君主听风观涛，发千古之幽思，

——此地之造化，纵金殿玉阙，犹未可及！

——C.J.C

　　金山岛突起长江万顷波涛之上，制高点海拔不足三百英尺，周长在一千五百英尺左右；虽为弹丸之地，但石岸森森兀立，地势陡峭崎岖，加之地表土壤肥沃，繁花茂木笼盖山脊、披拂细浪，佛塔宝刹高低错落、拔起于夜雨初洗般苍翠的林莽间；一座结构精巧、外观雅致的古塔雄踞山巅，宛若点睛之笔，将岛上的景色装点得至为绰约旖旎。兼有瓜洲古渡商旅如云，船剪洪波，帆鼓长风，为如诗如画的江山平添了几分动感魅力。名山藏古寺，这在中国几乎是一条颠扑不破的真理。壮美的山河为佛教徒们提供了栖身之地、清修之所，而僧侣也会投桃报李、对周边环境倍加呵护。基督教国家的文明传承则与之大相径庭：教堂均设在人口密集的定居点内，建筑辉煌、设施完备，为当地居民提供完善的日常服务。当然，中国人在处理宗教信仰事务方面，心智并不比基督徒短缺：他们选择的庙址多在繁华市井之外、官道通衢之侧，清幽而不封闭、超然又未脱俗，确保终年香火不断、贡品丰厚，普度众生的冠冕之下，始终包藏着功利心肠。

　　金山岛植物资源丰富，整个江苏省境内常见的植物种类，岛上几乎均有分布。儒、释、道三家当仁不让，各在岛上建起了自己的庙观山场；而早已成为中国标志性公共建筑设施的浮屠，更是独揽一江秀色。金山岛上的这座重檐宝塔依山傍水而建，绿叶临窗、江风扑面，原为佛家弟子的宿处。后乾隆皇帝看中这块风水宝地，分出一半用于建造遍布中国各地的园林，寺僧不得不移居别处。中国是一个宗法制色彩十分浓厚的专制国家，崇尚的是"家天下"统治观，"普天之下，莫非王土；率土之滨，莫非王臣。"乾隆皇帝一时兴之所至，京口瓜洲便成了其宴安冶游之地。靠近瓜洲城有一处地方叫"五园"，园中建有富丽堂皇的离宫，皇帝曾经连续数年巡幸此地。园中亭台楼榭疏密有致、游廊雕栏四通八达，还有精心布局的花圃、废墟、假山、洞窟、雕塑，徜徉其间，恍若白日梦游。一条清澈见底的小溪斗折蛇行，流淌花木之间、穿梭画桥之下，或疾或徐、忽浅忽深，窄处两岸绿荫相接、宽处水平如镜、小岛弄影，辽阔满天，尽在指掌之间。中国人螺蛳壳里做道场的功夫，天下独步；其层峦叠嶂、曲径通幽的园林设计风格，与西方哲学家追求的布局美不谋而合。

时过境迁，乾隆一朝极为尊荣的"五园"，后世遭到冷落，园林荒芜、建筑坍塌，夕阳晚景之下，触目凄凉。然而沧桑岁月并未抹去皇家威严的痕迹，部分建筑物的昔日风采至今留存，其中最引人注目的便是乾隆书房——缔造大清盛世、彪炳史册的乾隆皇帝曾经在此处安歇，

> 厌看人间百态，
> 远离扰攘红尘。

统驭数亿人口的大国，圣贤也有力不能逮的时候。乾隆皇帝建造"五园"离宫，也许是为了躲避政务劳烦和臣下的纠缠，拨冗偷闲度一段清静时光；也许为了在此含英咀华、俯仰天地，参修治世之术，成就千古一帝——建功立业之心世人共有，英明如乾隆皇帝者亦不能超然物外；甚或天子操劳国事、不堪重负，唯望借此幽境荡涤内心的忧思。乾隆皇帝喜好吟风弄月，逗留五园期间写下了不少华美的辞章，其中有一部分被制成诗碑。陈列在书房内的黑玉条板、龙飞凤舞的乾隆真迹半浮雕，见证了这位文治武功卓尔不群的帝王非凡的才华。

人间仙境五园、阳光点染的金山，都是大清皇帝青睐的度假胜地。为了减轻两地奔波舟车劳顿之苦，康熙皇帝动工修建了一条从离宫出发直达长江、横穿瓜洲长约两英里的人工航道。好大喜功、不惜竭一方之力满足皇上一人之欲的中国官僚，曾经规划"在长江之上架设桥梁，方便御驾巡游"。

登上松林遮天蔽日的金山之巅，摇曳多姿的长江沿岸风光尽收眼底：围裹在老旧城墙之内的瓜洲、在时光里凋零的五园、静卧一线山色之下的镇江、运

河，静卧在水势滔天的扬子江畔。金山周边地区花岗岩资源丰富，白色、赭石色、彩色应有尽有——江苏境内的桥梁，即多用赭色花岗岩筑就；主要植物种类有悬铃木、松树、柏树、侧柏、柳树、樟树、榕树等。榕树类似小叶紫檀，枝叶披离，气根可发育成新的植株。

扬子江上的银山岛

扬子江上的银山岛

天光弄影，流水盈盈，

映衬姹紫嫣红的岛屿。

群峰兀立如来自远古的巨人，

环峙如梦如幻的方隅。

——《岛》

银山岛位于镇江以西，与金山岛遥遥相对。银山岛没有金山岛峭拔的山峰、曲径通幽的谷地，鲜少大殿崇阁之类的人文点缀，但这座小岛临长江之波、沐日月之光，草木葳蕤、鲜花铺地，晴林藏精舍，雾港隐千帆，风景别有佳妙。维多利亚女王麾下的英国皇家海军初征镇江，舰队即列于银山岛附近水面。战端始开，不可一世的大清帝国即低下了骄傲的头颅，扬子江从此门户大开，沿江城市尽落英军武力威慑之下。这个视邻如仇、不容他国之民踏足本土的封闭王朝，不得不放下身段坐到谈判桌上，唯唯诺诺，只求偏安，满足大英帝国开出的所有和谈条件。英军一战屈一国，其文治之盛、武功之强，赢得举世瞩目。英军对华战略优势的奠定，先期夺金山复占银山诸岛、控扼扬子江航道发挥了至关重要的作用。

大约在南宋时期，儒、释教风大盛，期间银山岛佛寺落成并附设学馆一处，文人士大夫徜徉木石之间、聆听钟磬之音，留下不少讴歌自然、宣礼弘法的清词丽句。孤岛卧波、日月经天，作为镇江附近江面上最著名的岛屿之一，银山岛破茧成蝶，蒜山等俗不可耐的称谓一概弃而不用，代之以更具诗情画意的现用名，彰显不输金山岛的迷人风采。

史载元代曾有异人盘踞银山寺，自诩拥有通天彻地之能、长生不老之术，一旦发功，可击敌于千里之外，并助人获得刀枪莫入、百毒不侵、火烧不焦、悬缳不死的超能力，当时拜倒在此人门下的信徒不少。即使后来发现上当受骗，受害者投鼠忌器，往往选择三缄其口，甚或以讹传讹、甘愿为虎作伥。妖道利用邪术聚敛了大量财富，影响之大，惊动朝廷。官府侦知其人种种不法情弊，着人缉拿归案并处凌迟之刑——刀枪不入的神人被零割碎刮，不知愚民作何感想。

天柱山瀑布

飞流直下天柱山

在人迹罕至的幽谷独自翻腾，

用辉煌书写寂寞时光的絮语。

冲决激荡，无坚不摧，

揉一段彩虹，点染那半天珠玉。

——《迈恩图罗格^①的墨水瀑布》

---

① 迈恩图罗格，威尔士圭内斯郡辖区内一小村庄，其附近的墨水瀑布以景观独特著称于世。

　　江南省与湖广接壤的西部地区冈峦起伏、河流广布，但土地比较贫瘠，资源相对匮乏。这一带山体多为石灰岩构造，间有石质坚硬、外形多变的片麻岩、榴辉岩等成分，因受丰沛的降雨和湍急的河流长年冲刷，形成了至为瑰丽神奇的自然景观。由于地形复杂多变，这里的山间溪流蜿蜒曲折、落差较大，飞瀑幽潭零落整个河段；山洪裹挟而来的巨石或潜或露，满布河床，不要说泊船，徒步跋涉都是畏途，随时都有可能遭遇灭顶之灾。在海拔一千五百余英尺的高山丛林间，太湖河①集方圆数百平方英里的地表水，至石潭处跌落峭立如壁的一挂悬岩，激溅的水珠与蒸腾的雾气遮天蔽日，摄人心魄；而东南风大起的夏秋两季，淫雨连绵、水势大涨，声势更加骇人。瀑布之下有石潭，一池清水明澈如镜，与水下黝黑的片麻岩混然一色，于沉静之中透出森森寒意。愚昧无知的当地人视瀑布为邪恶之人、不洁之物麇集的地方，掐符念咒、设坛驱魔，极尽亵渎美景、唐突神迹之能事。

　　湖广、江南两省游客频繁光顾的山下交通要冲处，有僧人专辟一座敛财的禅房。过往行人需向功德箱中投入些许钱币，得到的回报是住持僧人做一番法事，保佑施舍者顺利翻过天柱山。事实上，天柱山石壁上修有栈道——利用片麻岩分层结构自然形成的间隙，凿壁为窠，给行人提供一个落脚之处——攀岩附壁的能力比神仙的照拂更加可靠。雨季结束气候转凉之后，不惜以身犯险、挑着一副货郎担子挑战天柱山的山民便多了起来。山间奔走可不净是为了追逐

---

① 太湖河，流经天柱山地的汇入皖河的主要支流之一，现名长河。

一点蝇头小利贩卖山货的穷人，还有躺在一顶滑竿之上、任脚夫抬到山巅做大生意或者烧香还愿的乡绅富贾。

　　山水如画，岁月如诗，洞庭河瀑布群一带重峦叠嶂、怪石嶙峋，石隙间草木丛生，繁华葳蕤，美不胜收。天柱山盛产油桐，提炼出来的桐油可用于制漆，是珍贵的经济树种。更有参天蔽日的松柏、错落有致的茶树，点染一山苍翠。天柱山民以砍柴、务农、调制清漆为生，不过一段神奇的传说为他们带来了慕名而至的四方客，给这些人提供有偿服务成了他们增加收入的又一途径。太湖河瀑布群中落差最大的瀑布——黑虎瀑之巅有一洞窟，相传古代有一位圣僧栖身在这里。圣僧出身名门望族，他因为同情精神病人的悲惨际遇，决定遁入空门终身事佛，希望手眼通天、以普度众生为念的佛能大发慈悲，让所有的疯子恢复心智、变回正常人。圣僧隐迹石潭七大连瀑——当地人形象地称之为"七井河"，戒持修行余生、直至埋骨荒野。他生前使用过的卧榻或者禅床——一块留有压痕的大青石，从此成为香客眼中的圣器；远近精神病患者在亲友的陪同下纷至沓来，深信只要在冷冰冰的石板上稍躺片刻，再严重的疯病都会不药而愈。具备理性思维能力的读者也许会心生疑问：用这样的方式治疯病，躺在床上的病人和陪侍在侧的亲友谁疯得更厉害，恐怕还是个未定之数。不过别以为行事荒唐的只有中国人：法国普瓦捷大教堂里圣依拉略的卧床也被当作圣物供奉如仪，渴望一躺成智者的疯子络绎不绝。

位于安徽含山县西北部的太平昭关

江南省太平昭关

我现在身陷缧绁，声名狼藉，

中伤者的毒戟已经刺穿了我的灵魂。

除了心头的鲜血已无药可医，

唯有谋杀才能抚平那累累伤痕。

——莎士比亚

　　单论政治地位，太平府只是屈居江南省第十二位；但就辖区的自然景观及人文环境诸因素综合来看，该府可谓首屈一指。丰沛的降雨、膏腴的大地，将太平府打造成物华天阜的江南重镇，不仅以果蔬等农产品种类多、产量大著称，城镇手工业也得到了长足的发展。发达的经济、雄厚的财力物力养育了一方文明，太平府私塾官学遍布城乡，墨香飘十里、杏林闻书声，确实有一番太平盛世的气象。印度墨汁、日本器具、宣纸、棉花、丝绸等类大宗商品的转运是当地最赚钱的行业，而捕鱼采矿是当地的支柱性产业，府治周边地带的鲑鱼、食盐、石料、煤炭等渔业工矿产品塞道盈途，供应极其充足。

　　太平府是长江三条支流交汇之地，发达的水运网络引来四方客商。商贸中心城市地位的确立，大小作坊亦如雨后春笋一般冒出地面，搬运工、手工业从业人员自然跟风而至。对于大清帝国官府来说，繁荣意味着税源的扩大和税赋的增加，收费、颁发许可证的关卡随之应运而生。太平府城四面环水，内外交通完全依赖横搭在河面上的一道道浮桥——波翻浪涌的河水，颠连不歇的拼船，架设其上的桥面随水位的季节性变化有规律地升降——这么简陋的设施却比木桥、石桥更加经久耐用，因为在战火频仍的中国，再坚固的桥梁也抵挡不了兵灾的破坏。二十英尺高的城墙，围出一片高低错落的石丘点缀其间的空地，孔庙、学府一类公共设施规模之大、数量之多，为江南一省所仅见。如果说北京是大清帝国的首都，那么称太平府为"中华学都"毫不为过：以区区一府之域，为中国贡献出大批经天纬地之才、悬壶济世之辈，包括学贯古今、非普通腐儒庸僧可比的大学者——佛教除了传播妄念，在启迪民智、拓展人类认知范围方面，素来了无建树；皓首穷经、所得寥寥，这就是所谓的"得道高僧"所能达到的最高境界。

斯文之乡太平府，文化教育事业向来发达，是大清帝国皇亲国戚的就教之地。大禹时代（中国史上洪水泛滥的年代），太平府地界归属扬州管辖；孔夫子生活的春秋一朝，太平府为诸侯国——吴国的封地；战国时期，太平府又先后并入楚、秦的版图。秦始皇统一六国之后不久，太平府地正式定名"丹阳"；衍至中国历史上第二十一个朝代——大明朝，该地正式定名为"太平府"。

昭关是中国最具传奇色彩的一处关隘。当地广为流传的"伍子胥过昭关"的战国典故，不仅以情节跌宕起伏、扣人心弦见长，且最能体现中国人的文化品位。战国名将伍子胥之父伍奢原系楚国太师，因拂逆楚平王之意力保世子建，被当朝国王夺爵罢官、与失宠的世子一起被放逐到边陲小城。数年后，太师伍奢再被召回郢都，并奉王命传唤自己的两个儿子——长子伍尚、次子伍员（即伍子胥）前来受教。伍尚领命前往，他的忠诚换来的却是引颈就戮——残暴的楚平王迫不及待地处死了伍奢父子，并派大楚相国之胞弟武城黑捕杀伍子胥，务求斩草除根、以绝后患。武城黑率三千甲士倍道兼程直扑伍子胥的栖身地，试图将伍家人一网打尽。官兵迫近的消息传到伍家，伍子胥的妻子自知难逃一死，当下撞墙自尽；而伍子胥本人则翻过后园的短墙，骑上忠仆为他备好的马匹，一骑绝尘，疾走天涯。

伍子胥的脱逃并没有令武城黑心生恻隐，反而激起了这群嗜血杀手志在必得的欲望。不过伍子胥可不是等闲之辈，他翻山越谷，直入一片茂密的森林，隐身路边的大树上，伏击寻踪而至的敌人。一俟敌骑进入视野，他突发一箭射穿楚将武城黑的心窝；待失去主将一时陷入混乱的追兵回过神来，他已经溜下大树，悄然潜行一段距离跨上事先藏匿在树丛里的战马，风驰电掣般地逃走了。少数追逐者不甘心就这么铩羽而归，他们一路寻踪而来，没多久便赶上了伍子胥；不过无能者的勇敢无异于自掘坟墓，这帮人为自己莽撞的行为付出了惨重的代价："悍比帕提亚人的伍子胥一面打马飞奔，一面弯弓搭箭"，弦响处，追兵纷纷落马，无一人侥幸得脱。

才离狼群，又落虎口：伍子胥方始摆脱武城黑一伙的追捕，很快便发现一大队骑兵挡住了自己的去路。自知在劫难逃的伍子胥，此刻只能硬着头皮迎上去；出人意料的是，这一彪人马不仅无意与他为敌，还以迎接凯旋的英雄一般的规格热情接待了他——他们早对暴虐的楚平王心怀不满，伍子胥一家的遭遇更激起了他们的反抗之心。辞别接应的义军，伍子胥继续他的亡命之旅。冥冥中如得神助的伍子胥，路途中又遇到了救命恩人：一位不满楚平王倒行逆施、鱼肉百姓，深为楚国的前途命运担忧，迫切期待楚王下台的农民。两人谈得投机，伍子胥放下戒心，探询到逃宋的楚世子建的下落。在宋国，伍子胥会同楚世子建拉起一支队伍复仇，可惜楚国太强大，他们的反抗只是以卵击石，楚世子建也在反抗行动中丧生。忍受不了丧夫之痛的世子姬饮恨自杀，临终将天赋异禀卓尔不群的公子胜托付给伍子胥照料。幸有八十名忠心耿耿的壮士及父亲伍奢的追随者护卫，伍子胥没有辜负友人的期望，带着公子胜一路杀出重围，投奔蕞尔小国陈——战国时期中国的另一诸侯国。陈国令尹姚素向陈惠公举荐伍子胥，历数其人的文韬武略。陈惠公深为所动，不仅容留伍子胥，还许嫁他唯一的女儿——德祯公主，以此笼络其心。伍子胥答应了这门亲事，消息不胫而走，很快便传遍了整个宫室。惠公举办了一场盛大的欢宴，席间公主的乳母得意忘形，一面对着丰神俊朗的伍子胥指指点点，一面向周围的女眷侍仆大放厥词。在中国，这样的行为不仅唐突冒昧，并且有违礼教；伍子胥痛感遇人不淑，随后出尔反尔，毁弃了这段百年之约。

风波乍起，伍子胥再次陷入危若累卵的困境：获悉"叛臣"逃往陈国的楚平王早先即在陈楚两国交界处的昭关部署重兵，特遣囊瓦、远越两名大将镇守，并晓谕陈惠公不得放走此人。然后逃难者的人格魅力太过强大，以致陈惠公，特别是德祯公主弃两国之约于不顾，更没有采取任何缉捕措施。现在伍子胥自毁干城，陈国自然会乐于效命、再续前约。

前有虎视眈眈的昭关，后有举国为敌的陈国，伍子胥自知硬闯无异投身死地，于是化装成一名小商贩，小公子胜则化身小厮，肩挑行囊跟随左右。白天他们藏身岩洞中歇息，一等天黑便翻山越岭、专拣人迹罕至的荒僻小路逃窜。风餐露宿、终日颠连，行至与昭关相去不远的地方，公子胜不堪旅途劳顿，沾染风寒一病不起。伍子胥无计可施，决计冒着风险带公子胜向当地一位医术高超、名满天下的医生求助。他们遇到了一位须发尽白、挂一支竹杖踽踽独行的老者。没等听完伍子胥的陈说，老者便认出两位远客便是昔日有恩于自己的友人，而这位老者正是伍子胥他们寻访的名医——东皋公。医者仁心，天下皆然：世界上没有什么人能跟医生一样，无论贫富贵贱都一视同仁，以一己之长扶危济困；更没有哪位医生能全然不顾医德医道，出卖或者构陷自己的病人。东皋公揭穿伍子胥的身世，目的就在于推心置腹地与恩人交谈，共商化解危机、逃出生天的办法。老人经过一番琢磨，最后拿出来的对策是：令一位相貌体格酷肖伍子胥的乡邻——皇甫讷穿上逃难者的衣服直冲关卡，同时故作畏葸不前之状吸引守卒的注意力，而伍子胥本人及公子胜则假扮仆从，趁乱蒙混过关。伍子胥依计而行，一拨人马刚走到昭关的桥头，形迹可疑的"伍子胥"即被当场拿下。捉到国王悬赏缉拿的要犯，守卒莫不欣喜若狂、额手相庆，对于其余人等自然是不加盘查一律放行。身陷缧绁的"伍子胥"一迭连声地抗议：他不是伍子胥，他根本不知道伍子胥是何方神圣。不过他反抗愈烈，戍卒的信念愈坚定：在他们眼里，"伍子胥"那一套都是欲盖弥彰的拙劣表演。折腾了没多久，东皋公找上门来，假作随意拜访边关守将，闲聊中表示他认识伍子胥，愿代为甄别真假。其后上演的自然是戏剧性的一幕：东皋公一见"伍子胥"，便言之凿凿地宣称此人是他的邻居。囊瓦、远越一干人等知道抓错了对象，只能息事宁人，听凭东皋公领走皇甫讷。

伍子胥乘乱奔出昭关，马不停蹄一口气赶至吴江口。摆渡的渔夫见了伍子胥、楚公子胜，毫不犹豫地邀他们上船并送到了对岸。伍子胥担心追兵胁迫渔夫渡他们过江，离别时向渔夫表达了自己深深的忧虑。渔夫发誓绝不会首鼠两端助纣为虐，然后将船划到江心，不待伍子胥走远便扯下桅船、沉江殉义。伍子胥抵达吴江口之时，恰遇一位农妇在岸边洗衣。他担心她向敌人透露自己的行踪，同样要求她缄口勿言。还在渡船搏击中流的时候，伍子胥赫然发现，那位农妇已是身挂江边枝、投缳自尽。

伍子胥携公子胜渡江的消息，最终以这样的方式永久封存；楚国罗织的天罗地网，也在吴江之滨撕开了口子。此后的行程顺风顺水，不几日伍子胥携公子胜赶到了吴国的都城。因扶持公子光（即吴王阖闾）上位有功，伍子胥得授吴国大将之职，继而统兵灭亡楚国，杀父戮兄之仇终得报偿。"东方科利奥兰纳斯"①从此名播天下、流芳千古。

① 科利奥兰纳斯，公元前五世纪古罗马的传奇将军，莎士比亚悲剧《科利奥兰纳斯》的主角。莎剧情节多依据史实，讲述马歇斯（后因攻下科利奥里城立功而被称为科利奥兰纳斯）初为罗马共和国的英雄，因先天脾气暴躁、宁折不弯等性格弱点，被引为罗马公敌而遭到放逐。

洞庭山

太湖烟波洞庭山

在这热带的阳光洒过的地方，

浪涛撕裂的沙滩连接着幽深的洞窟；

无尽的时光缓缓流逝，

从不会合着时钟的节奏停下脚步；

时间计量的是我们蝇营狗苟的一生，

如此短暂，恰如孤岛上空飘过的晨雾。

——《岛》

南京东南隅悬垂于太湖之滨的山峰，景致之奇，与七星岩相比有过之而无不及。山体多为石灰岩，禁不住海水的浸泡、江流的侵蚀，日夕悄然变化，积久遂成异观。太湖水域烟波浩渺、河港交错，纵横湖区的扬子江、运河等大江小溪，只要两岸有石灰层分布，溶洞、悬岩、水中孤石、风化沃土层覆盖的小岛便不绝于途。太湖多山的一侧，地形更为奇诡。湍急的溪流激荡冲决，除了造就奇形怪状的石灰岩体之外，质地更坚硬的岩层也被凿削出深沟大阪，仰之如同幻境。坐落在苏州城北三十英里处的洞庭山，一百五十英里澹澹碧波，环抱一山碧黛，壑险洞幽，钟灵毓秀，堪称中原胜景。我们邂逅的中国旅行者用那种中国人特有的咬文嚼字的腔调，有板有眼地告诉我们："西北有山四十四座，山势险峻且以文化气息浓厚久负盛名者，当首推马山；由此发端，有四十一山迤逦东行、连绵不绝，其中西洞庭山如凝脂墨玉、直插云霄，有俯瞰天下之雄姿；地接东南、凌波驭虚，若论巍峨峭拔之形貌，太湖东部一带凡四十七山之中，又以洞庭山独占鳌头。"为了形容江南美景，中国的文人搜索枯肠，极尽堆砌辞藻之能事；流连青山、泛舟碧水，是中国迁客骚人素怀的梦想。深谷流翠，层林摇风；掩映田舍数家，炊烟袅袅；簇拥楼宇几处，衔月映日。高楼广厦的空间布局也很讲究，街巷交错，宛若棋盘。崇高与滑稽为伍、雅致与粗鄙相邻，这是中央帝国的人文奇观——宗教、法治、民俗，强烈的反差无处不在——可想而知，中国人撰写的文字资料，华而不实、狗尾续貂的情况也屡见不鲜。

中国当地人醉心于洞庭山美景，欧洲人的品味却与之大相径庭。没有亭台楼阁的点染，不闻寺院的暮鼓晨钟，洞庭山保持着扰攘红尘中一方净土的原始风貌。群峰攒聚，恰似峨眉新扫；悬陂泄绿，唯见枝叶披拂。谷底郁郁葱葱、生机勃发的原始森林之上，高挂着面目狰狞、寸草不生的巉岩。潺潺清溪没入沟壑的地方，总有樵舍三两户、渔寮七八家，依山傍水而居，鸡犬之声相闻，岛民们过着远离尘嚣、怡然自乐的生活，守候着那一份宁静恬适，俨然一派世外桃源、独立王国的气象。广为流传的有关洞庭山民的故事，尤其扣人心弦。蓊山梵音、莫厘洞天，当地人一向奉若神明；三山连珠、雨花叠彩，盛名不输于时。一丘一壑，气候不同；一楼一亭，各领风骚。游人徜徉其间，施施然不知所归。洞庭山不仅以风光旖旎见长，哀婉动人的爱情典故、动人心魄的迷信传说，浓浓的人文气息恰如青峰黛谷间萦绕的薄雾，荡涤着每一个人的灵魂。

由于年代太过久远、后人疏于看护等原因，洞庭山上的许多极具历史考古价值的文物已经无迹可寻。静卧莫厘山巅的祭台、横跨灵峪①峡谷的石墙，中国的考古学家们一直讳莫如深，因为这些遗迹与最野蛮的民俗联系在一起。那座祭台见证了惨无人道的杀戮，异教徒的残暴行径再次诠释了邪恶信仰对人性的扭曲是多么的令人发指。尽管历史学家、考古学家眼里的洞庭山，那满目青翠的下面泅渗着血痕；但是对于那些专以猎奇探胜为务的游客来说，洞庭山就是人间天堂。婉约与粗犷相邻、飞瀑与幽潭相接，恬淡与崇高、沉静与灵动，在这里合成一曲最动听的大自然交响乐。

石公山是太湖岛上最奇特的景观之一。这是一块从岛体斜坡上拔地而起、潜出太湖水面的巨型飞岩。远观石公山，恰如一位依山涉水、踽踽独行的耄耋老者，这块奇石也因此蒙上了一层神秘的色彩。山民们说，石公岩水涨不没顶、水枯不露脚，是天地造化之神物，很有灵性。根据实测，石公山高出湖水均线两百英尺、山脚潜入水下五十英尺；太湖水潮涨潮落，波动水平始终保持在这一范围内。商船画舫，穿岩而过；点点渔帆，摇曳山根，那景致如诗如画，别有一番风味。与石公山相去不远处有一道壮观的瀑布，其下石窦间有一深潭，突入潭心的洲屿之上建有祠堂，"这里不供神佛，只供博学景行、功勋

---

① 灵峪：原文为"Lin ǔh"（威妥玛式汉语拼音），洞庭山中的一道隙谷。

素著的先人。死者备极哀荣，生者世受鞭策，配享宗祠是中国人教化万民的方式。"阿洛姆先生的版画中有一幅描绘的就是驻泊洞庭山下、等待前往该祠堂祭祖的达官贵人礼毕折返的小船。这幅画气韵生动、主题形象鲜明，将"焚香祀祖"这一中国古老的民间习俗刻画得淋漓尽致。

中国史志记载，灵威丈人曾遭其婿——大名鼎鼎的吴王阖闾——囚禁于洞庭山之峡谷，十七日未得脱身，不得不交出所藏至圣先皇大禹的书卷，以换取人身自由①。禹王在位时不仅勤于政事，还捉刀写下了经国济世的不朽经典《山海经》，其中讲到古代中国的地形地貌特征、金银铜铁等矿产资源及鱼鳖蟹虾等水产资源的分布。灵崿附卧夫椒山下，山上地势平坦之处，吴王阖闾另建了避暑行宫一座；每至溽暑酷热难耐之时，吴王就移驾此处，享受来自太湖、拂过林表的习习凉风。宫室外连"明月"廊道②——夜静风清，明波捧月，在浮光弄影的林间小道上独自踟蹰，此时的吴王又是何等的心旷神怡！洞庭山物华天宝，所产甚丰，不过最为世人称道的特产，当数深秋季节红花始放的料红桔。苍松覆顶、翠竹缠腰，山脚下摇曳着田田莲叶和茂密的水草；而桔树及各种知名不知名的草木绽放的花朵，将一山秀色装扮得格外妖艳。太湖一带气候非常温润，植物繁育生长的条件得天独厚，人言落籽生叶、插木成林，到过洞庭山的人，方知此言不妄。是天时地利加上悠久的文明传承，共同缔造了这一太湖明珠、人间胜境。

---

① 据中国古籍《河图纬》，"灵威"全称"灵威丈人"，名"毛苌"，是一位得道仙人，与阖闾并无翁婿关系。此谬疑因该称谓中含"丈人"一词，西方汉学家诠释为"岳父"所致。古代有称年长者为"老丈"的习俗，在不求甚解的西人笔下，估计都成了"老岳父"了。

② 此处原文为"Ming-jui"，按标准威妥玛转音规则，对应的普通话诗意应该是"Ming-rui（明蕊）"，但紧随其后的英文释义是"Bright Moon Walk（明月走道）"。

太湖道观

太湖道观

爱恨皆不由我，

命运主宰一切。

——《不幸的婚姻》

太湖东岸附近水域小岛星罗棋布、岬角鳞次栉比，岸头起伏的冈峦衔水接天，景色冠绝天下。钟灵毓秀之地，人口自然繁庶，但见一线连绵的群山脚下，阡陌纵横、炊烟袅袅，古色古香的民居隐现林莽间，顺着湖岸绵延数英里。湖岸突出部与对面小岛峭拔的山巅各建有一座轮廓纤细颀长的宝塔，夹峙进出古运河港口的水道。此处岩体环抱、狂风难入，一年四季波平如镜。调入沿大运河一线投送杭州的外来商品，或外运棉花等本地农产品的船只帆影未动、欸乃先闻，激起的微浪扶摇日月星辰。经商是利润丰厚的行业，大清帝国当局自然不忘分肥。一面耷拉在高杆之上的龙旗，表明其下的建筑物就是官方设置的税赋机构。

山清水秀、如画田园，太湖东岸历来都是中国人心驰神往的福地。湖岸附近三山岛上有一处道观——娘娘庙，可谓失意者的麇集之地：婚姻失败、爱情得不到报偿的天涯沦落人都会踏上朝圣之旅，到这座庙里告解祈福。庙内有一眼井泉，据说泉水有疗治情伤、为婚姻保驾护航的特殊功效。至于疗法，那跟所患“病症”的类型、轻重有关：无可救药的失败者往往选择狂饮泉水，或者将一支熊熊燃烧的火炬投入井底的方式，浇灭心头块垒。寺庙内墙壁上悬挂着一幅青年女子肖像画，传说这位女子为情所困，在三山岛上的洞穴内一住多年、了却残生。死前她献出了自己的住所，供天下苦情之人蛰居疗伤。也许是湖中的美人鱼为实现这位天涯断肠人的遗愿施了魔咒，也许是此女本身姿容婉丽、魅力惊人，也许是绘画者刻意雕琢、将一位相貌平平的女子塑造成绝代佳人，所有情场失意、落拓江湖的可怜人一睹此君芳容之后，莫不心荡神移、无力自拔。中国是一个男尊女卑伦理观念根深蒂固、不相信女人也能成为神的国度，天后只是一个例外。在这样的国度里一个女人能够立祠享祭，不能不说是一个奇迹。娘娘庙斩不断的情丝、医不好的心伤，还有另外的解脱办法：爬到此岛一端森森悬垂于万顷碧涛之上的山崖间纵身一跳，用血肉之躯撞向月老错系的红绳。先知曾告诫苦恋安东尼的维纳斯，心碎之人唯有此药可治；莱斯波斯岛上的夜莺萨福就是以这样的方式，解开她得不到报偿的同性恋情结的；而希腊神话中人类的缔造者——丢卡利翁也因恩爱不能忘、无法排遣失去皮拉的伤痛，最终自杀殉情。

虎丘山行宫

虎丘行宫

给我一方山间幽境，

薄雾里闪徊女巫的魅影。

俯瞰森森溪谷，仰望云中山石，

爱情和仙术的故事摇曳心旌。

我心也许在柱廊环绕的雅阁，

坐卧莲花，虎丘守护我的安宁。

——C.J.C

朱庇特偶尔也会走下奥林匹斯山上的神坛，游走于芸芸众生之间；地府之王塔耳塔罗斯也不是时刻守护着他那一方幽暗的殿堂，谷神刻瑞斯的宫阙是他频频造访的洞天福地；然而天朝的皇帝高高在上，向来不屑于屈尊俯就、与蚁民为伍：无论衮衮大员的府第、还是仆奴工役的号房，天子的贵足从不踏此等贱地。无论在京的皇城，还是沿连接帝国各省主要城市的官道一线建造的行宫，莫不滥施奢靡极其豪华，并且选址也相当讲究，都是湖光山色风景如画的所在。

江苏土壤肥沃、四季分明，优越的自然条件造就了雄奇壮丽的山河、无边旖旎的风光。"我们发现江苏全境植被繁茂，农村土地开发程度也高，到处是一派欣欣向荣、物阜民丰的景象。"清诗妙画舒卷的田园、天光云影徘徊的山头，托出帝王之地——虎丘山。这座驰誉华夏的名山坐落于苏州西北约九里处；苏州府地界风景优美、历史悠久、文化积淀深厚，是江苏第二大一级建制市，也是中国的传奇城市，一砖一瓦、一木一石，都浸透了神奇美丽的民间传说。虎丘山怪石嶙峋、巍峨挺拔，崛起于地势低平的苏州平原之上，是这一带地区的制高点，故有"海涌峰"之名。虎丘山群峰攒聚，地形复杂，河汉如出其里，翠玉如没其壑，一山胜景，美不胜收；最高峰之巅是闻名遐迩的"剑池"，恰似镶嵌在峨冠之上的一粒美玉；池侧有一巨石，坦平如凿，可容千人高坐，名"千人坐石"，对岸则有"生公讲台""说法台"等处胜迹。根据民间传说，中国春秋战国时代吴国的君主阖闾死后，以诸侯王应该享受的规格葬于剑池之下。葬后第三日，阖闾墓顶赫然出现一只白虎并盘桓数年、久久不去，此山因之得名"虎丘"。秦始皇一统天下后曾图谋开掘阖闾墓，孰料半路杀出阊闾一脉的守护神——白虎，不得不铩羽而归。

山石叠嶂、飞瀑流泉，除了大自然的鬼斧神工，剑池更因与"春秋五霸"之一吴王阖闾的身世紧密联系在一起、充满传奇色彩而引起历朝历代帝王将相的关注，觊觎吴王身后所留神秘宝藏的人马来而复去、繁如过江之鲫。迨至晋代，志在必得的大司徒王珣及其弟司空王珉竟在山下圈地盖房，建起了自己的馆舍庄园。虎丘山上的名寺遗坊包括信众礼佛献祭的云岩寺、宋理学名家尹和靖的寓所"三畏斋"以及五贤祠等，五贤祠供奉曾经主政苏州或与苏州结缘颇深的五位先贤，其中唐代三位、宋代两位[①]。

琳琅满目的名胜古迹和丰富的文化遗存，为虎丘山平添了别样的魅力。可中亭、白公堤，都是中国古迹发掘者心中的圣地。晋宋间得道高僧、名贯天下的生公，即曾设坛弘法于虎丘。据传一日生公在虎丘讲法，太祖设法会，亲自同众僧侍于筵席旁，道生说法非常精彩，众人听得入迷，静下来时，食物已凉了，这才意识到天色过午。太祖见大家面有难色，遂摇手劝饭："诸位名德大师，开始吧，太阳正在中天呢。"场上僧俗弟子一时哑然：佛家的规矩是过午不食，太祖如此说，不是引大家犯戒吗？但一国之君发话，佛门中人亦不能拂逆；尴尬中的众人将目光投向生公，期冀高僧临机决疑、以策万全。生公面色如常，微微一笑道："白日附丽于青天，天说它刚到正中，还有什么可怀疑的吗？"随手拿起竹筷进食。"可中亭"之名即源于此。后另一高僧竺道生[②]索居此亭，但其弘扬佛法的妙音如旷野呼声、应者寥寥。竺道生慨叹世风日下、孺子难教之余，在亭外筑起一道石墙，画地为牢对空布道。剑池中有一"点头石"，据称就是当初听竺道生诠释佛法、茅塞顿开频频点头的一块顽石。

虎丘行宫之后巨石凌空，一桥飞架，连接对岸的山岩。石山之巅建有七重八面的云岩寺塔，集林泉之致，领丘壑之韵，携尹和靖"三畏斋"之风韵，踞苏州漠漠平畴之顶点；登塔远眺，清风满怀，烟雨空蒙，景色美不胜收。虎丘不以高大雄伟见长，唯以灵秀嵯峨见奇。茂林修竹掩细径、飞泉伏流三两声，

---

① 指唐代的三位苏州刺史韦应物、白居易、刘禹锡，宋代文学家王禹偁和苏轼。

② 查虎丘神话传说及文化遗存，"生公"与"竺道生"均指向同一个人，此处疑作者考辨有误。

妙峰夹峙的幽谷，昼暗晨昏；斧劈刀削的嶂壁，常挂日月清辉。最是云岩寺塔，挥洒闲云，直入青冥。横看姑苏，纵览八荒，虎丘"红日隐檐底，青山藏寺中"之盛名，果不虚传。

与佛教胜迹云岩寺相去不远的地方有一块造型奇特的岩石，那便是生公讲禅时倚坐的石榻。生公其人已殁，然而虎丘风物穿透历史的烟尘，悠悠然恰如初时。生公讲台俯瞰剑池：一掬澄明如镜的碧水，夹在如削如砌的两岸间；山风徐来，池面翻波，浪花拍打石岸的回响，如钟如磬，余音满山——此番风物，岂是寻常得见。生公讲台稍下有"千人坐"，周边嶙峋巨石交错连环，清润光滑的圆砾罗致各处。虎丘山不仅是佛教文化的圭臬，也与曾经盛行于英格兰、爱尔兰的德鲁伊教建筑文化异曲同工、相映成趣；而山上的浮屠宝塔，也可以看作是苏格兰柱塔的东方翻版。白莲池坐落的位置更低，池中浮红泛紫，莲叶田田，就像镶嵌在石景中的一幅画。池畔一径蜿蜒，穿过层层叠叠的乱石、忽隐忽现的罅隙、波光粼粼的山泉，直通皇帝巡察江南路过苏州地界期间的驻跸之地——虎丘行宫正门前面的花园。一位中国地理学者带着东方人特有的夸张风格，在地方志中写下这样一段文字："虎丘山乱石穿云、峡谷深不见底。远观玲珑剔透，入则山重水复、曲径通幽；嵯峨山石忽分忽合，无边美景，令人流连忘返。"

这一片充满诗韵画致的山水间，"虎丘"地名碑赫然矗立，再次印证西方岛国与东方民族地域文化上的某种契合。威尔士北部地区，题有"立石"字样的石柱至今留存；散布罗马各处的"边界"字碑，也许就是界址标志：其中一块上题"Maen y Campiau"——"竞技石"，估计指代某处原始的运动场；而另一块题写"Maen Achwynffan"——"大悲石"字样的石头，想必与朝圣、忏悔设施有关。而虎丘行宫内俯拾即是的中国历代文化遗迹，以及散布各处的冈峦、连绵不绝的林泉，却是西方基督教社会里难以见到的奇观。

苏州虎丘山上的试剑石

虎丘山上试剑石

他晃动着伟岸的身躯傲然站立，

他的声音回荡在耳际：

"世间唯一人堪佩此剑，

泛泛之辈难当其力。"

——司各特

神话、史诗时代的人有尚武精神。时过境迁，现代社会很少有人拿个人的蛮力说事，除了少数未开化的蛮族。胜利不再属于体格强健、孔武有力的一方，智慧、文明、科技早已超越爪牙之利，成为决定战场胜负的主要因素。无论强大到不可思议之地步的埃阿斯①、"狮心王"理查，还是行吟诗人津津乐道的神话传说主题，均将湮没于现代文明的漫漫尘埃之中，渐次退出历史舞台。不过对卓越品质的向往和追求是人类的天性，史家在发掘和书写相关题材方面，向来乐此不疲、不吝笔墨。

人类社会早期发展阶段，体格代表皇家风范、决定军阶高低。不过没有例外就没有规则，体能并不是解决一切问题的万应良药。尤利西斯远征归来，发现他孤悬海外的岛上王宫中乌烟瘴气，他那忠贞不渝的王后围裹在一大批仰慕者、追求者之间，左支右绌，苦不堪言。面对一拨又一拨无耻之徒，所谓的动之以情、晓之以理不再是解决问题的办法：战场的磨砺、海上的漂泊，已经改变了他的容颜，无人承认他是昔日那位仪容伟岸、孔武有力的王者。此等情形之下，他唯有亮出看家本领——拿出他那张无人拉得动分毫的硬弓：

> 他力挽角弓如抱满月，
> 弦声琅琅应手而开。

---

① 埃阿斯，《荷马史诗》中论勇力仅次于阿喀琉斯的英雄人物。

利箭穿环而过，他的皇家血统得到了验证，就连那些公然跳出来向他叫板、推波助澜阻挠他重登王位的敌对者，此一刻都表现得服服帖帖。

以"单挑"的方式决定战争胜负，这是盎格鲁-撒克逊人力量崇拜的表征；其中约翰王统治英国时期发生的一场战事，最具典型性和说服力。当时英法两国在诺曼底一地区发生主权冲突，法王菲利浦建议以武士对决的方式解决争议。英王约翰顺水推舟，接受了法王的提议。当时英格兰有位勇冠群雄、名动天下的人物约翰·德·科赛，不过事发时他受到竞争对手德·莱塞的蓄意陷害，身陷缧绁，被囚于伦敦塔中。国难当头，国王打发一位阴险毒辣的教士到小诸侯的囚室里做说客。科赛听来客说明原委，慨然应允："我愿意挺身而出；不过不是为那个国王，而是为了我的国家！"

战场设定、战幕拉开，交战双方的储君、贵族首领齐集眺台，见证英法两国第一勇士的巅峰对决。法国勇士最先亮相：其人龙腾虎跃、三两步奔到场地的中央，然后一个优雅转身，趄回为他特设的帐篷内，坐下来调息运气、静候血肉搏杀的那一刻；紧接着德·科赛闪出一边，出场动作与法国勇士并无二致。如雷的战鼓敲响了，两位勇士顶盔掼甲，各执长枪进入对决场地。根据交战规则，决斗双方入场后须勒马伫立片刻，探察对手实力、估摸胜负之势。德·科赛不怒自威的仪态、壮硕挺拔的身躯、弓马娴熟的表现，摄人魂魄，法兰西决斗士打马回寰、故作镇定，不过心下已露出怯意。旋即二鼓敲响，法国第一勇士未及交手，便踏破围栏、仓皇逃离战场。吹鼓手公布战果，宣称英格兰一方获胜。不战而屈人之兵，法王菲利浦对这样的认定结果提出异议。英方遂立桩柱，上置铁盔甲胄，德·科赛奉命砍斫这一套古代战士的标准护具，展示个人潜力。德·科赛冷冷地扫视了一眼并肩而立的英法两国国王，举起肌肉虬突的双臂，奋千钧之力挥剑砍向那具木头搭成的"敌人"。剑锋到处，盔甲木桩应手而开：剑身突入木桩如此之深，以至无人能够拔出。德·科赛的神力令约翰王大开眼界，他不仅恢复了这位昔日阶下之囚的爵位、发还了其人的全部财产，还额外加恩，承诺满足这位勇士的一切要求。"国王陛下，您对我的恩宠超出了我的预期。"德·科赛意气风发，慨然应答，"我只有一个要求，希望陛下允许我及我的后人享有觐见国王不必脱帽的特权。"国王答应了他的请求，金塞尔侯爵见英王不必免冠的特权自此发端，传承至今。

另一位名垂青史的英雄是血统比德·科赛更加纯正、也更具传奇色彩的爱尔兰贵族、武装力量统领芬加尔。有一次，这位赳赳武夫远征敌国，一位形迹可疑的人加入他的军队。此君颇识军机、谈锋甚健，喜与这位统帅纵论军中大事，乃至较劲抬杠。谈及本次出征胜算几何，神秘人不禁大放厥词："除非您能一剑劈开前面那座山，我才相信您能打败强大的敌人。"芬加尔二话不说，只一剑便将巉岩峭立的山峰劈成了两半①。

中国经典小说《三国演义》中有关于虎丘山②试剑石传说由来的记载：蜀主刘备应吴侯孙权之邀，赴吴议娶孙权妹孙尚香为妻。孙权以蜀吴联姻、世代修好之名，行挟主要价、向蜀国索还荆州之实。有长者之风、忠厚坦荡的刘备听从诸葛亮——尼科洛·马基雅维利③之中国版"——的建议慷慨赴约，以身犯险直入陷阱重重的东吴孙权之内宫。气宇轩昂、应对从容的刘备一下子赢得了孙太夫人的欢心，对儿子擅做主张、不与她商议就将她的爱女许嫁他国而大为不满的孙国太，一腔怨愤早已冰化雪消，吴宫内摆下丰盛的酒宴，欢迎远道而来的贵宾。心怀鬼胎的孙权在宴会厅外事先布设大量甲兵，试图乘隙拿下刘备、投入地牢。孙权的奸谋被刘备的贴身侍卫、勇冠三军的赵云识破，他披甲仗剑、果断突入貌似欢笑晏晏、实则波谲云诡的内厅，将主子刘备掩在身后、斥责东吴挟一国之威行宵小之实，声称他将誓死保卫主子刘备，只要有一口气在，绝不做东吴阶下囚。慑于赵云的赫赫威势，孙权未敢遽然下手。获知事件原委的孙国太雷霆震怒，指斥身为吴侯的儿子不识大局、不顾大体，公然违背待客之道，断送同胞妹妹的前程，只为满足一己之私欲，所作所为令王侯之家颜面尽失。

---

① 参见《赖特到威克洛郡格伦达洛的指南》（*Wright's Guide to Wicklow—Glendalough*）。——原注

② 中国旅游胜地，位于江苏省。——原注

③ 尼科洛·马基雅维利（Niccolò Machiavelli，1469—1527）中世纪意大利思想家、政治家、作家，中世纪佛罗伦萨城邦共和国缔造者之一。1512 年美第奇家族复辟帝制后，政坛失意的马基雅维利转而著书立说，写下一系列后世广为流传的启蒙作品。

　　孙权痛失一着，但并没有真心悔过。他虚与周旋、辩称他和此计的始作俑者、他的军师周瑜确有玉成蜀主与妹妹孙尚香这段美好姻缘之意——孙权口蜜腹剑，使出的是一套连环毒计：以妹妹为诱饵消磨刘备的斗志，令其沉湎温柔乡中难以自拔，徐图荆州。

　　险逃刺客之刀锋、捡得一命的刘备脱下婚宴的盛装，在吴侯宫室外盘桓散心。怅然行走间，他发现路边躺着一块巨石——以身犯险、前途未卜，此刻忧心如焚的刘备举首向天，默然祝祷上苍："如果我刘备有命返回荆州、成就王霸之业，此石当应剑而裂！"言犹未落，刘备手中的那柄长剑腾起凛凛寒光，将巨石从中劈作两半。一直暗中跟踪刘备的孙权这时赶了上来，询问刘备何以跟一块石头过不去。"我年届四旬寸功未建，上不能为国剿贼，下不能安身立命，思之心中甚为忧愤。"刘备搪塞道，"现蒙国太招我为婿，是我一生幸事。我向天问卦，如能破曹兴汉，当一剑劈开这块石头，不料果如所愿。"

　　孙权自忖刘备使诈，于是起意辨其真伪。他举剑在手，祷告上天如能灭得汉贼、夺还荆州，则剑落石开——孙权剑锋所至，巨石果然齐根裂作两瓣。试剑石上刻有记述其事的铭文计十字，另镌当地土人赞颂孙尚香的小诗一首，俱各留存至今。

南京

南京

她瑟缩在凄风苦雨里，

衣衫褴褛，孑然一身。

她枯瘦的双手捧着满瓮的苦楚：

——瓮还在，离人的骨灰早已散落烟尘。

——拜伦

　　诗人拜伦对着罗马的废墟唱出的一曲咏叹调，却唱出了今日南京凋敝的街景。"（南京的）城门行人寥寥"，"昔日欣欣向荣、美不胜收的街头，已然风光不再"。"围裹在高墙之内的南京，人口聚居区的繁华程度不亚于现代罗马。"戴维斯先生在他的游记中写道，"但就整座城市的建设规模，罗马城还要稍逊一筹。南京城墙高厚、地域辽阔，绕城一周即达二十英里。两城均有大片的无人居住区，起伏不平的山丘、废弃的路面、支离破碎的农田，构成城市荒原的主要景观；不过从人文角度看，两地间的差异十分明显：除去城墙，南京城内几乎没有任何建筑遗迹，这跟中国人随遇而安、不求长远的思想观念有关；反观罗马，气势恢宏的古代公共建筑设施屹立至今，虽已坍塌破败，仅存的遗址也令人心折。每登西里欧山，俯瞰楼宇参差、丘壑连绵的罗马城，我都会联想到中国的六朝古都南京（唯一的区别就是，南京没有那么多黑黢黢的废墟）。"

　　南京是江南省首府，地理坐标为北纬32度3分、东经118度46分，城北三英里便是扬子江，与北京、广州两地的距离均为六百英里。南京是中国的帝王之地，人杰地灵、物阜民丰，历史上曾有多个朝代建都于此，是全世界最好、最具魅力的城市之一。描述南京城之大，中国文人不吝笔墨："如果两个人同时从同一座城门打马出城，分别向相反的方向跑，再碰到一起就得一直跑到天黑。"南京在前朝曾是首善之区，大清帝国又列为副都，人口自然繁庶，有据可查的说法是南京常住人口数维持在三百万左右。南京城内有多处河道与扬子江相通，可容大型船只出入，航运业非常发达。著名海盗、民族英雄科辛加一度溯江而上，在进攻南京的战斗中堵塞所有河道、阻断内外交通。这位征服台湾的葡萄牙骑士在退出历史舞台之前发动此精彩一役，为大英帝国1840年对华战事提供了一个可资借鉴的良好战例。

南京城不仅占地面积广大，也以一城之内山重水复、地形复杂多变著称。头顶巍巍山冈、脚踏潺潺流水，南京的街头景观与爱丁堡的城堡山有得一比。满族人治下的南京无复往日风采，城区将近三分之一的地段几近抛荒；宫殿、庙宇、望台、皇陵，许多公共设施及名胜古迹惨遭破坏，要么被损毁，要么被劫掠一空。与北京遥相呼应的南京，地名本身就代表了其首都或副都的政治地位，当盛之时，帝国朝廷中枢办公机构六部俱设。随着国家权力重心的北移，南京城失去了"京"的身份，被当朝皇帝赋名"江宁"。不过传统观念的力量不容小觑，"南京"之名并未因大清皇帝一纸诏令而从当地人民的记忆中抹去，反而越叫越响。南京至今依然是中国的一级城市、两江总督驻节之地，控扼长江要道、管辖堪称大清帝国经济命脉的两江地界①。野蛮的满洲人前番涂炭南京、今日防民如寇，于石墙之内另辟军营，拣派忠于皇室的满族将军统摄军务，深沟高垒，虎视眈眈，专门对付不甘于现状的汉人。南京城内的各条大街夹在低矮简陋的民房间，屈曲蜿蜒、狭窄幽闭，通行至为不便。不过南京的城门高大壮观、气象庄严，倒是与中国大型城市的建筑格调一脉相承。

我们的查理国王也曾声言迁都，伦敦市民对此项动议作出的答复是：悉听尊便，只要不搬走泰晤士河就行。满族人攻灭大明政权后，迁其都、掳其财，这对南京来说不啻是一场浩劫。好在扬子江和南京城内四通八达的河渠搬不到北京；游手好闲、百无一用的满族武夫北上后，当地勤劳朴实的汉族人终得休养生息，重建家园的大潮勃然兴起。南京生产的丝织品，无论白布还是锦缎，很快便风靡整个北京城，其风头之健甚至盖过了久负盛名的广州产品；欧洲人趋之若鹜的"南京棉布"，只看名字就知道是这座城市的招牌产品；利用稻秸加工纸张、豆科植物通草编结手工花束，都是南京的支柱性产业。就连英国人追捧有加的"印度墨水"其实与印度并无关系：产在淮州，集散地包括出口基

————————
① 清代两江总督辖区涵盖今江西、江苏、安徽三省。

地都在南京。

南京是帝王之地，也是文化之乡，每次赶赴京城参加会试、殿试的考生，比中国任一地方的都多，南京城内大大小小的书店随处可见，做图书刊印发售生意，在这里是一份受人尊敬的职业。由此可见，南京之所以能产生文化产业之奇迹，以纸张产量最高、质量最好驰誉泱泱中华，断非偶然。

虽然大清建国后南京的地位已不复往日，但其地生产的工艺品、奢侈品甚至部分生活用品，依然为北京所推崇。每年四五月间，中国北方地区天干地燥，渔业资源匮乏，扬子江强大的产能，为满足皇亲国戚、衮衮大员的口腹之欲提供了最切实的保障：京杭大运河一线，满载河鲜、冻鱼的船只鼓风而行，在超额利润的诱惑之下，六百英里航程不足为虑。皇宫御用之物有现成的加急传递渠道——驿站；加急传送，昼夜兼行，不出十日南京的珍馐佳肴就能摆上皇帝的案头。如此落后的运输方式能产生这么高的效率，不能不说是一桩奇迹。

南京达官贵人的宅邸

南京官员府邸

鼠目寸光的西方岛民，

不要睥睨出入深宅大院的绅士；

也不要信口开河，

污蔑他们是野蛮人的化身；

你们的高墙危楼，你们的大炮巨舰，

只是荒漠深处招摇的幻象；

唯有华夏民族繁衍生息的东方，

文明之花才会灿然开放。

——C.J.C.

进入中国达官贵人的府邸，须臾间体味到的中华民族人文风采，远比翻阅这个国家汗牛充栋的历史典籍来得直接、真实，令人印象深刻。中国公共建筑外观古朴，与气势宏大的古希腊、罗马同类设施迥异其类；遍观中国人的家居生活环境，这一风格也体现得淋漓尽致；曾经深埋地下、现经考古界全力挖掘终得展露真容的庞培城遗址，也向世人雄辩地展示了这个有趣的事实。不似我们这些面对古希腊罗马建筑文明的残骸叹为观止、自认从建筑艺术到家居生活风范诸多方面均能感受到回荡在历史深处之余响的西方国家，天朝上国一直坚守着属于自己的传统。以下对庞培城建筑物框架设计图纸及内部装修特点的分析剖白，全面反映了罗马与中国民居的显著差异。谨此引用一段文字，聊为佐证："这些房间纯属私人生活空间，内设餐厅、卧室、书画间、浴室、摆满花花草草的柱廊厅。室内墙壁上绘有形形色色的图案花纹，半浮雕也是司空见惯的装饰之物；不过庞培民居内的图画绝大部分低俗不堪，甚至可以用不堪入目来形容，实在与格调高雅的艺术不相比附。庞培民居地板的铺设颇具匠心：镶砖嵌石，拼贴精美；人行其上，宛若漫步在马赛克艺术精品的世界。受时代科技发展水平的限制，庞培人除了享受不到为人们生活带来极大方便的现代器物之外，建筑规格几乎可与时下一较短长。玻璃这种建筑材料古庞培人鲜有使用，除狄俄墨得斯的花园别墅之外，别处尚未发现。无论多么宏大的私家府邸，也没有配备消防、通风设施。房顶板筑而成，外围加持一圈低矮的护墙。女眷的房间一般都面朝花园，这一布局在东方国家沿用至今。"

与古代意大利民间建筑格局类似，中国民宅讲究进深，家庭成员的宿舍攒聚于远离大门的位置，以期规避外界的干扰。由外至内，中间隔着门厅、会客室等附属设施，曲廊回院，幽闭隐秘，擅闯者往往找不到入口。尽管没有经久耐用的建筑材料可凭、没有固若金汤的屋宇可恃，居心叵测的人穿墙越壁如履平地，但人类仍乐于构筑迷宫式的巢穴，营建想象中的安居环境。

插图展示的是一个富裕家庭的内室或女眷的闺房，画中出现的人物包括男女主人、小主人还有一位下人。画家对这个典型中国家庭的室内布置及生活常态观察视角独到、描绘生动逼真，每个细节的呈现都极具表现力。这家人的目光都投向站在房间正中位置的小货郎身上，看他一件件展示木篋内的商品。在波斯、印度等东方国家，赚了钱的商人都讲究奢华，精美地毯布满房间，连墙角的沙发都蒙得严严实实。但是，中国人对桌、椅、沙发一类家具的开发利用，与欧洲人并无差别：只此一点，在亚洲国家中已属罕见。这幅画里，女主人的座椅使用竹篾片编结而成，配以女眷精心纺织的丝绸坐垫、封套、挂饰。靠近女主人一侧的窗户①后面是另一把椅子，这家一看排场即知属于上流社会的男主人正在抽烟，带着讲究男尊女卑的中国人惯常挂在脸上的那神圣不可侵犯的凛然表情，直挺挺地站在那里。抽烟这种陋习在英国广受诟病，但在男人在家庭中的权威不容挑战的中国，烟民入得了闺房、出得了厅堂，烟具烟枪任何地方都可以摆放。中国妇女热衷于购物，但不讲求时尚；她们的穿着打扮只与季节有关，几乎看不出有什么新花样。体面家庭妇女的着装一般都是衬里、背心外加一袭绣花曳地长裙，款式千篇一律、颜色因人而异。中国妇女也喜欢佩戴首饰，贫则布衣荆钗、富则玉佩金簪，充分体现主人的品位和追求。不过中国妇女的装束共性大于个性，她们打扮的重点是头和脸：头发梳得一丝不苟、打上发蜡再挽个高髻，然后用金银一类的发箍扎缚妥当，再在额际裹束一圈发带。她们头上顶着一种名曰"凤冠"的特制帽子，上面缀满金钏玉坠，两鬓的簪花压眉覆面、看上去非常夸张。中国妇女有盛装出行的习俗，外出探亲访友或者迎候远方的客人时，她们都会戴上耳环、披红挂绿，将自己打扮得珠光宝气、楚楚生姿。富贵之家的女眷都谙熟化妆之道：描蛾眉、点绛唇、涂脂

---

① 事实上是一处月亮门，并非作者指称的"窗户"。

抹粉，是大家闺秀从小研习的必修课。

为了彰显个人身份、突出主仆之间的差别，公众场合抛头露面的富家女子，防止涉世未深不谙世故的人做出误判，这家的佣人腕部戴着一只亮晃晃的铜质手镯。这位佣人一手抚肩，另一只手稍稍扬起，指指画画念叨着什么，她所针对的小孩子——这家人关注的核心、也是未来希望之所系——鬓发捵至脑后梳成一条小辫子，乍看颇有几分滑稽味道。

中国的货郎翻山越岭走村串巷，全凭一副挑子运送货物。如果两只货篓的重量没法平衡，货郎一般会在偏轻的一端压上砖石。画中的货郎挑着担子进入宅院，当着这一家人的面打开前面那只装货的板箱，展示针头线脑等等日用杂货，另一只板箱则原封不动地搁在身后，扁担、系绳历历在目。两只篓子用绳索系在竹制或木板削成的扁担上，这一套行头，中国民间美其名曰"货郎担子"。画面中一位仆人手托茶盘，盘中放有供货郎点饥的茶水、干粮。中国人天性好客，即便是素昧平生的小货郎上门且自家也没有采买任何东西，主人也会热情候客、茶饭款待。

屋主人驻足处的椭圆形开口，线条流畅、外观雅致，外缘与梁柱一样镂刻着复杂的花纹图案；除此之外，还有一点值得一提：这个通道是整间屋子连接内外空间的唯一开口。与古罗马人一样，中国各类建筑物均未采用玻璃作为透光材料。罗马富豪用一种石膏结晶打磨成的薄片充当窗体构件，不过这样的"豪华窗户"并不多见。至于他们使用的这种晶体具体属于哪一类石料，后人便无从揣知了。不过对云母及大名鼎鼎的莫斯科玻璃——还在莫斯科公国时代，俄国人即有使用、因具备优异的防炮震性能而广泛应用于军营之类设施的天然物质。中国人不用玻璃，替代之物从牛角、贝壳制品到麻布、丝绢、油纸、竹膜等，林林总总不下几十种。

在佣人与小孩子的身后，与月亮门正对的房间另一侧摆放着一副碗橱或货架，横槅上摆放着果盘、装有香木的罐子、小蜡烛等日常生活用品和奢侈品。这件家具要么是价值不菲的日本漆器，要么是经过上漆打蜡的竹制品，落鸟飞花，雕工精美。画面左侧月亮门的旁边是一张厚实的硬木方桌，上面放着清朝大员或亲王庭院别墅的缩微景观。瓷器是中国寻常人家的必备之物，因其外观雅致、价值不菲，现已成为英国有钱人竞相收藏的物品。这种承载民族文明、凝聚华人智慧、美轮美奂的器物，最先见用的场合不是家庭，而是佛教寺院，可见其与这个国家的宗教信仰颇有渊源。

在中国，庭院屋舍的装饰物当首推灯笼；若论产量和普及程度，其他物品均难望其项背。竹为用、灯为魂，无竹无灯不成家，这就是中国人日常生活的真实写照。主房檩条上悬一盏彩绦婆娑、大红大紫的丝绸灯笼，偏房、屋角处点缀数挂白天妆景晚上照明的小灯，这就是中式院落的标准氛围。中国灯笼的亮度与棕榈油时代的英格兰大吊灯相比都相形见绌，更不用说后来在欧洲大行其道的电气灯。灯笼燃烧时散发出来的气味，比濒夜时分满院缭绕的烟草味更让人难以忍受。对中国建筑的认识仅仅停留在轮廓层次的阿洛姆先生所绘的中国官僚私邸，地板使用瓷砖铺就，棋盘状图案为整个房间增色不少；不过中国家庭使用黏土砖铺地的情况更加普遍：夯筑的地基上压一层砖，上面再苫一叶竹席，遮掩支离破碎的外观，隔绝冬来秋往的寒气。

南京大报恩寺塔

南京大报恩寺塔

衣着简朴的僧人忙于展示神的圣迹，

喋喋不休地讲述着古老的传说。

——R. W.

　　南京大报恩寺有座琉璃宝塔，其设计建造的初衷是什么，欧洲人不知道，本地人也一头雾水。不过该塔最后演变成佛教建筑，这倒是不争的事实。限于塔身结构特殊，塔内举办佛事处处掣肘，所以这座富丽堂皇的宝塔的宗教意义仅仅体现在象征与纪念这个层面。根据史料记载，大报恩寺塔建造年代久远，几与爱尔兰的柱塔同时落成。如果此说可信，则东西方两大标志性建筑的历史渊源，颇有耐人寻味之处。事实上，有关爱尔兰柱塔的第一手资料极其匮乏，许多见诸纸端的记载都有牵强附会之嫌。哈里斯认为爱尔兰人设置柱塔的初衷是忏悔，著名的苦行者圣西默昂就曾坐柱苦修四十年之久；莱德维奇则持不同看法，指称这些柱子只是挂钟的基座；而瓦兰西的观点又迥异他人，声言柱阵与古代爱尔兰人的太阳崇拜有关，施行祭礼时用于积薪举火。一位知名度不高的作家对石柱的诠释别出心裁，从实用角度出发提出这个独特的"建筑群落"只是路标，白天指示方位，晚上升火当作灯塔。蒙特莫伦西·莫里斯见解独到，提出塔群的作用相当于要塞，与古埃及科普特人群落在圣地入口处垒放石堆、防止不洁之物侵入的做法如出一辙。阿德莫尔的石垒之下曾经发掘出一口棺材，这是金字塔、石塔原属坟墓地表建筑设施的有力证据。亨利·奥布莱恩就爱尔兰圆塔建筑风格与佛教文化之间的传承关系做过一番考辨，并将自己的研究成果形诸纸端，写成洋洋洒洒的论文献给爱丁堡皇家学院。纵使奥布莱恩笔底生花，若仅凭一两件建筑遗迹断定爱尔兰一度盛行佛教，未免有失偏颇。

　　我们对中国的了解多源自精通中文的西方学人，如前所述，中国地大物博、历史悠久，而我们对这个东方古老民族的社会演进、文明传承等各方面发展脉络知之不详，故此建立在浮光掠影式的观察和一鳞半爪的知识基础上的结论，误导的可能性很大。认为所有的塔都是佛教建筑，便是见树木不见森林的表现。事实上，中国的塔除佛家"浮屠"之外还有"风雨塔"、"文峰塔"、"镇妖塔"，等等，相当一部分宝塔建在远离寺院的地方，与我国的因弗内斯、方廷塔、格拉斯顿伯里诸地的古塔一样，坍塌破败、荒草蔓生，任由时光的魔术手拂入尘埃。

南京大琉璃塔由相邻寺院的僧侣负责维护，状态良好、资料完整；如果没有杜撰的成分，有关该塔设计规格方面的数据以及建造年代等均有案可稽。曾于1613年至1635年间久居南京的谢务禄[①]神父，在他的相关著述中对这座塔叹赏不已："……报恩寺塔精妙绝伦，与古罗马建筑杰作相较毫不逊色。"1687年，李明[②]神父初见此塔即表示大为心折："毫无疑问，大报恩寺塔是东方最完美、最雄伟的建筑物。"鸦片战争结束后，一度占领南京的英军官兵游历此塔后也感慨万端，给予的评价之高，与上述两位神父相比实有过之而无不及。

"琉璃宝塔"之名源于佛塔所用的建筑材料，其所在佛寺称"大报恩寺"，有感念佛光普照之意，体现佛教徒的虔诚和慈怀。琉璃寺塔原址曾建有三层阿育王塔，纪念尊佛护法、呵护天下的古印度同名圣王，系东吴大帝孙权敕建。公元240年，孙权斥资修缮塔体、增置内部设施，并更名"建初寺"。该寺历经数百年风雨侵凌，屹立不倒，不期于元顺帝年间毁于大火。根据史料记载，作为江南第一塔的阿育王塔几经损毁重建，与这个国家的历史一样不断变换名号；迨至琉璃宝塔落成，其以金碧辉煌的外观、极其奢华的装饰，被推为继长城之后的中国第二大建筑奇迹。该塔于明朝都城自南京迁至北京后的永乐十年六月十五日（公历1412年7月23日）奠基，系奉明成祖朱棣之命，专为纪念明太祖朱元璋及马皇后而动工兴建的；塔高九重，由工部侍郎黄立恭按照宫阙规制设计建造，前后征用匠工夫役逾十万人，耗资计白银二百四十八万余两，折合英币七十五万镑，历时十九年方始完工。其时已是宣德六年八月一日（公历1431年9月7日），首倡者朱棣坟头的荒草已然荣

---

① 谢务禄（Alvare de Samedo，1585–1658），又名曾德昭，葡萄牙传教士，著有《大中国志》一书。
② 李明（Louis le Compte，1655–1728），法国传教士，著有《中国近事报道》等书。

枯六个春秋。"大报恩寺"之名的由来，即与明成祖切切思报祖母马皇后的恩泽、旌表其人盛德有关。

大琉璃塔建成后，历经大明和清朝前叶两世岿然不倒，不过嘉庆五年五月十五日（公元1800年6月26日）下午三点至五点间巨塔遭受雷击，从基底至金顶三面尽毁。事件发生后，两江总督、江宁知府具折表奏朝廷，要求拨款修缮。修复工程于1802年启动，延至1842年英国远征军占领南京，部分失德败行的英籍水手纠群结党，试图盗窃价值不菲的墙面装饰材料。不过他们的图谋未能得逞，获悉不法情事的英国军方采取果断措施，将所有害群之马逮捕法办。

大报恩寺琉璃宝塔九层八面，逐层收窄，顶嵌铜铸镀金宝珠；虽经数百年沧桑，顶珠色泽亦然鲜亮如初。刹顶竖管心木一根，上挑八条与塔体顶层龙头斗拱相连的垂链，共悬风铃七十二只。除顶杆外宝塔每层的檐角下都悬挂有铜制的风铃，上下合计达一百五十二只，清风徐来，脆响绕塔；晨昏昼暗，声闻四达。九层塔体外缘张灯一百二十八盏，经过精心打磨的贝壳灯罩（在玻璃工艺不成熟的中国，使用贝壳制作灯具的现象非常普遍）散发出如梦如幻的柔光，映照莹莹如玉的墙面和金碧辉煌的飞檐，恍然彩虹卧地、烛耀长空。此外底层规整室设长明灯十二盏，与外灯交相辉映，昼夜不熄，每日灯油消耗量即达八十磅。长此以往，灯油开支无疑会成为寺院的一项沉重负担。不过寺僧有的是办法：向善男信女们宣讲佛家因果轮回、报应不爽的那一套，声言每个人只有捐献灯油钱、照亮三十三重生天，才能救生民于水火、渡苦海如慈航，逢凶化吉、遇难成祥。经他们如簧巧舌一番鼓动，那些深受神鬼仙佛、迷信文化熏陶，满脑子妄念的中国人，岂有不捐之理。

大报恩寺功德碑刻有琉璃塔简介，载明该塔自基底至金顶总高三百四十六英尺。不过法国传教士晁俊秀从一位住院僧人口中得知，塔高仅为二百五十八英尺，远未达到碑刻标榜的尺寸。1842年，英国随军工程师经过实地踏勘，又将这一数据缩减到二百三十六英尺。

大琉璃塔墙体使用陶砖砌筑，不过内外墙面都贴了琉璃。琉璃砖釉面精细光洁，外观呈白色；内砖留有榫口楔接琉璃贴面砖，各结构层以嵌套的方式连接在一起，贴面平整严密，局部毁伤不影响本体架构。各层飞檐上覆黄色琉璃棱瓦；塔脊盖瓦红绿相间，型制略大；檐下设有回廊，绿色琉璃栏杆绕阶一周；八面墙体开拱门四道，正对东、西、南、北四个方向；琉璃券门雕满神佛魔怪，图案玲珑繁复；檐脊龙口各衔挂铃，不过由于寺僧怠惰一向不问佛事，他们敬奉的感应尊神心怀不满，已然尽夺铜铃之声，即便善于鼓风而歌的埃俄罗斯[①]亲临琉璃宝塔，奏响悠扬婉转的和歌，久居哑塔之下的中国人也不会领情——

> 碍于上帝之命，
>
> 大家侧耳静听。
>
> 惜乎一曲鼓罢，
>
> 竟然无人喝彩。

宝塔内壁虽贴有与外壁一样美轮美奂的琉璃砖，不过佛教题材的浮雕破坏了从基底到顶部各层墙面的外观：一尊大佛，外带四百具左右规格略小的神祗雕像，密密匝匝挤作一团。彰显大报恩寺事佛至诚的证物不仅墙上的佛像一处：史载刹顶嵌有夜明珠、避水珠、避风珠、宝石珠、避尘珠各一颗，具备夜间发光，驱散邪魔外道、退水、定风、避尘、息刀兵的神奇法力（僧人挂在颈项间、诵经之时攥在手中捻动不歇的佛珠，取意不外乎此）；佛舍利、得道高僧的遗物、译自梵语的经文，以及皇帝颁赐的宝物包括一块重达四十两的金锭、一千盎司白银、一担茶叶、一组宝石、一千串转运大钱（包括永乐通宝一百串）、两匹黄缎，以及佛家经典《地藏经》、《阿弥陀佛经》、《释迦经》、接行佛经等各一部：凡此种种，或藏之高阁，或供于殿堂，都是佛徒信众顶礼膜拜的对象。

大琉璃塔内附设螺旋梯一道，从塔底到刹顶，扶摇直上一百九十级，攀爬不易，不过报偿也很丰厚：登高望远，金陵秀色尽收眼底；一边是房屋鳞次栉

---

① 埃俄罗斯：希腊神话中的风神。

比、街头人流如织的故都南京，对面是翠色如积、空阔寂寥的郊野；天地迷蒙处，一带扬子江舟楫渺渺、奔涌不歇。大报恩寺方圆三英里，雄踞中心位置的琉璃宝塔周边，殿阁广布，塔楼林立，各类人文景观依稀可辨：向东是专为领血食、受祭拜的河神龙王开辟的栈道，向南是一望无垠的稻田和点缀其间的谷仓，向西是延四方宾客、体现南京人广阔胸襟的渡桥，而浩浩荡荡的扬子江就横亘在宝塔的北面。"天禧寺将成，赐名'大报恩寺'……'配天地之广大，同日月之光明，而相为悠久于万万年'。"①

---

① 引文出自大琉璃塔御制碑文，见《明太宗实录》。

南京街景——大报恩寺塔俯瞰

大报恩寺塔下俯瞰南京

大都市之美目不能尽，

晨晖暮影描画出辽阔的壮锦；

参差的屋宇掩藏着万颗跳动的心灵，

悠长的街道回荡着千年的脚步声。

——《君士坦丁堡》

　　基于地形地貌的关系，南京古城的轮廓并不规整。城内地势也不平整，如堆如砌的青丘之下，瓦屋攒聚、楼台俨然。伫立大报恩寺塔所在的小山之上，满城烟花、接天葱茏、尽收眼底。官府攒集之地古城的西北角有水门一道，微波荡漾的河水穿过一座四孔石拱桥，直通曾经屹立千年、名播天下的琉璃宝塔。可惜这座佛教建筑史上的胜迹，遍历王朝更迭、阅尽人间沧桑，最后竟未能躲过兵连祸结之大清帝国当世，于1856年毁于太平天国乱军之手。昔日光耀九州，今成断壁残垣，乱匪反文明反社会之恶劣行径，令人发指。衙署区向东有类似北京紫禁城的内城，墙垣之下深沟高垒，各大入口守备森严。南京城北群峰峭立，嵯峨的山崖、玲珑的峡谷遥对大报恩寺塔，戟指蓝天白云、俯瞰万家灯火。远方天地相接处是汪洋恣肆、浩然东流的扬子江。约略三英里远处，波光粼粼的大运河如莽莽林野间舞动的玉带，翩然飘落扬子江。琉璃塔所在高地的下方，有一座历史上交替扮演着学府和佛堂等不同角色的古老大殿，两排宿舍隔着一道狭长的院落相对而立，从殿前一直延伸至山下。仰赖信众的厚赠，寄身此处的一干僧人衣食无忧、过着养尊处优的生活。寺庙建筑群的周边是一片撂荒的耕地，看样子属于庙产；唯不知基于教规抑或另有隐情，寺僧宁愿托钵乞食也不愿躬耕垄上，用自己的汗水换取日常所需费用。站在城郊山头俯瞰南京，错落有致的建筑物犹如中国陈陈相因的社会架构，层次分明、等级森严。统驭数亿人口之大国，大清王朝通过限制人民的自由权利，牺牲社会公平正义的高压政策，维护皇权铁幕，实现长治久安。

　　大英帝国海军远征南京，"康华丽号""布朗底号"战舰奉命溯江而上、沿运河航道进逼城下。所幸守城将士自知不敌，没有做无谓的抵抗，此城乃得保全、一城生灵也免致涂炭。阿洛姆先生以大报恩寺塔为视点描绘的南京全景图中，英舰当初选取的炮击位历历在目。一条全长七英里许的官道南接城门，北依长江，南京之战的英军司令部即设在路口江面上；右侧气象庄严的南京古城墙，左侧一望无垠的郊野，均流于画外。

南京的桥

秦淮古桥金陵渡

布满青苔的石拱，

见证漫灌的洪流；

世人杂沓的脚步，

度量岁月悠悠。

——《伦敦桥上的鬼影》

本书中曾经提到南京城虽是长江沿岸城市，但两者并不毗连，而是存在三英里左右的距离。一条宽阔的人工河紧贴西、南城墙而走，最后汇入中国的第一大河扬子江，为这座江南名城提供通航之利。河上桥梁广布，每一座都堪称建筑经典；其中气势最宏伟、雕饰最精美的一座桥就在琉璃宝塔附近。大桥由六道等长的石拱组成，桥面平整，两端亦不见明显的斜坡，设计相当科学合理。接西门、连郊区、控扼港口，雄踞南京对外交通主干道之上。

中国地大物博，桥梁遍布全国各地，英伦诸岛早年流行的尖拱式结构、摩尔人惯用的马蹄形桥拱随处可见；建筑风格瑕瑜互见，设计水平参差不齐，既有令人叹为观止的杰作，也有从科学的角度考量不堪一哂的败笔。中国园林建设中，桥梁几乎是不可或缺的审美元素，清流潺潺、雕拱如虹，桥面有曲有平，景致赏心悦目。大江大河上建造的桥梁，桥拱的跨度、垂高之大，可容负载二百吨的帆船无碍通过。苏州府一带地区，连拱桥随处可见，有案可稽的即达九十一座。

美与力并非互为表里、不可分离，以结构精巧、外观优美著称于世的中国单拱石桥就是一个鲜明的例证。因为桥体由精心打磨的曲面石条搭建而成，没有楔石弥合的缝隙，没有木架，唯一的紧固件便是马簧连接的一组木板。某些桥梁通体不见杂料，横向榫件同为量身打造的石材。大清帝国桥梁建筑风格地域特征明显，部分地区的拱桥使用的型制较小，外弧略长、内弧略短，弓形石材严格按照同心圆的规范打磨而成，这也是欧洲国家拱式建筑材料制备依循的通例。中国伟大的古代建筑工程——长城上的烽火台是拱门结构建筑物的典范，坚固性、耐久性无可挑剔；对其材料、应力系统做过深入研究的人士无不认为，这是中华民族缔造的又一东方神迹。

由以上所述可以推知，中国人深得拱形建筑之密钥，且其领先世界的地位不容置疑。对印度神庙的考古挖掘表明，古代印度人挖的山洞同样拥有拱顶，但地面建筑的拱顶却采用堆压式结构，宛若两段倒扣的台阶会聚于支柱的双侧中点，风格与哥特式建筑差堪仿佛。古埃及、波斯诸国同样不掌握圆拱形建筑物的设计建造技术，因为无论波斯波利斯、巴勒贝克、帕尔米拉、底比斯，抑或奥古斯都①大帝之前的罗马，这些文明古国的名城遗址中迄今均未发现类似的建筑样例；庞培古城的断壁残垣中隐约可见拱顶的影子，不过多为打破清一色平面结构建筑物形成的沉闷格局而设，既小且欠坚固，充其量只能当作城市景观微不足道的点缀。如果中国史家所言非妄，长城筑就的年代，西方世界对这项发明还一无所知，遑论引入建筑实践。即便抛开浩若烟海的史志传说，中国拱桥、拱顶、拱门等本以分布广泛、年代久远、效用独具而著称，其作为这一建筑艺术形式首创者的地位，当不容动摇。

南京石拱桥全段使用红色大理石建造，楔形石料确保拱顶契合紧密、如月如虹雄跨同为石材砌筑的桥墩之上。中国的能工巧匠还在桥面两侧专门搭建了单层桥廊，在不影响牲畜、车驾及大队人马通行的同时，大大提高了桥体对震动波的耐受度。画中大桥的一端是南京城墙，另一端便是闻名遐迩的琉璃宝塔；大清帝国的钦差大臣乘坐的官船方始抵达主码头，身负皇命与英国占领军交涉。

---

① 奥古斯都原名为盖乌斯·屋大维·图里努斯（公元前 63– 公元 14），古罗马帝国开国皇帝、结束贵族民主制、创立了元首制。

扬州桥

晴雨扬州渡

哦，连绵起伏的远山，

送来朗润清新的空气。

我神往的目光所到之处，

盈动的阳光洒满谷地。

——L.E.L

耶稣会有一定学术素养的教士迄今为止做过的有关中国和中华民族的描述，虽不乏错讹、偏见和夸大其词之处，但总体说来尚属可信；唯独关于扬州的记录，无论历史还是现状都漏洞百出，譬如此等说辞："扬州人对子女的教育严苛到令人发指的地步，女孩子不仅要学会做家务，还得修习吹拉弹唱、画工女红，养出大家闺秀的风范以后再卖给达官贵人填房；运气好一点还能做正妻，算是攀了高枝，运气不好就只能做小妾，永无出头之日。"此说完全背离客观事实：扬州不存在养女深闺、待价而沽的情况，女性的地位还没有沦落到奴隶或者商品的地步。在一个奉行"普天之下，莫非王土；率土之滨，莫非王臣"的奴化社会里，除了高高在上的皇帝一人，谁不是奴隶？同为奴隶，焉有此贵彼贱、相互奴役之理？中国家庭训练女子诸般才艺的情况确实存在，意在使其掌握各项生存技能，包括出入高门大户、山场梨园甚至寻常巷陌表演节目，赚取微薄之资的能力。如果耶稣会教士的言论止于"扬州诗礼传家，琴棋书画教习甚勤"之类，那倒是不争的事实。

扬州地区气候宜人、景色优美，温馨田园与野趣天成的大自然交相辉映，徜徉其间，恍若置身意大利南部地区，游历西西里天堂之岛，满目都是地中海沿岸风光。扬州经济发达、商旅云集，三教九流各色人等从四面八方赶到这里，奔波一日之生计，流连无上之胜境。

扬州城外有一座平拱桥，桥下奔涌的河水与扬子江相接，这便是扬州城内外交通的大门——古渡口。桥外巨石攒聚，蔚然成丘，芳卉披亭阶，佳木绕戏园，是休闲娱乐的好去处。登高望远，江南省无边旖旎尽奔眼底，扬州渡因而又名"观景石"。每至日落月升、夜幕隐晦之际，成千上万的市民涌至桥头、攀石踏阶径上石矶，以致人流拥塞、略无插足之地。渡口常备的小船这个时候就能派上用场：数码宽的河面，摇橹即渡，不仅缓解拱桥的通行压力，还能体验到一种别样的情趣。常有地方大员的轿子趟过熙熙攘攘的人群，仆役亲随阵容强大、前呼后拥；对权势人物素怀仆奴敬畏之心的中国升斗小民闪避不迭，运气不佳挤落水中者，大有人在。

扬州古渡口设有码头，沿岸常有贩盐的官船抛锚停泊；官私货品包括贵重器物在这里分装，再由大小河渠中均畅行无阻的小型船舶发送至江南省各个角落。

时下的欧洲作家不经实地考察，仅凭掉书袋获得的一鳞半爪的知识、搬运耶稣会教士偏执一端不讲其余的论调，妄下扬州人贩奴、堕落一类断语。他们大肆渲染扬州女性的美色，但所言始终未脱耶稣会僧侣的窠臼。他们侈谈发生在"仙人掌大桥"——亦即扬州古渡周边地带的奇闻轶事，但这些故事恰如白云苍狗、雪爪鸿泥，没有任何事实依据。

扬州府历史悠久，现有常住人口多达二百余万。春秋时期（公元前600年前后）扬州先属吴国、后归越国，战国年代则为楚国所有；迨至强秦并吞六国、一统天下，扬州自成中华发展历程中第一个中央集权的封建国家的一部分。秦以后扬州行政隶属关系及地理名称几经变迁，一度为九江郡下属县级建制，前后更名江都、广陵、刊州等，大宋一朝恢复古制，定名"扬州"；汉族政权最后一朝——明朝初叶，朱元璋军占领扬州，改扬州路为淮南翼元帅府，寻改淮海府，属江南行中书省；大清沿袭旧制，再复"扬州"之名。扬州大区涵盖两府七县，境内大铜山自春秋战国时代起即以擅铸币之利名闻天下。此外扬州尚有以山体挺拔、轮廓分明著称的观音山，悬垂于长江滚滚洪流之上的骆驼山，均以文化遗产丰富、风物独特优美见长。

扬州山小，但自然资源并不匮乏。极具观赏性又有一定药用价值、细分多达三十余个品种的芍药、风姿绰约的琼花，以及枝繁叶茂蒙络如云的香樟等遍布扬州山野。妄冠"英国梧桐"之名的悬铃木，其实也是引自东方的外来树种。据称悬铃木古树颇具灵性，母树病则子树萎，毫厘不爽。蒙古铁骑南下，占领中原锦绣河山期间，悬铃木曾大面积枯死，仅剩一株尚存一线生机。元世祖遂命能人异士取原木嫁接梧桐，这一珍贵树种以此得以起死回生，延续种群余脉。

　　喜欢吟风弄月的中国文人墨客，自古以来喜欢拿扬州"二十四桥"做文章。这些桥坚固有余，设计风格却乏善可陈，多有违背桥梁建筑科学之处。扬州游客最不可放过的一大景点是盘古墓：根据中国的神话传说，盘古是"开天辟地"第一人，全人类的始祖。除此之外还有一处景点值得一看，那就是位于龙塘的隋炀帝陵；附近还有广陵古城遗址，旧墙老树，伴随日升月落，别有一番情趣。扬州古渡旁边有寺庙建筑群，奉祀古圣先贤的祠堂、孔夫子庙杂处牌坊、宝塔、佛寺之间，文化气息十分浓厚。

江南省的西山寒泉

江南省太平山上的寒泉

只愿做你脚下之履，

被你践踏陪你走天涯。

——阿那克里翁

　　江南省西山寒泉，一带风光，无边美景，唐代大诗人白居易即以中国文人特有的夸张笔法，给这一处名泉添上了浓墨重彩的一笔："天平山上白云泉，云自无心水自闲。何必奔冲山下去，更添波浪向人间。"寒泉所在的太平山向以物华天阜、矿产资源丰富著称于世，虽与苏州城相去二十余里，却是城内各色人等心驰神往的休闲娱乐胜地，一年四季游人如织、文人墨客趋之若鹜，有关太平山的史志记载、诗文、碑刻等作品种类之繁多、内容之丰富，令人叹为观止。这里有深不可测的沟壑、有气势如虹的飞瀑、有云飘雾绕的冈峦、有薄流浸润的岩嶂，与托顶一盂澄池、如柱擎天的西山一起，屏障西北，阻遏寒风，在漠漠无际的江南平原上围出一隅锦绣之城、人间天堂。

　　相传中国一代贤明之君姬发在践祚之前，曾经专程奔赴苏州考察寒泉，适逢一位大家闺秀在使女的陪护下到泉中洗澡。看到姬发率领的大队大马蜂拥而至，这位恪守妇道的淑女急令众人整容敛迹，以免春光外泄。姬发一干人等起初不明就里，不知道正有一群凌波仙子在寒泉中戏水；迨至行近山顶，他们赫然发现一只大雕口衔异物，从姑娘们的藏身之处呼啦啦飞了出来，直冲云霄深处。太子姬发一行人好奇心大起，他们都想知道匆匆逃走的仙女遗落的究竟是什么宝贝，以至于招致空中杀手的追猎。抵达寒泉后，一只玲珑纤巧的绣鞋吸引了太子的注意力：那只鞋小不盈握，论做工之精致、用料之奢华，即便是贵为一国之君的姬发，此前也从未见过。轻拈花鞋、漫思良人，姬发知道这一次邂逅是上天特意为他做出的安排；对他来说任何军国大事已成过眼烟云，而当前最紧要的事，就是找到这只鞋的主人。返回皇城之后，姬发在一班亲随的簇拥之下登殿议事，忽见前时所见的那只大雕径直飞入朝堂，丢下叼自寒泉的另一只鞋便冲天而去。此番奇遇更加坚定了年轻的国王佳偶天成、与那位寒泉邂逅的女子缘定今生的想法——如果说林中拾鞋纯属机缘巧合，那么大雕的行为只能用神示来解释。国王决定昭告天下寻找绣鞋的主人，并严令其人亲赴京城面见国王；隐匿不报者，以死罪论处。王命既下，举国肃然，没有人敢隐瞒因洗澡不慎、一时闯下祸端的那位姑娘——出身富可敌国的名门望族、姿容俏丽不可方物的康迪达①。迫于情势，康迪达只好盛装入朝；她的仪态、她的美貌如旭日出岫、朗月经天，顷刻间照亮了庄严肃穆的朝堂，以致坐拥天下阅尽美色的国王为之动容、当庭宣布眼前这位姑娘就是未来的王后。这一则传说美丽古老、令人摇曳心旌，堪称"中国版王子与灰姑娘"的故事；唯后者没有中国那样深远雄厚的历史渊源与文化底蕴做铺垫，相形之下逊色不少。与中国的康迪达堪可一比的传奇人物，览诸人类文明发展史册，恐怕只有古埃及的洛多庇斯一人。

---

① 作者转录的民间传说中，男主人公英文名为 Tifa，女主人公为 Candida，不是标准的威妥玛式拼音，很可能是误译。

镇江河口

江流奔涌镇江埠

是蓝天忽落大地?

是乌云飘过银河?

彼岸是否回响过牧童的短歌?

此处可曾有疲惫的旅人,奔走不歇?

　　金山岛附近有七条支流汇入长江，水势浩大、港湾深邃，这里因而成为中国第一大河之上的航运中心，众生咸集、舟楫如云。本地商人载满山货的船只在这里停泊，完成货物转运任务后又掉棹归去，点点轻帆、接天白浪，景致至为壮观。镇江威震天下、江岸风光旖旎，坐落在附近河面上的金山曾经是御驾临幸之地，也是扼江南要冲、抵御水上来犯之敌的桥头堡：只要在镇江部署一支战力相当的舰队，溯江而上勒逼南京，沿运河北窜进犯北京的敌人均将寸步难行。战略地位如此重要的据点，大清帝国却并没有派驻重兵，这与当朝偃武修文、不治兵革的基本国策有关。近期发生的数起军事冲突对于大清朝廷来说不啻当头棒喝，当政者不得不深刻反思，寻求摆脱被动挨打不利局面的途径和办法。作为补救措施，镇江的港口设施近数年有了极大的改善，一座横亘江流、前凸一百余码的码头应运而生；斧劈刀削般峭拔的岸壁之下，中转货栈、本地销售商搭建的仓库鳞次栉比，雄跨奔涌不息的洪波之上。镇江港务机构设在一块倚江柱天的截锥形巨岩下，岩面经漫长岁月无休无止地剥蚀雕镂，巉岩悬垂、沟壑遍布，满坡披离的青苔和山巅摇曳的青松，装点出一幅至为光怪陆离的山水画。松林间白色的房屋隐约可见，那便是受命保护航道并捍卫镇江府安全的清兵驻扎的营寨。崖壁上凿有一条斗折蛇行、直通崖顶的便道，远观似是狭长，却是一段除了训练有素的驻兵很少有人敢以身犯险贸然攀登的畏途。

　　截锥形石丘的顶面相当宽敞，土层的厚度足以保证蔬菜水果的生长需要。苍松古柏遮天蔽日，将这一带地区流行的狂风堵挡在外。登临此岩的制高点举目北望，长天如幕如霭、大地流光溢彩。石丘之下便是镇江古城，参差错落的瓦房绵延到水汽鸿蒙的远方，沿江一带码头商船颠连、渔舟穿梭，一派欣欣向荣的景象；高下相间的桅帆后面，扬子江宽逾两英里的浩浩江水蜿蜒东流；江心一岛兀立，草木森森，不见炊烟骤起阡陌，只见亭塔隐现林莽，那便是誉满天下的金山岛，正对京杭大运河与长江的交汇点——镇江港。极目远眺，江北近岸处冈峦起伏、堆聚天际，清一色都是石灰岩构造的山体。览诸泱泱中华，没有比镇江更加雄奇壮丽的河山，没有比长江横穿京杭大运河缔造的水上交通十字路口更繁华的商埠；而对于西方列强来说，没有比这里更好的战略要冲。

镇江西门

镇江西门

这是决定命运的时刻，

勇士们坚毅的目光伫望远方；

青筋暴突的胳膊奋力划桨，

怒海翻波直扑战场。

——《"阿尔戈号"远征记》

京杭大运河与扬子江交汇的地方，周边地势低平、河流港汊广布，自古便是商旅云集之地、锦绣繁华之城。运河口一带扬子江水势浩大、江面宽阔，江心金山岛青峰攒聚、植被茂密，北望瓜洲古镇、南瞰镇江烟花，如青螺潜水、翠珠落盘，景色至为雄奇壮丽。镇江码头的后面，层层叠叠的山峦由近及远、从浓到淡蔓延到天际，与烟波浩渺的扬子江动静相宜、虚实相衬，给人心旷神怡的感觉。宽度足有一里格的江面上，大小、形状、用途各异的船只往来穿梭，停泊在港口的更是不计其数。

镇江扼扬子江要道、控大清帝国江南门户，战略地位十分重要。十九世纪中英两国兵戎相见，镇江担负着翼护南京之重责。镇江深沟高垒、防务严密，三十英尺高、五英尺厚的城墙外加骁勇善战的八旗子弟兵，守护着一方烟街柳巷繁华地。镇江之役牵一发而动全身，关乎这座江南军事重镇能否坠落，关乎大英帝国对华战略全局。用兵之初，英国海军陆战队溯运河而上，先期占领有利于分兵登岸作战的河段，然后依托一座高大壮观的单拱石桥炮轰镇江西门。清兵的抵抗出乎意料地顽强，"布朗底号"战舰遇敌强势反攻，堕入进退失据之险境。赖全舰将士奋勇抵抗，攻守几度易势，但战局没有得到根本性的扭转；迨至最后，该舰事实上已属敌手。值此间不容发的危急关头，幸得"康华丽号"水兵合力扑救，"布朗底号"始得浴火重生、转危为安。

暂时的失利激起了英军的斗志。先期即已部署至运河对岸的火炮发起一轮毁灭性的打击，里查森上尉率攀城兵一支乘势进逼城下。其时火箭齐发、重型枪械悉数登场，镇江城楼尽毁、城门也化作一簇簇火炬。情势发展到这一步，鏖兵竟日、忠节可嘉的守城将士自知回天乏术，不得不选择缴械投降。

镇江是一座方圆不逾四英里的小城，论规模仅居江南省之第五位。但这座城市位处中国最大的河流，同时也是最重要内河航道的扬子江、南北漕运干流京杭大运河之交点，战略意义无与伦比，商业地位不可撼动。镇江城内商铺林立，街巷狭窄，石板路四通八达，处处散发着古色古香的绵长韵味。

焦山行宫

焦山行宫

洛蒙德湖水碧波荡漾，

静谧的小岛凌波远航。

何人裁下一段蓝天，

妆点出仪态万方！

——但这一切怎能与江南相比，

一叶扁舟，万里风光！

——C. J. C.

　　江南省首府镇江东北三英里处，"京口三山"[①]——金山、北固山、焦山，如出水蛟龙，巍然兀立于烟波浩渺的长江之上，撷天地之菁华，领人物之风骚，物华天宝，钟灵毓秀，是镶嵌在东方大地上的明珠、中国历代帝王心驰神往之地。金山拥洪波而柱碧霄，衔两岸而通九州，是中华大地风光长卷中最摇曳心旌的一处胜迹，古来即有"浮玉""江心芙蓉"之美称；后来，该岛犬牙交错的山岩中发现黄金的矿脉，故被冠以现名。岛上有以清冽甘甜而闻名的泉水，四邻八乡的绅商之家趋之若鹜，常年取用。传说大清军机大臣讷亲有一次遣使去金山取中泠泉水，那位无良仆从贪图方便，就近取水，为此受到了严厉的责罚。金山顶峰不远处有留云寺，建造年代久远，大唐时代的文卷中已有记载。金山岛地形险峻，山势如削。山体北坡有一处平台，可容多人安坐；山脚下有龙王潭，一泓清池如堆珠叠玉，纤尘未起、波澜不惊，倒映出森森一挂悬岩，恍若仙乡梦境。

　　焦山一柱擎天、林壑幽绝，地貌更加壮丽雄奇。焦山岛体形似闭环，礁岩壁立，一隙如切，榫入岛内，接海处有凿石而成的微型码头一处，这是内外交接的唯一通道。峡隙内一径石级攀缘而上，直通山内的行宫、寺庙和亭台楼阁。焦山原名樵山，东汉末年，有一位饱学之士、治世高人焦光曾隐居于此，后人为了纪念他，更其名为焦山。焦光遁世多年，在山上苦心经营，建造的庙宇留存至今。据称焦光为避开亲友、仰慕者的追踪及朝廷的征诏，着意放弃了

---

① 京口，意为"长江口"，长江亦作"京江"。——原注

声闻四达的大号"孝然",坚称自己是聋瞽颠顸一渔翁、籍籍无名老樵夫,并于寺庙旁筑起形似蜗牛壳的草寮一座,蓬头垢面、赤身露体、浑身涂满泥浆蛰伏其中。若非一场野火烧毁草棚,这位高人完全有可能摆脱世人的视线,终老青山、埋骨荒野。"蜗牛壳"被焚后,江上渔翁、登岛览胜的士绅等辈经常看到有个几乎一丝不挂的野人攀岩附壁或静卧沙滩,朝晖夕照,不改其容;夏雨冬雪,不隐其形;这个人,就是贤名远播的焦光。汉献帝刘协曾三下诏书敦请焦光出山做官,但他一概拒不应诏,留下"三诏不起"的传说;其人生前寄身的洞穴,因此获得"三诏洞"的美名。三诏洞外围挺立着数根天然石柱,柱距相等,妙趣天成,世称"孝然卫士"。见识过英国康沃尔郡巨石阵的人,自能领略到一番似曾相识的况味。

大隐焦光的传说绝非空穴来风,事实上是有案可稽、有据可考的。东汉末年著名学者蔡邕就曾探幽发微、汇集焦光其人身世特别是生活的片断记录,著有《焦光行传》一篇,流传后世。

焦山危岩戟天、洞壑幽深,地形地貌复杂多变,瑰丽雄奇。定慧寺山门前的石壁上镌有"天下第一江山"匾额①,雄文胜境,相得益彰,据称为南朝梁武帝所题,足见其名之盛。弃舟登山,沿焦山西栈道行不多时,但见一石平整如镜,上有宋代书法家赵孟奎题写的两个遒劲丰润的大字"浮玉"。离此不远,另有一石横空出世、拔起于林莽之间,上面按中国人的专业称谓可名之为"摩崖石刻"的"石屏"二字,至为生动传神地表达了这块巨石的气势和功用:阻隔大冬天从江面上吹来的料峭寒风。焦山上有座专为纪念东汉名士焦光而建造的寺庙——观音阁,或云"大慈大悲观世音菩萨庙"②,这座建筑物的存在,为历史传说平添了几许可信度。寺庙前修竹遮天蔽日,蒙络攒聚的竹叶下,亭亭玉立的竹茎间,犬牙差互的岛脊若隐若现。焦山岛东麓的亭台楼阁也不少,壮观亭、汲江楼参差错落,相映成趣,其中汲江楼在大明洪武年间曾毁于一场大火,幸得后人在原址上重建,一处胜迹才得恢复。焦山极峰处有宋代

---

① "天下第一江山"匾立于北固山甘露寺,此处原文似有误。——原注
② 此处原文为 Gallery of the Goddess of Mercy。

建筑万佛塔，宋理宗曾差人将塔台原名"罗汉岩"以大尺寸字体刻于石壁之上，以便昭示后人；而居于佛祖之下、众神之上的罗汉，在佛教中本就受到尊崇。处身山巅之上，靖江尘烟，尽收眼底；长江洪波，奔涌天际。此番景致，恰如唐代大诗人李白所云："孤帆远影碧空尽，唯见长江天际流。"

　　文化传承源远流长，有宗教或者暗昧迷信之荫庇广受蚁民顶礼膜拜，又得至为动人心魄的历史传说为其张目，焦山因此受到大清帝国一代圣明之君乾隆的垂青。乾隆帝诏令在确保焦山原生态不被破坏的基础上，修复毁弃古建筑、新建适合皇帝出巡江南省期间驻跸的行宫。皇帝的谕旨，地方官自然得不折不扣地执行。春秋两季，乾隆常在焦山行宫流连，出入清新雅致的林间宫室，享受江南的和风煦日，观赏训练有素的鸬鹚翻飞江面、潜水捕鱼。"我们看到，"一位现代旅行家说，"江右烟波浩渺的鄱阳湖上，五六只载满一种捕鱼鸟的小船。这种鸟，有些地方叫'鱼鹰'，有些地方叫'鱼鸭'，这些名字只表示鸟的功用，与动物分类体系无关。我们费尽周折将一只渔船招至岸边，对鱼鸟做了一番极其详细的观察。这种鸟似鹈鹕而非鹈鹕、似鸬鹚又非鸬鹚，其背部羽毛颜色较深，几近黑色，站立起来差不多跟鹅一样高，不过体态轻灵了许多。鸟喙较长，上喙呈弯曲状，这是食肉猛禽的共同特征。我们提议买只鸟回去研究，可渔夫说什么也不肯出手。考虑到训练这种鸟捕鱼非常劳时费力，惜售原属情理之中。为了防止大鸟一去不还，每只鸟的一条腿上都系有一根细绳。有些鸟的颈部还套着一只铁环，松而不脱，看起来是为了防止鸟儿'私自'吞咽猎物。"铁环上同样拴有一根细绳，另一端系在腿上。鸟儿捕到鱼后，渔夫当即拉近渔船，并用一根尾端铆成钩状的竹竿打捞上船。这根竹竿也是渔夫惩罚懒散"懒汉"的刑具：哪只鱼鹰敢消极怠工，主人会毫不留情地用竹竿敲打。这些鱼鹰倒也乖巧，背上只消吃那么一下，便会争先恐后地跳下水去。

　　相比金山、北固两座相邻的岛礁，焦山风物尤佳、看点更多。妙趣天成的刑具石阶、水线之上随处可见的碑刻，还有人称"海门"、堪可媲美英国怀特岛西岸方类石的两根天然石柱，俱为天下形胜、人文奇迹。

浦口——江上渔者

鸬鹚捕鱼

现在他只求渔猎时光，

收获岁月丰厚的馈赠。

——亨利五世

中英两国鏖兵之地——浦口位于扬子江北岸，与大运河畔的南京城隔河相望。作为军事要塞，浦口既没有深沟高垒之固，也没有重炮坚船可倚，防御能力乏善可陈。浦口最值得称道的当数温润宜人的气候和纯朴端良的民风。这座一度欣欣向荣的滨河小镇，如今只剩下一堆断壁残垣。中国人迷信思想严重，认为废墟是恶灵盘桓之地，鲜少涉足；丛生的杂树、连绵的野花，点染无边凄凉的街景；多少代人繁衍生息的家园，如今春花江月无人赏、晨雨晚晴任流年。江边一处突兀的小丘之巅，一座废弃的五层宝塔蹲踞于坚实的底座之上——以石灰岩质山丘之牢固，着力夯筑这样的基础，劳时费力自不待言，问题在于狗尾续貂，纯属多此一举。这座宝塔结构简单，外观朴实无华，当为早年建造的河神或者雷神庙；中国盛行神祇崇拜，各地供奉守护神的庙宇繁如过江之鲫，欧洲旅华人士目睹过的为数不少。这些庙宇或建于河湖之畔，或建于崖下山巅，大者有庙祝负责日常管理，小者平时寂无一人，与正规的宗教建筑设施大相径庭。若非此塔捷足先登占据了有利位置，如此优越的环境，"慧眼独具"的佛教徒一定会大兴土木，构筑规模宏大的寺院。

浦口与南京一江之隔，两地水运繁忙、交通发达，依托江南大都会南京的经济地理优势，这座江北小城一直保持着良好的发展势头，商机巨大、就业机会众多。中国最不缺少的就是人力资源，故此效率不高但报酬同样低廉的手工劳动成为这个东方国家社会生产力的主体特征。不过在某些特殊的场合，中国人同样注重技术手段的合理运用，借以降低劳动强度、缩短生产周期。果农在满载果蔬的小船上竖一根竹竿作桅杆，挂一面竹布当风帆，一根竹纤维绳索连接简易风帆的下部、穿过桅顶的滑轮装置下引扎缚至船头固定桩上；菜贩子口含长长的烟杆，一手扶斗笠、一手执帆索，双脚交替踩踏系于船舷探入水下的船桨，在为小船提供辅助动力的同时，控制前进的方向。与驾一叶扁舟往还于万顷波涛之上的商贩不同，常年游荡在江面上的渔夫构成另外一道风景：伫立船头、待机而动的鸬鹚——行动极其敏捷的水域猛禽，能于电光火石一瞬间捕获暴露目标的鱼类，与猎人豢养的鹰一样充当渔夫的帮手。

黄河的入口

两河交汇之地

九曲黄河鼓动接天的浊浪，

在莽莽苍苍的山野间流淌。

塞上长风卷动千古不歇的呜咽，

一曲流响汇入大运河的低吟浅唱。

　　大清帝国地形多变，境内及邻邦多高山大川，得天独厚的地理条件为灌溉农业和水上运输业的长足发展奠定了良好基础；纵观宇内，在这两个方面能与之一较短长的国家民族，很难找出第二个。欧洲人耳熟能详的两大河流：长江、黄河奔腾不息，将肥沃的土壤源源不断地运送到中国南北广大地域。长江流域的典型景观文中已有述及，本节将依据相关插图提供的画面信息，重点介绍黄河下游河口地带的经济地理状况和人文景观。

　　黄河发源于世界屋脊青藏高原星宿海地区两大水域：扎陵湖和鄂陵湖。河水在高山幽壑间向东直落二百五十英里，进入地势相对平坦的黄土高原地区后折向西北，流过差不多等长的一段距离后与长城齐头并进，在北纬29度处首穿这座驰誉世界的古代防御工程的城墙，纳百川而贯千湖、渺然北行四百余英里，抵达河水流经区域的最北端。至此黄河陡然转向，东行南折数百英里，穿长城、越北地，在与发源地同纬度区涌入河南地界。至江南省境再吞洪泽湖之巨流，浩浩荡荡一路向东，直奔浊浪滔天的黄海。

　　中国人一般以洪泽湖——黄河、京杭大运河交汇之地——为这条泥沙含量超高的北方长河的终点。洪泽湖区是中国水上交通一大枢纽，舟楫如云、商业发达；迷信的乡民在这里修建了一座规模宏大的龙王庙，用于祭祀河神、向一堆泥塑木胎祈求风调雨顺、出入平安。黄河流域地势落差较大，洪流斗折蛇行、辗转奔腾两千五百余英里至低洼平坦、与大海相距不足二十英里的洪泽湖区，奔跑的速度尚不低于每小时四英里。根据河宽、水深、流速等实际测算出来的水文资料，黄河每小时注入大海的水量达二十五亿余加仑——这一数字足足高出印度恒河一千倍。"大"不是黄河唯一的特点，其携带的泥沙染黄入海口周边大片海域、以至为其博得"黄海"之美名，这才是值得大书特书的地方。有人做过实验：从黄河中流采集两加仑河水，沉积的黄泥可烧制三立方英寸大小的砖块；照此折算，黄河每小时倾入大海的泥沙超过两百万立方英尺。

中国人以迷信著称，对大自然的神秘力量向来持顶礼膜拜的态度。不过就在这同一族群的人民眼里，黄河的清浊却无关紧要，他们关心的是黄河那摧枯拉朽、一旦溃堤足以让千里沃野变成水乡泽国的魔力。中国的船工视黄河为畏途，每次出发前都要大张旗鼓地举办祭神仪式：将活鸡或生猪[1]带至船上，当场宰杀并用鲜血涂抹船体的各个部分，然后在船头摆上酒、油、茶、米饭、面食、食盐等贡品——食盐来之不易，被许多国家的人民视为无上珍品。希伯来法典有云："你们的每一件祭品都要撒盐——不可辜负上帝的恩赐，拿没有加盐的牲礼敬奉你们的神。"奥维德的著述中不止一次提到，意大利土著有用盐祭祀神灵的习俗；贺拉斯著作中记载风土人情的文字更加有板有眼：家神一旦发怒，就得供奉礼物以讨其欢心；其中不可或缺的一样东西，便是食盐。热带国家食盐更加稀缺、用途也更加广泛——除一餐不可无盐之外，高温环境下更离不开这种防腐防蛀的圣品。良心发现的恶汉忏悔、孤苦无告的穷人祈福，献上弥足珍贵的食盐便是诚意最好的表达。现代西方语言中的"工资"一词，追根溯源来自拉丁语的"盐资"：罗马公务人员退休，国家将支付一笔酬金用于养老；这部分款项有个专用名称，按照字面意思解释就是"购买食盐的费用"。时至今日，印度人还用"吃过某人的盐"形容莫逆之交[2]。

宰杀家禽家畜之礼行毕，船头摆上各色蔬果肴馔，船舶在急骤的锣声中扬帆启船，直抵波翻浪涌的河心。此时祭河仪式进入高潮阶段：一直端颜穆立的船长摆出一副至虔至敬的架势，将供品一样接一样投入河中——不过供品中的

---

[1] 参见《圣经·利未记》："牧师应该把家禽带到神坛之前，拧下头颅放到圣火里炙烤。家禽脖子里流出来的鲜血还有拔下的羽毛，都应该抛洒到圣坛之侧。"——原注

[2] 威灵顿公爵（阿瑟·韦尔斯利）除职印度，带一团人马驻扎黑斯廷斯。某日一位故交邂逅公爵，深为这位带领千军万马驰骋疆场、立下赫赫战功的将军落魄至此而抱憾。"我是米穆克瓦拉克！"公爵坦然应答，"像东方人说的，我是吃过国王赏赐的盐巴的人，无论国王陛下，还是他治下的大英政府让我做什么，我都甘为驱驰。"摘自赖特的《威灵顿公爵的一生与戎马生涯》(*Life and Campaigns of Wellington*)一书。——原注

精华并没有浪费，而是留了下来归船长个人享用。撤供品回舱的环节，船上的气氛更加热闹：铜锣敲得一声紧似一声，船员悉数俯伏在甲板上，磕头如捣蒜一般。大运河上航行的中国船只通过黄河汇流区，都要慎重其事地举行这么一场仪式，将自己的身家性命托付给冥冥之中的神灵。英国人驾船通过滚滚泥流冲决激荡的黄河口，也是人人戄悚、个个战栗；不过与中国人不同的是，他们倚重的是自己的智慧和技术，并且每每能够化险为夷。相反，托庇九天神佛的中国人就没有那么幸运了，在这段不足一英里长的水域，隔三差五总会发生船毁人亡的惨剧。可惜血淋淋的现实并不能警醒这些佛的信徒。前船之覆、后船不鉴，往来两河交叉口的中国船夫继续杀生、继续上供、继续烧香拜神。在他们看来，船毁人亡是命中的劫数、有惊无险则是神灵的庇佑——他们投入河中的祭品赢得了神灵的欢心，这就是他们福星高照的原因。

双峰山下

陕西双峰山

闲登高峰涉幽谷，

人生况味此中求；

晴空如洗云如练，

赏心悦目度春秋。

——阿尔吉罗·卡斯特罗

坐落在秦岭腹地、景色至为雄奇壮丽的双峰山，也许是大清帝国朝廷贪婪无度、擅天下资财为己用的明证。秦岭山势巍峨、沟壑纵横，是中国西部地区的一道天然屏障；然而中国的独裁统治者犹不自安，还竭一国之力在山体背坡构筑了一道长城，后世践祚的皇帝亦沉醉于古人的壮举，丝毫意识不到这是一项既劳民伤财又不堪大用的工程。大清帝国采取的一系列令人啼笑皆非的政策措施，非狗尾续貂式的防御工程一项。秦岭谷地黄金储量丰富，勤劳智慧的当地人民也完全有能力、有条件开采。但是大清当局垄断了采矿权，在双峰山设置哨卡、派驻旗兵打击盗采行为；觊觎黄白之物、敢越雷池半步的犯罪分子一经发现，便会被处以极刑。

秦岭与西安间由一条有千年历史的官道连通；开山搭桥、斩木劈石，类似欧洲渡槽的大跨度水旱桥梁，动辄绵延成百上千米；而飞挂于山梁之上的台阶、高悬于峭壁之间的栈道，更是随处可见。据称当初为了修建这条古道，朝廷曾动用数十万人力。如此浩大的工程，也只有人丁繁庶的中国才有实力完成。图页描绘的双峰山路段，便是其中的一个鲜例。崎岖蜿蜒的山道起始处建有一处驿站，负责征收旅客通行费及各类贩子的税金。山道逼仄，仅容一轿外带单人通过，路边每隔一段距离设有一座搭在木柱之上的治安岗亭。在号称天堑秦岭山区，过路费不是大清朝廷唯一的财税来源；这一带气候条件优异，生物多样化发展良好，盛产大黄、蜂蜜、蜂蜡、麝香、檀香、朱砂等高级香料或珍贵中医药用品。虽然不能染指金矿，但当地人开办的矿场并不少，随处可见的小煤窑之外，具有退烧解毒独特功效的医用矿物质开采也相当活跃。麂、獐、扁角鹿、野牛等草食性动物四处游弋，大型食肉动物在林莽间出没，狩猎是当地人谋生的一种手段，出售野兽毛皮的收入除了满足他们的日常用度之外，还可以小有积累。低洼地带雨季易遭水灾，但也是粮食作物诸如小麦、糜谷、玉米的丰产区。与中国南方地区不同的是，这里很少种植稻谷。

秦岭山地异峰突起，风光旖旎；温和多雨的气候润滑着这片洪荒之地，莽莽苍苍的原始森林充塞天地，飞珠溅玉的清溪流响幽谷，景色之壮美、物产之丰盈，非江南螺峰秀谷可比。双峰山版画人文色彩过于浓厚，远未画出此山的风采。这里是金钱豹的家园，这种猫科动物全身布满美丽的斑点、状若美洲豹却迄今未有英语称谓；同时也是麝鹿的故里，其雄性分泌物——神奇香料——麝香早已名闻天下；鸟类中的佼佼者、翎羽披拂的锦鸡到处徜徉，素有"花后"之誉、芳香扑鼻的玫瑰遍地开放。钟灵毓秀的秦岭，堪称大自然的秘藏、造物主的博物馆。

长城大观

万里长城①

宛若洪荒时代的蛟龙，
　潜行谷底，雄跨冈峦，
在广阔的平原上斗折蛇行，
不畏强敌环伺，无惧风雨侵凌。
面对罗马人②筑就的铜墙铁壁，
　非洲军团折戟沉沙；
洪水猛兽一般的迦太基大军，
　也曾经驻足沉吟。

　　　　　　　　——C. J. C.

　　蒙昧时代的人类社会民风剽悍，以暴制暴、无视公序良俗的现象屡见不鲜，故此建立在军事化基础上的统治体系成为历史的必然。米堤亚人、叙利亚人、埃及人、罗马人、皮克特人、威尔士人，留下的岩画一类遗存俯拾即是，遑论湮没在漫漫尘沙之中、已然无迹可寻的原始文明印记。里海东岸，一代枭雄亚历山大大帝③构筑的界墙犹在；东方虎狼之群坦麦隆④不甘其后，也建造过类似的防御设施。此两项工程与名闻天下的中国古长城一样，于冷兵器时代在遏制游牧民族的入侵方面发挥过举足轻重的作用。毋庸讳言，这些人类社会发展史上的奇迹背后，掩藏着令人发指的暴政、骇人听闻的奴役。抚今思昔，仰之弥高，史家多惑于这些古代军事工程表面上的富丽堂皇，忘了探究野心勃勃的蛮族头领何以履险如夷、常率百万之师踏破雄关险隘，铁蹄过处，唯留哀鸿遍野。伏尔泰曾经说过，古埃及金字塔下，除了埋葬着摩索拉斯诸帝王之外，还囚禁着千千万万被压榨、被虐杀的冤魂；他们的沉吟哀号，始终回响在历史的天空。研读希罗多德⑤的作品，可知伏尔泰所言并非空穴来风。这位古希腊历史学家说："吉萨两处金字塔，一葬基奥普

① 万里长城东起东经 120 度左右的渤海湾，西至东经 101 度处的西宁。——原注
② 指古罗马政治家、将军马尔库斯·阿蒂利乌斯·雷古鲁斯（Marcus Atilius Regulus，公元前 299– 公元前 250）。——原注
③ 亚历山大大帝（公元前 356 —前 323），即亚历山大三世，马其顿帝国国王。
④ 坦麦隆，意即"跛子帖木儿"。
⑤ 希罗多德(Herodotus，约公元前 484—前 425)，古希腊文学家、历史学家，被尊为"历史之父"，有《历史》一书流传后世。

斯王，一葬其弟塞弗雷勒斯。这两座历经二十年建成、先后动用十万奴隶的金字塔，埃及人所诟病者，无以过之。"中国的长城，又何尝不是如此。据称秦始皇筑长城，男丁三征其一；过度役使加上衣不蔽体、食不果腹的给养条件，导致四十万人曝尸荒野。关于长城的历史功用，中国人下的定义是：亡一代而保千秋。穷古埃及筑造全部金字塔之工，也难望中国土长城之项背。根据专家估算，"长城土石方使用量，以每个家庭两千立方英尺规模计，超过英国整个地面建筑的总和。"①

满族人入关前，中国传统疆域仅限长城以内。长城，人类社会发展史中工程最为浩大、最不可思议的战略防御设施，主导者是秦始皇——先于耶稣降世两百多年、统一各诸侯国一统天下的大秦帝国皇帝。鉴于北方蛮族不时犯边、肆行烧杀掳掠，秦始皇一面调兵遣将北击匈奴，将他们驱赶到大漠之外、深山之中，一面诏令属地臣民建造一道永不坍塌的堡垒，御敌于国门之外。也有对"暴秦"横生非议的历史学家认为，秦始皇只是在前战国群雄已筑工事的基础上做了些修修补补的工作，自行建造的墙段并不长。不过此一说法未获史学界主流之认可，"世界奇迹"之一的长城之所以能够巍然屹立于东方，秦始皇功不可没。

史载秦始皇雄才大略、暴虐成性，倾一国之力修建长城，符合他的性格特点和施政抱负。秦灭六国后，除齐国之君受到一点礼遇：因于深山大林之间，任其自生自灭，其他亡国之君与男性国民被悉数屠戮。他的另一壮举是遣送一位水师统领，派三百名童男童女出海寻觅长生不老之术。不过这位军官也不是易与的主，其人东渡扶桑后即自立为王，脱离了大秦帝国的统治。建长城以求江山永固，只此尚不能满足始皇帝的勃勃野心：他还要博取千古一帝的不朽声名。为达此目的，他除了到处炫耀自己的文治武功之外，还以史为敌、百般抹杀古圣先贤的业绩。臭名昭著的"焚书坑儒"，就是他试图毕其功于一役的"壮举"——与此君的暴行差堪仿佛的，整个人类社会发展史上恐怕就只有亚历山大图书馆之劫了——哈里发奥马尔在主持伊斯兰教的过程中实行宗教文化

---

① "换个说法，如果改建六英尺高、两英尺厚的砖石墙，长城可绕地球两圈；其工程量之大，可见一斑。"——原注

灭绝政策，下令焚毁本笃会蒙特卡西诺修道院的藏书。

　　长城东段一直延伸到与北京同经度的辽东①，部分墙体前出海岸，浸入海水的墙基使用花岗岩以及铁块压舱沉没海底的轮船砌筑而成②。长城由此发端一路向西，墙面结构规整，构件（砖石）间严丝合缝，几至密不容针的地步。史载秦王严令，如果墙体中存在能够敲进钉子的缝隙，对修筑者的惩罚将是就地处死。长城的建筑风格与北京及其他城市、要塞的城防工程相似，区别只在规模有大小而已。长城全高二十英尺，包括地面起高十五英尺的主体及五英尺高的垛口墙。墙体底面宽二十英尺，收至顶面宽度减为十五英尺，上窄下阔、呈稳定的梯形结构。内外侧檐墙厚约两英尺，上下部使用两种不同的建筑材料砌就：总高六英尺的墙裙使用大理石条，其上部为未经焙制的青砖；加固墙体填塞土石。层层夯筑，十分坚固。墙顶同样铺设青砖，顺地势或抬升或下降的坡面铺以砖石台阶，且经过巧妙处理墙高降低坡度，方便车马通行。直隶境内的长城青砖覆面、马道齐整，出境后建造标准大大降低，有些区段不见砖石，完全用泥土夯筑。不过作为俄罗斯西伯利亚商人出入境通道的张家口一带的长城，墙体转趋坚固，烽燧关城，守备森严。其后长城南折西行，墙身多为土筑，断垣残壁，不绝于目；布防也较京畿边陲地区松懈，只在黄河沿岸地段各关口建镇设卡、派驻重兵把守；人烟稀少交通闭塞的广大腹地，鲜见兵戈。

　　长城虽有不少墙段用料低劣、建造简单，但绵延一千五百余英里的浩大古代防御工程无疑经受住了长达二十个世纪的风雨侵凌，在几近完全荒置的状态下留存至今。长城内外各民族的融合和国家的统一，使长城的防御功能日渐式微乃至完全丧失，历代统治者均听任其自行漫灭，鲜有动用国力实施

---

①　"我们在满汉边界一带行进，长城一路斗折蛇行，蜿蜒入海——当然不是探入海底，而是毗连一处繁荣的滨海小镇。渤海湾沿岸山势嵯峨，长城腾挪山脊，气势如虹。如能乘小艇直抵离岸两英里内的水域，可见长城垂落山坡、斜跨平畴数英里，才得与小镇相接，可见马戛尔尼勋爵此前的描述，不足采信。"（摘自乔林勋爵笔记）——原注

②　18世纪赴华法国传教士曾带回一幅制作宝盖的长城全景绢画，后原件散佚，巴黎公共图书馆仅存其复印件。大明与蒙古王朝逐鹿中原、终将成吉思汗的后裔驱赶漠北不毛之地后，筑起一道东起北京向西延伸数百千米，位置上偏南，与秦长城相去甚远的明长城；另外进一步拓展长城东段，用高七英尺许，形同篱笆、连鸡鸣狗盗之徒都防范不了的矮墙圈占丹东地区。这些后续工程与秦始皇无关，不可与传统意义上的"万里长城"混为一谈。

修葺维护之举。除了各外贸通商之要冲关隘，大清帝国在长城不再部署兵力；刀剑柱长天、星月垂大荒的时代已经一去不复返了。长城是一套无隙可乘的严整工程，逢山攀缘而过、遇水搭桥穿越，最高处达海拔五千余英尺，可谓高与天齐；不过跨河桥梁多用木板、铁架混搭而成，经不起岁月的侵蚀，几近坍塌殆尽，致河道壅塞、航路不畅。长城各段坚固程度亦有差异，无坚可守、无险可凭的开阔地段，墙体被特意加高增厚，土方使用量常在原来基础上增大二到三倍不止。

长城的门洞内外建筑规制截然不同，内侧配备加固工事，敌楼夹伺，守备森严。门楼两侧马道每隔一百码左右的距离即设一至两层墩堡一座，底面四十英尺见方、顶高三十英尺上下。长城东起第一关——山海关背负崇山峻岭、气吞漠漠平畴，旖旎苍凉，蔚为大观。大明守将吴三桂献关投敌、开启满族人入主中原的大清帝国时代，此关因此名动天下。长城另外几处著名关隘为喜峰口、独石口、张家口——其中后两处关口是满蒙化外之民往来北京的必经之地，以及大清皇帝銮驾北行、移幸热河避暑山庄之要道，古北口。

西方世界流传有两幅长城地图，一为欧洲旅人绘制的古北口风光，本书插图部分已有辑录；一为追随伊台斯麾下荷兰外交使团的画师绘制的长城局部景观图。这个使团构成人员复杂，相互间不可能达成默契，专为欺骗本国政府凭空虚构现实生活中根本不存在的东西，况有法国传教士制作的长城全图蓝本为他们作背书。不同社会阶层、不同职业、不同年龄的人出示的大量证据，足以消弭仅凭《马可·波罗游记》中无案可稽这一点，即对长城存在之真实性持否定态度的欧洲文化界人士的一切怀疑。有《外交公报》刊文指出："现存于威尼斯总督图书馆的一份《马可·波罗游记》抄本表明，这个意大利传教士从未踏足关外满族人的休养生息之地。他跟随商队循丝绸之路迤逦东行，至撒马尔罕、喀什转而向南，直抵恒河流域、孟加拉国，再沿喜马拉雅山麓进入川陕、山西、北京并就此止步，旅行路线与长城相去甚远。"由此可见，马可·波罗的活动区域仅限中国"关内"地区，无缘一睹长城真容。

天津渤海湾，长城尽头

长城尽头
——台风蹂躏下的渤海湾

站在白浪翻滚的滩头，

涌动的洪波上接乌云。

强劲的海风扬起大海的长鬣，

似无数的天马搏击苍穹。

樯摧楫折，渔人潜形，

我辈何曾见过此等场面，震慑心魂。

——莎士比亚

　　前文述及中国万里长城的章节，可以看作本节插图中相关画卷的文字注解。长城是中国古代的军事防御工程，人类社会绝无仅有的建筑艺术瑰宝。本书辑录的图片以权威性、真实性见长，首度以绘画的形式向欧洲人展示这一雄踞东方的世界奇迹，因而显得弥足珍贵。有随团画家作于两国军事冲突发生前的白河谷地景观素描为证，读者诸君翻阅卷帙浩繁的中英外交秘闻，以及乔斯林勋爵有关马戛尔尼使团被蓄意诱引至长城尽头荒凉的海滩的诸般情节的记录，足见史家之言并非空穴来风。站在游弋于渤海口的英国战舰甲板之上，浊浪翻滚的大海、沙滩尽头群峰夹峙下的叛关①，满族人以秋风扫落叶之势夺取大明江山的那段辉煌历史，仿佛历历在目。

　　山海关一带地势险要，巍峨的群山横亘滩头，对抗着奔涌的波涛。渤海口风急浪高，坚固的大船通行无碍，粗制滥造的商船之类的民用船只颠簸其上，船员的生死只能仰赖命运的安排：高高露出水面的船舷是狂风滥施淫威的天然目标，加上船员操作技能方面存在的缺陷，与占据压倒性优势的大自然相比，人力没有任何施展的余地。从直隶的港口出发的那一刻，船员生还的希望与遭受灭顶之灾的可能一样大；故此每有船只平安归来，船主、船员以及一干亲友均会举办盛大的庆祝活动，感谢上苍的特别眷顾。权威统计表明，仅白河一港的往来船只，每年遭遇海难死亡的人数即达万余。

　　当地人对航海安全问题并没有采取熟视无睹、听之任之的态度。他们加

---

① 叛关，原文为 "Traitor's Gate"，疑指吴三桂率部降清史事。

固船桅船帮，缝补竹布风帆，架设更结实的船篷，他们把指南针的效用发挥到极致……他们相信指南针有化险为夷的神奇力量，所以在针盘的前面安置了香炉，昼夜不熄地烧高香、焚长烛，以表船员的虔诚敬畏之情，兼以十二等分的刻度显示时辰。不过这个古老民族的人民绞尽脑汁发明的东西，在肆虐的飓风和狂躁的大海面前如同儿戏，起不到任何正面作用。"值此危难时刻，就是在前甲板船楼上架千只鼓、悬万面锣，并且一齐敲得震天响，也提振不了后甲板上船工的精神——因为海啸雷鸣之声吞没了人类能够发出的任何声响。"

天地不仁，以万物为刍狗；当大自然揭开温情脉脉的面纱，挟闪电奔雷横扫一切的时候，世间万物均有可能遭遇灭顶之灾。地球北半部分最可怕的自然灾害莫过于台风。台风波及区域之广、危害之大，上至远古下至现代，世人闻之无不勃然变色。汉语"台风"一词意即强劲的大风，追根溯源似与埃及语的相关词汇有关，因为两者的发音基本相同；希腊语中对这一自然现象的专用名词论读音也与埃及语差可比拟，不过其意为"极度膨胀、力大无穷、世人莫之能御的事物"。台风的典型特征是发自海面、激扬海水，卷起的巨浪吞没滩涂低地，并常伴雷雨大风等恶劣天气。台风来袭的先兆是气压急剧下降，风头过后天气转常，气压计中水银柱爬升的速度比下落的时候更快。物候也是判断天气状况的可靠依据：海鸟躁动不安、上下翻飞、叫声格外凄厉，预示着一场暴风雨即将到来。也许小鸟具有超常的感知能力，天边涌动的乌云、气压的反常，都会导致这种大自然精灵产生身体上的不适反应。台风运行速度极快、破坏力极强，弱者风速达每秒六十英尺、强者更逾三百英尺，所过之处房倒屋塌，田间作物、园中花草，尽被席卷一空，参天大树都有可能被连根拔起。大约三十个小时之后，伴随着漫天滚动的炸雷和此起彼伏的闪电，风势渐缓渐消，留下满街飘转的舟楫和散落四处的瓦砾。一座好端端的城镇，瞬间变成了疮痍满目的废墟。

北纬10度以南地区很少刮台风，另外台风天气的形成似与月相有密切关系：月望月朔之期风平浪静，其他时段均有发生的可能。台风覆盖面很广，远至东经130度地区均深受其害，西南季风盛行时段频频发作，且犹以每年的

7月为甚——当神出鬼没、飘忽无定的台风与西南季风搅到一起的时候，其威力往往会大幅提升，一路汲河川而撼山岳，使人们的生产生活遭受不可估量的损失。

热河小布达拉宫

热河小布达拉宫

看异教徒的圣殿！富丽堂皇的佛龛

高大庄严的佛像，彰显信仰的污浊。

那幽闭的寺院，宛若四面高墙垒起的监狱，

能否将君临天下的皇帝引向神示的正途？

哦，如果佛教的沙漠里能绽放文明之花，

基督之爱也将洒满热河的光荣之路。

——C. J. C

　　大清帝国是满族王朝，故此满洲习俗渗透到这个国家政治经济生活的各个方面。入关之后，大清历代皇帝奉行民族融合政策，积极推行更加先进的汉文化，但满语的地位并没有因此受到丝毫的冲击；而长城以内蒙古人聚居区——热河作为皇家避暑胜地，御辇龙幡，连年往返，深得帝室之垂青。北京到热河的距离不算近，好在御道周边每隔一段距离都有行宫可去，对解除旅途劳顿之苦良有裨益。大清皇帝每年临幸热河，原有两层深意：检视皇家林苑，接见满蒙诸地的王爷。除此之外，走马打猎、拜佛献祭也是皇帝在热河必修的功课。

　　热河行宫紧邻热河小镇，群山夹峙，碧流淙淙；皇帝光顾之季，正值一年中最好的时节，天地清明、草木葳蕤。在一大群忠心耿耿的卫士簇拥之下，皇帝移驾小布达拉宫；留在外面的禁卒则弯弓搭箭、展示北方游牧民族引以为傲的战技，显露作为军中精英、国之栋梁的大清禁军对枪炮等现代化武器运用能力的缺失，以及这些以朝廷鹰犬的面目出现，完全丧失个性人格的职业军人对任何触犯律法的行为惩戒的严酷。小布达拉宫是西藏拉萨佛尊的圣殿——布达拉宫的缩影，内有正殿一座、偏殿数处，是全中国建筑设施规模最大、资财最为雄厚的佛教寺院。正殿基底四方四正，边长均为二百英尺，建筑风格与中国同类设施不相比附。主殿正面十一层，根据每层均设有密密麻麻的窗户等外观特征判断，内部空间分层结构也当与此相应。正殿主体顶层架设金塔一座，上下塔层廊檐环绕，楚楚有致。殿内中央位置有讲坛一方，周边敷设黄金护栏，大佛及其配偶、儿子一家三口的雕像高踞神台之上，仪态端严，金碧辉煌。主殿深处可见祭室一间，屋内光线昏蒙，孤灯明灭——这盏灯是佛家点燃的长命灯，灯亮人在，灯熄人殁，如豆的灯光散射着浓厚的神秘色彩。时过境迁，现在的寺僧已然捐却这一套说教，因为燃灯本身是一项苦差事，稍有不慎就会闹出人还在、灯已熄的笑话。祭室外挂绣边遮帘一席，此帘的作用是隔离大殿空间、防范无关人士潜窥。循阶而上直抵大展顶阁，佛教偶像崇拜的本质再一次得到淋漓尽致的展现：镶金着锦的佛像、纯金打造的法器，处处透露着豪华奢靡。然而光怪陆离的装饰并不能掩盖佛教金玉其外、败絮其中的实质，门下弟子宣扬的"道子之说"，无非是假借西藏达赖喇嘛之名凭空臆造的意念体系，其中最令人匪夷所思的一套说辞当数"长生不老之术"。当初佛门弟子风尘仆仆赶赴中原，携带所谓具有起死回生之神效的"灵丹妙药"到处兜售。可惜此等谎言极易揭穿，在铁的事实面前，这些人不得不收敛行藏、绝迹江湖。藏传佛教流入中国之后，一些极具蒙昧色彩的信仰均有不同程度的改良，但出家、持斋等传统清规戒律并没有被摒弃。

　　穿过金殿，运气好一点的游客可能会邂逅八百喇嘛做法事的盛况：有些人盘腿打坐、或读或写，有些人吟诵佛经、余音绕梁。以这些人少读佛经、长于佛门、饱读佛家经典的资历来看，他们本当与《圣经》故事中的撒母耳一样，传播神的福音——他们聚敛的财富是如此的丰厚，也从一个侧面反映了他们在信徒中的影响力；然而，事实情况并非如此。他们看重的不是真理，而是佛家礼仪；他们用伪装出来的虔诚，骗取信徒的敬畏；他们的德行操守和知识修养，实不足于教化世人、垂范社会；他们那一套用因果报应包装起来的说教，淳化风气不足、奴化民众有余，与文明进步相去甚远。喇嘛的着装还算朴素得体，一袭长袍，颈上挂一串念珠，用于祈祷时捻弄。倘有官民人等请他们作法祈雨，他们会根据礼金的厚薄，祈祷天神下雨或者降雹。寺院内做法事，喇嘛会排成长长的一列围绕神龛行走，同时捻动念珠，口中念念有词——每数一粒念珠，即唱一声"阿弥陀佛"，同时点头一次。一圈念珠捻完，喇嘛会取过粉笔、碳笔之类划一道杠，以此标榜自己拜佛诵经的功德。

圆明园内景

北京圆明园，正大光明殿

> 轻挂金钩紫幔开，
>
> 迷离红光动玉台。
>
> 雪墙无意弄清影，
>
> 锦绣摇曳费剪裁。
>
> ——《中国可汗》①

---

① 原文为"The Khan of Kathay"。

　　中央帝国统治者的奢靡之风，向来毫无节制。高阁触天、崇楼遍地，装饰极尽繁华，而广为人知的圆明园，堪称个中翘楚。这个大清皇帝召见外国使臣的场所，规制远比虎丘山上的天堂行宫或其他任一处宫室宏大。

　　圆明园位于北京相背郊三里格处，占地面积十一平方英里，亭台水榭，湖光山色，风景美不胜收。这里是大清皇帝办公休闲的场所，实属御苑禁地；切不可望文生义，视之为人人可进的普通公园。园内至少设有三十处以皇帝驻跸之大殿为核心、后宫朝房及生活辅助设施相拱卫的庞大建筑群；参差错落的单体建筑风格朴拙、外观乏善可陈，坚固性和耐久性都值得怀疑，远观犹如宁静祥和的大村，实与皇家气派不相符。

　　此三十处的建筑群中，当数正大光明殿最为雄伟壮丽。该殿坐落在一处大约四英尺高的花岗岩平台上，长一百二十英尺、宽四十五英尺、高二十英尺，数根粗壮的木柱一字排开，襟带月台、拱卫前廊，支撑出阁挂斗的屋檐。殿内附设厅堂数间，高约四英尺的青砖挂墙隔出一个封闭空间，外接屋柱，形制较廊柱纤细了许多。承重柱上面是木质栅格开阖式板隔，油纸裱糊，可开阖通气，控制室内温度。木质天花板精雕细镂，圆形、多边形等各种不规则几何图形层次错落，纹理繁复、色彩浓艳。地板由深灰色大理石铺就，纯手工研磨的石板组合成一块巨大的棋盘，布局规整、楔接严密，令人叹为观止。殿中一端是紫檀木雕制的御座，上覆金黄色麾盖一顶，由红、绿、蓝三色漆柱支撑。大门口摆有一对铜鼓，用于宣示皇帝登临、诸臣可入殿议事。除此荦荦大端之外，殿内还悬有一座伦敦利德贺大街克拉克钟表生产的报时钟，以及多幅古今中国名画；御座两侧各竖一面饰有孔雀翎的掌扇，长长的乌木扇柄发出幽暗的光芒。御座之上是一副匾额，上题"正大光明"四字；大气磅礴的题匾下面另镌一"福"[①]字，人性化色彩十足，回味绵长。

正大光明殿是卷棚歇山顶式建筑，各类柱子——麾盖支柱、顶梁柱、装饰隔柱等——均不设承重柱头；中置横梁，总引桁架，建筑结构非常精妙；中梁之下，屋柱之间，描金点彩的木制屏风如封似闭，参差蒙幢，将雍容华贵演绎到极致；建筑外围覆以金丝网，防止燕雀筑巢、异物突入，破坏噙口、出檐等露天设施。

圆明园的庭院高低不平，保持着一种原始的况味。山川河流，尽在掬捧之间；野草嘉木，披拂岩岫之上。人工河虬曲蜿蜒，两岸堆垒，浑然天成；崎岬临清波，幽壑吞细流；天光云影，映射忽明忽暗的水草；绿树婆娑，满目诗情画意。处处匠心，却又不落痕迹，这就是圆明园令人陶醉的地方。

---

① 原文为"happiness（幸福）"，未找到其他佐证资料，记录可能有误。

皇城内的御苑

皇城内苑——北海公园

不堪案牍劳形，难耐阿谀奉承；

远离烦冗的朝政，寻求林野的慰藉。

青苔侵阶的小屋，是灵魂永恒的天堂，

绿荫婆娑的小径，通向内心的宁谧。

——《雅居》

北京城由满族人聚居的内城和汉人生活的外城两大部分组成，满、汉族裔各安其地，活动区域泾渭分明。重要的公共建筑设施如衙门、寺庙、太学馆、礼堂等均设在内城，如众星捧月一般处于中心位置的便是皇宫。内外城之间有三道大门连接，外城同样围裹在高大的城墙之内。皇宫是个占地面积达两平方英里的封闭区域，这是皇帝日常办公和生活的区域，除内侍及奉旨参见的官员、宾客之外，闲杂人等一律不得进入，故名"紫禁城"。宫墙高二十英尺，红砖砌筑，上覆金黄色琉璃瓦，故此又有"皇城"之名。

紫禁城内犹如一座巨大的花园：遍布各处的假山，给人曲径通幽之感；星罗棋布的池沼之上，天光云影摇曳着刻意堆积出来的沙洲，与岸边的亭台楼榭相映成趣；条条小河在柔沙弱柳间穿行，忽疾忽徐，忽作飞瀑激扬蹊谷——虽是园中一径曲水，却能流出万种风情；枝叶扶疏的花木，荫庇寥落其间的奇峰异石，构成一幅动静相宜、疏密有致的绝美画面。园中有一水库，其大堪比湖泊，但见微风移画舫、轻棹驱货船，将皇家内苑装点得如同人间仙境一般。

表面看来，紫禁城里的生活貌似幸福优渥，实则暗流汹涌；自前朝建城以来，哀婉凄怆的故事恰如园中潺潺的流水，绵延不绝。那里外双层的高墙堵挡在外的不仅仅是人间春色，皇帝的御座周围，更非总是花团锦簇。以农立国的单一产业结构，严重制约着这个国家抵御自然灾害的能力，饥荒是担天下之责于一肩的统治者心头挥之不去的梦魇。作为首善之区的北京，与饥民有关的抢劫、盗窃一类治安事件也是层出不穷；这个时候皇城的安全全靠训练有素、心如铁石的御林军捍卫。暴民不是大清帝国皇室安全的唯一威胁：清制皇位世袭，皇储由在位的皇帝从众皇子中遴选，先以太子的身份辅佐朝纲，先皇驾崩（或者逊位，这种情况在中国很少发生）后继任大统。饶是如此，由僭权引发的血腥内斗依然层出不穷，坊间流传的雍正之篡位便是其中一例。康熙钦定的继承人本来是皇十四子，但事出不预，就在皇十四子巡狩满洲期间，康熙皇帝突然驾崩。作为享有自由出入宫禁特权的皇世子，雍正抓住父皇康熙的传位遗诏大做文章，硬生生将"皇十四子"改成了"皇四子"。[1]以此不光彩的手段窃取大位之后，雍正将本应践祚的弟弟囚禁到京城以北四英里处的囚室内，直到老死。这幢有名的建筑至今留存，是中国宫闱之斗、皇权之争残酷性的最好见证。

1813年10月18日，大清皇帝嘉庆驾幸热河期间，京城发生了一场骚乱。一群有组织有预谋的暴乱分子乘皇帝出京的大好时机，对皇城故宫发起猛烈的攻击。二皇子（即后来的道光皇帝）处变不惊，以最小的代价挫败了政变图谋。道光之所以能从众多皇子中脱颖而出，成为大清皇位的继承人，这一场变乱也许发挥了关键作用。本书插图中占据中央主体位置的是一座孑然兀立的纪念塔，高踞山巅、俯视攒聚山下的皇家建筑。这座高塔专为彰显大清开国之君——清太祖努尔哈赤的文治武功而建。大清之前朝——大明末年，朝纲废弛、君臣耽于逸乐。崛起于白山黑水间的满族人追随雄心勃勃的努尔哈赤整军南下，兵锋所指，明军莫之能御。大明末代皇帝崇祯自知回天乏术，又不甘心屈居昔日藩属之下，于城破之日先杀公主，继走煤山，投缳自尽。作为一国之君，既没有马革裹尸的气概，也没有逆境求存的毅力，崇祯皇帝之昏庸无能，由此可见一斑。可惜大清皇帝打着吊民伐罪的旗号推翻大明王朝，却没能跳出南面称王、奴役天下的专制魔咒。大明覆亡殷鉴未远，大清大有步其后尘之势。

---

[1] 此为雍正篡位的野史"雍正改诏说"。

通州观象灵台

通州观星楼

让凤冠霞帔装点她的梦想，

任她倒卷珠帘涂唇描眉；

我且乘风扬帆一路向西，

摆脱她的追踪，乘我心尚且坚毅。

——《清朝官吏》[①]

---

① 原文为 "The Mandarin"。

　　中华向称礼仪之邦，强者对弱者、老人对年轻人、庇护人对托庇者表现出应有的尊重，这是礼仪的起码要求；重形式走过场的成分多于人际关怀的那种礼仪，高高在上、僵硬冷漠；男性对女性的态度亦是如此。打躬作揖、温言软语的背后，掩藏的是一颗鄙视侪辈的心，中国人的礼貌多与敬重无关。对"弱女子"的精心呵护体现得最为充分的地方，莫过于达官贵人为自家妻女建造的闺房绣阁。本书辑录的阿洛姆先生的画作，将一位身居高位呼风唤雨同时又身为人父的清朝贵族对子女舐犊情深、尽力为下一代创造幸福优渥的生活环境的情形，表达得生动传神、淋漓尽致。

　　通州观象灵台设计繁复、做工精妙，但总体风格不脱私邸楼阁的窠臼。每年的盛夏季节，大清帝国的京城大员都喜欢到这里消暑，徜徉于人间胜境、饱览建筑奇迹。从别墅群休闲娱乐场直到白河大堤，广阔的草地上满布人工开挖的河道池沼，流水潺潺、湖光粼粼；而小桥曲廊参差远近，数量之多显然超越了实用的范畴。穿过花园和娱乐场，大理石铺地的庭院赫然映入眼帘，备受尊崇的灵台主人高踞其上，接待络绎不绝的觐见者，接受他人的跪拜叩头之礼。

　　庭院中央竖着一顶与大号的雨伞相似的麾盖，主人端坐在伞盖的下面，初来乍到者正在施叩头之礼，而这一家的仆从则随侍在侧，恭听主人发号施令，里里外外忙着办差。画面上的人物要么秃顶朝天、要么头扣一只饰有顶珠的大圆帽，每个人的脑后都垂着一条油光可鉴的大辫子。这是一个由三座单体建筑交连互接形成的建筑群落，是巧妙融合中国家庭伦理纲常与传统楼阁设计风范的建筑艺术杰作。第一座亦即处在最外缘的一座重檐叠拱，檐角龙头高挑，颇具帝王气象；第二座楼身下挫，敞轩式结构赋予整个建筑群轻盈灵动的视觉美感；第三座分上下两层，各建筑构件精雕细琢、装饰极其华贵。夹在接待厅与女眷楼的敞轩里鲜花遮道，散放其间的圆桌上，各类名贵瓷器及精美小饰品琳琅满目。整座庭院雕梁画栋，每处屋檐下一律悬挂着色彩绚烂的灯笼。庭院周边的短墙或经过粉刷处理或使用雕砖砌筑，镂空的墙体不影响通风，透过孔洞观景更是别有一番情趣。内眷居住的小楼下层铺排颇有讲究：曲栏之内摆一圈枝繁叶茂的花草，堵挡外人觊觎的目光——中国人惯于以家为牢，用这种野蛮的方式达到禁锢女性家庭成员之目的。竹子是中国豪门大户制作家具最常用的材料，竹窗、竹凳、竹椅、竹桌、竹沙发、竹帘……竹制器物应用之广泛，可谓无所不至。没有名人的字画补壁也不要紧，重墙迭牖就是最好的画框，透过几何图案形式的开口，眺望到的都是如诗如画的风景。第二层是这一家人的卧室，中式风格的门窗开向宽大的阳台，流苏婆娑的绣绸挂灯下，是镶金裹银的雕栏。

我们看到的只是观星楼一隅，画家并没有将廊柱、回廊、露台等建筑元素一并呈现出来。删繁就简、突出主题，这是画家刻意追求的审美效果。典型形象是艺术的灵魂，简单的重复只会导致视觉疲劳，于增强画面的感染力并无多大作用，大匠运斤，自然深谙个中秘辛。现实中的观星楼除了三个主体建筑外，小阁小刹星罗棋布，勾栏立柱数不胜数——以中式建筑特有的园林规范设计布局的观星楼建筑群，占地面积接近一英亩。

北京城郊的贵胄宅第

高官显宦的私宅内苑

玉阶曲廊，老树孤亭，

明澈的池水波光粼粼。

不歇的涌泉激荡无限的空灵，

雍容华贵的便榻正好栖身。

——拜伦

　　大清帝国宗室、两江总督伊里布的住宅位于北京城郊，整体布局清新雅致，内部设施妙趣横生，堪称中国民居建筑艺术的典范。豪宅前院是女眷生活区，宽大的走廊正对一泓清池，辽阔的水面波光粼粼。宅中建池不仅美化景观、给人赏心悦目之感，更有吸纳浮尘、清新空气的作用。水域周边是曲曲折折的回廊，雕栏漆柱，棱瓦长脊，在水中勾画出斑驳陆离的倒影。作为构图中景出现在版画右上角部位的墩台重檐式楼阁，融瑕瑜互见的中国建筑艺术特色于一炉，精妙的雕镂工艺难掩粗鄙的整体设计风格，细节刻画非常到位；规模不小、几乎横贯一半背景幅面的拱桥外观不乏可圈可点之处。桥面的后方，隐约可见一座高高耸立的宝塔。据称中国屋顶的设计灵感来自倒扣的莲花，门窗的规制似乎也与大自然有千丝万缕的联系。莲花是佛教徒顶礼膜拜的神物，融入中国建筑设计理念体系，原本不足为奇；桑叶在中国社会经济发展过程中发挥的作用之巨有目共睹，民居乃至宫室的门窗等建筑结构体中展现这一元素也在情理之中。中国人的日常用度之物诸如陶瓷器具、宫灯、镀金偶像等，处处可见佛教法器、寺庙装饰用品的影子，但除了故作神秘、一味模仿自然之外，未曾见有什么独特的发明创造。中国的格扇门窗、庭院围栏进入英格兰人的视野还不到四十年且被冠以"特拉法加工艺"的名称，发源地的痕迹反被抹杀殆尽，不过中国最古老的建筑中此类设施屡见不鲜。伊里布别墅内的或纵横交错或旁逸斜出的栅格式花架、护栏，便是诠释这一设计风范的典例。

　　构成画面前景的接待亭右侧有一列石级，尽头处可见一道雕花大门。这道大门是里外宅之间的分界。里宅是家眷活动区，亲属之外的男性访客鲜少入内。这一家的卧室及附属生活空间均分布在楼榭靠左的一侧，透过状若树叶的大门，内庭的一角依稀可辨——这种别具一格的大门，若非高官显宦之家，断然难有。中国普通民宅注重实用价值，无遮无掩或仅扎一道防护篱笆的大院，几座朴实无华的房屋，门窗或方或圆，外形中规中矩。

文化与社会习俗
Culture and Social Habits

广州西关华林寺

寺　院

——广州西关华林寺佛像

钟磬齐鸣，锣鼓喧嚣，

和尚诵经的声音拂动林表。

俯伏在地的信徒山呼神佛之名，

（宛然末日之众灵，在一线天光下发出最后的吼叫）

听！漫天悲吟和着金石之声，

奏响最强劲的佛乐，如洪波惊涛。

——C. J. C.

　　中国有三大宗教，其精深的义理多源于后人的生发，大大超出原始信条涵盖的范畴。三大教中影响最大的当属儒教（孔夫子创立的学术教派），不过儒教与其说旨在构建信念体系，毋宁说重于进行道德宣教。儒教的灵魂不是创立属于自己的理念王国，而是为良知良觉提供肥沃的土壤。儒教之外，中国的主要宗教还有道、释两教，其中道教精研"不死之术"，其说教多有荒诞不经之处：重推理而轻领悟，从而囿于一得之见、视过去未来为无物，恰如西方哲学流派笛卡尔主义者，逆天而行探究长生不老之术，发掘自然界并不存在的"万应良药"。儒教创始人孔子和道教创始人老聃要么是同时代人、要么生活的年代相距不远；处在同一时代的两个人，创立的学说却大相径庭：前者孜孜不懈于"存天理、灭人欲"，后者则讲求"法乎自然、返璞归真"。时间分出了"儒"、"道"两教的高下：儒教渐成显学，大儒常为帝王之师；而信奉道教的多为贩夫走卒、江湖术士。第三大宗教"释"——亦即佛教，在中国的流行程度仅次于儒教。不无讽刺意味或者说悲剧色彩的是，佛教并非滋生于中央帝国土壤之上的智慧之花，而是外国传教士或者云游海外的本土学人移植自印度的舶来品，其全套教义均出自佛教典籍。

　　儒、释、道三家各有源流、素无瓜葛，在漫长的发展历程中各自网罗了一大批信徒。事关兴衰，宗教派系之争向来都是国之大事，水火不容乃至刀兵相见者亦不乏其例；但是中国独独跳出了这一窠臼，三大教派各树篱藩、却从不争一日之短长。学界有人认为这跟中华民族兼容并蓄的天性有关，不过从信仰的角度看问题，如果不存在以弘扬普世价值为要义，如基督教等的泛民化宗教，教争岂非空穴来风？贵胄信仰儒教，僧尼跪拜佛像，各有所尊、各领风骚，大家自然相安无事。

儒家思想具有纯粹的哲学思辨意味，释家佛法以弘扬政治伦理见长，而道家鼓吹"玄而又玄、众妙之门"，其思想带有明显的神秘主义色彩。此三者与西方哲学派系的斯多葛派、毕达哥拉斯派、伊壁鸠鲁派遥相呼应，貌似师承各自的古哲先贤，实则大肆盗用最朴素、最原始的人类文明共有内核，辅以扑朔迷离的造神运动，进而形成独特的宗教文化。

佛教源于印度。因当初不见容于婆罗门教大行其道的社会，印度教创始人不得不背井离乡，在蛮荒之地寻找安身立命之所。佛教问世后发展势头迅猛，除中国、日本等亚洲地缘大国（地区）外，于锡兰等孤悬海外的岛国也广为流传。根据佛教传说，释迦牟尼被放逐期间，曾取道科尔基斯、明戈瑞利亚等国前往色雷斯，奠定古希腊、古佩拉斯吉文明之基础。根据佛教典籍记载，释迦牟尼生于公元前566年，卒于公元前486年，本名乔达摩·悉达多，系喜马拉雅山南麓迦毗罗卫王国的王子，其父首图驮那意为"纯净的稻米"，故称"净饭王"。释迦牟尼开坛授业，首徒舍利弗尊者位列三十三圣佛之首；这些人的果业行传，佛教史册中均有详细记载。除佛祖释迦牟尼受佛教徒顶礼膜拜之外，渡尽劫波，甚至于为了一介信念赴汤蹈火的众仙佛均成为中国神话传说的源泉，流芳后世。佛祖舌绽莲花吐出的菩萨是智慧的化身，一力担当弘扬佛法之大任；菩提达摩作为最后一位得道高僧传教东土，最后圆寂于中国的嵩山。

佛教凭借其近乎灵魂劫持的教条和历久弥新的巨大影响力，驱天下民力为己用、聚世间财帛实仓廪，发展势头之迅猛，令人匪夷所思。佛教对信众精神世界的控制力，由坐落在爪哇岛上气势恢宏的婆罗浮屠，以及位于胡茶辣—马尔瓦交通沿线、与泰国曼谷相去不远的五处地下寺庙建筑群遗迹可见一斑。促成佛教与印度王国政权走向融合的是一位卒于公元5世纪的佛教高僧，首批诰封伴侣获得"护法国师"[①]的荣誉称号。不过印度本土佛教讲究等级门第，不具毗湿奴[②]人间代言人的贵族身份，就没有成神成佛、供万民景仰的资格，这

---

① 原文为 Spiritual princes of the law。

② 毗湿奴（Vishnu），佛教中的印度守护神。

一点与流传中国风靡东亚、经过本地化改造的佛教大相径庭。18世纪佛教还是印度的国教，声名远播的国王维克拉姆蒂亚继承先王遗风，视佛教为经国济世之本，奉行不逮。不过早自公元6世纪始，圣僧卡马维拉所撰之经广为流传，婆罗门教的风头在印度斯坦已经盖过了佛教，大有后来居上之势。

如前文所述，中国的儒教重修为清规戒律，没有建立起完整的宗教理论体系，只为宗教的发展提供了肥沃的土壤。佛教之所以能够传入中国并迅速蔓延开来，儒教功不可没。儒家摆出先知的姿态，声言将有圣贤自西方来，降福祉于泱泱中华。汉明帝对此一说深信不疑，派遣使团到印度寻找预言中的圣人。这一彪人马不辱使命，印度之行成果颇丰：他们不仅带来了"贤人"，而且还不止一人，是整整一个僧侣团队，以及大量的经书、佛像、法器。这些佛学造诣渊深的印度僧人到处宣讲佛祖的传奇身世，声称佛祖有生之年放弃王储之位，隐居荒古寺内参研普度众生之大法。释迦牟尼通过抑恶扬善、禁欲景行立地成佛，"转世说"成为佛教因果轮回、"报应不爽"价值观念的核心广为传播，奠定信众戒持修行的伦理基石。印度高僧摇唇鼓舌，声称释迦牟尼降临人间之前，其母曾梦到口吞白象，感应成胎，不久便生下了半神半人的现世活佛。白象这种平淡无奇的大自然造物在勃固等东南亚地区大受敬奉追捧，概源于此。佛教敬"三宝佛"——主过去、现在、未来三世的燃灯佛、释迦牟尼佛、弥勒佛，或主西方、中土、东方三界的阿弥陀佛、释迦牟尼佛、药师佛；佛家三宝与"佛陀三身"之说相互印证，体现佛教世界观的精髓：法身代表智慧，为佛祖的本体，可感应而不能谛视；报身是活动于神灵界的佛祖，菩萨、罗汉视之如常，而肉眼凡胎仍不能见；应身则不死不生、无处不在，寓于万物之中，应众生之机缘而显现。佛教是世界上最古老的宗教之一，根基深厚，源远流长；中国民众对佛教的信仰，亦可谓五体投地、极为虔诚。不过渗透到这个东方大国的各个角落、对中华民族社会文明产生深远影响的佛教，掺杂了不少传教者穿凿附会的内容，充其量只是原始教义与神话传说交织于一体、鱼目混珠的信念大杂烩，但在秉持具有首先建设意义的教谕，如戒杀生害命、戒邪淫贪鄙、戒偷盗撒谎、戒恣意妄为等方面，在中央帝国疆域内传播的佛教未脱原教旨的窠臼。

不过平心而论，这一套说教有剽窃印度上古律训之嫌疑。佛教寺院供奉的众多神佛中有一个特殊的角色，到访的基督教徒不可能视而不见；至于这位鹤立鸡群的神祇有何来由，和尚们提出的解释也颇多牵强附会之处。佛陀、菩萨以降，佛教供奉的神祇清一色属于男性；而这位臂挽婴儿、头顶光环、藏身佛座之后的神龛之内且以一袭挂帘与外界隔绝的神祇是一位女性，中文名称就叫作"天后"或者"圣母"。根据佛教神话传说，古代有一位处女下河洗澡，返回时赫然发现，她留在岸边的衣服上搁着一朵鲜艳的莲花。姑娘吞下了花瓣，不久便诞下一子。这个由穷苦渔民养大的孩子天赋异禀，其惊世骇俗的诸般表现无一不在昭示神迹、展现身份的高贵。这些神话传说的确切来源无从查考，也无须指证。雕塑中的圣母形象多变：或俯首低眉，或手持莲花，或端坐于盾形莲叶之上，而画中的圣母常临风踏浪、站在粼粼碧波间一株青葱的莲花上。古埃及人、古印度人都对莲花情有独钟，认为这种普通的水生植物具有创造世间万物的神秘力量。"盘根并蒂，翠色欲滴；接天莲叶日落即阖，日出齐开。这两个国家的人民均以水为生命之源，如此蓬勃馥郁、摇曳生姿的水中精灵，自然会被视作神物。莲花是埃及神话传说中的太阳神、月神，印度人除视莲花为太阳神之外，还赋予这种植物恒河守护神的地位。"有一段广为流传的印度赞美诗，从一个侧面印证了这两个民族均以莲花为太阳神的事实：

> 莲花之神，我父我友，我的君王，
>
> 哦，太阳，我讴歌你无比强大的力量。
>
> ……

早在佛教传入之前，中华民族即有视莲花为神的传统。根据中国上古传说，华夏第一帝伏羲的母亲曾以莲花为食，中国人供奉的本土神祇多有附灵于莲花、死而复生之说。

佛教以"西方极乐世界"为饵，鼓励僧众躬行教义、弘扬佛法；同时以因果轮回、离经叛道作奸犯科之徒死后必下地狱相要挟，绑架民意、招揽信徒。佛家天堂似不如伊斯兰教着意渲染的灵魂救赎之地美好，但其昭示的对罪人的惩罚，论严苛程度，任何伪教门均难望其项背。根据佛教那一套教化律条，人死后要面对十殿阎王的审判，罪孽深重之辈要抱火柱、下油锅、大卸八块，谎言欺世之徒将受到拔舌之刑的处罚，小偷大盗要么被剁双手、要么斧钺加身，总之无人能够逃脱可怕的报应。有德之人虽然也要历练末日审判，旁观血肉横飞的场景，但最后都能够升入天堂、再世为人；奸险阴鸷、罪恶昭彰之流就没有那么幸运了，他们都会被打入十八层地狱，饱尝折磨之后再投胎凡间，成为任人宰割的低等动物。

　　如此荒诞不经的说教，在东方国家却能够大行其道，受到亿万人民的追捧。麇集佛教门下，挥舞惩恶扬善之大棒、号称代天行事的和尚动辄以百万计。佛寺遍布中华大地的各个角落，香火之鼎盛、法事之隆重，纵观世间大小宗教，罕有其匹。广州大英商行向西不远有一处古刹，论气派比海幢寺或普陀山寺逊色不少，不过香火旺盛、信徒众多，在当地颇有影响。寺院前大门柱廊低回、有数级石阶，进门便是四方四正的禅院，一片僧舍和设有挡头栏杆的"三宝殿"分立两厢。院内每一幢建筑体的横条、立柱、悬梁、照壁上，无一例外地刻上了劝善抑恶的佛家谶语格言。寺院清修之地自有造诣深湛的佛学大师照拂，在这些场所看到彰显佛教文化的好词佳句，原也不足为奇；事实上，宗教文化已经渗透到中华民族社会生活的各个角落。升斗小民之家、高官巨富之宅，乃至寻常巷陌、市井埠头，多有镌刻佛教经典语句的匾额。穿过前院，便是一对手按长剑、切齿鼓目的长身金甲武士守护的二门。这座禅院布局繁复，从正门到供奉佛祖的宝殿，前后要穿过三道院子。正殿的建筑空间相较"三宝佛"殿略小，居中位置竖一根熠熠闪光的金黄色石膏顶梁柱，精雕细琢、图案精美，令人叹为观止。中柱箱形底座的正面是一位怀抱婴儿、骑坐雄狮之上的女性肖像浮雕，从头型到面部轮廓均与汉人不相比附，刻画的分明是一位异域人士；柱体呈锥形，顶端垒球两枚，长圆形。独特美观的整体设计、气韵生动的画面布局、出神入化的人物造型，充分表明这件艺术品出自国外大师之手，堪称艺术杰作。从"蛮夷"一类对外国人的侮辱性称谓看，以"天朝上邦"自傲的中国人似不至于出此下策。正殿飞檐高挑、廊柱环立，围出长方形的内厅空间。殿内悬有一盏硕大的灯笼，此外桁梁上还挂着各式各样一长排小灯笼，一到晚间，发出的光照得整座大殿通明透亮。精美的丝绸帐幔在灯光的掩映下，幻化出迷离闪烁的色彩。中柱的周围放有环形供桌，插满假花的花瓶、线香、昼夜长明的蜡烛、临时照明用的松明子，密密匝匝摆了一桌子。庞杂的祭祀用品间零星点缀着几只半空半是蓝色细土的香炉，供僧侣及善男信女插香之用。香炉的旁边摆放着竹筒，内装卜卦算命用的竹签。线香是一种特制的礼佛用品，可持续燃烧但又不会引发明火，寺院的正殿、香堂中常备此物、长年不熄。抽签卜吉凶在中国也非常流行，事无巨细、人不分老幼男女，中国人遇到问题喜欢通过摇竹筒、抽写有卜辞的卦签断疑决机、预测未来。佛堂之上，时常可以看到朝廷大员俯伏于佛座之前，以头抢地、长跪不起，同时发出哀号一般低沉的祷告声。闲杂人等、执磬鸣锣的僧人以及主祭官员的随从分立两侧，手执雨伞保护主人的头颅，免得在仪式进行当中撞破那剃得光秃秃的天灵盖。参与祭祀活动的还有专司礼乐的执事僧人，佛乐队一般配备一面大牛皮鼓、一对大钹，这两件主乐器敲响仪式的节奏，期间钟磬之声不绝于耳。辟邪驱魔、提振信众的情绪、唤醒沉睡中的九天神佛，声震屋瓦的打击乐为佛教法事平添了几许摄人心魄的力量。

　　这座古寺内的法身、法器名目繁多，难以尽数；若要厘清其中的奥妙，更非人力所及：即便是得道高僧，牵扯到细枝末节的问题，也是一头雾水，遑论未得其门而入的泛泛之辈。佛教属于原始的多神教，各处寺院供奉的神祇，往往因时不同、因地而异，具有很大的主观性和随意性。愚昧的信众催生荒诞不经的信仰，佛教徒对神的顶礼膜拜，掺杂了太多迷信的成分。

占卜吉凶的中国人

求签问卦的中国人

生命是如此脆弱，挣扎原是徒劳；

可曾见狂风巨浪，撼动命运分毫。

——莎士比亚

　　与言之凿凿、花样翻新的希腊、罗马星相术士不同，中国人只用一套肤浅的说辞、几样简单的道具便能满足国人探知命运的强烈愿望。无论繁华扰攘的城乡三岔路口，还是人迹罕至的高山之巅、幽壑之底、荒漠之缘、溪河之岸……在中国，不拘公共场所还是私人居所，只要有人的地方就有算命，就有知前生后世、卜生死祸福的大仙活动的踪迹。本节插画描绘的是具有典型代表意义的中国庙宇内部一隅的场景：供奉任性乖张、懵懂暗昧的东方女神的神座上摆放着一只签筒，筒内是一捧长条形的卦签，状若中国古代简书中使用的竹片。卦签上刻有内容模棱两可、语义扑朔迷离的卜辞，庙内收藏的卦书有对应的诠释。庙门一年到头从不关闭，男女老少任何时候都可以随意出入。

　　穷乡僻壤没有专业卦师（这类人在中国有个专用称呼：算命先生），因为求签问卦的人太少，靠那点卦金根本维持不了生活。签筒就摆放在庙里的祭台上，卦书则与我们拴在泉边、为口渴的路人饮水提供方便的木瓢一样，用绳子系在桩柱之上。庙产在中国人眼里都是神物，即使无人看管也不会遭窃。位于大街大市的庙宇内一般有和尚专司算卦一职，不仅卦签数量更多、内容更完备，卦书也跟着水涨船高，往往不止一本两本。卦台的周边摆满面目狰狞的鬼神雕像，营造阴森恐怖的氛围、彰显命运的神秘莫测。大事当前，中国人才会求神问卦：出远门、盖房子、娶媳妇、葬死者……与切身利益相关、影响深远的事务，他们只想借助神谕做出明智的选择、采取进一步的行动。算卦的人先付给卦师或监管卦摊的和尚一笔卦金，然后抓起签筒不停地摇晃，直到有卦签摇荡到地上，这支签上的内容便是天神冥冥中给他们指出的一条明路。此刻神的代言人——卦师或者和尚——会接过卦签，比照卦书中对应的条文点明吉凶，就当事人应该采取的举措提出适当的建议。以人不达目的誓不罢休的性格，算卦只不过是他们为一意孤行寻找口实的过程；即便是鬼神，最后还得为他们的愿望让路：头一卦不合心思，他们摇二卦；二卦还没抽出一支上上好签，他们摇三卦……直到卦面显示他们要做的事可以照做不误为止。如果在"神"的意旨指引下取得了满意的效果、达到了个人目的，中国人都会烧香还愿、拜谢神恩，表达的方式包括跪在神座前烧黄纸锡箔——大清帝国不远万里从欧洲进口的锡纸，绝大部分就这样进了香炉。

德国流行的卦术与中国有异曲同工之妙；若论迷信一道，这个欧洲国家可谓是独占鳌头、别国莫能望其项背。德国人将果树枝切成小段，每段打上特殊的标记，卜卦时任意抓取几节抛到白布长袍上。牵扯到公共利益的占卜，牧师会根据卦象举办相应的仪式；与神无关、纯属私人性质的占卜，牧师会随机抓取小树段，每抓起一段即连举三次，数到"9"即根据手中所持的那节木段上的标记生发出一段关于命理的说辞。英国农民也是卦摊上的常客，但他们并不迷信占星术士的那一套，很多情况下都是算过了、听过了，然后付之一笑，仅此而已。"我遇到过一拨拾麦穗的农民，因为不知道去哪里才能揽到大活，于是竖起拐杖并尽量保持与地面垂直，然后松开手看那根棍子的倒向——棍头所指，便是神向他们昭示的福地。"犹太人决疑断事的方式，也与以上种种相去不远："我的子民面对大树祈求神的指点，大树会把神的意旨传达给他们。"

古代希腊、罗马人有占卜的传统，巫蛊之徒假借神使的名义盘踞在史上有名的太阳神庙里，专司误国害民的勾当。许多英明神武的国君因沉迷此道，导致江山易手、身败名裂。尼禄、埃拉伽巴路斯[①]、马克森提乌斯、叛教者尤利安诸人，都是巫术的忠实信徒。如果说古人暗昧愚痴误入歧途，那么社会经济、宗教文化各方面均已取得长足进步的中世纪，此等"愚人"仍然层出不穷。史载埃里克王有一顶神奇的帽子，不仅可以呼风唤雨、搬人挪物，还可以打击对手、临阵退敌；还有更离奇的故事：芬兰拉普兰的巫女阿伽伯塔能在大

---

① 埃拉伽巴路斯（Elagabalus，约 203–222），罗马帝国塞维鲁王朝皇帝，公元前 218 年即位，四年后被禁卫军杀死，年仅 18 岁。

庭广众之下变幻身形，能一眼看出靠近她的人将来的运气如何。西门·马吉斯、提亚纳的阿波罗尼乌斯、帕塞提斯、贾布里库斯都是名垂青史的大巫，据说有通天彻地之能、生死肌骨的本领：建造空中花园、召唤阴兵行军布阵、吹口气就能变出金山银海、手指轻轻捻动一下就能搬来足够成千上万人大快朵颐的食物、脖子套到绞刑架上也能突然消失、天地间所有的秘密无所不知，就连外国发生的一切，他们都洞若观火；至于让死人从墓穴里爬出来，突然出现在巨人面前，对他们来说简直是小菜一碟。他们个个身怀绝技，法术高强，使用的法宝常人也无缘得见，咒语、迷药、护身符、催眠术、图谶、魔币、通星大法、绳结、野蛮人的语言，都是他们施法的武器，相面看手的技能，他们更是掌握到炉火纯青的地步。这么多法术组合使用，天下就没有他们变不出来的东西。吉卜赛人就是这些"至圣先师"的衣钵传人，不过只得到了他们的一项真传：看手相。

盛大迎亲仪式

盛大迎亲仪式

爱情与美德偕行，

辉映新娘的娇容。

幸福的港湾就在前方，

欢乐追随着她的芳踪。

东方民族视男女关系为洪水猛兽，设置重重藩篱阻挠两性间的正常交往，此习由来已久。自诩"礼仪之邦"的中国更是遵从"男女授受不亲"的封建礼教，连生活中正常的交接行为都一概禁止。根据中国的婚俗，到谈婚论嫁的年龄（一般为男17岁、女14岁），双方家长经媒人牵线搭桥，自行做主为儿女缔结百年之约，当事人只能唯命是从，婚前连见一面的机会都没有，择偶的权利被彻底剥夺——在中国人眼里，婚姻只是一项人生实务，一桩利益考量下的买卖，这是异教徒与基督徒社会生活习性上的根本分野，体现落后与进步、愚昧与文明之间的巨大反差。此俗犹如一把双刃剑，信守不逾意味着泯灭人性，变通处理又有伤风败俗之嫌，只有非富即贵的上流社会人家才有条件以卫道之名行苟且之实。"无酒不成席、无媒不成婚"，因为媒人的撮合是成就中国式婚姻不可或缺的一个环节，所以扮演这一角色的人受到社会各阶层人士的普遍尊重，其形象一度出现在寺庙里，被当作感应尊神供奉：背负装有红线的绿包，手持姻缘命理之簿册的"月老"，一位求偶心切的青年人随侍在侧——据称姻缘天定，月老将谁的脚用红线拴到一起，谁就会成为夫妻，"牵线搭桥"中"牵线"一词的含义，概源于此。中国人的迷信也体现在男女的终身大事上，求签问卦卜吉凶，再委托良媒居间说合，这些功课做足之后，一对没有任何感情基础的新人才能步入婚姻的殿堂。媒人的工作专业性很强，观星象、察物候、看周围飞禽走兽的行藏——这些在他们眼里都是上天发出的警告，逆天而行者福寿不永；此外如前所述，男女婚前互通款曲，这在中国是犯禁忌，绝对不容许的。这种情况下媒人的作用相当于信使，通过探问当事人的口风，传递当事人对彼此的看法，缓解双方的心理焦虑。乔叟曾借助一位他塑造得最为成功、最为人津津乐道的文学作品女主人公之口，对初涉情场的青年男女的怯弱柔情做了淋漓尽致的表述：

> 我的星座光辉灿烂，
> 祝福我们喜结良缘。

如果星相显示的是"吉"，占卦师将得到丰厚的酬劳，媒人自然也跟着沾光，敬受自己的那一份礼物后，乐颠颠地跑到女方家里提亲，顺便向家长讨要一份订婚贴，一桩婚姻算是定了下来。有了女方家长的承诺，男方紧接着就要下聘礼，厚薄多寡全凭男女双方家庭的经济实力。中国人好面子，讲究门当户对，男有彩礼、女有嫁妆，馈赠的物品从水果点心、金银珠宝一直到鸡鸭牛羊，种类之多、价值之高，让人大开眼界。行过订婚礼之后，一对有可能素未谋面的男女算是正式结成了夫妻，新郎官披红挂锦，戴上有衬里的皮帽，最后再在这身装束上套一串朝珠，打扮出一副大员的样子，以志喜庆；新娘则开始在伴娘的协助下，束发挽髻①，描眉修面，完成一切出阁前的准备工作后便与伴娘同坐在闺房里哭泣，直到拜别父母的那一天为止。

占卦师算定的黄道吉日一到，配备礼乐班子的大队人马齐聚新娘的家里，抬着花轿、吹吹打打迎娶新娘。迎亲游行是一场盛事，不仅阵容强大，携带的物品也极其丰富：桌椅板凳、箧篮箱笼、长袍短褂、灯笼雨伞……居家度日之物，可谓应有尽有，有钱人家自然缺不了珠宝首饰之类价值不菲的物什。这些都是新郎家提前送过来支撑门面的物品，其中不乏租来的纯道具——有需求就有市场，中国不乏专门做面子货租赁生意的商家。迎亲队伍中最显眼的装置是一具搭满新娘衣物的高大木架，外观与洗衣店中常见的移动晾衣架有得一比；衣架的后面是雕花大板箱，专门用于盛放新娘的嫁衣；紧跟着这些标志性的嫁妆后面，还有盛满果酱蜜饯美酒佳馔的坛坛罐罐、枷槛在笼中的鸡鸭猪羊；中

---

① 女子订婚后方可盘发，用新郎赠送的簪子束发成髻。"结发妻子"这一说法的由来，即与此俗有关。

国人一贯视鹅为家禽界以忠心事主、"从一而终"见长的表率性动物，故此并没有采取任何牵绊措施，而是任其混迹在送亲的人流中，大摇大摆地前进。在找不到活鹅的情况下，也会擎一对木雕或锡铸的仿品壮大阵容、表达祝愿。中国人办婚礼讲究的就是一个热闹，迎亲队伍所过之处，丝竹齐鸣，鼓角喧天，吵闹声十里相闻。新娘的花轿也颇有看点，不仅成色新、做工精致，轿外还覆有花花绿绿的锦缎流苏，将轿内的春光遮得严严实实——可远观而不可亵玩。中国人看重贞操，但这并不妨碍他们对女性美的欣赏和追求，花轿的装饰风格就是这个民族封建礼教的生动体现。花轿的后面可能还有轿子，这是女方送亲的长辈——多为新娘的姑母、姨母等女性亲属——乘坐的交通工具[①]。轿夫这一天也穿上了在中国有特殊象征意义的大红色外套，收拾得十分齐整。

抵达新郎家门口以后，迎亲队伍的使命即告完成。初登夫婿家的大门，新娘必须由新郎抱入新房内，期间双脚不能落地，还得跨过新郎家大门外点燃的那堆辟邪消灾的大火。此项仪式结束之后，新郎才能掀起新娘的盖头、致礼落座并分享一餐饭食；紧接着新郎新娘祭拜鹅神、喝交杯酒，新郎当打躬作揖四次、饮酒三杯；新娘陪侍在侧与新郎同饮：一手掩面、另一只手端起酒杯，象征性地小啜一口——至此婚礼各项仪式进行完毕，新婚夫妻即可携手同行，出门叩谢父母、拜访族人、祭奠神祇，次日在家中接待亲友，第三日为"回门"之期：新娘携新郎同赴娘家，招待女方的亲属。

---

① 中国妇女缠足，不能长途跋涉。

收受聘礼

收纳聘礼

上帝亲手缔造了这个花团锦簇的世界，

也赐予他如花的新娘，丰厚的聘礼就是爱的报偿。

——乔叟

　　无论新郎、新娘双方门第多么悬殊，家庭财富、社会背景差异有多大，中国式婚姻始终带有浓厚的交易色彩。当然，视买卖婚姻为社会污点的欧洲文明国家，女性也有待价而沽的情况，但与中国"男女授受不亲"，婚姻必遵"父母之命、媒妁之言"、不得私相往来不同，欧洲的青年男女有交往的自由，两情相悦才是缔结婚约的基础。在中国这片神奇的土地上，家有淑女初长成，家长视如奇货可居，外人只能凭邻里间的风言风语推断女子的个性品质和长相，有中意者便委托媒人上门相求。女方家长一旦应允，男方即携礼上门订下亲事，随后男人筹办彩礼、女方备齐嫁妆，只等大婚之日各尽其意。中国的婚礼有一套固定的程序，女方家庭先腾出一间主房，用于收纳男方敬献之物，由家中众位女性长者摊放齐整、逐一清点。其时新娘盛装高坐于大堂之上，向纷至沓来的祝福乡邻表达谢意；而团坐周围的亲眷嘤嘤咛咛、泣啼不休，故作依依不舍之态。不多时浩浩荡荡的送亲大军便会出发，随带的珠簋妆盒、绫罗绸缎、衣服被褥、金银细软等，林林总总罗致几大板箱。

　　长期潜研东方文化的基德教授近日发文指出，东方国家上流社会的婚俗相似度极高，马来人与中国人的一整套礼节如出一辙："喜宴连办三日，期间男女双方的亲友纷纷登门道贺；新娘在一干家人的精心照料之下，涂脂抹粉、披金戴银，打扮出一副花枝招展的样子，迎候一生之中最重要的时刻，将自己最好的一面展示给即将与自己白头偕老的新郎。第三天是新郎新娘拜堂成亲的日子，其时新娘在伴娘的陪护下端坐绣阁、紧闭大门，专等新郎叩问。听到新郎的敲门声，伴娘发声询问来者何人、到此何干，新郎则报以名讳，并请求接走新娘。新娘接着询问新郎带来了什么珍贵的礼物，新郎则如数报上礼品的名称及数量，多为金银珠宝、钗环首饰之类。至此问答活动结束，闺阁的大门顺势打开；新郎随即呈献礼物，并入内与一身红装楚楚生姿的新娘相对而坐、对饮共食。东方人筹办婚礼奢华，大盘上菜、巨钵盛米，亲朋好友济济一堂，美酒佳肴应有尽有——不唯物华天宝的大中华如此，偏处一隅、民智未开的蒙昧部落也概莫能外。《圣经》中描述的婚礼场面，如装饰华贵的所罗门王婚床、全身各部位涂抹香料膏脂的新娘、通宵达旦饮酒狂欢的宾客，等等，都是东方婚俗的翻版；其间是否存在某种关联，发人深省。"

中国陵寝

中国的陵园

阳光如瀑浸染庄严的陵寝，

　　宝顶的金辉烛耀深林。

坟头翠柏黯然伫立，

　　萋萋芳草摇曳满地浓茵。

——玛丽·霍维特

　　禁忌是东方民族宗教行为的一大特色，有亵渎神灵之嫌的物什不得出现在庙堂之内，信徒身不洁、心不诚在他们眼里也是罪无可恕。从学养渊深、信守教规的圣哲到懵懂无知的俗人，这方面的表现并无二致。尼波山是摩西的升天之处，基督徒对此耳熟能详；那么亚伦的归宿又在哪里？亚伯拉罕葬在麦比拉的洞穴里，耶稣的圣体最后也被安放到花园里——膜拜圣迹的各方人士不可能忽略这一教谕。东方国家的坟茔不会依庙宇等宗教场所、祭拜设施而建——无论此俗形成的根源是什么，各族人民一例奉行不逮。中国人尤其热衷此道，生者与死者之间的鸿沟被挖得更深、拉得更远：不仅城墙之内不设墓地，荒郊野外的坟场也要建在远离村落的地方。受东方文化的影响，欧洲国家也群起效仿，巴黎著名的拉雪兹神父公墓、在伦敦尚未发展成国际大都会之前即已遍布泰晤士河两岸的古墓悉数被迁。此举彻底颠覆了基督教传统，推行之初即受到全社会的抵制；直到近数年来，欧洲人的思想观念才有所转变，不再将教堂和市井之中圈出来的公墓当作唯一合理的托骨之处。托斯卡纳大公是欧洲地区开风气之先的执政人物，首倡墓地与居民区隔离的管理策略，并将佛罗伦萨的公墓规划到远离城埠的区域。不过由于大公的丧葬改制方案包括将教堂内所有坟墓迁走的内容，导致民怨风起，反对者结成同盟与大公分庭抗礼，迨至最后演变成一场骚乱，局面几乎不可收拾。

　　佛塔、伊斯兰教宣礼塔、爱尔兰石柱塔等均为独立设施，因为无关日常宗教活动，故与寺庙、清真寺、教堂等主体建筑之间存在一段距离。近年出现殿塔合建的趋势，以单体建筑的形式在寺庙院落内造塔，或者主体建筑集成塔顶渐成风尚。中国是礼仪之邦，陵墓建在远离居民点的地方与其深层的民族文化因素或曰礼教有关，陵寝的规制彰显逝者的身份地位。穷人的坟墓朴实无华，低矮的坟丘密密匝匝地挤在一起，外观与小亚细亚及欧洲部分地区的墓地别无二致。有钱有势的人即使死了也要"风光大葬"，石筑或砖砌的坟茔高大坚固，球体或椭球体外形设计有抵御风雨侵凌、山洪冲刷的功用。中国有厚葬逝者的习俗，有钱人墓中的陪葬品往往价值连城；砖石材料的大量使用提高了墓墙的安全性能，大大降低了被盗掘的风险。墓室内部空间设计繁复，采用分层结构、布设秘道的情况屡见不鲜；呈规则几何形状的窟窿式、多边形式封口的下方居中位置，摆有碑、塔、祭台等用于装饰或摆放祭品的器物。中国以孝立国，构建复杂社会关系的基础是封建宗法制，墓园中寸草不生、清理得干干净净的小道，说明生者对死者的祭扫从未间断，见证了中国人生死不渝的骨肉亲情。中国人死后，遗属们会披麻戴孝、举办隆重的葬礼，哀乐声中抬棺徐行的队伍，女眷呼天抢地的嚎哭声、男属痛彻心扉的哀吟声，令观者动容、路人悲戚。如果占地面积足够大，墓园内还会种植一些烘托悲怆气氛的特殊植物，除庄严森郁、最能体现亲人哀思的柏树外，常见的树种还有垂柳、愈疮木等。

生前备好一口棺材，单等死后下葬，此俗在中国各地广为流行；皇帝的棺材即在登基之日投入制作。中国的穷人别无他求，唯独希望有一口上好的柏木棺材盛殓遗骸、安放不死的灵魂。即便鳏寡孤独老无所养的人，死后亲友邻居也会凑足份子钱，买一口棺材安葬。中国式丧葬不仅仪式繁缛，其间还要讲一些扑朔迷离的规矩。阴阳先生是中国特有的一类职业人士，据称有通灵的特殊本领。新丧之人不能贸然下葬，必须经由阴阳先生看风水（根据地形地势选择最佳安葬位置、确定棺材摆放的方向等）、推算时辰，确保死者在最合适的时间葬在最好的地方，荫庇子孙后代，确保一门兴旺。如果阴阳先生宣称得不到天神的明示或者测算出的宜葬日期太过遥远，那么尸体就得一直停放在灵堂里，直到腐烂发臭、秽物横流的那一刻，再行堆薪焚尸，将骨灰收拾到瓦罐里，静等吉时出殡。在中国，死人想要入土为安，某些情况下有很长的路要走。

厦门古墓群

厦门古墓群

在这片满目凄凉的地方，

多少古哲先贤化为尘土；

那一双双曾经指点江山的大手，

现在却散落地下，变成冢中枯骨。

——托马斯·格雷《挽歌》

　　中华文明是发源于世界东方、经过封闭而漫长的发展历程延续至今的东方文明的典型代表。对中国历史以及社会习俗了解愈多，就愈能感受到这一文明形态与其余主流文明相迥异的特点。葬礼是民俗的重要内容之一，如果两个社会群落殡葬仪式相似度高且具备一定的复杂性及严整性，那么可以断言其文明传承同出一脉。许多亚洲国家照搬中国的婚俗，虽略有出入，但原有礼仪规范俱在，细节脉络依然清晰可辨。曾经踏足大清帝国的西方人士证实，《圣经》中早有记载的东方国家的丧葬习俗，大部分在今日中国得到印证。一些肩负特殊使命的英国军官或专注猎奇消遣的英国兵民从厦门出发，攀岩附壁登上附近老树婆娑、绵延不绝的石山。他们在山谷里发现了一处古墓群，密密匝匝的坟茔散布各处，宛若废弃的采石场。根据坟堆苔痕斑驳、荒草蔓生的外观判断，此墓地的建造年代相当久远。一座三面环墙、从规格建制看显而易见属于达官显贵的半球形陵墓横亘在坟场入口处，其后是一排长长的石级，通往架设在四根圆柱之上、双曲正波纹线纹饰依稀可辨的重檐牌坊。墓园内部空间显然经过人力挖掘，搬走的石块留出来的空当参差错落，形成别具一格的柱亭游廊。墓地内部的坟茔建筑空间较大，中置凿空的岩体形成的天然石棺，外围砌筑石板墙，用料考究、做工精细。别处数以百计的坟仓沿着墓道一字排开，或空无一物、或内置骨灰盒、棺材的墓室连成一片，黑黢黢延伸向远方。此墓地的发现，无可争辩地证明穴葬作为中华文明的一部分，与其他东方国家一样很早以前就已流行。古代埃及人建造金字塔和地下迷宫收敛尸骸，古代腓尼基人和希腊人在城邦周边凿石为穴安葬去世的亲人；罗马、那不勒斯、巴黎等国际名城的地下就是巨大的坟场，而非洲地中海沿岸地区的地窖式墓葬群规模更大、建造年代也更为久远。厦门墓穴的入口处雕有铭文，配饰墓主妻妾、侍婢、马匹以及一切能体现死者哀荣的肖像壁画，此俗与古代埃及人的做法并无二致。这些地下墓葬的各类设施保存完好，各以墓碑、壁画、雕塑等形式向我们展示了历史鲜为人知的细节典例，对我们研究古代文明裨益良多。

中国有"活殉"的传统习俗，上至王后、下至奴仆，为皇帝本人及皇子皇孙殉葬是通行的惯例；直至满族人入关建立大清王朝，才被焚烧锡箔制作的童男童女取代，坟头放置木偶人取代人殉，此俗始得废止。根据希罗多德的说法，西徐亚王国盛行活殉：头领死后妻妾佣仆及其生前拥有的马匹等均被杀死，尸骸陈列于主人墓室的周边；古埃及墓室内壁雕刻的象形文字就是一篇特殊的墓志铭，墓主役使的奴仆、领有的附庸数量历历在目——厦门古墓石壁上的雕饰，表述的内容与此略同。厦门古墓群向来不为外人所知，直至英国远征军凯旋的1844年，欧洲人始知这一文明胜迹的存在，并以铁的事实证明，《圣经》关于东方奉行穴葬的国家民族的描述，所言非妄。

这里引用维吉尔的史诗《埃涅阿斯纪》第六卷中的诗句，聊作以上推断的注脚：

> 英雄们的待遇一如生时，
> 车马俱在，刀兵如织。

以墓铭的形式旌表英雄不朽之声名，罗马人也深谙此道；欧里庇得斯所著《厄勒克特拉》中的诗行，可以看作是对这一习俗的诗意化诠释：

> 大地女神，我将自己的双手埋入你的怀中。

中国的陵寝，便是建造在"后土"——大地母后——怀抱里的逝者家园。

天津梨园

天津梨园

戏台的天职是抑恶扬善，
上演人生的壮歌与悲怀。

芸芸众生齐集于此，
用泪水和欢笑荡涤心扉。

有人用书籍启迪情智，
有人用耳目浇灌块垒。

可叹红尘淹蹇诸子懵懂，
一曲婉转道尽世事兴衰。

——C. J. C

"大清帝国首善之区——直隶有一座城市，贸易规模和人口众庶之程度在这个东方帝国版图内均罕有其匹。不过这座城市仅属州级建制，行政级别不高，故此得名'天津卫'。天津扼京杭大运河临清——北京河段之咽喉，直隶、山东盐政大员驻节于此；北满木材离辽东跨渤海，天津为其集散码头。天津地理位置的特殊性决定这座城市在大清帝国的地位无可替代——京津两地相距不过二十里格。"

这段话援引自《马可·波罗游记》中所记载基督徒的言论。基督教在大清帝国传播较广，信徒的足迹遍及山川湖海，其接触面之广、对当地风土人情了解之深，普通欧洲游客望尘莫及。虽然从现代地理学的角度看，传教士的文字挂一漏万、科研价值不高；但上述引文对天津概况的描述准确到位，加之该城与这个古老的东方民族一样，发展节奏舒缓、变化不大，故此对于普通读者来说，至今不乏借鉴意义。

白河、南运河在天津交汇，前者内连北京（航程八十英里）、外接渤海（航程五十英里）；后者则作为京杭漕运干线起点河段贯通南方诸省，为其成为中国北方商业大都会奠定了基础。南运河入口处设有船闸，因市区以上航道水文资料缺乏，外国帆船、载重驳船等在没有当地人员导航的情况下不敢贸然闯入；不过进退自如、吃水不深的轮船可全河段航行，雨季旱季均无搁浅之虞。也许道光皇帝至今还不知道，英国战舰可沿白河逆流而上，一路打到北京城外。

"中国人倘生异心，满载水兵及野战武器的轮船快艇可借由白河在8小时内突入天津——京杭大运河之起点，中国北方货运中心与物资供应基地。"乔斯林勋爵撰文称，"战端一开，即行焚毁大清水兵船只，防止朝廷向河口地区运兵增援，并在天津城内燃放大火，火光当烛照帝都。至此清廷上下魂魄必丧，帝国根基从此动摇矣。清廷似已察知现实威胁的存在，故此行迹颇存忌惮。"

经济繁荣、人口众多的商业城市，苦力不到力不能支的地步一般不会休息。为这些人服务的各类休憩设施、娱乐场所，相应地要比邻里守望相助、生活平静如水的小城多。街头杂耍、大小戏园、客容量很高服务质量却很低的茶馆大排档，随处可见。以直隶商业中心乃至整个大清帝国首屈一指的大都会著称的天津，公众娱乐活动也是异彩纷呈，历久弥新。

这座堪称东方利物浦的中国港口城市留下了很多很多欧洲人的足迹。天津人受商业文化的熏陶，个性多豁达宽容，社交方面没有大清帝国内地人那么多禁忌，外国人在这里行动相对自由，在吃饭住宿之类生活问题上不至于饱受歧视。再看天津城内白河流域，水上舟楫林立，云帆垂天，绵延两英里半。拥堵的河面上只留出一条狭窄的水道，专供衙门差役驾驶的船只穿梭其间，执行公务。

白河码头停泊的不全是商船，还有一些中国式两栖家庭——"寄居船舱逐风浪、一襄烟雨任平生"。我国使团两度假道天津进京觐见大清皇帝，根据使团人员描述，这座生机勃勃的都市是大中华各族人民勤劳务实、遵纪守法的见证，是数千年绵延不绝的社会文明长期积聚的物质与精神财富的表征。其间一次使团淹留天津，欣赏到当地官方举办的盛大欢迎演出活动，那场面用"万人空巷"来形容，恰如其分——看热闹的市民麇集运河两岸，整个防波堤，包括长堤与民房间的开阔地段站满了密密匝匝的观众，就连浅水区大小船只间那点空当都被充分利用了起来。倾斜的护坡上人头攒动，乍看颇有阶梯大剧场的风范。摩肩接踵的场合，帽檐宽阔的斗笠绝对是个麻烦：别说遮挡视线，安放的空间都没有。当天的气温高达九十华氏度，成千上万颗剃光顶额、拖着一条大辫子的头颅暴露于正午毒烈的阳光之下，这些人的耐受力令人惊叹。除了油光可鉴的秃头，运河两岸各有一长串外覆草垫、码放成锥形的官盐堆[①]，大英使团通过运河的时候，发现盐堆上也爬满了人，远看如同用人头筑就的金字塔。没有捕快监督、没有兵弁介入，但是演出现场波澜不起、秩序井然，天津人自爱自律意识之强，由此可见一斑。

是日英国公使造访直隶总督，英方官船就停靠在衙门前面的码头上。总督为了欢迎来自远方的客人，在码头上搭建了一座临时戏台。台前是身着光怪陆离的戏服、满脸涂满油彩、尽力表演的戏子，台后是吹吹打打尽显民族特色的乐队。总督府内外张灯结彩，装饰风格按照中国人的标准，已属尽善尽美。自总督府至运河，整个码头小广场被清理一空，哑剧与传统剧目轮番上场，演出无休无止地持续了一整天。中国的大戏在演员的服饰搭配方面有一套固定的模式，要求体现人物角色生活年代的着装风格；戏中人物角色的对白也与日常交流有别，都是用一字一板的格律化唱腔表达出来的，伴以管弦丝竹、铙钹钟鼓之音，或悠扬或铿锵，颇有韵致。中场过渡（中国戏曲谓之"过门"）唢呐齐奏、鼓声如雷，气势雄浑的协奏声震动屋瓦远近皆闻，效果跟我们西洋铜管乐差堪仿佛。每位演员出场时，都要先介绍自己扮演的角色，并对剧情做一番简明扼要的说明。不过一般中国戏迷对常见剧目的程式化内容早已耳熟能详，开场铺排对他们来说纯属多余。倒是接触中国戏剧不多、理解中文有困难的外国看客，这类故事梗概在帮助他们捕捉剧情方面裨益良多。

---

① 巴罗先生路过天津码头时，曾对装在麻袋内堆放的官盐存量做过匡算。他得出的结论是：仅此一地的食盐储量，就足够三百万人一年的用度。盐税是大清帝国最重要的税源，各商埠盐吏的职位无疑是官制提供的一个把持垄断利润的肥缺。——原注

京剧表演

京剧表演

心常郁郁是疯狂的前奏，

看戏中人生解多少忧愁！

用欢乐的阳光装饰你的心灵，

只有忘却伤痛，才能延年益寿。

——莎士比亚

　　木偶戏、皮影戏是中国人最喜闻乐见的演艺节目，官方认可的大戏反而曲高和寡、备受冷落。演出这类地方剧种的多为草台班子，配备人员少、设备简陋，一顶帐篷、一口箱子、几样简单的乐器就是全部家当。演员四海为家，只要有人预约或者碰到合适的圩场，他们就会搭建一座临时舞台，拿出看家本领为观众表演。舞台周边安装有粗壮结实的立柱，台面离地八英尺左右，栅栏天顶秉承中国公共建筑物的一贯风格，雕龙画凤，十分艳丽。舞台一般不设侧墙，可视区域宽广。为权贵嘉宾和付费观众设置的看台与舞台间有一段距离，留出来的空场专供付不起费用的群众扎堆看戏。戏园的布局也很有讲究，位于戏台前方最佳位置处的看台安排女眷和有身份的男人，其余看客分列两翼，男女有序、等级分明。常有与民同乐的地方官员光临戏场，在类似包厢的看台里摆上瓜果点心、茶壶烟袋，邀邻近的看客喝茶抽烟。

　　戏台与看台间的露天场地人头攒动、热闹非凡。中国是文明古国，人际交往注重礼仪规范。不过进了戏场，那一套古板的打躬作揖、嘘寒问暖程序尽可省略，大家笑脸相迎、气氛非常融洽。也许是演出的剧目太过精彩，也许是没钱也可以白看这一优势吸引了太多爱看热闹却囊中羞涩的穷人，总之中国戏场里的拥挤状况几可用密不容针来形容。伴随剧情的波澜起伏，戏场里的形势也在发展变化：台上在打斗，台下也在打斗，维持秩序的衙役手持竹竿、不停地抽打探头探脑不守规矩的看客，吆喝声、竹竿拍在头顶发出的哔剥声响成一片。除了这些巡查的衙役，戏台下通常还会配备一拨站岗人员：每人手里拽一根粗大的藤条，对着涌动不休的人潮狠抽猛打，下手之重，势若排山倒海。一边是如狼似虎的差役、一边是如痴如狂的观众，一场戏从头演到尾，皮肉、意志、毅力的较量再无止息。

中国最流行的传奇剧目之一是《人间仙界》①，据看过该戏的一位野蛮人②讲，剧情大致是这样："开戏第一场表现的是天堂生活。一群神仙攒聚在舞台中央，日月星辰绕着他们旋转。其中扮演太阳的男演员双手托一只圆盘，饰演月亮的女演员则捧一块形似弦月的道具。两位演员小心翼翼地在舞台上游走，模拟日月在苍穹中运行的轨迹。'雷神'手持一把利斧辗转腾挪，做出一系列让人眼花缭乱的复杂动作。剧情几经起伏回转，最后高踞龙椅之上、备受众仙尊崇的皇上从山神的表现上看出，即使享尽荣华富贵，凡人终归摆不脱红尘之厄，不觉心生忧戚。此时有朝中奸臣披着虎皮，扮成吃人的老虎扑入后宫，乘一干妃嫔吓得四散奔逃之机，将太子推入河中淹死。遭此飞来横祸，宫中姐妹们急忙赶来报信，跪倒在地向皇上陈说事件的原委。此事对皇帝的打击太大，他一时万念俱灰，决定放弃皇位、另择接班人。岂料皇上心智已失，经不起阴险奸狡的娘娘一番唆使，竟然将皇位传给了半疯半傻半痴癫的儿子，只因这个儿子就是娘娘所生。皇上驾崩，傻皇子顺利加冕。不过这位新帝自知心拙智短，加冕仪式结束后即大放悲声，'天哪！我该怎么办？'新帝的举动非常滑稽——纵然内心焦灼不安，但一身富丽堂皇的打扮加上那副傻乎乎的嘴脸，观众根本看不出是想哭，还是想笑。谋杀太子、累死君王的那个大奸臣发现新帝愚鲁，于是挟天子以令诸侯，专权乱政以售其奸，导致外患频仍、民不聊生，锦绣江山堕入万劫不复之境。"

---

① 《人间仙界》（*The Spectacle of the Sun and Moon*），直译为《日月之戏》。

② 讽指中国人眼里的欧洲人。

京杭大运河船闸

大运河上通闸的货船

机械使人类无所不能，

发明给我们带来美好的前景；

然而世界上最壮大的工程，

无一不是手工劳动的结晶。

——R. W.

　　尽管欧洲科学家、工程师，抑或旅华学者对中国大运河大肆贬低，这条河还是现存于世的最伟大的古代工程之一，穿山越谷、纵贯大半个中国，河宽水深均为现存同类设施之最。中国大运河最窄处水面宽度也不低于二百英尺，部分河段更是宽逾一千英尺。在地势低平空旷找不到自然河床的平原地区，中国人夯土为基、砌石为堤，所造河道内水量充沛、流速一般维持在每小时三英里左右，为船舶通行提供可靠的保障；河水流经之处如遇不可绕行的台地，中国的工程师则采取二分法从中位线处取土，开掘河道、抬升来水河床，而这条"中位线"上下两部分的高程保持在五十英尺以内。纵然中国以地大物博、人口众多著称，一次性动员百万劳力并非不可企及的目标，但如果没有朝廷的绝对权威和强有力的统治作为后盾，想在短期内完成浩大的运河开凿工程，那无异于痴人说梦。时至今日，中国的大型土建工程亦有倚重纯手工劳动的特点，机械器具只在万不得已的情况下才会偶然一用。京杭大运河辗转千里，从海拔较高的中国北方地区流入地势低洼的长江中下游平原，落差较大。有别于自然河流依势而下的水文特征，大运河全流域采梯级式控水方案，各级水位差均保持在六至十英尺之间。为防跌水阻断交通，运河全段级联处建有船闸：一排榫接渡梁、密密匝匝的木板与两岸坚固的突码头相连，敷设水底抬升水位。突码头上配备畜力牵引、功能强劲的绞盘，利用杠杆原理可将满载的货船从闸底移至闸顶。对于逆行大运河上的船舶来说，通闸可不是一件轻而易举的事：一边是舵手站在船头，手持笨重的船桨奋力划拉控制航向；另一边是站在码头的船工提着装满毛发的麻袋，左堵右挡防止船舷触碰石堤。因为每次通闸都要消耗大量蓄水，检测水位变化情况以及大小各型船吃水深浅又相当劳时费力，所以运河船闸有固定的开放时间——由此导致的问题是，京杭大运河的通过效率固然不低，过往船只排队等候的情况还是屡见不鲜。货船以载荷大小裁定缴纳的税费，满足船闸养护以及人员薪酬等项日常支出需要。

　　在通晓现代工业文明的欧洲人看来，中国大运河上的设施稚拙老旧、不值一哂，大清帝国朝廷奉行闭关锁国的政策、一味排斥域外先进科技的愚行更是匪夷所思。然而这些文明人忽略了一个事实：中国劳动力资源过剩，机械装置的采用会夺走千千万万人的饭碗。黄河流经九十英里沼泽区与大运河交汇，其间水面高出周边地区二十英尺，护堤治河工程之浩繁、连年耗费的人力物力之巨大，超出现代化改造可能产生的费用不知多少。有据可考的黄河决口导致沿岸地区变成千里泽国的历史悲剧，曾经不止一次上演；更有一位将领为阻遏叛军攻势决堤放水，结果淹死无辜民众三十余万，叛贼却遁入深山、毫发无伤。

英德煤矿的矿场

英德煤矿

熊熊燃烧的煤炭，

从来不会伤人。

——《约翰王》第四幕第一场

　　大清帝国的煤炭资源分布很广，储量也相当大，但开发仅仅局限于广东北部的梅岭等少数区域。梅岭山高林密、溪流漫溢，北江之水开山劈石、冲决激荡，一路呼啸奔涌出山——闻名遐迩的英德煤矿，便坐落在此连绵起伏的群山中。采掘好的煤炭在江边装船，运送到陶瓷作坊星罗棋布的下游地区，满足当地手工业生产的需要。煤矿多开在荒蛮之处，远离村落、人迹寥寥。英德煤矿设施齐备，周边建筑鳞次栉比，但始终脱不了那股浓烈的孤岛气息。利之所在，人尽趋附；尽管整个矿区看上去是如此的凌乱荒凉，但在这里讨生活的中国人却多如过江之鲫：悬崖之巅、溪谷之畔，低矮幽暗的工棚散落各处。由于采煤作业全程依赖手工，没有滑轮组提吊装置且时刻存在透水风险，所以这里有很多平硐。拥有靠近北江、开口位于岸壁之上的矿脉，是英德煤矿经营者梦寐以求的目标：排水、出煤两便，装船更加简单——顺坡倾倒，省时省力。矿区一带的河面上麇集着大批平底小帆船，或停靠在崖壁出煤口下，或驻泊于类似简易码头，一直延伸至水下的台阶处。屈曲盘折的石道上，搬运工熙来攘往、络绎不绝：没有手推车、没有马车、没有任何或简单或复杂的助力装置，他们全凭一根竹制扁担将埋藏在大山深处的煤炭挑至江边，装船起运。中国煤炭不仅储量可观，种类也相当齐全，褐煤、烟煤、无烟煤……截至目前世界范围内发现的已知煤炭种类，这里均有分布，其中蕴藏量最大的当数烟煤。新采的烟煤一般会在矿场进行适当的焦化处理，而散碎的煤屑则拌以泥土，风干后变成煤砖进入千家万户，火力虽不及块煤强劲，却是熬制米饭的不二之选。早在马可波罗时代，一位远渡重洋游历东方国家的威尼斯旅行家就注意到中国人有使用燃煤的习惯——不过仅用于家庭炉灶、没有进入工业、手工业生产领域。"中国的大山里蕴藏着一种外观酷肖黑石的矿脉，当地人大加采掘并充作燃料。"这位杰出的天涯游子说，"这种矿石跟木炭一样具有可燃性，耐久性及热效率明显高于木材：晚上生好的炉子，次日火星不熄；点燃时火势熊熊，而整个燃烧过程中几乎看不到明火。"

香港竹水管道

竹水管道

绿荫婆娑的草地，

飞珠溅玉的渡槽，

在嵯峨的山岩间忽隐忽现。

鬼斧神工，如梦如幻，

纵有生花妙笔，

也难描此番美景。

——C. J. C.

香港岛是弹丸之地，但物华天宝、钟灵毓秀，风景之秀丽，天下罕有其匹。皇后镇一带林木葱郁、阡陌纵横，嶙峋山石间几抔寥落的泥土，竟然繁育出如此生机盎然、冠绝天下的森林景观，令人拍案称奇。

香港岛中心地段拔地而起；山周围田垄遍布、稻椒离离，烘托出一幅楚楚有致、意境幽远的图画。一条小溪奔突砾石之间、潜行茂木之下，澄澈如蓝天新剪、扑落危崖、汇入大海，溅起珠玉无数、雾霭千重。少女一般恬静的田园与突兀的冈峦相偎相依，将大自然与人的关系渲染得淋漓尽致，也昭示着中国传统农耕文化的精髓与奥义：没有生命的石头不仅能点缀出多姿多彩的景观，更能筑槽引水、将不毛之地改造成良田沃土。勤劳的中国人长于农业基础设施建设，只要稍有资源可加利用，再贫瘠的土壤也能够让他们落地生根。

香港岛地势起伏、气候湿热、土层浅薄，前两个特点决定了这座小岛适合培育木本植物。遮天蔽日的大树荫护之下，东西点缀着数处村落。骄阳不透、风雨难侵，原住民辛勤的双手将这座孤悬海外的小岛打造成温馨秀丽的人间天堂。竹子这种普通得如同尘埃的植物，在这些东方人手里变成了无与伦比的生产资料：即使有别的建筑材料可资利用，当地人还是倾向于用竹板搭建渡槽。一槽飞架，穿山越谷；清流潺湲，四季不歇：一座自然条件并不优越的荒岛，就这样变成了欣欣向荣的美好家园。

竹子[①]是一种神奇的植物，中空多节（节间距10至12英寸），玲珑小枝

---

① 竹子是禾本科植物，中国南部地区盛产有青篱竹属、竹属、毛竹属等各大类竹子。——原注

旁逸斜出，加上枝端那状如尖刀、密密匝匝的叶子，高达四十英尺的身量垂天而立、摇曳生姿。作为南北两半球广有分布的热带植物，竹子在东方国家的利用价值被发挥得淋漓尽致。本书插图对中国人开发使用竹竿的情况作了一些展示：从结节处锯开，留下一截充当贮水器皿；只要足够坚韧，即被用于制作各类藩篱、轿杠（东方国家的老爷出行，一般乘坐仆役肩扛的轿子）；竹叶是中国茶叶对外出口的必备包装用品；至于细竹竿，想必英国人并不陌生：竹杖是社会各阶层人士居家生活必备之物；马来人喜食用醋和胡桃腌渍的竹笋，中国人则以竹叶、竹鞘膜为原料，通过浸泡煎煮制作纸张；竹篮、竹罐、竹匣、竹排、竹筏等日用品及水上交通工具，乃是东方世界司空见惯之物。中国商人出门远行，随身不带一只"救生竹架"是不可想象的。这种竹架制作简单：四块竹片扎成"井"字形，落水者只需将头伸进中间的方框，再套至腰部，用绳拴紧即可。此类设备极致简陋，但实用价值无与伦比：置身惊涛骇浪之中，任何人都会求生乏术、惊慌失措；在这种情况下，还没有什么工具在便捷性、易用性方面，能与中国人手中那具简单的竹架相提并论。

竹子的用途还远不止此。在中国的江南水乡，竹子依粗细不同，可做桅杆、划篙、船缆、帆架、水密填充料。另外，竹竿还是一种武器，对于不听话的船员，船长可以用竹板、竹枪惩戒乃至刺死。竹子也是景观植物和中国农耕社会广为开发利用的生产资料：王公大臣的花园里，有竹丛摇曳日月；家徒四壁的农家小院内，有竹舍遮风挡雨；竹板车、手推车、竹篓、竹箕、竹筛……形形色色的竹制家具，在中国各地俯拾即是。在丘壑遍布的山区，竹子的功用更是无可替代：高山大岳之间，竹槽是最常用的引水设施；深沟巨涧之上，有竹桥连接通衢。爪哇岛上的"大小桥梁都是用竹竿搭建、竹篾垫子铺设的。竹桥缺乏刚性，人行其上，如踩弹床，看上去很不坚固。事实上，只要不被山洪淹没、朽坏之处能得到及时修补，这种桥的安全性不容置疑。在这些雨水泛滥成灾的地方，使用昂贵的建筑材料修桥铺路，未见得就是一种明智的选择：维护不力，时间一长照样会损坏。"①

　　在中国，竹子可谓无物不用、无所不能，其在民用建筑、农业生产、水陆交通甚至直接当作食材加以利用的情况，前文已有述及。竹制家具在中国也非常流行：竹桌、竹椅、竹凳、竹帘、竹床、竹席、竹纸、竹制厨具，户户皆备，人人都用；晦明之际，各家窗户里迸射出的第一缕火光，就是用两块竹板摩擦出来的。

---

① 《出使大清帝国笔记》（*Journal of an Embassy to China*），亨利·艾利斯爵士。——原注。

瓜岛水车

瓜岛水车

他们到处挖渠引水，

只为满足生活的需要；

他们也是一渠流水，

满足皇上的穷奢极欲。

——《阿尔喀诺俄斯王的皇家花园》

　　东方国家气候干燥、土地贫瘠、水资源分布不够均衡，生活在那里的人民不得不在挖井凿渠、发展灌溉农业、开发不间断水源，以及保障日常生活需要方面殚精竭虑、发挥民族智慧，并在这一技术领域内取得非凡的成就。古代雅典人唯一的饮料就是地下水，那个时代只要是名字见诸经卷的诗人，都有对甘甜的井水大加赞颂的诗篇传世。一掬普普通通的白水入诗，足以说明那个时代的雅典人汲取地下水的能力乏善可陈，考古发掘也证明了这一点：他们使用安装在井口的石辊取水，石辊上缠绕长度与井深匹配、末端拴挽水桶的绳索，这种类似中国"辘轳"的提水装置在这地中海岛国的使用非常广泛，散落于各处古井遗址、留有数英寸深绳索鞭痕的石辊，便是那个时代落后原始的生产生活方式的明证；花团锦簇的古希腊城邦，以及在此基础上形成的光辉灿烂的希腊文明，均与井水引流工程为古人提供一隅繁衍生息之地有关。色雷斯人对雅典取水方式进行了改进，他们挖掘的井泉口径更大、以井壁开凿盘旋台阶的方式，直接舀取井水。水泵发明之前，色雷斯取水法在英伦诸岛大行其道。亨利八世时期，大英帝国上下两院通过一项法典，规定"伦敦市民必须汲取石南树丛下的古井之水"——深藏于汉普斯特德大教堂下五百码处的一口古井。鲁米利亚利用杠杆原理提取灌溉用水：在距离水源不远处构筑支点，杠杆一端挂桶、另一端坠石，取水者无须着力过多，操作轻省便当。此法也在中国沿用——这个东方文明古国对水资源的珍惜，几至发展到崇拜的地步；培土为泉、筑堤成坝，人工蓄水设施在这个国家随处可见。

　　中国历朝历代的封建帝王都注重发展农业，在保障芸芸众生生产、生活用水方面做出了不懈的努力。不过这个问题不属我们讨论的范畴，在这里没有必要大费周章。古罗马引流工程规模浩大，除了名播天下、全长十五英里，槽体离地一百零九英尺的克劳迪亚渡槽外，尚有十四条类似设施贯通城区；星罗棋布的蓄水塔下，敷设的管道直通各家各户。君士坦丁堡地下水库长三百三十六英尺、宽一百八十英尺，蓄水量之大，足以满足这座古代名城全部居民的日常用度之需。非洲迦太基、西班牙塞哥维亚的引水管道、亚历山大港的蓄水池，都是留存至今的古文明丰碑，令人叹为观止。人类对水资源的开发利用并不局限于某个国家、某一时代，但在灌溉农业领域成就与中国有得一比的只有古代埃及这一个国家。埃及人在尼罗河沿线开挖运河计八十条、修建人工湖泊三处（莫伊利斯湖、布海拉湖、马瑞奥提斯湖），尽享灌溉之利。古代埃及人用水车提灌：硕大的车轮上扎缚水桶，这些水桶落底时汲水，升顶后桶体平转，内装的整桶水就势倾入架设在高处的渡槽。埃及人偶尔使用牛力推动提灌装置，据称阿基米德发明提水螺旋管，灵感即来自埃及古老的灌溉装置。中国人安装使用的提灌设施种类繁多，其中有一类构造及功能与前述鲁米利亚地区的突厥人采用的相关装置差堪仿佛，另有一类人力驱动的链泵式水车，操作方式类似英国脚踏式水磨坊，与埃及水车有异曲同工之妙。其实中国人发明的农业灌溉机械中，结构最精巧、最可圈可点的装置是竹轮水车：竹制巨轮的外缘装有一圈将流水的势能转化为水车动能的刮板，内缘楔接与车轮平面垂直的铁棒，棒端以链环挂载水箱；车轮在刮板的驱动之下不停地旋转，水箱在下切面——水流的作用下出现倾角，箱体浸入水下顺势汲水；当汲满水的容器转至顶端位置时，在挡杆的推阻作用下再次倾覆并倒水入槽；而在上行缘和下行缘，箱体因以链环与轮毂实现软式连接，故能始终保持直立。如此伟大的发明，经由中东地区在引进、使用的过程中加以改装，用木质框架取代原来更加轻巧，抗弹性形变能力更强，也更加耐用的竹轮并被冠以"波斯水车"之名后，在广大欧洲地区以讹传讹、变成波斯人的杰作，首创者中华民族的功绩，反遭历史雪藏。

中国水车结构、功能均与波斯同类设备并无二致：拣择粗大的竹竿截成短短的竹筒，一端开口另一端是封闭的结节，固定在驱动轮的外缘，但并非完全贴合转弧，而是形成一个既便于汲水、上行过程中还可防止泼溅、升顶后倾倒又特别顺畅的敞角。鄱阳湖口有赣江支流通过的瓜洲冲积区，地势低平灌溉农业发达，数百架筒车昼夜不停地运转，单车日均给水量逾三百吨。

茶叶加工坊

中国茶文化

遥远的中国是人间天堂，

繁衍生息的是亚当的子嗣；

那里的人崇尚的不是美酒，

而是大自然的另类恩赐。

——无论多么鄙夷不屑，

我们的新宠还是香茗和瓷器。

——C. J. C

茶叶的故乡到底是中国还是日本，关于这个问题历史学界众说纷纭、莫衷一是；此外茶叶进入欧洲人视野的时间相对较短，博物学家对这种神奇的东方植物的谱系类别、分布特点知之甚少。中国人培育的茶树花、叶稍小，外观与山茶相似度最高，故而统一并入山茶科山茶属。茶叶是中国农业的支柱产业之一，在中部各省种植广泛，开发利用的历史相当悠久；只是这种植物是否适应域外气候及土壤条件、能否在世界范围内推广，截至目前尚无定论。

中国的茶叶分绿茶、红茶两种[①]。长期以来，欧洲人误以为茶叶类别取决于茶树的品种：北纬33度至34度之间的江苏地势平坦，所出以绿茶为主；而与之毗连的浙江及江西、福建等位于北纬25度至33度间的广大南部地区丘陵广布，盛产红茶。不过切不可据此妄下断语，认为绿茶和红茶产区泾渭分明、互不混同，抑或这两类茶叶虽同出一脉，但两地茶农过分保守，对炮制工艺秘不外宣——作为社会文明高度发达的国家，不可能存在建立在地域垄断基础上的技术壁垒。实际情况是，中国满洲地界以南绝大部分省区均产茶，红茶、绿茶只是中国茶农专为迎合欧美人的口味后期加工而成的产物，其余地区所产茶叶主要供应国内市场，自然没有这样的分类。由此可以推知，江浙绿茶、红茶产区是出口欧美国家茶叶的生产加工基地。

① 根据化学检验得出的结论，红茶和绿茶所含成分略有差异，其中绿茶的有效成分包括：鞣酸34.6%、胶质5.9%、植物蛋白5.7%、植物纤维51.3%、不可吸收物质2.5%；红茶包括鞣酸含量40.6%、胶质6.3%、植物蛋白6.4%、植物纤维44.8%、不可吸收物质2%；茶叶中还含有少量的无机盐如硅化物、碳酸盐、氧化镁、氯化钾等（参见戴维、弗兰克诸人的研究报告）。——原注

对茶叶进行分类并加注商标，据信是广州商人的杰作：武夷红茶、工夫茶、下午茶、小种茶、乌龙茶、白毫茶、橙白毫、花白毫，这些都是红茶的等级和品牌；而屯溪茶、熙春茶、皮茶、雨前茶、珠茶等均为绿茶的标识；除雨前茶同样行销国内、从而为大清帝国子民熟知之外，其他令人眼花缭乱的名目，恐怕只有外国人才能厘清。雨前茶采自普通的茶树，但采摘的时间点比较特殊，新发的嫩叶香气馥郁，对中国茶叶颇有研究的杜赫德名之为"毛茶"，声称此茶为宫廷贡品，仅限重大场合使用，是中国茶叶中难得一见的精品。茶既名贵，沏茶器具自然也不同凡响：茶壶内置带孔的银质过滤器，另配贵金属打造的船型茶托。欧洲商人经手的多为居间取利的贩子炮制的混合茶或仿制茶，鲜有接触原汁原味中国名茶的机会。广东境内的山地盛产一类苔藓，用这种植物的叶子加工而成的茶叶同属茶中上品；到南昌及毗邻的鄱阳湖一带旅游的欧洲人，发现用这种材料浸制的饮品在当地颇受欢迎。圈定在广州一地开展的中英贸易，给大英帝国带来的是连年逆差和巨额财富的外流，大清帝国大宗出口商品——茶叶在其中扮演了至关重要的角色。我们有理由怀疑，中国人贴着富丽堂皇的标签输送到欧洲市场的茶叶产品，掺和的山茶叶等劣质代用品不在少数。以次充好、以假代真、千方百计给自家经营的商品增重、绞尽脑汁赚取超额利润，中国商人个个擅长此道。日本人有在制品茶中混入一定量的提味料桂花的传统，这一做法不违商德，自然不能与普通的掺假同日而语。

中国人开发茶叶的初衷原不是制作饮品，而是治疗麻风病，这一点与北欧人的做法如出一辙——以茶入药的做法由来已久，不少国家、民族均有此俗，其影响之深远、波及范围之广，远远超出了区域国家的范围。现在很少有人以茶叶治病，不过落后闭塞的地区还是照用不误，麻风病鲜少光顾的地区，此风犹盛。茶叶浸出液中含有一些清心明目、提神健脑的物质，对缓解病痛有一定的作用；至于产生这种效果的具体成分是什么，截至目前生物化学实验分析还不能准确界定。由于采用的生产制作工艺各不相同，绿茶中兴奋剂的含量大大高于红茶，故此刺激作用更加明显。不过自然界存在的所有已知毒品中，茶叶对人体的危害是最小的，几乎可以忽略不计。

茶叶有一定的药用价值，这一点不容否定。茶碱有舒解神经、消除疲劳、理胃清肠、帮助消化等功效，是发汗利尿的一剂良药；不过摄入量不可过大，否则会引起不适反应。茶叶用途如此广泛，世界各大以勤劳智慧、富有开拓进取精神立世的民族均曾孜孜不懈于引进茶树，让这一东方神奇树种在自己的宗主国或者殖民地扎根生长。荷兰人曾招雇经验老到的中国茶农到爪哇岛经营茶园，引进的茶苗初期长势还算差强人意，不过没有等到产生任何经济效益的那一天，如此劳师动众开发的项目便告终止，想来其中必有隐情：要么是中国人为了保护自身利益，暗做手脚阻断此项技术外流通道；要么是茶树品种引进不当，在爪哇岛无法成活；要么是葡萄牙政府投鼠忌器，为防此举招致大清帝国当局的不满而主动放弃。总之当初的勃勃雄心都化成了云烟，所有的努力悉数付诸流水。

除爪哇岛外，位于西半球的南美大国巴西的茶树移植实验同样影响深远。该国政府派出专业团队、不远万里赶到地球的东方，搜购东半球珍奇植物品种，在距离圣巴斯蒂安六英里的市郊植物园建立移栽基地。巴西高温多雨，气候条件适宜，这些来自异域他乡的植物在这里繁育良好。可惜好景不长，疏于事功荒嬉政务的葡萄牙殖民当局很快便终止了这项人力物力投入巨大的活动，幸亏附近一家兵工厂有位慧眼独具的管事人员——戈麦斯先生，洞悉这一项目的开发潜力和利用价值，他毫不犹豫地挑起了园方撂下的担子，经过多年的精心培植，终于打造出一片草木蒇蕤、繁花似锦的异域风情园，否则该项目势必难逃昙花一现的命运。看到东方植物园管理诸多纰漏、设施不尽完善的现状，戈麦斯先生专门招雇了数名中国园丁侍弄茶树，同样取得了巨大的成功。"我（埃布尔博士）造访植物园期间，适逢茶树落花坐籽，满树膏泽丰润的叶子被一片片捋下来，辗转数道工序变成芳香馥郁的制品茶。从中国移植过来的树长势都很好，其中不少属于名贵树种，如乌桕树、木蜡树等，包括枝叶俊逸、灼灼其华的山茶花。"亨利·依里斯勋爵、埃布尔博士访问巴西之前，布鲁斯先生即在阿萨姆邦发现过野生茶树的踪迹。这位先生从下阿萨姆邦的斋浦尔到该邦的首府第斯普尔，沿着布拉马普特拉河一路寻奇览胜，在连绵不绝的密林深处，看到莽莽苍苍、冠盖如云的大树之下，丝丝缕缕的阳光照亮茶树浓绿欲滴的叶子。在中国茶农的悉心指导下，这位拓荒者开辟了自己的茶园，并在英国设立公司推广自产的茶叶。阿萨姆邦茶色正质纯，与中国产红茶——本土所谓的"大茶"——相较不遑多让。

作为日常饮品，"茶是中国人居家生活必备之物，大城小镇，茶肆林立。"针对中华民族的茶文化，米怜神父曾做过这样的描述，"茶肆是中国街头一道独特的景观：临街一间铺面，当庭摆张桌子，桌上是一只大茶壶，里面装满了泡好的茶水；茶壶周边挨挨挤挤放着一圈儿茶杯，路过的客人三三两两走进来，端起主人奉上的香茗，或一饮而尽，或浅尝慢饮。雨水泡茶清澈甘冽，因而在中国的茶文化中备受推崇。会过日子的人家都会在自家的庭院里摆一口大缸，用于承接'天雨'。中国人不喜浓茶，惯常以喝红茶为主，且茶中不加任何佐料，如牛奶、糖，等等。"中国人有庭前屋后种植茶树的传习，"茶园"分布之广，堪与大英帝国家庭必配之设施——花园相媲美。

正在装载茶叶的货船

茶叶转运码头

流过的汗水会干涸蒸发，

但劳动的成果不会磨灭。

——《辛白林》

　　福建境内"九曲河"的一条支流上有茶叶集散中心，一带江山、无限风光，运往广州等各大商埠的茶叶在这里装船，自古以来就是物阜民丰之地。这里是中国气候条件最好、最重要的产茶区，产量之大、品质之高，在整个大清帝国首屈一指。欧洲经销商对这一区域生产的茶叶也是青眼有加：亲临现场验货，务求货真价实，以企占领欧洲市场的制高点。

　　前篇文章我们曾就茶树的植物学特征做过简略的介绍，本节重点介绍茶树的栽培技术，并对茶叶的生产加工流程做一分剖。

　　茶树是多年生木本植物，种子繁殖、四季常绿。茶农掘坑播种，每个坑里一般都会多撒几粒种子：经验告诉他们，茶籽的发芽率并不可靠，只有广种才能保证收成。幼嫩的茶苗需要精心呵护，病虫害、大雨大风都有可能造成不可挽回的损失；此外防旱也是茶树早期养育必须做足的功课之一：远离河流的茶园都辟有灌渠，引来的河水在沟壑畦垄间穿行，滋润着每一株破土而出的秧苗。茶叶，顾名思义就是茶树的叶子；为了使茶树早日长出繁枝密叶，茶农可谓是心血耗尽、手段用尽。茶树在生长发育的头三年内或株高未达四英尺前，茶农不会揪哪怕一片叶子——保证植株良好的长势；超过这一约定俗成的涵养期，正式采摘方告开始。茶叶以嫩为贵，但采撷也须不违农时，过早会影响植物的光合作用，导致茶树枯萎甚至死亡。茶树初发的叶子蒙有一层细细的绒毛，适合制作香红茶（白毫茶）；假以时日，绒毛会自然脱落，长大的叶片成了加工普通红茶的原料。一树所产，早摘的茶叶叫"小种"，随之依时序和品质的高低依次加注为"焙茶"、"工夫茶"；等而下之，捡拾的散叶茶品相不好口感最差，悉被冠以"福建红茶"之名。

　　中国人采用垄作技术栽培茶树，清除杂草的通道也有助于隔离病虫害。垄内茶树的株距约略五英尺，株高也控制在一定的范围内，方便茶农采摘叶片。茶树的树龄也有严格的限制，达到八年即树老叶涩、不堪大用，所以会连根刨走并补种新株。茶花白色，外观与月季花相似；蒴果呈圆球形，内含白色花籽一至三粒。茶叶的头茬采摘期在每年的3月，"摘头茶"对中国的茶农来说是一件大事：采摘者事先往往"斋戒沐浴"旬月之久，达到"吐气如兰"的地步；此外田间作业时还要戴经过特殊处理的皮手套，防止发肤的浊气污染新茶。采茶的过程也是极为慎重，仿佛举行神圣的仪式：必须是单片叶子分开来摘，大把揪捋是绝对禁止的。严格的操作规范导致工作效率低下，熟练工日均采茶量一般不超过十二磅。4月是采茶的第二季，此季的茶叶已不似头茬鲜嫩，采摘自然粗放了许多，制作工艺、销售价格也与头茬不能同日而语；不过如有大片品相与前作物差堪仿佛的好茶叶，茶农依然会慎重其事地对待，悉心料理后以假乱真，充当头茬精品茶出售。五六月乃至兹后数月间照样有茶可采，不过此期春尽时光老，茶叶的质量已是每况愈下。采茶的档期不同、茶叶的外观、口感大相径庭：头茬叶小色正、香气馥郁，叶片中几乎看不到脉络；二茬的色泽绿中发暗，后续采摘的颜色更深、质地也更加粗糙。除了时令之外，茶园经营的年代以及树龄的长短、水土气候条件、茶农的栽培技术等，均是影响茶叶质量的重要因素。

　　中国茶农采茶的器具是竹筛，一种又大又浅、竹篾片编制的容器。新摘的茶叶先露天曝晒数日，风干到一定程度后再运送至烘焙作坊，由茶农本人或作坊的工人作进一步的加工处理。作坊靠墙的位置生有一排火炉，炉上安放烤板；当烤板加热到投放上去的茶叶"嗞嗞"发响的程度时，下一道工序即告准备就绪。此时茶农会将适量的鲜茶叶摊放到烤板上并用毛刷不断地翻炒，以叶片打卷为度，保证茶叶加热均匀，防止火候把握不当损害茶叶的品质，然后摊放到铺有纸张、布料等柔滑衬垫的桌子上。此时茶工将分为两拨：一拨人揉搓制品茶，另一拨人各擎大扇一把奋力扇风，其作用是冷却定型、加快流程。此道工序可能重复不止一次，直到茶叶的品相入得了验收人员的法眼为止。二茬、三茬的茶叶脉络粗粝、回味苦涩，一般采用先蒸后焙的方式改善口感。经验老到的茶艺工人往往能化腐朽为神奇，将一堆残枝败叶加工成色香味俱佳的上品。炮制好的茶叶还要在库房内存放数月时间，"定性"之后再经低温熏蒸，方可正式投入市场。

中国的茶农和茶叶加工商走的是完全不同的路线：前者严格筛选、剔除杂类，确保每种茶叶的纯度保持在可接受的范围内；而加工商反其道而行之：鱼目混珠、以次充好，通过在质优价高的上品茶叶中杂拌劣质产品，追求利润最大化。这些中间商坐收或上门收购茶农辛劳终日创造的劳动成果，分包、碾压成型后，运送至钱塘江等处的港口，然后装船直发广州、澳门的货栈，待价而沽。

田间插秧的苏州府农民

田间插秧的苏州府农民

快快苏醒，采纳我的妙方，

让你的生命得到延续。

你的鲜血已耗尽，你的胃已成空囊——

除非有丰盛的食物，让生命力重新攒聚。

快快苏醒，且吃下我为你准备的米饭，

起死人而肌白骨的奇迹，就在眼前上演。

——贺拉斯

　　水稻是一种普通的禾本科植物，因其适合在水乡泽国生长且产量奇高，造就了建立在农耕基础之上、人口繁庶、文化发达的东方文明。如果没有水稻，中国、印度大片区域将失去开发利用的价值，变成不适合人类居住的蛮荒之地。粮食作物从野生到人工培育的开发进程，标志着古代社会从茹毛饮血的蒙昧时代转化为以民族的形成、国家的建立为标志的文明形态。水稻在引入埃及、希腊之前即已广为人知，普林尼[①]、迪奥科里斯[②]、泰奥弗拉斯托斯[③]均称其原产地在遥远的印度。水稻在古代博物学家的著述中虽屡有提及，但在当时的地中海沿岸国家并没有获得大面积种植。经过三个世纪的引进推广，水稻在欧洲热带亚热带地区的普及程度已不亚于温带由南及北广泛分布的小麦、燕麦、黑麦。水稻种植业不仅风靡欧洲，也是美国，特别是北卡罗来纳州广大农村地区的支柱产业和最大宗的出口产品经营项目，产量之高、创收潜力之大，一时无出其右；而其最初引进的时间——1697年，也成为彪炳美国史册的标志性符号，国人无不铭记在心。

　　水稻生长的水土条件和易于进行田间管理的特征，表明这种作物是上帝播撒在这个世界上每一个温暖的角落、对人类的繁衍生息提供最可靠保障的特殊礼物。除中国和印度之外，水稻遍植于马来人居住区及周边的大小岛屿；日

---

① 盖乌斯·普林尼·塞孔杜斯（Gaius Plinius Secundus, 23—79），古罗马博物学家，著有《自然史》一书。

② 迪奥科里斯（Pedanius Dioscorides, 约40—90），古希腊医学家，著有药学专著《药物论》5卷。

③ 泰奥弗拉斯托斯（Theophrastus, 约前372—约前287），古希腊哲学家、科学家、亚里士多德的首席大弟子。

本、新加坡、巴达维亚等国家地区同样尽得水稻之利：同样的播种面积，这种作物一年两熟，收成是小麦的六倍。即便纬度较高的德国南部地区，经过长期繁育已经适应当地气候条件的稻谷成熟情况良好，在欧洲掀起一股引进外来物种、变革传统农业的舆论热潮。不过由于生长期短且气温偏低，印度原种无法长到籽实饱满的程度；即便在意大利、西班牙等欧洲国家长势良好的稻子，移植到德国也有无法完全成熟的情况。英国做过移植印度稻的实验，在江流潺潺的泰晤士河两岸大获成功。

东方人认为大米是最好的食材，他们对稻谷的重视程度，远远超过其他粮食作物。餐餐不离一个"饭"（大米蒸煮而成的食物）字，使用"饭"字组成的复合词大行其道，这是中华文化的一大特色：早晨吃的叫"早饭"、中午吃的叫"午饭"、晚上吃的叫"晚饭"。据称大米的有效成分不及小麦丰富，且因麸质含量过低不宜加工制作面包，但其易于消化、营养价值完全可以满足人类正常发育的需要、经厨师一双巧手可加工制作成各色食品的特点，足以令其跻身最佳食材的行列。此外稻谷一年几熟、产量较高，故此市场供应充足、价格浮动幅度不大，加之实验证明四分之一磅大米可熬制一磅干饭，增重可观，对于家徒四壁的穷苦人来说，聊以果腹，稻米实为不二之选。

稻谷作为食材，在维持人类的生存发展方面发挥了举足轻重的作用，但其功用远不止此。心思灵巧的中国人将稻花与热水混到一起研磨成糊状物，以此为原料加工制作的飞禽走兽、爬虫游鱼，以及各种人物模型、类似珠串的玩具饰品等，无不惟妙惟肖、栩栩如生；欧洲棉纺织厂普遍使用米浆浸润经纱；居住在马拉巴尔海岸上的果阿邦、巴达维亚群岛原住民使用椰汁和大米混合酿制的含酒精饮料"阿拉克"，入口醇香、回味绵长。东方人酗酒的恶习由来已久。远在欧洲势力东扩的先驱——荷兰人、葡萄牙人踏足印度等国之前，曲酒一类饮料便是中国市井街头大肆售卖的寻常之物，故此不能将东方人热衷沽酒买醉导致道德沦丧的责任，悉数归咎于西方国家的不良影响。

酒能乱性，但其直接危害不限于迷醉。中国的部分省区流行红眼病，当地人认为这是酗酒的结果。不过此说的真实性有待查考：印度次大陆数百万人口均以稻米为主食，却也没有出现一例红眼病人。在哈里发统治时代之前的古埃及，种植区域仅限远东一地的水稻尚未引进，红眼病的流行程度却大大超出今日之中国。中国红眼病多发与国民的生活习惯有关：焚香计时、无节制抽烟、堆放在门口的垃圾不时散发出有害气体，致使低矮狭小的居所内空气污染严重，加上经常用温水洗脸，对眼球的伤害可想而知。

在人口密集的中国南方地区，有限的耕地被条块分割，人均占有量少得可怜。故此水稻产量虽高，但入不敷出、数米而炊的情况屡有发生。一旦遇到灾荒之年，穷人的日子更不好过。早苗期干旱、成熟期积雨都有可能导致颗粒无收，鸟害蝗灾也会引起大面积减产——中国是自然灾害频发的国家，国民蝇营狗苟、辛劳终日，温饱尚不能求。中国北方多种小麦、糜谷一类粮食作物，田间作物的多样化分布，大大降低了病虫害集中暴发的概率。欧洲人对大清帝国的农业生产现状极其关切，马铃薯等高产稳产粮食、蔬菜品种渐次引进成功，在缓解这个国家的粮食危机方面发挥了举足轻重的作用。大清朝廷对关乎国计民生的粮食安全问题向来十分重视，在全国各地建立了库容量大有可观的官仓。大清粮仓的主要功能是国家储备，但在缓冲市场供应、稳定粮价方面表现更为出色：通过实施平年托市购入、灾年压价抛售等有效措施，在保障市场供应这一原则基础之上，严格防范"谷贱伤农"和粮食过度投机滋生的社会乱象。国家赈灾、地主济民，作为封建宗法制社会共有的施政特色，朝廷干预粮食供应的行为古已有之。但中国的人口自然增长率过高、家庭膨胀过快，有限的社会资源无以满足日见扩大的需求缺口，而中国官场又贪腐盛行，少数从不以天下苍生为念的满族达官贵人又一手遮天，极尽欺上瞒下中饱私囊之能事，致使皇恩不泽四海、饿殍枕藉。

田间插秧

农夫插秧

勤勉的农民开凿出一段浅浅的沟渠，
清亮的泉水奔向草木葳蕤的花园。

宛若晶莹的珠玉溅落山坡，
声声脆响如天籁之音，往复回旋。

看那涓涓细流横过广袤的原野，
在农人的眼前散作薄雾轻烟。

——荷马

　　由于人口众多、家庭土地占用量偏少，中国的稻田被分解成支离破碎的条块，各地段间隔以高不足两英尺的田垄。大清帝国的农业耕作技术也相当原始，三角形铁铧、犁辕、扶手构成犁具的全部；旁置松土板等有助于提高耕作效率的简单装置，中国人根本想象不到。中国稻农役使水牛平整稻田：在牛颈部位套上挽具，牵引钉满木齿的排耙（一般配备三组耙板）在泥浆中转悠，削高填低、碾碎泥块，直到整块地片适合下种为止。稻种播撒之前都要浸泡一段时间，在杀死寄生虫的同时，加快生根发芽的速度。大米的品质随农民的侍作方式及产地气候条件的不同而出现明显的差异，但从植物分类学的角度看属于同一种植物：交趾支那、喜马拉雅山地所产俗称"干米"，但干米只能在湿地中生长发育，丰沛的降雨是保证产量的必要条件。生生不息的沃土、代代相传的农耕文化，成就了中国人民的智慧。中国的灌溉网四通八达，中华民族对稻谷生长习性的了解以及出神入化的栽培技术，更是令人叹为观止。水稻播种与浇灌同步进行，密密匝匝的秧苗数日间便可穿透泥土、探出水面，下一道工序便是移栽：将团团簇簇的稻秧连根拔起，经过打尖、分离处理后移植到闲置的稻田。插秧是一项手工活，训练有素的稻农一分钟内可完成二十五苗稻秧的扦插任务——其间还包括在不具备犁耕条件的情况下，用尖嘴锄刨坑，一坑一秧、纹丝不乱。水稻生长期需要进行严密管理，间苗、清除杂草，防治病虫害——农事烦冗，农民们过着蝇营狗苟的生活，难得一日之闲暇。

　　如本书所述，中国的稻田阡陌纵横、多被分割成许多小块，不过凸起的田块间有进出水道相互连接，并不妨碍日常灌溉。利用天然溪流灌溉的情况也有，不过多数灌渠为稻农人工开掘。翻车是中国人普遍采用的简易灌溉工具：

多块木板连接成一个整体，两两相对、底部闭合、顺着灌渠依次排开形成提灌系统。翻车实现汲水功能，借助的是脚踏驱动的方式，完成一小块稻田的灌溉任务消耗的精力有多大，可想而知。

现存于世的一份描绘灌溉农田情景的素描，完美再现了中国稻农的辛劳之状：潺潺流淌的小溪之上，相对而立的两个人用绳索牵挽一只装满溪水的大桶，提升到一定高度后协同发力、倾入旁边的水坝或者灌渠。还有一种提灌设施使用的是杠杆原理：水边竖一根顶端连有转动装置的木桩，上挑一端绑桶、另一端搭手的横木；横木的支点位于非等分处，动力臂长、阻力臂短，无须过度着力即可提起装满水的大桶，适合单人操作。中国农学著作中对水利灌溉设施的描述极其详细——"提水浇田，嘉禾乃长"。大型提灌装置水车是中国人的发明，很早以前即已广泛应用于中国的农业生产领域，后传入埃及、叙利亚、波斯诸地。无知的欧洲人妄自穿凿，将开发此项技术的荣誉桂冠戴到波斯人头上——事实上，波斯不仅没有发明水车，即便简单的引进利用，也是忝居亚洲各大民族之尾。

水稻是一年生草本植物，只要得到及时有效的灌溉，禾苗即能苗壮成长。稻茎分节，外观呈圆形，高度可达一至六英尺；稻叶宽大结实，基部是脉络分明的叶鞘、末端收束成尖状；稻花外覆包膜，花形与燕麦相似，美观大方。成熟的稻种细长发白，外观随品种的不同而略有差异。庄稼进入成熟期以后，各处灌渠均将被填埋、封闭，再没有活水流入的稻田日渐干涸，原本如盘中美玉一般的稻谷也开始变黄变干，在轻扬的微风里垂下籽实离离的稻穗。稻农们甩开膀子开镰收割，将齐头刈落的秸秆打成捆、再用竹竿做的扁担——在中国可谓司空见惯的搬运工具——挑回打谷场。木板的边角、木盆的口沿，都是现成的脱粒利器。大户人家有专门的打谷工具：连枷，此物传入英国后风靡一时，成为大小农场配备的标准家具之一。不过后来配合社会发展的必然趋势，大不列颠诸岛对连枷的形制做了一些改良，原来那种跟皮鞭差堪仿佛的直连平动式拍击工具，变成了执杆与旋转式拍片（连枷头）组合而成的两段式器械，连枷头旋转时产生的扭矩在增强打击威力的同时，连动装置还能起到减震作用，用起来也更加得心应手。

褪糠之前的稻种叫"谷"，褪糠后叫"米"。稻糠是种子的保护套，不可食用、不易剥离，无论中国人还是农业科技更加发达的民族，如何在保持稻谷可食用部分完整无缺的前提条件下脱糠，向来都是一项非常棘手的任务。埃及、中国普遍使用的舂米工具都是一种类似于臼杵的装置，区别在于驱动的方式：前者依靠牛拉、后者借助水力。中国的水力舂米器械有个专用名称——水碓。水碓的动力机械是一个大的立式水轮，装有与轮平面垂直的横轴（转轴）。转轴上装有一排间距在两英尺左右的拨板，其作用是拨动碓杆、将转轴的圆周运动转化为舂米碓的上下运动。水碓工作利用的是杠杆原理：与转轴平行的支撑墙（杠杆的支点）上安装正交碓架，碓架的一端与拨板相对，另一端装有中空的木杵，悬于硕大的石臼或者铁寡之上。流水冲击水轮叶片驱动转轴，拨板在一个转动周期内完成对碓架的下压、释放操作，位于支点另一端的木杵相应地产生抬升、坠落动作，鼓捣寡臼内的稻谷达到蜕糠的目的。1826年，梅尔维尔·威尔逊先生申请了一项水稻脱粒水力机械的发明专利。这项专利除各部件制作精良、将欧洲先进的工艺水平发挥得淋漓尽致之外，工作原理与中国的水碓如出一辙。

每年的6月或7月是水稻成熟的时节，农民一边抢收一边将稻茬刨出来，堆放在田间地头点火焚烧。这是为第二季水稻种植做准备：稻秸燃烧后生成的灰烬撒到地里，便是上好的有机肥料。二茬稻10月或者11月成熟，收割、打碾、加工流程与头茬完全一样，但留在地里的稻茬却另有安排：稻农直接犁耕稻田，将稻秸杂草等一概翻埋到地下，任其在冬季漫长的休闲期腐烂、分解，静待来年开犁。我们无福消受中国的稻米，但大量涌入的美国同类产品足以弥补这方面的缺憾。长期以来，北卡罗来纳精制大米一家独大、垄断国内市场，不过号称"世界工厂"的英国偏好带壳原稻，这样就可以充分发挥自身技术优势，自行加工生产，赚取附加利润。故此我们将目光投向世界的东方，转而进口孟加拉原稻，国产舂米设备终于派上了用场。

宁波棉田

宁波的万顷棉田

提篮扶篓采摘棉花，
一地洁白恍若植物的毛发。
梳而成丝，纺而为线，
银色的纤维温暖万家。

——达尔文

  宁波不仅以地理位置优越、风光秀丽如画著称，这里还曾担当大清帝国对外贸易窗口的重任，商旅云集、舟楫往还，到处是一派欣欣向荣的景象。大清朝廷奉行闭关锁国政策，公然违背滔滔民意封锁甬江水道，断绝"化外之民"进入"天朝上国"的最后一线希望。但一纸协定确立了英国在这个东方国度的地位：悬挂英国米字旗的船只，在宁波水域畅行。

  地缘优势明显、生产经验丰富知识储备充足、长期浸淫于域外文化、对外国产品及外国人的生产经营方式了如指掌，即便在物产丰饶的浙江省仍以繁华富庶著称于世的宁波，棉花产业的发展水平之高、势头之好，广大内地难望项背。中国是棉纺织业传统大国，有据可考的棉花栽培加工史不下三千年；作为中国的南方邻国，印度开发利用棉花的历史想必不短。棉花的原产地是印度次大陆，后经全人类的摇篮——古波斯传入亚洲各国；棉花纤维纺织的布匹因其质地轻软、保暖效果出色风靡印度，恰如古埃及流行麻布一样。《圣经·出埃及记》中有一情节述及亚伦父子所穿的衣服用"棉布"织成，用料与埃及人常穿的"精美麻布"大相径庭。希罗多德明确表示，埃及人制作木乃伊，缠裹干尸常用的材料就是"棉布"。他说："上尼罗河阿拉伯半岛附近的埃及地区长有一种叫作'棉花'或'木棉'的灌木，树身不高，所结果实类似欧洲榛树，纤维含量非常之高。用这种纤维加工而成的布料叫'棉布'，又白又软，是制作衣物的上乘之选；特别是埃及僧侣所穿的长袍，布料之美观，无与伦比。"这位学养俱佳卓有建树的博物学家声称，亚述女王塞米拉米斯是纺织工艺的发明者，古希腊、罗马作家一致推举古巴比伦的阿拉喀涅为纺织业的发祥地。

  以上种种说法，无论有没有可靠的证据支撑，都能说明一个问题：棉花的开发利用几乎与人类社会发展进步的历史一样悠久。事实上，散布在地球各个角落、半开化半野蛮的部族，在没有证据表明与东方文明古国有任何联系的情况下，棉花的开发利用程度并不低。克拉维赫罗[①]宣称，当初西班牙征服墨西哥时，发现那里的土著纺织技艺精湛，他们制作的大块布料描花绣鸟、精美绝伦。见多识广的旅行家蒙戈·帕克在他的游记中写道："非洲内地生番不仅知道棉花的妙用，纺织、染色无一不精。"

据称中国人很早以前就知道棉花这种植物的存在，并且对其实用价值有深刻完整的认识。不过囿于民族偏见，特别是对北方鞑靼游牧民族的强烈排斥，他们并没有将相关知识应用于生产生活实际，棉花的开发利用接近于无。情形与中国类似的国家和民族，全世界还有不少。直至公元前3世纪，中国典籍中还没有出现关于棉花的片言只字；汉朝前后始有记载，不过大多属于猎奇文字，可见棉花的栽培并不普遍，至少没有形成气候。中国史册首提棉织品是在公元502年，当时的中国南朝齐国皇帝——齐和帝曾着棉布龙袍，史官对当时尚属新奇之物的棉衣做了详尽的描述。从那个年代起直到公元11世纪，有关棉花的记录散见于文人墨客的诗咏，不过不是以御寒之物的面目出现，而是作为景观植物养于官宦人家的花园。其后木棉传入中国，棉花产业始有起色，不过只是小范围种植，覆盖区域不广。直到成吉思汗灭宋建立第一个异族政权之后，大元皇帝革故鼎新、置汉人的民族偏见于不顾，大力推广棉花栽培，棉纺织业这才取得长足进步。元朝之后的明朝沿袭旧制，棉花作为重要农作物的地位，这才正式确定了下来。

从元明时代起直到今天，中国的棉花产业蓬勃发展，很快占领了纺织品市场的大半壁江山。棉花易于栽培，再干旱贫瘠的土地，只要得到合理灌溉就能结出累累棉球。不过从下种到收割，棉花的田间管理工作并不简单：播种前犁地三遍；施肥不能过少；下种后株行间要挖一道浅壕，便于通气蓄水；株高达到十二英寸后，就得打尖修剪、促进分蘖、提高单株坐果率。棉花种类繁多，

---

① 弗朗西斯科·哈维尔·克拉维赫罗（Francisco Javier Clavijero，1731—1787），墨西哥耶稣会教师、著名学者、历史学家。

仅迪坎德尔列明的就有十三种；不过除了学有所专的植物学家，普通读者对棉花的谱系肯定不感兴趣。商人也对棉花进行了分类：黑籽棉和绿籽棉；前者蕾软壳薄，稍碾即碎，使用双辊挤压的方式，单人操作即可完成剖壳的工作；后者棉壳坚硬，没有圆锯一类的机械装置，根本无法撕裂剥离。中国广泛种植的棉花也有两个品种：一种纤维粗粝，颜色纯白；另一种花丝纤柔、色泽泛黄，品质明显优于一般的棉花，主产地在江南省，驰誉世界的"南京布"就是用这种材料织成的。"金丝绵"的秘密曝光之后，一度广受世人追捧，争相引进的国家和地区繁如过江之鲫。不过除非洲的好望角一地移植成功之外，其余地区的实验最后均无果而终。一隅之地种犹未种，"金丝绵"的推广热潮很快便告消退。

中国不是棉花的故乡，棉纺织技术也非中国首创；采用类似蜕壳、除籽、纤维梳理工艺对棉花进行加工处理的国家民族，世界各地不乏其例。印度人使用棉籽分离装置的历史相当漫长，几乎贯穿这个文明古国的发展全程；而弹棉花的专用器具——长弓也源自印度，引入英国后曾风靡一时，成为帽匠精梳羊毛、擀制呢绒的利器。

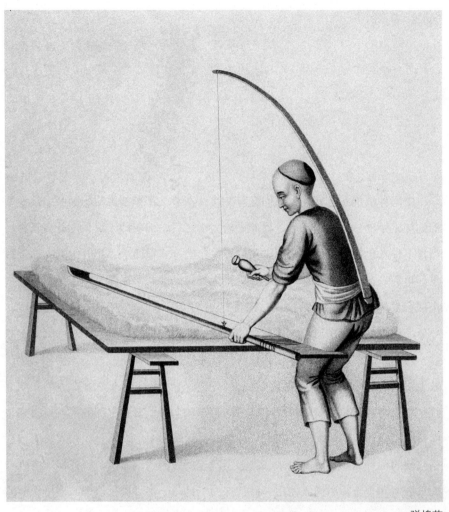

弹棉花

清棉

田田棉叶摇曳风雨，

棉花泽惠普及大地。

芸芸众生赖此谋生，

男女老少尽享其利。

中国种植棉花之盛况，我们已有交代；本节文字拟加说明的版画，涉及原棉的加工处理——梳棉工序。棉球采摘完毕之后，棉农即于数日内开播新种，当日下种者也屡见不鲜。中国农民播种棉花的方式很简单：耙开地皮、撒上种子、再翻一遍土将种子埋入地下。只要土壤的温度、湿度合宜，小小的棉籽很快便会发育成两英尺高的植株。棉花的开花期在每年的8月，花色多为淡黄，部分品种趋红。花季过后，棉花会结出核桃大小的棉铃，外壳爆裂一分为三之后，露出三四团雪白的棉球，外观与蚕茧差堪仿佛。棉花的种子（棉籽）藏于纤毛之内，中国人采用的剥离办法是：准备一台棉籽分离专用机，全木制或铁、木双制式滚轮在脚踏板驱动之下同向滚动，将填塞在上部的棉丝传送到下面；滚轮间预留的缝隙非常狭窄，纤细的棉丝畅通无阻，而直径稍大且质地相当坚硬的棉籽则悉数过滤出来、溅落至就近搁置的收纳盆内。脱籽棉球内含有大量杂质和尘土，中国人使用一种特殊的工具——棉弓进行清理。棉弓外形酷肖兵器长弓，只是尺寸放大了不少，用时弓背搭在肩上、弓弦落于身体的另一侧；用时扛弓人将弓弦置于摊薄的棉团内并拿一截竹制或木制拨子反复拨拉，弓弦的震动足以打散棉球、沉淀杂质，同时保证棉丝毫发无伤。如此清理过的棉花纤维纯净度很高，直接用于纺线或缝制棉衣、棉被等。

中央帝国棉花栽培与加工的历史相当悠久，马可·波罗不止一次提到"南京布"以色彩丰富见长，且均系自然天成的颜色，未经任何人工着色处理。中国一部经典农学著作对棉花培育技术的说明极其翔实，内容涉及到土壤的改良及天气因素对作物生长的影响等各个方面；事实证明，这部书考据严密、所言非谬。"中国人奉行'人尽其才，物尽其用'的处事法则，作为重要经济作物的棉花除提取纺织原料棉纤维之外，棉籽常用于榨油，过滤后的残渣是上好的肥料；厚实坚硬的棉壳完全可以取代柴草，充当造饭御寒的燃料；至于棉叶也大有可用，圈养的牲畜以此为食。上述中国农书的作者声称，'棉花植株的各个部分，从根茎叶花再到果实，无不可用。'"

时至今日，棉纺织业依然是中国的支柱产业之一；不唯中国，大部分东方国家都有棉花栽培加工的悠久历史。不过直至英国资本不断注入，同时引进先进的西方蒸汽纺织器械之后，中国、印度的轻工业发展水平才实现了从手工劳动方式向大工业生产规模化经营的转化。这些农业大国抱残守缺、故步自封，在传统优势领域败于后来居上的西方国家。据称中国"手工棉纺织工艺如此成熟，生产的布匹薄如蝉翼、灿若云锦，完美到不容挑战的地步。"英国棉纺业于上世纪末发轫，短短七十年时间内投资规模不断扩大、产能急剧提高，成为产值仅次于粮食的第二大农业生产部类，产品在满足国内需要的同时行销世界，甚至流入中国、印度市场。

养蚕剥茧

锦衣云裳话蚕桑

看吧！那珠圆玉润的蚕茧，

闪射着多少丰收的希望。

那丝丝缕缕中编结的未来，

岂是绫罗绸缎所能掩藏。

但是蚕农们还在剥丝抽茧、不辞辛劳——

用他们的双手，撕碎小精灵羽化成蝶的梦想。

——C.J.C

地理位置优越、盛产丝绸，古代欧洲人所称的"赛里斯"，即现代的中国，这是学界共识。古代罗马人对这个遥远的东方国度称谓不同，不过他们都认为来自东方的精美丝织品是拜中华民族之赐。事实上，这一说法牵强附会的成分很多。有确凿的证据表明，流入古罗马境内的少量丝绸来自波斯，与赛里斯、赛里卡或者"震旦"几无关系。传闻很久以前，中国朝廷曾派大臣前往古罗马朝拜奥古斯都大帝，声称此举绝无仅有，是专擅妄自尊大的东方帝国有史以来向西方国家主动示好的特例，打破了这个国家长期以来形成的闭关锁国、盲目排外的传统。奥古斯都死后一百年，罗马演说家、史学家、诗人弗罗鲁斯首提中国遣使一事，而奥古斯都时代，罗马帝国朝野上下无人提及如此重大的历史事件，只能说明弗罗鲁斯笔走龙蛇、无中生有。更有甚者，学养渊深的古代史志作者均认为，赛里斯实指与亚欧结合部方域小国斯基提亚相邻的中亚鞑靼国家，与中国相去甚远，中国既未遣使西行罗马、也未与这个地中海文明古国有过贸易往来，古罗马人甚至不知道有这么一个东方大国存在。这些中亚人弓马娴熟，以生产棉织品闻名，养蚕缫丝之类东亚产业，向来不是他们的长项。

如果罗马人的丝绸购自波斯，那么就不能认定中国是其原产地。亚历山大大帝开辟东西方民族大融合的新时代后不久，有一部分犹太人曾移居中国；对此，这些犹太移民后代留存的记录，还有中国官方史志记载可相互印证。之后在中国大行其道的养蚕制丝工艺，难料是否自中亚波斯或邻近国家传入。因为中亚丝织业发展历史悠久，这是史家共识。康熙大帝就曾制诏宣示，汉人以为华夏之外、天下无丝，这是一个巨大的误解。印度北方各邦不仅生产蚕丝，而且他们饲养的桑蚕体型更大、蚕丝也更柔韧结实。古代的西夏、辽国，养蚕业起步就很早。《圣经》中有只言片语提到美轮美奂的丝织品，由此可以推断，所罗门王廷对绫罗绸缎并不陌生；而殉教者游斯丁所着长袍，向来被认定为丝绸制品。徙居中国的犹太人与英国的胡格诺派教徒一样，虽各携一技之长而来，但不注意保留本民族文化，与所在国人民打成一片，久而久之，相互间水乳交融，再也找不到移民的痕迹。不过杭州府境内，犹太移民古风犹存，这里因而成为中国丝绸产业最兴旺发达的地区。这里的犹太人，除专司教职的拉比之外，对希伯来文化几乎一无所知。犹太民族特有的兼容性和适应性，导致古老信仰被周围环境稀释、消解——这一趋势，恰与世界文明发展史上不绝于书的宗教裁判活动背道而驰。这些犹太教高阶教士对《旧约》全书耳熟能详、奉守如仪，但对基督教的后续发展情况却是一头雾水，所知者仅一部《便西拉智训》而已。如果此说成立，这些犹太人当不再被亚历山大大帝掳走的十大部落之列，而是追随远征军的战争移民。亚历山大兵锋到处，便是这些人的卜居之地。这样的推断，也与移民自家修撰的纪事相吻合。

公元6世纪，两名背井离乡的波斯人将数枚蚕卵藏入特制的手杖，连同桑苗一并带到君士坦丁堡，查士丁尼皇帝如获至宝，鼓励他们种桑养蚕、发展丝绸产业。这是蚕这种神奇的昆虫首次被引入欧洲，不过拜占庭未必就是养蚕业的发祥地，他们的蚕种说不定就来自赛里斯古国，或波斯、西夏、大辽国、中原。中国正史推黄帝之后的西陵氏嫘祖为蚕桑之业的始祖，是她亲自栽桑养蚕，教民纺织，甚至在蚕还没有进入寻常百姓家之前，就已经向波斯、腓尼基等中亚国家大量出口蚕丝，推动当地蚕桑文明的兴起，使丝织产业在中亚一带成一时之盛，而她本人也因此博得了"先蚕"的美名。

希腊人认为古代欧洲久负盛名的丝织品"科斯"是一位名叫潘菲利亚的女性的发明创造。据传她曾向科斯一带的乡民传授缫丝技术，在她的指导之下，科斯妇女学会了将产自东方的粗糙蚕茧剥离、加工制作成柔软透明的蚕丝。她们织出来的绢绸薄如蝉翼但质地坚韧，耐用性并未因煮、漂、洗等一系列工艺流程而受到丝毫影响。奥古斯都大帝之前的欧洲，绸缎还是难得一见的奢侈品，只有上流社会的少数贵妇才消费得起，即便说寸帛寸金也不为过。提贝里乌斯·克劳狄乌斯·尼禄当政期间曾发布过一项法律：禁止男人披绸挂锦，穿得像个女人，丢自己的脸；以任性放荡、独断专行著称的埃拉伽巴路斯有一件纯丝绸长袍，此节被当作这位不得人心的皇帝骄奢淫逸的罪证，被载入史册。公元6世纪前后，丝织还是希腊的皇家垄断产业，雅典、科林斯、底比斯、爱琴海上诸岛均辟有生产基地，桑园离离、蚕农处处，手工作坊忙着制丝、纺线、将不成型的蚕茧转化成薄厚不一、款式各异的长袍。丝绸文化经由古希腊传播至威尼斯共和国，勤谨务实、眼光独到的威尼斯人抓住商机，在与西欧国家的贸易活动中赚了个盆满钵溢。

公元1130年前后，西西里王鲁杰罗二世，大名鼎鼎的"诺曼人鲁杰罗伯爵"之子，强行掳走神圣罗马帝国的丝工，在巴勒莫及卡拉布里亚主要城镇建立起自己的丝绸作坊，从此走上繁荣昌盛之路。史载将丝绸文化传播到西班牙的正是鲁杰罗二世；不过此说缺乏权威证据支撑，故有牵强附会之嫌。丝绸业之所以能够在西班牙科尔多瓦、穆尔西亚、格拉纳达诸地兴起，摩尔人功不可没；因为斐迪南王于公元15世纪兼并上述三个地区的时候，发现这里的丝绸业兴旺发达，工艺水平很高，而且产能巨大。

公元1480年，法国军队远征那不勒斯后凯旋，几位贵族军官从当地带回一些桑蚕和桑苗，拿到多菲内进行培育。不过这些法国人养蚕旨在研究自然史，并没有着力推广养殖技术、牟取经济利益的用意。不过少数人闭门造车式的探究实验，客观上促成了养蚕技术的扩散和丝绸产业在法国的滥觞。1521年，法国人大量引进米兰的工匠，开始大范围推广养蚕技术、建立制丝作坊。特劳加特①先生领风气之先，在南部城市尼姆培植的桑园为法国丝绸业的长足发展奠定了基础。据称特劳加特当年种下的第一株桑树留存至今，依然枝叶葱郁、生机勃勃，与几乎同时繁育起来的桑株共同点缀着一地的风景。亨利四世看到桑蚕养殖蕴藏的巨大经济价值，对这项朝阳产业采取了积极扶持的态度，鼓励各地广开桑园、养殖家蚕，短期内将这一产业推向高潮。尽管时运不济、命断政

---

① 弗朗索瓦·勒·特劳加特（François Le Traucat），法国尼姆园艺师，据称在普罗旺斯和朗格多克地区种植桑树400余万株。

争①，他还是在有生之年看到了他倾注大量心血的事业走向成功的那一天。

英国人固然勤劳智慧，但英伦全境气候条件不适宜培植桑树，故此丝绸产业未能植根本土。1455年，英国出现了一支"蚕丝女"的队伍，不过她们的工作仅限于拿现成的蚕丝做些刺绣纺织，从未涉足养蚕、植桑一类的基础性生产劳动。看来，这一产业领域的开发，还有待我们博学有余、心智不足的詹姆士一世站在他的王座前，向全国人民传授高深莫测却又百无一用的采桑心经。英国丝织品市场长期依赖进口，如果不是1685年法国掀起迫害新教徒的狂潮，许多身怀绝技的桑农丝工不得不背井离乡、远投英国寻求庇护，仰人鼻息的日子还会更长。1629年，在詹姆士国王治下筹建的斯皮塔弗德纺织厂，捻丝工必须持有皇家证件方能上岗；而法国人的大量涌入缓解了英国当时面临的用工荒，使这一产业得以延续，并逐渐成为我国重要的工业生产部门之一。

丝绸产品市场需求之强、行业利润之高，实业人士无不垂涎三尺；许多人为了分一杯羹，甚至不惜铤而走险，采用极端手段获取生产设备和技术。英国工业发展史上发生的一件轶事，就值得大书特书。1720年，托马斯·洛姆爵士参观完意大利的蚕丝加工厂，冒着生命危险私下购置了一部缫丝机并偷偷运回英国。这部机器配装两万六千五百多支线锭，由单台水车提供动力，全天可生产三百万码编线。洛姆爵士的缫丝厂建在德文特河里的一座小岛上，他在英国拥有蚕丝加工的生产专利；英国议会为了在全国推广制丝工艺，向他支付了高达一万四千英镑的专利转让费，以此作为对他孤身涉险的报偿和填补英国工业重大空白这一丰功伟绩的奖励。仰赖科技进步和工艺创新，英国采用新的纺织器械，取代笨重复杂的老旧设备，在节约劳动力的同时大幅提高了丝绸的产能和质量，从此一路高歌猛进，风头盖过了欧洲大陆的所有竞争对手，一跃成为全世界丝织业最发达的国家。

---

① 法国国教为天主教，持新教信仰的亨利四世不见容于统治阶级，后遭狂热的天主教徒弗朗索瓦·拉瓦雅克刺杀。

染丝作坊

染丝作坊

丝线在无休无止地延展，

穿越时空、扣人心弦。

飞旋的线团轻吟婉转，

似在弹奏一曲凯歌，如此缠绵。

剥茧除蛹的任务完成之后，蚕农的工作即告一段落，下一道工序便是将收集的原丝发付缫丝厂，煮茧抽丝。养蚕需要付出一定的心血，但一个生产周期历时并不算长；蚕宝宝从破壳而出到结茧化蛹，在法国这一过程总共历时六周左右。时间短、见效快、收益高，养蚕堪称黄金产业。在一个以家庭为基本生产单位的自然经济社会里，没有比植桑养蚕更省心的行当了：微不足道的投资，可预见的收入，相对轻省、弱女子亦可一力承担的劳作，在奉"男耕女织"为持家守业之道的中国，丝绸业长盛不衰是有其内在合理性的。中国家庭不养闲人，小孩子参与生产劳动的现象非常普遍。很多家长直接从农贸市场采购现成的蚕茧，带回家里让年幼的女儿浸煮分剖、加工制作成生丝再行出售，利用价差赚取一点利润，补贴家用。中国有专门的缫丝工厂，产能较高、仓储设施相对完备，可以满足大批量出口的需要。不过中国人排外心理严重，海外市场在他们眼里不值一哂，所以蚕丝销售主要面向国内市场。加之中国与古希腊罗马一样有"重农抑商"的传统，工商业人士的社会地位非常低下，只此一点即为市场的健康发展和现代工业的兴起设置了一道不可逾越的鸿沟。

在国际交流、书信往还、宗教传播势不可挡的今天，只要假以时日，以"天子"自命、视天下人民如草芥的中国皇帝也许会明白，只有合作才能共赢，因此需要放下身段与西方国家建立起平等互利的外交关系；上帝独独赐予东方这片神奇土地上的福祉，也有可能逐步扩散到地球的各个角落。雨露均沾、休戚与共，人类美好的愿景，也许会在不远的将来变成现实。

画中可见一方疏影清浅的池塘，各个按工序排列的操作间依次排列在岸边。染坊的远端是清一色的妇女，负责将自产或收购的蚕茧加工成生丝，技术含量不高、体力消耗不大。捋制好的线团被源源不断地运送到后续工坊，顺次走完清洗、着色、晾晒各道工序，染丝的全部工艺流程即告终结。

中国人以缺乏一丝不苟的工匠精神而广受诟病，这一点在蚕丝的加工处理上表现得淋漓尽致。浸煮蚕茧、漂洗生丝的水因反复使用混浊不堪，或者线辊泥污未除，导致丝线的成色大打折扣，上好的纺织材料就在不经意间被毁得面目全非。脱脂、缠线、除湿，最后搭到竹架上晾晒，过程无懈可击；但生丝吸水性很强，唯利是图的染工经常违反操作规程，不待蚕丝干透便囫囵出售，贪图那约莫10%的注水重量带来的不当收益。在别的国家，买家可以堂而皇之地验货：将生丝取样，置入一只特制的纱布笼内，放到火炉上加热至78华氏度（约等于25.6摄氏度），含水量的大小一目了然；但中国是天朝上邦，中国商人不允许蛮邦生番怀疑他们的诚信，做出如此大不敬的事。

欧洲特别是英国有成熟的质量管控体系，对蚕丝按品质的高低分为透明硬纱、纬纱、散丝三类。透明硬纱紧致绵密，用于纺制上等面料；纬纱也可直接用于织布，不过线质疏松，面料逊于透明硬纱纺织品；散丝是未经梳理、合线的断丝下脚料，使用棉纺织工艺生产的布匹，卖相自不能与上述两种丝织品相比。这些由原产地加工生产的丝线有个专用名称——手工丝，均经人工煮滤脱脂，否则无法着色、触感也非常粗粝，不合穿戴。原丝产地之不同，色泽也略有差异：印度丝外观呈黄色，与中国、西西里、波斯诸地所产颜色相似；法国丝呈白色，不过颜色不及巴勒斯坦产品纯正。中东地区的蚕农用一种色浆漂白蚕丝，但当地流向市场的绝大部分蚕丝保持着美丽的本色，看上去鲜亮发黄，给人赏心悦目之感。

缫丝女工

剥茧缫丝的中国女子

　　有足够的证据表明，中国是丝绸业发端的地方。中国的文人墨客坚称，泱泱中华乃礼仪之邦，朝廷吊民伐罪、奖掖农桑，成就千古文明。种植庄稼的技术，就是天子亲自下田扶犁、向草民传授的；至于植桑养蚕，也是经由皇后本人手把手教导，才得以在中原大地传播开来。以家庭为基本生产单位、男耕女织的小农经济建构模式，就这样演化为一段神奇的传说，寄托了中国人美好的期望。有一部钦定的农学著作，内中对农事活动，从稻谷的播种插秧到收割贮藏、从桑树的栽培到缫丝织锦，解说极其翔实。中国人生性务实，除了朝廷采取重农抑商的基本国策之外，农用机械的发明、水利设施的建造，举凡与提高农业生产力有关的活动，都能得到官府的大力支持；在这个领域内卓有建树的人，生前荣宠有加、死后名垂青史。不过表面文章做得再好，也无助于改善中国的民生状况。

　　中国丝织业发达，工艺水平天下独步。从培植桑树——丝绸业基础原材料生产者丝蚕的食物桑叶的来源——发端，直到蚕破茧化蛾，中国人一路精心呵护，付出了至为艰辛的努力。不过他们的努力没有白费，最后得到的回报也相当丰厚。北纬30度横穿四川、两广、江西、浙江诸省境内桑园、丝绸作坊，但以浙江绿阴森森、风光无限的丘陵河谷地带养殖的桑蚕发育最好，丝品也最为世人推崇，堪称业中翘楚。古代中国人跟蒙昧时代的他国之民一样，绩麻作布，揉毛为氅；衍至汉文帝一朝，丝绸业大起，以蚕丝为原料制作的绫罗绸缎便成为上层人士的标准着装。浙江及其毗临的江南省部分地区生产的蚕丝质量上乘，广州市价为其余地区同类产品的两倍；注重品质的英国纺织厂商趋之若鹜，宁愿付出超额的采办成本，也不愿拿印度、土耳其、意大利诸国所产取而代之。

　　蚕以桑叶为食，桑叶以鲜嫩为贵。为了采摘足量的鲜嫩桑叶，中国蚕农在桑树的栽培上做足了文章：修剪老枝、催生新芽，以牺牲桑树开花结果的机会为代价，保证萌生的桑叶细软适口、营养丰富。桑属植物有很多品种，饲养桑蚕的树种是黑桑和白桑，其中白桑为中国原产，黑桑出自意大利（英国境内也有分布）；不过作为东西方连接纽带的波斯地区，黑桑、白桑均有繁育。美洲是红桑的故乡，该树种以木质坚硬著称，因而被广泛应用于造船业，是制作龙骨的主要原材料。桑树的繁殖有播种、嫁接、扦插多种方式，种子繁殖更符合自然法则，也更有利于传递开花结果优势基因。

　　中国人开发的桑园，土壤的肥育和保墒工作做得非常到位。除采用梅花型栽培法、桑株间遍留沟垄外，株下还覆盖约略一英尺厚的塘泥、草木灰等肥料。株行间的浅壕既可用于排水防涝，又可间种粮食作物如水稻、玉米、豆类，可谓地尽其利、物尽其用。中国桑农防治病害的手段花样翻新，技术上也非常成熟。桑树枝干纤细，负重能力较差，农民喷洒防虫药剂、采摘桑叶多使用人字梯，以免造成不必要的损伤。叶是草木维持生命活动不可或缺的器官，其重要性不亚于动物身上的肺，采摘桑叶破坏桑树的生长发育，由此可见一斑。针对这一问题，中国桑农采取了"整枝除蘖"一类补救措施，确保用最少的桑枝供养最好的桑叶。失去养护价值的老病桑树，桑农会及时清除，移栽专门培育的桑苗。

　　家蚕生物学上属于昆虫纲，鳞翅目，大蚕蛾科，是中国土生土长的动物。从针头大小的蚕卵孵化出来的幼虫体色较深，经三四次蜕皮（具体次数视品种而定）即可发育成白色带蓝色或黄色斑纹的幼虫成体。桑蚕幼虫从孵化到长成，这个过程总共历时三十天左右；使这种普通的昆虫名播天下、在自然与人类社会发展史上留下浓墨重彩之笔的蚕丝，就是这一阶段的杰作。长成之后的第一天，桑蚕即放弃进食、停止一切活动，并从鼻腔内的两道孔隙中喷射出黏稠的液体，吸附于天然存在或桑农提供的固着物上；第二天，蚕丝会源源不断地从桑蚕的鼻隙中喷射出来，初为黏液、遇到空气后迅速凝结成丝，抟成一团椭圆形的线球——蚕茧，其主要功能是防范天敌的袭扰、保温除湿抵御恶劣的天气；第三天，蚕茧完全闭合，桑蚕幼虫蛰伏其中，进入下一发育阶段。

十天后，家蚕幼虫的生命周期结束，化身为蛹，不食不动蜷缩于蚕茧之内，静待羽化成蛾的那一天。卵、幼虫、蛹、成虫是昆虫类动物共同经历的四态变化，化蛹为蛾的家蚕触角、胸足齐备，背负美丽的翅膀破茧而出，披一身天光云影，翻飞于花木之荫[①]。某些地区的蚕桑文化有保障家蚕自然发育不受外界干扰的传统，禁止人为破坏蚕茧、伤害蚕蛹，直待这些小精灵蜕变为蚕蛾后，再将雌雄两体配对，摆放到柔软的布料或其他合适的媒介之上，交配产卵。蚕卵外敷胶质层，极易粘附于物体表面；不过使用冷水浸泡的方法可清除胶层，晾干后稍加拂拭便脱离原附着面。

家蚕的致命威胁来自噪声和寒冷。突如其来的吼叫或大笑、犬吠之声，会让旋转在声源附近的蚕卵整罗筐死亡；一声炸雷，更会使保护措施不当的蚕卵大范围灭绝。故此蚕农构筑蚕卵孵化棚，都会选择人迹罕至的偏远场所，以防外人贸然闯入，造成无法挽回的损失。环境温度的控制也是蚕卵孵化的关键难题，欧洲大部地区并不具备适宜的温度条件。孵蚕的最佳温度是华氏55度（约等于12.8摄氏度）；随着气温的增高，孵化周期会相应的缩短。家蚕幼虫破壳而出的时间过早，将会面临桑叶未发、无物可食的困境，存活率将大打折扣。中国养蚕的省份10月、11月间早晚气温维持在55华氏度左右，正午时分升至65度（约合18.3摄氏度），天高气爽、清露凝香，正是蚕卵自然孵化的好时节。事实上，中国广大南方地区的年最高气温很少超过85华氏度（约合29.4摄氏度）；在此环境条件下，桑蚕无须采取任何降温措施，完全可以露天养殖。幼虫孵化时间与桑树抽枝发叶保持同步，得天独厚的自然地理条件造就了中国丝绸业的兴旺发达。

美国人在培育本土丝绸工业方面投注了大量心力，发展势头也相当迅猛，桑园、丝织工厂恰如雨后春笋一般，在美国各州纷纷涌现。鲁桑——美国人普遍种植的饲蚕树种——在美国绝大部分州长势良好，其中十二个州原丝产量居

---

① 蚕蛾腹足退化且鳞翅较小不足负重，已丧失飞行能力，原文描述不尽准确。

高不下，桑园主借美国政府大力扶持之契机，个个赚得盆满钵溢。1842年，仅马萨诸塞、康涅狄格、纽约、宾夕法尼亚、田纳西、俄亥俄六州，蚕丝产量即达三万磅。美国发展丝绸业的地理条件不输中国，从南部边界起至北纬44度止，美国南部广大地区的气候特别适合植桑养蚕。家蚕养殖业的巨大成功催生了完整的经济产业链，美国生丝加工业、纺织业、制衣业依托强大的原材料供应能力，短期内即在全国各地形成规模，相关发明创造充斥大都会展厅，备案的专利也不输中国、欧洲等起步更早的国家地区。美国的丝制品需求一直居高不下，年进口额超过两千万美元，而法兰西、普鲁士两国的年产量折合美元分别为两千五百万元、四百五十万元。经济学家估算，如果每一百位美国人中有一位从事养蚕业且年产生丝以一百磅计，则美国仅生丝单类产品的年出口额即达棉花海外销售收入的两倍、烟草的九倍。拥有四百万人口的威尼斯和伦巴第大区年产生丝六百万磅，结合美国的人口基数，上述匡算数据断非一般的主观臆断可比，具有极强的说服力。不过产量是可控因素，产值却只能由市场决定。如果美国丝绸生产能力强大到足可将威尼斯打落尘埃的那一步时，只恐蚕丝的身价将降到萝卜白菜的层次。抛开价值规律侈谈经济，不啻痴人说梦。

印度蛾类动物资源丰富，与家蚕生活习性相近的昆虫也不乏其类。不过大自然的厚偿带给人类的往往不是丰饶而是怠惰，本来塞道盈途的蛾子，印度人从来不认为有精心饲养的必要。以菩提树叶为食的斑蛾，在阿萨姆邦一带地区分布极广；而拥有多个亚种的天蚕寄生于白果树叶间，是目前已被发现的蛾类昆虫中体型最为庞大的一种，翼展可达数英寸。天蚕茧大如鸡蛋，旁遮普、加尔各答等地市场上多有出售。印度有饲养以蓖麻叶为食的透翅蛾的传统，其余大天蚕一类飞蛾则尽为阿萨姆人所弃。

蛛丝质地柔韧、色泽鲜亮，波恩先生曾向英国皇家纺织学会、巴黎科学院展示使用这种原料编织的手套。可惜人类对蜘蛛的偏见根深蒂固，穿戴用蛛网制作的服饰，首先需要克服心理障碍；其次，蜘蛛是张网捕食的动物，不便集中养殖；如果没有足够的苍蝇填满这种自然界最丑陋的动物那贪食无厌的大肚子，自相残杀的悲剧便会日日上演。

编织袜子的中国妇女

中国女性的产业劳动

飞针走线辛劳终日，

她的脸上洋溢着无尽的欢乐。

中国与其他东方国家一样，妇女被隔离于社会之外。尽管这是不争的事实，但是许多现实情况并非对中国的认识仅限于浮光掠影式的旅游观感的部分欧洲人描述的那样不堪。中国人讲究"三从四德"，其中的"三从"即指"在家从父、出嫁从夫、夫死从子"，但是这个"从"是有限定条件的，中国有代代相传的家庭与社会伦理基石："孝"，尊敬、爱戴、赡养女性长辈是每个中国人必尽的义务；皇帝拜见太后，也要施叩拜之礼。中国家庭内，女性有单独的生活空间，但封闭程度不似别的东方国家那般严重。伊万博士居留广州期间，即曾多次出入与其交好的一位中国人——潘思琛家的内宅，其环境之舒适、装备之奢华，令人叹为观止。"潘思琛夫人的闺阁极致典雅，沙发、座椅、梳妆台，以及一应摆设什物，用料精良、做工精致。"伊万博士写道，"不过她覆于帐幔之下的绣床结构不尽合理、品味乏善可陈，只适合尼姑坐禅，四肢都不得舒展；床上铺有一叶竹席，被子装在棉布封套里。"这间屋子的女主人举止得体、仪容高贵，在此我援引伊万博士生动具体的描述，我们的读者朋友也许有兴趣一窥端倪：

"潘思琛先生的夫人姓李，是京城高官家的千金，姿容端美、弱不禁风；按中国人极度夸张的形容手法，就是拥有'沉鱼落雁之容、闭月羞花之貌'。这位夫人不仅面若凝脂、光艳照人，且有一种娇中带嗔、笑里含怨的独特气质，仿佛她美好的内心世界与她的面庞一样，如晨光初泻、白玉生烟，神妙不可方物。她的鼻子稍显扁平了一点，但仍不失古典美人的欧洲标准。潘夫人仪态端严，不过她的庄重带有一丝孩童的气息，优雅有余、内涵不足。她浅坐硕大的沙发之上，两条腿来来回回地不停晃动，露出镶金串珠的便鞋，还有价值不菲的脚镯；她嫩如葱白的小手在身边的花盆里流走，挑起片片凋落的花叶；她轻启朱唇轻言慢语，那抑扬顿挫的腔调宛若鸟鸣弦响，嘤嘤咛咛，不绝于耳，音乐性远大于交流意义。坐在这位楚楚动人的东方美女对面，你忍不住会胡思乱想：这么可爱的尤物真该吞到肚子里，就像品尝一道色香味俱全的极品糕点。"

伊万博士登门造访期间，这位夫人正在服丧，穿一袭蓝色外套，衣着打扮朴实无华；一头秀发拢作一束绾成总髻，外扣一把类似弧面小发梳的饰品。"正是清水出芙蓉、天然去雕饰的朴素美，赋予她清新脱俗的动人魅力；倘若涂脂抹粉、按中国人的审美标准打扮出个年画中的粉团儿，那就没有什么审美意趣可言了。"她不是潘府内室中唯一的女眷，潘思琛先生还有十二名小妾养在深闺，"大的小的、高的矮的、胖的瘦的，这些女人各具风姿，"但都不能与李氏主妇相提并论——"这并不是因为她的出身卓尔不群、她的美出类拔萃或者她的着装品位超凡入圣，而是因为尊贵的地位赋予她的权威意识。一大群红粉佳人中，只有她可以发点小脾气，只有她才可以对共处一屋的姐妹们颐指气使、发号施令。这一大群女人虽然都打扮得花枝招展，但稍稍观察一下众人的形容仪态，你的心里当下便有了底：'这个女人是潘家后院的主宰'。"

中国富家女子疏于社会活动，长于音乐、绘画、刺绣；吹、拉、弹、唱，有板有眼；花、鸟、虫、鱼，拈笔成画；编织描绣的什物更是美轮美奂，件件堪称工艺精品。中国男人腰间通常会悬一条褡裢，装在绸布袋中的扇子、烟斗、烟草袋（火石、火镰齐备，以备随时抽烟自娱）、钱袋、怀表袋等等一应随身什物，尽数收纳其中——须知这些东西虽属男人的装扮，却是女眷勤劳智慧的结晶。有些穷人家的女性专以手工制作为业，制成的产品推向市场，借此赚取微薄之资，贴补家用。引入英格兰后大受欢迎的那种头巾，做工精良、极为华美，事实上就是下等人家的妻女在家庭作坊之内夜以继日辛勤劳作的产物。

中国偏远山区的妇女终身禁锢在封闭环境里，生存状态相当原始。在崇尚"男耕女织"的中国社会里，她们参与生产劳动的方式之一就是纺纱织布。东印度公司馆藏的美术作品中有一幅反映中国民生民俗的图画，画中人物为一对母女，其中女儿身边摆一台纺车并一只箩筐，箩筐中装满线轴和棉团——这就是她终日劳作的工具和对象；母亲手中持一块布料，显而易见是在向顾客展示自家的产品：她的顾客——占据画面前景的是一位携带长枪、背负弓箭的赳赳武夫，腋下夹一卷已经挑选好准备买走的布匹。中国的纺车是一种简单的手工机械装置，主动轮硕大、驱动外径细小的线轴飞速旋转，与英国前不久还大加使用的毛线纺车不无相似之处。另一幅画描绘的是中国妇女织布的情景，织机的构造和工作原理均与原始的英式织布机如出一辙。织布机旁边搁着一小碟薄饼、一只茶壶、一副茶具，这是女工劳作间隙聊以充饥的点心。紧挨这一小堆什物可见一柄与我们英国工人常用的照明工具类似的烛台，上插底端稍粗、末端逐渐收细的蜡烛一支。画中的蜡烛已然点亮，表明这位可敬的中国女士正在挑灯夜战——中国人以刻苦踏实著称于世，女性亦秉承勤俭持家的优良传统；只要体力可支，她们绝对不会偷懒。

中国的棉、麻、丝织品纯手工打造，都是由女性辛勤的汗水凝结而成。当然，现代中国不乏机械化设备齐全、工艺先进的大型纺织厂，但家庭纺织作为传统产业，依然固守着滩头阵地、奋战在市场前沿。纺织女工精湛的技艺，堪与欧洲熟练工人相媲美；而中国的家纺布，无论品质还是外观，均不输欧洲大工业产品。

阿洛姆先生的版画向我们呈现出一位正在劳动的女裁缝形象。她正在利用姐妹们纺好的棉线、织成的棉布缝制袜子，仪态从容、面带微笑，一副怡然自乐的样子，一看就知道她对手头的工作怀着满腔热情。她手头的原材料很普通，属于在中国随处可见的那种老粗布；她的穿着打扮保守朴素，领及颈项、腰身尽掩，处处体现着中国人心目中的淑女风范。

湖州南浔的丝庄

湖州南浔的刘氏庄园

看这片广袤的原野，风光是何等明丽：

满目青山秀水，摇曳旅人的心旌。

无边浩大的世界，造就了多少奇观，

唯有这一隅风景，占尽天地灵气。

关于桑树的栽培、桑蚕的养殖、蚕茧的加工及缫丝一类与丝绸产业有关的工艺，本书通过相关插图及所配的文字，已做过客观具体的展示和说明，这里不再赘述。本节内容以介绍一处位于大运河畔、与湖州府治所在地相去不远的农庄为主，可以小见大，探究中国支柱产业——丝绸业的运作。湖州是中国的"丝绸之乡"，土地肥沃、降雨丰沛、灌渠密如蛛网，是浙江最繁荣富庶的地区之一。烟波浩渺的太湖就在湖州地界，有钱人都乐于卜居此处。湖州是一座江南名城，有据可考的历史可上溯至春秋战国时期。中国史家宣称，湖州初名"菰城"，三国时为吴国所据，更名"吴兴"。湖州人口众多、经济发达，特色独具的人文氛围和丰厚的民间财富积淀，足以说明此言不妄。

刘氏庄园位于一条小河与京杭大运河的交汇点附近。该庄园在湖州地界名闻遐迩，当地一些流传甚广的话本即取材于这一传奇家族的发迹经历。园内建筑设施与其说豪奢华美、不如说舒适方便：大宅院廊檐低回、屋宇参差，上至辈分最高的屋主、下至嗷嗷待哺的子孙，几代人同在一个屋檐下生活，长幼有序、尊卑有别，中国人追求的天伦之乐，在这里得到了最完美的体现。中国也有招赘上门女婿的风俗：最得父母欢心的女儿有可能在长大成人后被留置在家，女婿则以"倒插门"的形式入赘、成为女方家庭的正式一员，享受与亲子同样的待遇——不过这种情况在中国并不普遍，没有嫡生子的家庭才会出此下策。加工好的蚕丝被绕成线团，贮存在与住宅毗连的库房里，最后装载到大运河上司空见惯的平底竹篷货船里，发往既定目的地。至于这个目的地到底在哪里，那也只能是未定之数：二道贩子、丝织工坊、杭州或者舟山的集贸市场，都有可能是这些线束的买主或者归宿。刘氏庄园的主人根本不在乎收购他那些宝贝的下家是谁，他关心的是自家的东西能卖个好价钱，在满足日常用度的基础上，日积月累成就庞大的家业。

"湖丝"是大清帝国皇家御用之物，在丝绸行内声誉素著，其身价之高，若非腰缠万贯的富商大贾或者满族贵胄，常人根本不敢问津。在中国做惯生意的外国人也对湖丝情有独钟，具备辨识湖丝和外地产普通丝的能力。

广州城里的帽庄

广州城里的帽庄

你的帽子有特定的用途，
戴在头上才叫适得其所。

——《哈姆雷特》

在中国，帽庄是经营场所，也是闲人的俱乐部。帽庄的外观与普通商铺一样，都是沿街一间店面，门脸两边悬挂大红灯笼，中间是店铺的标牌，显眼的位置自然少不了"价格公道、童叟无欺"一类标榜商誉的陈词滥调；阔绰人家使用的是烫金字体，讲不起排场的至少也会嵌几块木牌，那黑黢黢饱经风霜的板面见证着岁月的尘迹。柜台的外缘安装有一圈低矮的护栏，也是摆样子的成分多、安全防护作用小，伦敦、巴黎的帽庄亦采用这样的装饰风格，不过品位要高雅不少。帽庄常有行脚僧光顾，站在大门外轻言细语地祈求施舍；为了吸引别人的注意，这些僧人还会敲打一种法器——外形有几分像梨、末端开有一道口子的木鱼。

本书插图刻画的帽庄实有所指，系广州城内一家闻名遐迩、堪称业内翘楚的老字号商铺，其装饰风范、货品陈列方式等均有一定的典型性与代表性。古希腊人、罗马人都没有佩戴帽子的习惯，后人在各类雕像中见过的头饰，仅限各类竞赛活动乃至战事中脱颖而出的胜者所戴的桂冠。帽子进入寻常百姓家，作为标准单兵作战装备的头盔引入军事领域，是进入中世纪以后的事。拥有数千年文明传承的中华民族，国人早先也是习惯于撩起衣袂遮阳挡雨，戴帽子的历史也就区区几百年的时间。诚然，汉人主政时期的中国人，无论男女均蓄长发，覆额披肩的发丝冬日保暖、夏天纳凉，功用非常大。满族人入关后采取"留头不留发、留发不留头"的血腥政策，强迫汉人剃去顶发，只留脑后一绺头发，梳成长辫以示臣服。江山易手、容颜不再，中华民族经历了一场空前绝后的浩劫。

清朝贵族是否戴帽子、戴什么帽子跟节气有关，并没有什么成规定例。

温暖的季节里一物不着，转凉后戴一顶瓜皮小帽，天冷时再戴细藤条编织的卷檐帽子，不管居家还是外出，都是这副行头，春夏秋冬，一成不变。盛夏时节，大清帝国的子民换戴凉帽，使用薄薄的竹膜加工制作而成，底面宽大，向上收束形成尖顶，配饰或红或蓝或金黄色的顶珠，外观酷肖一架中空的圆锥体；顶珠的样式、颜色取决于佩戴者的品秩头衔，便帽的顶珠简化为一枚不透明纽扣。顶珠之下引出一大团取自水牛腹部的红色长毛，披于锥体的侧边沿之上。有些帽子的前缘还嵌有一块玉石，玉、玛瑙、天青石，质地不一，价值各异，阳光下灼灼发亮。冬天戴的帽子要厚实许多——藤条缠结的帽体更加致密，且有可翻卷的防寒帽檐；不过顶珠、帽穗的款式、规格与夏帽并无二致。这个季节里，中国人特别是北方地区的居民户内也戴瓜皮帽子，一种没有顶珠花翎的便帽。中国是一个皇权思维根深蒂固的文明古国，衣食住行这些生活琐事也受到朝廷颁布的各类条条框框的限制，包括换季着装都有定例。各地大小官僚往往率先垂范，确保辖区内士农工商各色人等的服饰适时应景、不逾法度。

中国的鸦片烟民

中国的鸦片烟民

啊！我睁开明亮的眼睛，

看到花团锦簇的世界。

我的心里充溢着甜蜜的惊讶，

无尽的欢乐伴随我的日日夜夜。

——J. S.H

鸦片在中国扩散速度之快、波及范围之大，可透过这种毒品交易量的攀升窥知一二。1821年，流入中国的鸦片只有四千箱；至1832年，这一数字迅速飙升至两万箱。大清帝国朝廷深谙鸦片之害，故此采取一切有效措施堵塞该毒品的流入渠道。两广总督即大力着手整治鸦片泛滥之乱象，当发现道德说教起不到任何作用后，他改变策略拿金钱利益的得失说事，试图说动治下的臣民戒烟："外国人用邪物套取大清财富，恨国民不知检省，沉迷恶习，至死不悟；德之污，行之浊，莫大于此！"

官府的严控、犯者可能面临的重罚、现实生活中触目惊心的鲜活案例，均无法逆转上瘾者铤而走险、不惜破财伤身唯求一快的堕落心理。鸦片贸易势如洪水猛兽，短短几十年内席卷大清帝国广袤的大地，交易额折算白银高达三百万两，彻底扭转了大英帝国对华贸易连年逆差的不利局面。迫于鸦片久禁不绝之危局，大清帝国不得不采取绝地求生之应对措施，选择对英开战。

大清帝国矫枉过正，对买卖鸦片者的处罚至为严酷：一经查实，对犯者杖责一百，上枷两个月；烟民拒不交代鸦片来源、指证毒品贩子，将以同案犯对待，论以杖责一百、流放三年的惩处。严刑峻法换来的不是鸦片的销声匿迹，而是形同虚设的结局：没有人肯背负道德的重责与世人的唾骂，举报触犯朝廷律条的贩子和烟民。如此一来，所有视个人操守如无物的社会不稳定分子，诸如挥金如土的浪子、酒徒、赌棍等，最后都混入了鸦片客的阵营：本来劣迹斑斑，何惧万劫不复！

本书插图以权威人士亲历目见为依据，再现了中国社会生态之一隅，客观真实、眼光独到，可靠性不容置疑。乌烟瘴气的室内环境、面目可憎的烟民

（这是一家烟馆，正常人不会入内），惯以基督教国家自居、总拿悲天悯人之道标榜自我的大英帝国，看到这一幕想必不会欢欣鼓舞。最近随团出使中国的乔斯林勋爵曾对他在新加坡的见闻做过如下描述：

"在这里，吞云吐雾的鸦片烟民是我最感兴趣的探访对象之一。他们的个人形象邋遢，虽说强过昏天黑地、烂醉如泥的酒徒，但病入膏肓的烟民形如枯槁、面如死灰，一双呆滞的眼睛与冢中僵尸几无差别——那副尊容比酒鬼更加不堪入目。在毒品的渊薮里泥足深陷、彻底抛弃做人的尊严，看这些行尸走肉一般的两足动物在人世间游荡，初觉可恨、继则生怜。

"新加坡有一条专卖鸦片的大街。向晚时分，劳累一整天的中国人从四面八方赶来，涌至各处烟馆里寻求一快。

"烟馆里横七竖八摆放着一些长椅。这些长椅的构造比较独特：边缘位置安装有靠枕。小小的烟馆暗藏机宜，通常都有小门通至附设的赌室。烟枪——吸食鸦片烟的专用工具——是一截直径一英寸左右的竹管，一端是吸嘴，另一端是填塞鸦片颗粒的枪头，大小与普通的钉帽差堪仿佛。烟粒是某种香料与鸦片的混合物，剂量不大，最多只能吸两口；烟气被完全吸入肺囊内，这一点跟印度人吸水烟有得一比。初涉此道的新人吸一两粒足矣，资深烟民一旦上手，耗时动辄以小时计。长椅装有靠枕的一头摆放着烟灯，吸食时烟粒正对火苗，烧烤取烟。因烟杆较长，吸烟者本人装烟、点火多有不便，所以烟馆内多配有侍者，专司此职。鸦片烟对人体的伤害极大，健康人只要吸食过量，不出数日便会满脸病容，消瘦、苍白、精神倦怠；如果旬月不息，再强壮的人也会变得形销骨立，跟一具裹在衣服内的骷髅没有什么差别。上瘾者对鸦片的依赖性非常强，一旦断供，不仅精神上经受折磨，也会影响到某些特殊人体器官功能的正常发挥。晚上9点钟左右是瘾君子们集中表演的时段：新到者唇焦舌敝、无精打采，急于吞一口烟气纾解那郁积了一整天的毒瘾；捷足先登的一批人则早已吸到餍足，躺在长椅上神游四海，等待毒性发作的那一刻到来，体验意醉情迷、如痴如狂的感觉。这出悲剧中最凄惨的一幕出现在最后：直挺挺躺在烟馆里间的床上、一具具形同僵尸完全失去意识的人体标本，他们已经抵达烟民追求的最高境界——灵魂出窍。"①

　　鸦片有如瘟疫，误国害民，人神共愤。那么能不能找到有效的途径和办法，防止此疫泛滥成灾呢？答案是肯定的。如果大清帝国能放下身段、顺应历史潮流，摒弃专制暴政，赐予国民足够的自由，在此基础上消除关税壁垒，培育互利互惠的外向型经济发展模式，并且乐于接受外来先进文化的影响，则恶与善、伪与真、毁与誉之间的分野，不辨自明。只要国民的道德品质有所提升，国家的社会管理负担势必大幅减轻。只有薄责而厚偿，才能迎来海清河宴的太平盛世。

---

① 语出《远征中国六个月》(*Six Months with the Chinese Expedition*)，乔斯林勋爵等人合著。——原注

厦门所见掷骰子的赌徒

厦门所见掷骰子的赌徒

平生犯下的罪孽他心知肚明，

　他不能原谅自己的恶行。

　残存的理智在暗昧中沉吟：

　刺激太短暂，痛苦成永恒。

　　　　　　　——《赌徒》

　　法国汉学家格鲁贤说："中国人不谙赌道，没有任何这方面的嗜好。"事实恰恰相反：就社会下层人士参与赌博的广泛程度看，中华民族堪称世界之最。波澜不惊的生活、低俗猥琐的消遣心理导致中国人趣味低下，有助于强身健体、培德育智的运动项目进不了寻常百姓家。他们动机不纯，热衷的都是尔虞我诈、巧取豪夺的一套，诸如打麻将、推牌九、耍魔术、表演气功、斗鸡遛狗，等等，没有一样登得了大雅之堂。中国人不打猎，因为绝大部分可射猎的动物都被无处不在的农民以保护庄稼的名义捕杀殆尽。钓不了鱼、捕不得鸟，更无缘走马荒野，看戏、赌博便成为大众消磨时光的最佳选择。

　　阿洛姆先生摄取的赌博场面出现在厦门古墓群地段内：一叶竹席铺在草甸之上，数名赌徒团团围定掷骰子的"庄家"，个个神情专注，赌得忘乎所以。周围是如诗如画的美景，身边是长眠地下的先祖，他们对这一切视而不见，玷污山水、唐突亡灵，这与以"孝"治天下、讲究"死者为大"的中华民族传统伦理道德背道而驰。

　　根据我们掌握的史料，欧洲古代社会对赌博、挥霍浪费所持的态度与中国大相径庭——此等行为不仅为社会所不容，各国还通过法律手段诸如公示等予以打击遏制。哲人卢修斯·塞内卡说："赌博如垂钓，不过不是钓鱼，而是钓人。"另有贤达人士指出：赌博是不折不扣的恶习，深陷其中的人，必赏财散尽、身败名裂。阿德里安王曾经颁布过一道法令，宣布赌徒为"失德败行的浪子"，应该受到舆论的挞伐和全社会的唾弃。维奥蒂亚人对败光家产的赌徒采取的惩治措施是：责令他们高举空空如也的钱包，先在治安员的带领下游遍大街小巷，然后捆缚到"挥霍者赎罪椅"上（专门设置于市井繁华之地的，用于惩罚行为不检持家无道之辈的石墩），听任过往行人的围观唾骂。帕多瓦参议院议事大厅内立有一块巨石，上题"堕落之石"字样，立石宗旨与"挥霍者赎罪椅"如出一辙。古代欧洲社会有一条共识：对嗜赌成性的人严加管束，指定专人监视其日常活动并对其人名下财产采取保全措施——此举与当代社会处置精神病患者的做法毫无二致。

斗鹌鹑赌钱的广州船工

斗鹌鹑赌钱的广州船工

他辗转在邪欲的渊薮，

玩物丧志德行渐污。

良知无时不在拷打他幽暗的灵魂：

寻欢逐乐是人生的坟墓。

——《赌徒》

　　在通行世界之大恶面前，任何国家的法律或者道德说教都显得苍白无力，伦敦、巴黎这样的国际大都市藏污纳垢，便是这一铁律的最好例证。赌博虽为德之大污，在欧洲却是身份和地位的象征：只有贵族阶层的人才能享此特权；中国的情形却恰恰相反：聚众赌博是草民的恶习，有身份和地位的人向来不屑于此。多少体面人因为流连于一掷千金的赛马场、赌场、贵族俱乐部等不健康娱乐场所，导致千年的基业毁于一旦，昔日钟鸣鼎食之家顷刻间沦落为三餐难继的寒门，竟日奔走红尘、历尽世态炎凉。仅巴黎一地，每年因赌博败光家产、不得不以一死自求解脱的人比比皆是；举目大英帝国，拥有皇室血统却又嗜赌成性，以致债台高筑、身价与身家相去万里的贵族也不在少数。我国立法实践中虽对赌博有所限制，但并没有将其纳入违法犯罪行为的范畴，所以此风虽恶，却能长盛不衰。

　　中国流行的赌博方式操作简单，跟我们乡村集市、赛会场合随处可见的撞大运之类的坑蒙拐骗欺诈活动差堪仿佛，唯一的区别在于是否使用纸牌等道具。起早贪黑、辛劳终日的珠江船工，稍得片刻的闲暇便一头扎进赌徒堆里寻求精神刺激，为自己晦暗的人生增添一抹亮色。

　　多米诺骨牌①、骰子、纸牌等是中国人常用的赌具，其间象棋也扮演着不光彩的角色。中国牌有个专用名称：牌九，长三英寸、宽一英寸，使用红、黑两种色斑标记大小。下棋是一项劳时费力的活动，其中智慧发挥的作

---

① 原文为"多米诺"，事实上中国人惯用的是麻将。

用远大于运气，故此游戏双方一番交战之后，胜者的奖赏与其说是个人棋艺的提升或者物质利益，毋宁说是精神上的满足和良久的回味。"观棋不语真君子"，中国人对弈，旁边从来不缺观战者，两个人的棋局，大家的较量，这就是象棋的魅力。此外，"学艺不精"在中国人眼里是莫大的耻辱，故此游戏爱好者们的棋艺牌技都相当精湛。

英伦三岛最近流行起来的"找拖鞋"游戏，也许与中国古老的聚会游戏"击鼓传花"颇有渊源。这种游戏玩起来气氛非常热烈，玩家顺次传递花束，隔壁房内有人通过敲鼓点的方式传递信号——鼓响则传、鼓歇则停，当急骤的鼓声戛然而止的时候，花束在谁的手中，谁就得罚酒一杯，或者向所有游戏参与者敬酒一轮，而且是自己掏腰包买单。中国下等人聚餐饮酒，场上最常见的活动项目还是一对一的游戏"猜拳"："两个人相互面对、同时出拳并喊出一个数字，两人伸展的指头数相加与谁的相等谁就是胜方，两不相符或两相符合（游戏双方喊出的是同一个数字）再推倒重来。这种游戏规则很简单，不需要任何专用器具，五根指头排列组合，产生的始终是六种结果（握拳为'0'，其他情况下以伸直的指头数计算）。"西塞罗[①]在他的办公室里曾多次描画过的"数指头"游戏，他的研究者米朗芬曾这样诠释："……玩家快速出拳，并根据个人意愿伸直数根指头；在完成这些简单而迅捷的动作的同时，玩家需猜测两人前展手指的总和并一口报出来，猜中者为赢——眼尖手快是提高此游戏胜率的不二法门。"虽然科技文化长足进步、人类社会早已告别蒙昧时期，但对罗马人玩的这个游戏的热情并未稍减，其拉丁文名称至今仍然是口语交际中的高频词。聚居台伯河沿岸地区的特拉斯提弗列人，更把猜拳行令当成他们日常生活中不可或缺的一部分。

与诸多物质、精神文明高度发达的国家一样，中国人玩起赌博的游戏，那真是花样翻新、层出不穷。除了打牌、下棋、猜拳这些传统游戏项目，斗鸡、斗鹌鹑、斗蟋蟀……这些血肉横飞极不人道的游戏，中国人照样乐此不疲。斗

---

① 马库斯·图利乌斯·西塞罗（Marcus Tullius Cicero，公元前 106– 前 43），古罗马著名演说家、法学家、哲学家和政治家。

鸡之风兴起较晚，传自南亚马来国家的可能性较大。用于斗鸟活动的鸡、鹌鹑需要进行专业化训练，不少中国人以此为业，由此打造出一条完整、稳定的产业链。这些鸟征战沙场依仗的可不是自然天成的尖喙利爪，它们的攻击器官都配备有锋利无比的特制封套，恰如执戟掼甲的重装武士一般。一轮角斗下来，败者当场毙命、胜者奄奄一息，场面惨不忍睹。战绩辉煌的斗鸡、鹌鹑可是主人的摇钱树，求购、求租者不绝于途，身价自然不菲。斗鸡、斗鹌鹑意犹未尽，飞禽走兽虫鱼凡是能培养出斗士的，中国人都乐于拿来一决高下；好勇斗恨的蟋蟀因此扮演起了娱乐明星、赌博工具的角色。蟋蟀决斗不需要场地，有一只粗瓷大碗或一方草编的虫笼就可以大摆战场。打斗时主人将交战双方投放到一起，各拿苇秆撩拨触须，直到两只可怜的小虫子斗志勃发、展开殊死搏斗为止。主人的嘘声、围在前台下注的赌徒发出的叫声，一时间响彻街巷、震耳欲聋。传承数千年的中华民族文明，没有教会大清帝国的子民敬畏生命——

> 我们恣意践踏的蛆虫，
> 生命并不比我们微贱；
> 在躯壳被碾成齑粉的那一刻，
> 痛楚并不因身形的弱小而稍减。

金坛的纤夫

金坛纤夫

为国王效劳不遗余力，

甘做牛马，试问可有回报？

——世世为仆，代代为奴，

披一身锁链，受一生煎熬。

——《威尼斯之歌》

金坛航运业发达，邮轮、货船往来不绝。这里土地贫瘠、石灰岩广布，人民群众辛劳终日尚难求温饱，洋洋天朝大国，展示给金坛人民的只是专制暴政最严酷的一面。大清帝国给金坛一地提供的政策基调，表面上看起来可圈可点：扩大就业面，实现人人有活干、家家有饭吃的目标。但是在一个生产力得不到长足发展、机械化程度非常低下的国度里，人力、畜力依然是社会经济各部门维持正常运转的不二之选。以优容之名行压榨之实，官府对金坛纤夫采取的管理措施尤其令人发指。金坛纤夫是地地道道的山民，大山深处严酷的生存条件迫使这些一来到世上就没有吃饱过肚子的饥民背井离乡，在河边码头找一口饭吃。这些人半裸着身子，从胸到肩搭一截木板或竹板，上面缠一层破布以减轻切肤硌肉之痛。纤夫就是用这种与牛轭差堪仿佛的简易工具牵引各型船只，与奔涌不歇的河流抗衡，跨过一道又一道激流险滩。看画中纤夫的动态和神情，他们个个俯首低眉、筋肉暴突，拼尽体力和体重牵挽系在桅杆上的那根大绳。付出如此艰辛的努力，纤夫本应受到雇主尊重、爱护，并得到与劳动量相称的报酬；然而决定大清帝国社会法则的基础不是公正、公平，而是权势与财富。纤夫一旦上手，就得连续工作十六个小时，不眠不休、更没有时间吃饭喝水；谁敢懈怠分毫，旁边的监工马上大竹板子侍候。

拉纤的活儿不仅劳累，官府征丁手段极其残暴，也是从事这份工作的人备受歧视的原因。官船所过之处，八旗兵鼓噪而上，男丁无论老少见者就抓，就像逮牲口一样驱赶到河边，忍辱负重为官老爷效力。耄耋老者不怜其衰、黄口小儿不顾其弱，八旗子弟的耳朵从来不是给贫苦人长的，对草民的苦难视而不见、对草民的呼声充耳不闻，这是入主中原的满族人对待汉人的一贯态度。遇到紧急事态，祖孙几代人同时被抓去服役、仅留女眷勉力操持家务的情况屡见不鲜。吃不了这个苦的人会变着法儿逃避，一看到官方告示马上卷铺盖走人。官府对付这种人也有独特的办法：事先抓捕，然后禁锢到服役地段附近的庙宇或者驿舍里，官船一到直接押送上岗。一切打点停当之后，皂役就会走马上任，挟官兵虎狼之威、对苦力颐指气使。趟深及腰肩的泥淖如履平地，漂暗流涌动的河谷如行坦途；烈日当头，他们只能裸露皲裂的背脊；风雨如盘，他们只能俯下卑贱的头颅；纤夫当差，付出的不仅仅是体力，还有尊严乃至生命。谁敢流露出一点偷懒的迹象，重则抽鞭子、轻则打嘴巴，一通招呼下来，让你伤痕累累、颜面扫地。服服帖帖当牛做马，每天的工钱也只有一先令左右——如果路途遥远，这点钱连返乡的盘缠都不够。

大英帝国海员的遭际与中国人服劳役有得一比。冷热交替、变幻无定的天气导致水手中感冒频发，体质不佳者往往因此丧命。漂洋过海的欧洲人旬月不见陆地，饥饿、疲劳加上无良管事人员的虐待，熬不过来的人不在少数。

中国的船夫号子是欧洲人津津乐道的一个话题，很多旅华人士直指该曲尽得英国水手歌、农夫哨子之神韵。殊不知我国的水手、农夫吟唱的是自由、欢愉和对劳动的无限热爱，而中国船夫号子的每一个音符都饱含悲苦苍凉，那强烈的节奏不仅是发自灵魂深处的呐喊、也是对身边受苦受难的兄弟发出的号召和鞭策：提示大家力用到一处，协调步伐、统一节奏，拉动生命不堪忍受之重，走向看不到尽头的未来。

临清杂耍

临清杂耍

明明倾国又倾城，

为何孤影伴青灯？

马戏班主遥相问，

一声探问几呻吟。

——斯威夫特

举世闻名的中国古代水运工程——运河，北起山东省临清州，南至浙江省杭州府。中国人有夸大其词的陋习，将运河起点从临清同纬度地区的闸河[①]（闸，中文本意是控水之门）移至天津，径流长度无端延长了许多，这在他们看来是很有面子的一件事。白河与运河末段交汇处，河道自然天成，无任何斧凿之痕；平静的河水自此蜿蜒南流，人工夯筑的控流坝远近接续、不绝于途。坝体结构简单：两岸石墩相对而出，疏疏落落的几块木板，隔出宽度三十英尺左右的航道。运河船闸各航道水位差在一英尺以内，为确保通航安全，地方政府一例派兵把守。广袤无际、人烟相对稀少的大平原上，一河如练、贯通南北，星星点点船闸与埠头的兵营，构成一道特殊的人文景观。临清雄踞京杭大运河沿岸，自古以来就是商旅云集、货通八方之地，贩夫挑卒，在此歇脚；富商大贾，到岸收帆，作为中原地区最大的集贸市场，久负盛名。临清州有一大景观：专为纪念闸河引水成功这一盛事而建造的一座九级浮屠。闸河通流标志着一项巨大社会工程画上了完美的句号，造塔志念，份属应当。临清塔为正八角形结构，基底宽大、顶端逼仄，外观与金字塔差堪仿佛。九层的塔体，最底层使用坋岩建成，从第二层到最顶层，使用的建筑材料全是琉璃砖瓦，砖块间严丝合缝、飞刀莫入，看上去金碧辉煌、美轮美奂。塔内设有一百八十三级台阶，拾级而上登临塔顶，临清州城一带风光，参差错落、朦胧天际。闸河、运河交汇处，波翻浪涌，浩大河防工程令人叹为观止；临清街头，商铺林立、行

---

① 闸河是京杭大运河穿越临清地段的重要河段，南起安民山、北迄临清，全长二百五十千米，亦称"会通河"，因其河面建闸三十一处，分级蓄洪兼具通航之利，故名"闸河"。

人如蚁。位于北漂之畔的临清州治地势不高，全境基本位于塔基之下。仰赖茂密的景观植被，城墙之内，但见绿荫森森，花团锦簇，少见民居官舍。1793年前后，雄奇壮丽的临清琉璃塔由于年久失修，几近倒塌。作为镇河之宝建于运河竣工之期的那份荣光，也湮没在历史的漫漫长河中，再也无人提及。这一年，当地政府投入民力物力对这座宝塔进行了大规模整修，昔日风采，尽得恢复；每层塔体的挑檐顶脊及底层入口处的飞檐位置，都刻上了"阿弥陀佛"字样，精雕细镂，配有外围装饰——这是所有佛教建筑物的共有特征。临清塔顶、底层内均设有神龛，内供佛陀小像。塔顶的装饰亦极其华丽，所用材料系铸铁或响铜一类金属。

临清是中原地区最大的商埠，舟楫林立、市井繁华；三教九流，毕集于斯。有此得天独厚的条件，草台班子、走方郎中、一干逐利之徒，自然心驰神往。江湖杂耍艺人和团团围定乐不可支的观众，历来都是临清街头一景。就在临清城内一处与农村一样荒蛮破败、流动人口麋集的街区，阿洛姆先生有幸见识过这么一幕，并用他不朽的画笔形诸纸面、载入史册。

中国是文明古国，四大发明——指南针、火药、造纸、活字印刷术，皆出自中华。后因中国人故步自封或本身不具备后续开发能力，致使外邦后来居上，但其历史功绩，不容抹杀。另外盛行欧陆及英伦诸岛的群众娱乐活动，追根溯源与中国民间艺术也有千丝万缕的联系。"中国皮影戏"这个名称，已经揭示了这古老神奇的东方民间艺术与中国的关系；而从意大利木偶戏，以及盛行西欧的《潘趣和朱迪》中，不难发现中国杂耍的影子。意大利木偶利用手脚、头部安装弹簧的方式完成各种动作，这与中国舞伎的表演方式如出一辙；而英国戏偶对其东方始祖的继承性，诸多方面更是表现得彰明昭著，巴塞罗缪节上每有偶像剧出演，使用的操纵术语都是沿袭中国同行的那一套，继承的痕迹非常明显。"中国皮影戏使用裁制的道具，通过在玻璃①屏幕上投影的方式演绎剧情、完成戏剧人物的角色塑造。"伦敦市区一度流行、每个十字街口轮番

———————————

① 中国皮影戏使用的投影屏幕多为纸糊，鲜有使用玻璃的情况，此处作者的陈述有误。

上演的暗箱投影戏，与中国皮影戏有异曲同工之妙，显然是得了后者的真传。

有确凿的证据表明，意大利木偶戏、英国暗箱投影戏皆出自中国；而在英国大行其道的滑稽木偶剧，与中国皮影、布袋偶也有很深的渊源，尽管该剧目在假道中欧、意大利一路向西流传的过程中，风采大异先前。中国式潘趣的表演方式是：一位艺人脚踩木凳，向前遮一块长可及踝的蓝色幕布；其人的头顶安放一方前端敞开的木板箱，艺人十指并用撑起小布袋偶，在板箱内完成腾挪辗转、嬉笑怒骂各种复杂的动作，将潘趣、朱迪这对宝贝夫妻的日常生活闹剧展现得淋漓尽致。滑稽剧的剧情变化多端，但始终围绕主人公潘趣的恶棍做派展开，万变不离其宗。

无论中国还是英国，配乐都是舞台表演不可或缺的组成部分。至于音乐在剧情演进中发挥作用的大小，中英两国各有千秋、一时难决高下。阿洛姆先生画笔之下的临清杂耍乐师装备齐全，几乎可以说武装到了牙齿：左脚趾端夹一面铙钹，与固定在地面上的另一面击打出铿锵的节奏；右脚夹一根棒槌，有板有眼地敲出鼓点。乐师的双脚这么忙，双手自然不闲着：轮番演奏洞箫、唢呐等主乐器，一应家当就挂在其人身子一侧触手可及的地方。洞箫是一种竹管乐器，一端开孔用于吹奏，与吹气孔相距不远处是共振孔，上覆芦苇等植物的茎内膜。共振孔以降另开十孔，其中六眼等距离孔隙通过对应手指的升降，于开合间发出不同音阶的声音。一名乐师，一个乐队，配合默契的打击乐、管乐，演奏出悠扬动听、节奏感强烈的旋律。平心而论，中国草台班子配备的乐师，论技能鲜有超过我们英格兰本土同道中人的。1842年，南威尔士布雷肯地区一位组合乐器演奏师，曾经嘴吹潘笛、膝磕铙钹，另一条腿膝以上部位绑槌敲鼓、膝下部位拴一根细绳、拉动竖木环击固定在舞台地板上的编钟；其人的双手负责敲打一面大铃鼓，另外两只胳膊也是各司其职：一只挂三角铁，另一只绑拨子；双肘互击，妙音乃发。一首流传甚广的小诗曾如此讽刺我们大剧院里的某位万能乐手：

　　　库克弹奏八乐器，
　　　好像青蛙报天气。

威尔士人没有库克那么彪悍，他操纵的乐器只有六种，但他的表演给观众带来了无尽的欢乐。如果条件允许，他完全有可能玩转更多的乐器、营造更离奇的效果。

临清杂耍的观众都是布衣蔬食的社会底层人士，有免费的热闹看，他们自然不放过机会。呼朋引伴、挈妇将雏，街坊邻居们都凑到一块儿，享受那片刻的闲暇；更有一群游手好闲、只求一饱的市井混混，赶场子、扎堆儿是他们唯一的爱好和追求，所以临清杂耍从来不缺看客。

然而，由大戏演变而来的木偶剧身价并不低微，相反得到皇家的眷顾，登得了大雅之堂。"我们观赏过中国的木偶剧，风格与英国大同小异；其中有一部剧情是这样的：一位公主被幽禁荒阁，过着孤苦凄凉、朝夕只以泪洗面的生活。幸得一位侠客不远万里而来，一路斩妖除魔、伏虎降龙，最终解救公主脱离苦海，历经文韬武略百般考验之后，两人喜结连理，享尽人间的荣华富贵。中国玩偶剧武库中还有一些滑稽剧目，演绎类似于英伦经典潘趣、朱迪两夫妇闹剧、丑鬼懦夫斯凯拉谟修、傻瓜班德米尔插科打诨、丑态百出的搞笑情节。据称该戏班只面向女性观众，为我们表演属于额外加恩。"看一场木偶剧便大书特书，作者的心情完全可以理解。这一特殊剧种传入英国不足百年，风头之健大有盖过传统戏剧的态势，一时街谈巷议、舆论大哗。伦敦报刊众口一词地宣称：《潘趣和朱迪》抢走了观众，大名鼎鼎的歌唱家尼科利尼就要失业了！

中国是文明古国，其漫长而连续的历史沿革、深厚的民族文明传承，一向为世人所称道。但中国又是个闭关锁国、闭目塞听、对外来习俗视而不见的国家。意大利木偶戏、英国潘趣两夫妻的搞笑玩偶剧与那些五花八门、在中国大行其道的傀儡戏如出一辙，不难揣知与早期游历华夏的欧洲人有关，是他们将这些充满异域风情的娱乐项目介绍到南欧，再辗转流传至英国的。潘趣式谐谑主题的滥觞说明了一点：人性是相通的，无关今古、不分地域。事实上，"潘趣"这个英国喜剧角色的名字，即发源于"波奇尼拉"，一种由意大利人西尔维奥·菲奥里洛首创的假面模型。这个专用名词的发音跟意大利语单词"小鸡"相近，喜剧情节也与小鸡大有渊源。据考证，该剧首场演出塑造了一个名叫索伦托、经常带着自家孵化的小鸡到那不勒斯集市兜售的丑八怪老农形象。

后续节目中，"波奇尼拉"剧情出现了一些变化，主人公不再是傻乎乎的索伦托，而是八面玲珑、靠在当地葡萄藤节出乖露丑逗乐子而声名远扬的普乔·德阿涅洛。潘趣的法国镜像朋齐的原型是基督教传奇故事中的主要角色，罗马执政官本丢·彼拉多；不过此说破绽百出，学术界质疑之声不绝于耳：今日傀儡戏中的潘趣，犹古代戏剧舞台上时不时露一下头的"恶汉"，其角色作用就在冒出来反转剧情、活跃气氛。

中国木偶、布袋偶一类的傀儡戏经历了一个去芜存菁、臻于完美的演进过程，是世界文化遗存中不可多得的圭臬瑰宝，艺术成就之高罕有其匹。在欧洲大陆，特别是意大利，这一剧种成为社会普遍接受、公众喜闻乐见的娱乐项目，长盛不衰。虽然19世纪英国知识儿童对粗鄙恶俗的潘趣热情稍减，但安妮女王的奥古斯丁时代，其风靡英伦诸岛之盛况，可借由现存大英博物馆的"动画表演"——傀儡戏的早期称谓——入场券可见一斑。

临清街头踢毽子的市民

临清街头踢毽子的市民

掷骰子，玩纸牌，

在无尽的风险中寻求刺激；

还有那颠上颠下的毽子，

展示男人雄健的身姿。

——《哈伯德的故事》

漳河、闸河交汇之处有八角宝塔一座，自塔基至盈式塔刹，九级浮屠逐层收缩，飞檐斗拱、气势如虹。塔下是一片平缓延伸向河边的坡地，这是临清州升斗小民寻欢逐乐的最佳去处。耍魔术的、翻筋斗的、爬高杆的、玩木偶戏的、表演经典丑角戏的……遍布滩头各个角落，辗转腾挪、运物如飞，将肌体机能发挥到极致。类似欧洲滑稽剧中最脍炙人口的角色——普启涅罗①的小丑是这里的当红明星。如果临清塔下的娱乐项目仅限于此，没有败坏道德风纪的赌博、坑蒙拐骗一类活动掺杂其中，那么这一隅之地倒不失为敦礼化民、体现社会公序良俗的净土。可惜追腥逐臭是人类的共性，这里自然少不了中国人热衷的拼鹌鹑、斗蟋蟀、投壶射细等等花样翻新的赌博活动。多少人迷失在江湖骗子设下的赌局里，倾尽囊中所有的同时，将礼义廉耻等中华民族传统美德抛诸九霄云外。

全身心关注赌局进展、要么欢欣鼓舞要么捶胸顿足的赌徒圈外，是钱袋子捂得很紧、赌兴却不比赌徒低的看客。他们手里擎根长长的旱烟管，两瓣嘴唇不停地咂摸着，用吞云吐雾的方式平复焦灼的情绪，仿佛别人的赌博也关乎自己的输赢。偌大一片草地，除了赌博摊子之外便是玩各种游戏的人群。中国没有多少健康的成年人游戏，注重个人操守、不愿自甘堕落的人只能用小孩子才玩的游戏打发闲散时光，放风筝便是最热门的游戏之一。中国

---

① 普启涅罗（Pulcinello），意大利传统剧种——市侩戏中的标配角色，外表畸形、举止古怪，丑陋的面孔上斜搭着鹰钩鼻子，五短身材上半部分包括头脸前胸全包在驼背里，素性滑稽，谈吐幽默，爱好插科打诨，吹起牛来不着边际。虽然前胸垂着一坨大肉瘤、后背盖一口尖罗锅，但普启涅罗宅心仁厚，深得观众喜爱。

是世界风筝游戏业界的翘楚，国人制作风筝的手艺天下独步。薄如蝉翼、韧度强度却毫不含糊的纸张粘贴的鼓风翼，纵横交错结构精妙的竹篾骨架，再经制作者信手涂鸦打造出来的风筝，奇形异状，五色杂陈，结实而又不失轻灵。放风筝在中国是老少咸宜的运动，看自己的风筝破风钻云、直入碧霄，再想方设法弄断别人手中的牵引线、让所有的竞争对手颜面扫地，这不是小孩子的专利，也是成年人的狂欢。

中国人的童稚情结不限于放风筝。踢毽子在西方是登不得大雅之堂，只有未成年人特别是小女孩才感兴趣的游戏，中国人也能玩得不亦乐乎。伴随着毽子的上下翻飞和身体的辗转腾挪，劳苦终日的中国人也许从中体验到舒筋的无尽乐趣。中国人踢毽子真正当得上一个"踢"字：既不能用类似球拍的器具拍打，也不能用手抓挠触摸，脚底板是唯一可磕碰毽体的部位。中国人踢毽子通常打赤脚，不过穿一双笨重的木屐踢的情况也有。木屐触击毽子时会发出叮叮当当的脆响，宛若轻敲的鼓点鼓舞人心。踢毽子是一项有组织、有竞赛规则、有彩头的集体活动：六人一组同时起踢，谁的毽子先落地谁先被淘汰出局，踢到最后的一个便是赢家，尽得众人以赌注的形式质押的财物。

东昌府军营外的饮食摊

东昌府街头食摊

卖米饭！卖米饭！勇敢的大兵先生，
谁饥肠辘辘，谁想填饱肚皮？
一碗热气腾腾的米饭，足以应付最艰苦的演习！
来吧！骤雨不侵、阳光难进，
温馨的食摊里只有四散的香气！
试问年轻貌美的夫人，你对我家饭菜的味道是否满意？
看旁边那位小主子，他正就着盘盏大快朵颐！
粒粒香醇，芳馨扑鼻，
大家都来见证我的厨艺！

——C.J.C

　　在大清帝国以米饭为主食的地区，沿街摆放的食摊和直着嗓子拉客的摊主是最常见的街头景观，东昌府为其中之一的京杭大运河沿岸，情形更是如此。东昌府兵营的职责是检查过往商船，征收盐税。船工充分利用短暂的停留时间，上岸打尖吃碗米饭。一名兵丁在小吃摊附近逡巡，替船主或工头看管这些苦役；而船工齐集在一柄用竹竿撑起的硕大遮阳伞下，享受女摊主端上来的米饭。摊主提供的无非是碗筷之类的食具，虽然简陋粗粝，却也不乏田园风味。食客团团围定一具土坯炉灶，盛满用蔬菜、大米加陈年油脂或熬炼动物油的下脚料——油渣烹制、香味熏蒸的炒米饭，然后端到嘴边、贴紧下嘴唇，竹筷扒拉几下就能吃得一粒不剩，并且很少出现泼洒的情况——中国人的吃饭技巧确实令人叹为观止。跟西方人一样，中国人也有随身携带烟具的习惯。不过他们的烟杆长得出奇，衣袋外面总是露出一大截。整个运河航线上这样的征稽站很少，故此船工们抓住这个难得的机会，除了吃个肠满肚圆之外，还要带上一两顿备用餐：各人腰间挎个褡裢，起行前令摊主填满菜饭，配套的吃饭工具自然少不了筷子，还有用硬木刮成的平勺。其时摇唇鼓腮、一双筷子在嘴边乱舞的船工身边，几块两头拴着绳子的木板隐约可见——这个便是船工挽具，拉纤时垫在胸部，比直接套一根绳索来得轻松。

　　西方人士认为，中国是农耕国家，草场的稀缺导致肉类等畜牧业产品供应不足，除了猪、羊之外，中国人不能饲养大型的四足动物专供食用。其实这是误解。中国人不宰牛的习俗源自宗教信仰，与资源余缺丰歉了无关系。有数千年教化传承的佛教弘扬素食主义，视杀生害命为弥天大罪；耕牛作为东方人进行农业生产的得力助手，屠牛更被视为不义之举。宗教影响饮食习惯的现象不仅中国存在，穆斯林及忽必烈可汗治下的蒙古国民不食猪肉，导致养猪业在这些地区销声匿迹，便是足可相互印证的典例。中国肉食单调、粮米蔬菜种类繁多且烹调手法花样翻新，这应当归功于素食主义对这个东方文明古国的影响。不过在蒙古人统治阿拉伯世界期间，诸多禁忌被渐次打破，理性和宽容代替原教旨主义，势成时代发展之潮流。

中国以农立国，自古至今一直奉行重农主义政策，几乎所有可垦殖地段都种上了粮食作物，故此广袤的原野里很少见到放养的大型家畜。中国人的米粮情结着实根深蒂固，让他们抛弃日出而作、日落而息的农民意识，比登天还难。耐人寻味的《康熙大帝传》一书作者郭士立先生在他的旅行见闻录中提到一件轶事，从一个侧面反映出了中国人的思想观念："暹罗盛产水稻，大米价格相对低廉。每一位造访这个东南亚国家的中国水手都会采购那么一两袋，当作最大的战利品带回家。中国人衡量年成好坏的标准是稻谷产量的多少，就连人数计量单位也使用'人口'这样一个复合词，人生的要义就是张嘴吃饭，稻粱之谋是他们奔走红尘的全部；数米而炊、勤俭度日是他们崇尚的最高标准。碗中无米不成饭，别的食品再丰富也撑不起颜面，这就是中国人饭桌上的哲学。富人吃干饭、穷人喝稀粥，粮食储备不足的人家，只能通过喝那种水多米少的米糊撑满他们的辘辘饥肠。不少中国人向我'垂询'一个问题，你们西方野人吃过米饭没？我的回应稍有迟疑，他们便会大呼小叫，'哎呀！西方不毛之地连个水稻都不长，这些个蛮子居然没饿绝种，真是不可思议！'我向他们解释西方人士虽然不怎么吃米，但伙食并不比中国人差。可不管我怎样摇唇鼓舌、将我们的西餐吹个天花乱坠，他们也只是摇摇头，连米都没得吃，还能叫人吗？"

约翰·巴罗爵士[①]记录出使中国自圆明园归来、沿途所见清兵的滑稽表演，就发生在市井繁华、人流如织的东昌府。"我们一行人抵达东昌府，当地衙门苦心孤诣，特意为我们安排了一场不伦不类的'军事演习'。我们看到大

---

① 约翰·巴罗（John Barrow, 1764–1848），英国首派大清帝国之马戛尔尼使团随员，著有《中国旅行记》（*Travels in China*）一书。

约三百名兵士聚集城垣之下，列队迎候我们这些‘来自蛮夷之地的野人’。由于向晚时分天色太暗，具体人数及阵形都看不清楚。我们乘坐的船只一靠岸，便听一声锣响，每个士兵仿佛舞台上的魔术师，各从衣袂之下掏出一只花里胡哨的灯笼，耍起了马灯。”

东昌府郊阡陌纵横，农业发达；田间地头可以看到一种外观毛茸茸、黏糊糊的矮秆烟草，黄绿色的花朵外缘泛红，像镶了一圈玫瑰的花瓣。这里也种植大麻，不过面积较小，多用来混合烟叶制造土烟，而不是提取秸秆中的纤维纺织布料。

天津街头的游方郎中

天津街头的游方郎中

别人的伤痛与他们无涉，

他们原只是无谓的看客；

看病自有那走方郎中：

一手搭腕号脉，一手紧握虫蛇。

——《古诗》

　　如果说数千年文明给中国人带来了物质上的充盈甚至优雅的生活方式，但这个东方民族的优雅总是掺和着太多的精神渣滓，光鲜的外表下面掩盖着愚痴暗昧和堕落东西。赌博、吸食鸦片、抽烟、热衷于从事低级趣味的杂耍，打个幌子到处招摇撞骗的算命先生，以悬壶济世之名行掠人钱财之实的走方郎中……天津是江湖术士麇集的地方之一，这里市井繁华、人流如潮，正是摆摊设点的好去处。事实上，中国"有人的地方就有江湖"：城门内外、通衢两侧，只要纠集得起一班子看客，类似骗术的各类低俗表演便会轮番登场。从官府差役、草民百姓对这些社会丑恶现象所持的极度宽容的态度来看，中华民族的整体素质确实有待提高。

　　这些游走于中国社会边缘、玷污道德风尚、阻碍文明进步的不良群体中，尤以江湖郎中最为狡诈猖狂，他们的行为也最令人齿冷：利用同胞病急乱投医的心理，大肆贩卖未经科学验证的所谓"灵丹妙药"，虚构疗效以售其奸，其做法某些方面与我们欧洲的骗子惊人地相似，正可谓同气相投：都是沿街摆一张桌子或者干脆铺个地摊，上面摆满狗皮膏药、速效大力丸一类"祖传良药"，旁边往往还要放一本旌表个人医术的功德簿，每位就诊过的病人都记录在案——倘有重症患者或名重一时的绅商士子上门求治的经历，那更是金粉题写、大书特书一番；此外这些骗术比医术高明得多的"能人异士"还不忘随身带一杆旗幡，上书"妙手回春"、"起死回生"之类蛊惑人心的标语。平心而论，中国江湖医生治病靠的不是高超的医术，而是"三寸不烂之舌"：生死者而肉白骨，天下就没有他们治不好的病；他们的摊位前面，从来不缺聋子、瞎子、跛子、驼子——寄希望于神棍的信口雌黄，这是普天之下所有患者、弱者、愚者共有的性格迷局；冥顽不灵的民族土壤是滋生骗子的天然温床。

画中的游医站在当街摆放的柜台后面，正在大肆吹嘘某种专治毒蛇咬伤的中药；而他的助手正在旁边卖力地表演：一手卡住眼镜蛇的头颈部位，蛇头朝向自己大张着的嘴巴；另外一名助手扮演的角色虽不似玩蛇之人危险，但工作却非常重要：支应顾客、卖药收钱。游医本人头戴圆锥形竹篾帽，身披老粗布长衫，腰间系一条丝带，右手执蛇、左手持药，高踞于一把小圆凳之上，向纷至沓来的看客解说药物的疗效：

> 毒药和解药俱在眼前，
> 他的手中掌握着生杀大权。

走方郎中手中的那条眼镜蛇看上去训练有素，对主人的表演配合默契。只见毒蛇吐着信子，一副跃跃欲试的样子，但始终没有向郎中发起致命的攻击。郎中当然知道眼镜蛇不是易与之辈，稍不留心就会落个玩火自焚的下场，付出生命的代价。只要毒蛇昂起头颅发出进攻的信号，郎中就会撸袖押臂，将一种撒满整个柜台的药丸举至蛇头的前方；而毒蛇见此马上就会蔫下来，挣扎着做逃跑之状。如果观众对那种药丸的神力还有怀疑，郎中还能拿出更加雄辩的证据：只要在脸部、手臂部等人体裸露的部位搽几下，就是将蛇头强按过去，毒蛇的表现亦如见鬼魅，避之犹恐不及。

古谚说得好：耳听为虚，眼见为实。有郎中的精彩表演作铺垫，柜台上的药丸很快销售一空——当然，价格非常低廉。

道光皇帝午门大阅兵

道光皇帝午门阅兵

演武场上长枪森森，

金边头盔隐现深林；

疑似天日忽起尘雾，

甲胄鲜明光耀天庭。

——《亨利亚特》

治大国如履薄冰，再好的皇帝也保证不了万众归心。深陷专制泥潭的中国人尤其渴望挣脱千年桎梏、获得做人的尊严——皇权之下，不无陷阱。中国的御林军与巴黎昔日的瑞士卫队一样，都是捍卫皇室安全的中流砥柱，地位非普通军队可比。虽然享尽皇家荣宠、自身的忠诚度也经得起考验，但作奸犯科者同样得不到任何庇护。君士坦丁堡禁卫军、古埃及马穆鲁克骑兵队与中国的御林军一样，都是卫护皇权的暴力工具，鞍前马后为竭天下之财逞一己私欲的专制暴君服务，累累恶行，不绝于书。

每年中国农历的春节一到，皇帝便会在故宫内举行一场隆重的阅兵仪式。太和、中和、保和三大殿间的空场上，盔明甲亮、身着黄马褂的御林军官兵列队演习，道光皇帝端坐龙椅之上审视军容，朝中重臣陪侍两侧。

这些八旗子弟兵也许个个忠勇可嘉、壮怀激烈，不过他们的生活规律和军容军纪实在不值一哂。阅兵式由兵部组织，意在检验驻京各营的战力、考察带兵统领的业绩，要求这些支撑起大清帝国的精锐部队"势若猛虎"、战无不胜，不仅给他们配备虎纹战袍，就连他们手上使用的盾牌也描上了虎头纹或其他狰狞可怖的怪兽图案。然而装潢门面提高不了战斗力，仅军纪涣散一项，就足以让这支军队蒙羞。

清军将领阅兵日穿的一身服装颇有看点，长袍短褂、里三层外三层，成本不低，穿戴不便：高约八英寸的圆锥形头盔上嵌有一枚黄金顶珠，与彩色雉尾制成的花翎攒作一处；一件紫色或蓝色的对襟蚕丝长袍从项下裹到脚面，熠熠闪光的镀金纽扣与青黑色缎面的短靴相映成趣。除去一身戎装，这些武将的腰间还悬有镶金饰玉的短刀、箭壶、火绳袋，显得既华贵又滑稽。普通兵勇的着装有所变化，简朴而又不失怪诞：虎皮围裙、虎头尖顶帽、圆形竹篾盾牌的正面是威仪赫赫的雕饰，不是龙身，便是虎头。除了保护皇帝一人的安全，御林军①再没有分外的职司；除了常住禁城这项硬性规定外，他们大可利用闲暇时间谋取私利；即使遇到排班当值的情况，称病告假或请人替岗的情况也屡见不鲜。这样的军队，演习就是最重大的军事行动，准备自然充分、军容自然壮盛。清兵制服虽不合现代人的审美趣味，但还算得上华丽齐整；五颜六色的军棋布满整个演武场，动静之间，摄人心魄；队列中还可以看到往来穿梭的轿子、龙灯之类两军对垒时根本派不上用场的东西，不过中国人认为体现皇家威仪，这些摆设不可或缺。演习期间，负责演奏军乐的是御用乐队，大鼓、大钹、加工成龙蛇虫鱼一类动物形状的管乐器以及没有定制的琵琶、号角、铃铎等一齐上阵，声震天宇。

---

① 大清帝国没有御林军这一建制，民间沿袭古制统称皇室守卫部队为"御林军"。

清朝官宦人家的晚宴

清朝官员的家宴

世间还有什么

比共进晚餐的铃声，

更加令人摇曳心旌？

旷野间回响的丧钟，

也能触动每个人的灵魂；

但斗室里传出来的召唤，

演绎的才是最美最真的人伦。

——拜伦

　　一进侯门深似海。中国官僚的家宅，与其说是权焰正炽的社会头面人物享受天伦之乐、交接各种人的场所，不如说是完美呈现了中华民族建筑文明的艺术品。在权力的丛林里摸爬滚打，凭着个人才智与懿德一步步跻身高位，清朝政府大员的身后都有一部辉煌的奋斗史。地位在为他们带来尊荣的同时，也对他们产生了相应的操守压力；他们屋宇之内的表现自然跟德行相符。大清帝国达官贵人的府邸内，从餐厅到普通的居室一律雕梁画栋，硬木家具、精美字画是每个家庭的标准配置。中国人以热情好客著称，每有贵客临门，家宴都举办得非常隆重：当庭摆放一张同样镂刻有精美图案的大饭桌，上摆插满鲜花，或者填塞一些香料的景泰蓝之类的奢华花瓶，桌面正中位置是托放餐具的玻璃、陶瓷或者银制的转盘，客人取用十分方便。虽然在日常生活中很少使用，椅子却也是中国家庭不可或缺的家装设施；富贵之家的木棒更是家中一景：外观奇特，坐垫、蒙布均为高档丝绸制品，描龙绣凤、美不胜收。宴客之时，宾主座次颇有讲究：主人坐在主席位置且座椅略有抬升，客人则按地位的尊卑和年龄的大小分坐两侧，此俗与欧洲文明国家的做法并无二致。

　　赴宴本是人生一大乐事，但繁缛的餐桌礼仪却能让欢会变成一场劫难。先是主人举杯感谢各位来宾的光临，下一轮自然是客人举杯感谢主人的热情款待；尔后主人举箸向客人劝菜，客人连忙举起筷子，点头哈腰之余夹一点菜送到自己的嘴里——这不是吃饭，这是一场常人难以忍受的社交仪式大演练。若非"贱躯违和"或公务烦冗抽不开身，受邀者不给主人面子、拒绝赴宴会被认为是大不敬的行为；主人既然置席请客，如果客人因故不能前来，自家也须做到仁至义尽：打包一份饭菜，慎重其事地送到客人的府上——此举与罗马人的做法有异曲同工之妙：罗马人赴宴，口袋里会装一条大餐巾，吃饭的时候再拿出来，将主人奉上的饭菜分一些出来打包，然后打发随行的仆人送到自己的家里，供家人享用。中国人吃饭讲究上几"道"菜：客人这边开吃，厨房那边备菜，材料不同、烹制手法殊异的各色菜品盛在陶瓷碗碟内，分时段端上餐桌，整个过程跟演戏一样节奏分明、有板有眼。走完主客互致冠冕堂皇的祝词这道程序后，第一道菜上的通常是腌制的果蔬。酒过数巡、菜尝五味之后，紧接着中国人尊崇的异馔佳肴便会陆续登场：马奶、动物血制品、口感黏腻且味同嚼蜡的燕窝、唯一堪称美食的酱牛肉等；当然，"以食为天"的中国人操办家宴不会这么简单，下一道菜可能是鱼翅、鹿筋、熊掌等在他们眼里最具营养价值的食品；在餐会进行到高潮的时候，作为主打菜式的烩猪肉、烧鸡、烤鸭、炖狗肉、鲜蛋或毛蛋（胚胎已足够发育但尚未完全孵化的禽蛋）以及鹅肝等家禽内脏熬制的浓汤便会轮番上场。中国人餐桌上的面食也很有特色：荞麦面煎饼，薄如蝉翼、白似新雪，或爽脆或柔韧，入口生津。至于水果则无一例外地做过冰镇处理，别说小康之家，就连北京近郊最落魄的商人也消费得起。中国人多喝酒精含量极低的米酒：饮用时由仆人手执带嘴陶壶，半跪在地上将壶中的酒浆倒入客人的饮具——小瓷杯中。中国人习惯喝温酒，所以米酒饮用前都经过加热处理，那清洌甘醇的味道，有如雪利饮品一般绵长。中国人习惯用筷子，不管是固态饭菜还是流食，中国人都有办法运筷如飞，以风卷残云之势将盘子里的东西送到自己的嘴里。只在有外国人出席的场合，中国人才会勉为其难，摆放几副餐叉。

餐会进行期间，饭堂一角马戏班子正在表演系列节目，吵吵闹闹的鼓乐满屋子回响，外国人吃饭的时候可不吃这一套。不过艺人的表现确实可圈可点：插科打诨的文戏穿插将身体机能发挥到极致的杂耍，但见演员上蹿下跳、辗转腾挪，如果不是吃饭的场合，那一番精彩表演，一定能博得满堂喝彩。

清朝达官贵人的宴乐怡游

后庭秘事

人谓此屋是骗子的天堂，

日日上演的骗术防不胜防。

巫师的蛊毒能迷失本性，

骗子和流氓到处张狂。

——莎士比亚

中国流行变戏法、行巫蛊这一类诡道，并不仅仅是因为这个国家文明开化程度、上层人士的思想观念与处事方式、一般人际交往等方面与欧洲或新大陆相较有天壤之别，民间文化传统和民众根深蒂固的陈腐观念也为这种不良社会现象提供了强大的保护伞。中国是一个历史悠久的国家，而欧洲人对这个国家的过去和现状都缺乏足够的了解，获取本地相关资料的渠道也非常有限，导致在中国大行其道的魔术，在我们眼里俨然是一个谜：我们没有证据、不掌握事实，更无从揣知隐藏在这一社会现象背后的深层原因。

远东黄种人以关节灵活、肢体变形花样百出著称，动态平衡、跳跃、翻筋斗、倒栽葱、闪晃……所有人能完成的动作，没有其他种族、另外地域的人能比他们做得更好。深陷与其说宗教毋宁说迷信的泥淖、在某种精神癫狂状态下产生幻视、幻听、幻觉，行为完全失控，举止超越人体机能极限……耍弄噱头的魔术师不仅让亚洲人奉若神明，惑于此道的欧洲人也为数不少。将自己的肉体当作献给世界主宰的祭礼，任由命运之车轮碾成齑粉，血腥图腾折射出东方魔术的暗昧本质。古罗马人也崇尚肢体技能，不过他们刻画的场景更真实、更富考据价值：转圈儿抛接不同颜色的小球、表演命悬一线的平衡术——这些融娴熟的技巧、临场应变能力以及冒险精神于一炉的游戏，不仅风靡罗马城，偏远城镇也屡见不鲜。阿格里帕[1]、提图斯[2]、图拉真[3]的浴池中有身披长袍的狗熊抛接彩球的壁画，而十九世纪初欧洲人亲眼看到这一奇观在现实生活中上演——不过演员不是狗熊，而是印度的杂耍艺人。

版画中一位大清帝国高官结束家宴、引领客人前往观景亭环绕的后园。园内摆放着各类名贵瓷器，佳树披离、芳草萋萋，精致的宫灯悬于路侧，清朝贵族家庭生活的浮华奢靡，通过小小一幅画作可见一斑。算命大师、魔术师、杂耍师麇集园内，摩拳擦掌、各施神通，以博肠肥脑满的贵介大员饭后一笑。中国、印度的艺人在大英帝国表演抛接四五件器物诸如小球、匕首、茶杯等非止一次，国人耳闻目睹，早已了然于心。将那么多东西把玩于股掌之上，表演者手眼合一、身随心动的境界，自然不是只能拿两三只球折腾的普通艺人所能达到的。古罗马人也对杂耍情有独钟，他们称接刀的杂技师为"风刀手[4]"、抛球的杂技师为"毛弹手[5]"——与这门技艺关联的专用词汇，至今留存。若论杂耍花样，印度人玩的那一套已然不俗，不过与中国同行比起来，还是相形见绌。看中国杂耍艺人街头表演，那真是一种惊心动魄的体验：扬起的额头上架一摞木块，层层叠叠宛若缩微版的七级浮屠；这还不算，艺人脚趾上通常还会套几只小铁环，在保持高耸的积木晃而不倒的前提下，脚环儿还能甩得滴溜溜乱转——身体各部位的平衡拿捏得如此精准，中国人玩杂技的功夫真可谓炉火纯青、天下独步；舌头穿珠、口吞宝剑、大变活人、水中栽花、脂粉变色、壶中变酒、吞吐连绵不绝的纸条，以及大家喜闻乐见的掷铜环魔术——同伴随机检视"确证"为单只的铜环，经由魔术师之手反复抛掷，一变二、二变四、四变六……每掷一次都会增加两只大小

① 玛尔库斯·维普撒尼乌斯·阿格里帕（Mareus Vipsanius Agrippa，前63—前12），古罗马政治家、军事家、地理学家、奥古斯都的军政大臣兼女婿。
② 提图斯·弗拉维乌斯·维斯帕西亚努斯（Titus Flavius Vespasianus，39 或 41—81）。罗马帝国弗拉维王朝的第二任皇帝，公元 79 年至 81 年在位。
③ 图拉真（Marcus Ulpius Nerva Traianus，53—117），古代罗马帝国安敦尼王朝第二任皇帝，公元 98 年至 117 年在位。
④ 风刀手：原文为"ventilatore"。
⑤ 毛弹手：原文为"pilarii"。

形状与原环毫厘不差的铜环，直到最后变出大大的一捧、在魔术师手里组合成各种极具梦幻色彩的几何图案。单论耍魔术搞小把戏的本事，中国人确有通天彻地之能。

玩牌的女眷

玩牌的清朝富贵人家女眷

这是纸牌的世界，播弄心术的殿堂，

无所事事的闲人在这里大摆战场，

活动他们那生锈的大脑，

消磨无聊而漫长的时光。

——古柏

　　妇女的社会地位是衡量一个民族文明进步程度的尺度。尊重女性操守与智慧的国家，法制必彰、生民福祉必有保障；反观视女性如掌中玩物的国家，如亚洲诸国，专制和奴役总是大行其道，丰饶的自然资源、俯首帖耳甘愿接受被奴役命运的人民不仅无法满足统治者无尽的贪欲，反而助长了窃一国之柄、图一己之快的既得利益集团盘剥劳苦大众的凶焰。这类国家的当权者党同伐异、容不得半点质疑的声音，监狱广布、哀鸿遍野，反抗者的下场就是在不见天日的黑牢中度过自己悲惨的一生。有恣意妄为的暴君，便有明哲保身的草民，但"明哲"而不能"保身"的情况也屡见不鲜。无端猜忌、一时的心血来潮、权力的分配和再分配，一切都有可能成为暴君杀人的借口或理由。由此可见，但凡将女人关在笼子里的民族，权力必然被置于笼子之外；权力至高无上的国家，国民的素质必然低下——当文明与进步的双脚被戴上镣铐的时候，社会的全面衰退将成为历史的必然。

　　中国富贵人家的女眷就是处于中间状态——既非蒙昧也不开化——的一类人。中国女性未及成年即遭缠足，导致双脚骨骼变形，行动能力大受影响。此一做法跟阿拉伯人强迫女性戴面纱、穿罩袍的恶俗有得一比：不为抵御风沙的侵凌，只为"女人"这种特殊的私有财产免遭他人觊觎。同样的桎梏、不一样的道路，这些国家的妇女个人境遇不尽相同。富贵人家的女眷呼奴使婢、锦衣玉食，如温室里的花朵一般，终生得到精心呵护；生于贫贱之家、嫁入寒门为妇，这样的中国女人只能用草莽中的娇花来形容：埋迹荒野、终老棘丛，要是摊上个无德无良的男人，一生为奴为仆，还得不到应有的回报。我们在中国农村的田间地头经常看到负雏劳作的妇女：背上绑定嗷嗷待哺的婴儿、身边跟着蹒跚学步的幼子，采桑绩麻、摘棉插秧，所有的家务农活一力承担，男人则饱食终日、浪荡四方，赌博、抽烟、饮酒，极尽失德败行之能事。

中国流行一夫多妻制，不过一家之中无论女眷有多少，主事的往往只是其中的一个人——正房，其余女性成员必须绝对服从正房的调遣，长幼有序、尊卑有别，谁也不能越雷池半步。与大太太、姨太太们占据的正房、偏房毗邻，中国达官贵人的宅院里还建有天星阁——祭拜菩萨的地方。庙内与大门相对的后侧设有供奉菩萨的神龛，其前摆放着各类供品、装饰品，锦幛华帏将神龛遮蔽得严严实实，以免入内者得便偷窥菩萨的芳容。中国没有西方国家已成定例的礼拜天休息制，可以抛开尘世的一切烦劳，暂得一日之闲暇；故此人们只能跪在虽不知为何方神圣、但信仰已深入骨髓的图腾脚下，倾吐他们的心声，寻求精神上的慰藉。中国的很多民俗都存在相互矛盾的问题，这也是中华文化的一大特色：当着御夫座神星、女性命运守护神的面，那些被"金屋藏娇"或者换一种说法，不见天日的女人可以团坐在一起，搓麻将推牌九，玩个昏天黑地。深闺寂寞，女人借此舒展一下身心，原本无可厚非。不过拉开一道通往敬畏之区的大门，赫然发现一群妇女围着一张赌桌吆五喝六，此情此景，岂非滑天下之大稽？

中国游戏活动种类繁多，其中很大一部分规则巧妙，富有挑战性。中国的牌九外形比欧洲通行的纸牌窄长一些，花色、点数也更繁杂，故此一副牌包含的卡片张数也比欧式扑克多。玩腻了纸牌，这些被圈养在大墙之内的尤物会吸烟解闷。中国女性烟酒不忌，很多人自小就染上了吸烟的恶习——打八岁起腰间挎上了烟袋，里面除了装一些烟叶之外，还别着或长或短的烟杆。虽然与阿拉伯妇女相较，中国女性受到的猜忌、压制、奴役相对轻一些，但在讲究"女范"、提倡三从四德的中国，女人行为方面受到的限制并不少，越规逾矩者将会受到严厉的惩罚。在中国，如果说为人妻意味着终身为奴，那么为人母的境遇更加惨不忍睹。中国人重男轻女的思想根深蒂固，根据中国的礼教，女婴出生后留存还是淹毙，全在父亲一念之间；至于男婴，达到幼学之年（10岁）就得离开母亲，从此母子变陌路，孩子的后续发展任由父亲一方主宰，母亲无权过问。生命的意义、情感的寄托被剥夺殆尽的母亲，只能用无谓的消遣打发难熬的时光。绘画刺绣、养鱼饲鸟、凭栏赏花、敬神礼佛……当这一切娱乐活动再也惊不起深闺幽囚心头的微澜时，女人们便会寻求另外的精神宣泄口：凑得起一双也行，捉对儿下棋；凑得起一桌更好，打牌玩麻将——与世隔绝的人生是荆棘丛中的旅行，内心的苦痛无以排遣。

大家闺秀

官家女眷的闺阁

啊，女人！天下尤物、世间珍宝，

宛然日月星辰，照亮苍穹渺渺。

投怀的倦鸟啼音婉转，

愿我心常伴你，筑就你一生的爱巢。

——巴里·康沃尔

与英国上流社会小姐夫人的房间相比，中国大家女眷楼阁内部陈设略显简约，没有过多的摆设及日常用度之物——中国的闺阁是女性生活的私密场所，除了丈夫、孩子、丫鬟及女主人的直系亲属外，其余人等一律不得觊觎，遑论入内——不过简约并不意味着简单，中国富贵人家的女性居所清新素雅、舒适怡人，若论装饰品味和个性，丝毫不让欧洲同侪。中式建筑长于整体布局，园林风格本身为女眷的绣阁增色不少。广大的建筑空间、曲曲折折的回廊、错落有致的亭台楼榭、精雕细镂的斗拱飞檐……烦琐是中国建筑文化的弱点，但正是这种螺蛳壳里做道场的工匠精神赋予女眷宅邸摇曳多姿的风致：小桥曲水，小院画墙，异卉佳木弄影，奇石假山塞途；花园尽头是一径勾栏，带出丝帘或珠帘遮掩的门厅；穿过门厅，始见女眷们蛰居的妆阁、卧室。

与欧洲类似，中国体面人家女性成员的住宅建筑风格大同小异，透过本节插图完全可以借一斑而窥全豹：门厅内一律摆放桌椅几案或漆器、竹器等工艺品，花瓶、花盆、瓷瓮、花架、托盘等应景之物要么搁置其上要么填塞其间，鲜花竞放，香草离离，名贵香料散发出丝丝缕缕的芳馨，微风徐入，或有人掀帘进门，氤氲在廊间檐下的香气便会卷入内室；各房间内自然少不了中国人居家度日必备之物——大红灯笼、丝绢灯、红纸灯，以及使用其他稀奇古怪的材料制作的灯具，流光溢彩、比并屋梁；卧榻总是安置在最靠里的房间内，重门迭户，无虑外人打扰；卧榻的铺排也很考究，集装饰、遮蔽、御寒、防蛀虫叮咬诸项功能于一身的帷幔，将床上那一点小小的空间围裹得严严实实。

任何一个文明国家，梳妆打扮都是女性的必修课；而将这门艺术发挥到极致的民族，无疑是中华民族。玻璃传入中国的年代相当久远，虽然该国并不具备制造甚至改良这种产品的能力，但欧洲强大的产能足以保障大清帝国富贵人家的需要。贵介夫人、千金小姐的活动空间内，几乎是镜子的天下：园中风景、过往行人，无不在镜中呈现出清晰的印象。屋主人无须走出察看，便对门外发生的一切了如指掌。玻璃在中国价值不菲，所以寻常见到的都是质量不高、价格相对便宜的产品，厚度与英国书写纸差可比拟。但中国人的后期制镜工艺比较成熟，涂装的汞齐反射性能极好，镜像细节丰富、真切自然，效果令人叫绝。

中国富贵人家都有专门伺候女眷的佣人丫鬟，这些人专以打理家务、讨主子欢心为己任。有这些人朝夕陪伴，主人深锁幽闺、荒废岁月的那份清寂，始得慰藉。中国社会并不排斥女性抽烟，故此吞云吐雾是大家闺秀日常生活的一部分：一只手托着长长的烟杆、另一只手擎一块妆面镜，看镜中的侍婢们为自己理云鬓、贴花黄、攒珠戴玉。未婚女子披发垂髻，婚后则盘作高髻，金、银簪于头顶，首饰插满周边，玲珑娇容配上一头钏钿，真是美不胜收。中国官宦人家的女子饫甘餍肥、生活优渥，但精神生活极度贫乏。鼓吹"女子无才便是德"，体系化压制女性个人潜能的开发，导致作为社会有机组成部分的这一群体文化素养不高；识文断字的女子，在这个国家寥若晨星。藏于深闺、无所事事，中国妇女唯一的消遣娱乐活动就是听曲看戏。如果自家的使女不中用，便招歌姬上门侍候。歌姬是中国民间艺人，游移声色犬马之地、出入高官巨贾之家，抱一把琵琶、弹几阕雅韵，为穷极无聊的顾客带去些许欢乐。

中国的闺房都配有梳洗间，胭脂、香粉、眉笔、粉扑、团扇、绣鞋……但凡有助于提升女性吸引力的物什，这里应有尽有。中国人常用"柳叶"形容女性的眉毛：纤细、弯曲、乌黑发亮——他们眼里最美的眉形，即使先天不足，也可以通过修眉描黛而求得；肤色之于容颜，犹如花瓣之于草木，更是装点春色的要素、彰显魅力的根本——"肤若凝脂，面若桃花"，只要略施珠粉淡敷胭脂，光艳照人的效果不难达到。中国妇女令人叹服的一点是：随着人生的花季渐成过去，从青丝染霜、花容失色的那一刻起，她们便会放下身段，转而将一腔热情投注到女儿身上，教授女儿做人的规矩、将女儿打扮得花枝招展。"老来俏"在中国是人人讥诮的对象，步入中年的妇女褪尽铅华、恢复本色，以自己的年龄和辈分获得他人的尊重、在人际交往中扮演合适的角色。不论中国妇女的一生遵守的是什么原则或者中国人津津乐道的"女范"诠释怎样的人生哲学、道德情操，正是这一社会群体用自己的高风亮节，为暗影幢幢的中华文明带来了一抹亮色。

达官贵人出行

达官贵人乘轿出行

礼节原是虚与委蛇的道具一套，

表面的热情后面，

总是别有块垒待浇。

真诚的友谊原不需粉饰，

可曾见至交点头哈腰。

——莎士比亚

轿子是东方国家最常见的交通工具。无论办差还是访亲问友，稍有身份的中国人都喜欢乘一顶轿子招摇过市。马不好饲养、车没法通行（路面崎岖不平），各式各样的轿子便应运而生；此外中国人没有养成休闲旅游的习惯，限制了普通适合大众使用的交通工具的开发利用。中国社会等级森严，身份差异不仅体现在官场上，也渗透到日常生活的各个方面。草民日出而作，日落而息，蝇营狗苟劳累终年尚且三餐难继，满族大小官吏出门三步也要躺到丝帘大轿里，由一班子奴才抬着吆五喝六、趟过通衢，闻者让路、挡者躲避，气焰之盛令人咋舌。我国著名外交专家、时任驻华大使的马戛尔尼勋爵一次前往满洲的热河，半道邂逅大清帝国皇帝本人，乘坐的就是本节插图中出现的那种官轿。"皇帝出行的阵容非常庞大，悬弓执锐的护军马队开道，后面是配有加厚玻璃板窗户、黄色挂帘遮得严严实实的御轿。轿子八人扛抬，八名替补人员随侍左右；一支由身披黄马褂的武士组成的精装马队扈卫前后左右，长枪戟天、坚盾遮道，安全防卫工作做得点滴不漏。"

上有所行，下必效焉；乘坐八抬大轿出行，此风在中国达官贵人阶层中非常流行。英国贵族也讲排场，但没有发展到如此令人发指的地步。中国的官轿多为敞门结构，外挂绸缎遮帘、流苏；盖帏采用织银布料，舆顶配以球状或纽扣状饰物；两侧的轿杆用绳索与下边栏拴在一起，末端再楔接一段横梁，起加固作用。行走时四人抬轿，各人肩头承受的压力基本均衡。为了讲排场、求速度，轿主人通常会带八名轿夫，四人一组、轮流换班。大天朝用轿也讲规矩：八只理性动物抬轿，这是皇帝专享的特权；王公大臣官阶再高，抬轿者也不能超过四人，品秩低下者更以两人为限。其实车马仪仗规模方面设置门槛，此非东方帝国的独创，英国王室也有类似的规定：参加公共礼仪活动，国王（或女王）乘坐八驾马车，贵族最高规格是六驾马车。

大清帝国达官跟从出行，轿前总有一大拨差役鸣锣开道。有人专门负责吆喝：报出本家官老爷的职衔，喝令闲杂人等闪避。官轿周围少不了一干戴顶子的轿夫、伞工，震慑看热闹不怕挤破头的中国草民——事实上，中国官员参加任何礼仪活动，无论喜庆还是哀悼，总是少不了打板子这一环节：官家通常会自掏腰包雇一班精壮汉子，手持中国标志性体罚工具大竹板，抡圆了抽打探头探脑的看客。一彪人马浩浩荡荡抵达目的地之后，侍从迅即向主家迎候人员递送上书主人品阶官衔的拜帖：喜事用描金叠彩的大红帖，丧事用白底蓝字的吊唁帖，并颂程式化的赞礼用语，交代主人拜门的大旨。这一纸折页式拜帖跟我国乡绅使用的租折一样，主人身价的高低一目了然；受访者根据拜帖标注的名号，决定接访的规格——来头大的出外迎接，来头小的坐等登门——动静大小跟官位直接挂钩。此等行径貌似庸俗势利，却也是古往今来世界各地奉行不逮的通例——文明开化程度较高的国家尚且乐此不疲，遑论大清帝国！

中国熟人见面相互招呼的那一套也很有看点：先是握手——这种方式比摊开手掌示好更加流行——然后再以手加额，同时嘘寒问暖、打听对方身体如何、饭吃过了没有，直到将对方的亲友挨个儿问候个遍。有文化、有身份的人通常还会打躬作揖，举止相当谦和优雅。客人行完必要的礼节打道回府，主人都会殷殷相送，照前重复一遍迎客的礼节——当然，顺序有所颠倒。

北京西门

西直门外

东方的绮罗，西方的绸缎，

　　装点这里的大街小巷；

南方的丝绦，北方的毛皮，

　　凝聚世间的寒暑炎凉。

　　　　　　——《大马士革》

　　直隶位于沃野千里的华北平原北段，境内有中国的首都、南北两大行政中心之一的北京，向北五十英里有举世闻名的长城，向东十五英里是白河的支流——玉河。北京城分南北两大部分，北部的紫禁城四方四正，是清朝皇宫和中央职司衙门所在地，出入者皆为满族大员；南部的老城是汉人聚居区，呈东西向带状分布的长方形；南北两城各有城墙翼护，其中南城（老城）方圆九平方英里，紫禁城占地面积五平方英里。北京的城防工事与所有中国的一级城市类似，外建高十五英尺、厚二十英尺的城墙，形制与散见于世界各地的古代军事防御工程并无二致。北京的城墙外缓内陡、坡度不一，墙体由下筑石基、上砌砖块的外壁和泥土夯筑而成的夹层构成。掩在胸墙之内的夹层上铺青砖，坦平如镜，从基底发端、凿墙而成的台阶直抵马道。大至城郭、小至围堡，封建时代的防卫设施均依此例建成，所不同者只在西方国家城堡的墙体内填砾石、沥青黏合，坚固耐久性明显优于土墙。北京城南墙开三门，其余三面墙各开两门，“九门之城”即由此得名；“七城之邦”、“百牢门”等历史名城与这座东方古都遥相呼应，构成东西文化一大奇观。北京城原有护城河环绕四周，后因城市规模不断扩大，河水失去了拒敌于城门之外的作用，反而成为阻断交通、威胁人民生命财产安全的一大市政败笔，终为朝廷舍弃；得不到及时补充，河水日渐蒸发，露出干涸的河床，任由行人往来奔走。北京城墙高厚、马道相当宽阔，可容十二位带甲骑士驱马并行；外壁加高形成的胸墙凹凸有致，不过没有设置射击孔——对于习惯近距离格斗、投射武器仅限弓箭的清兵来说，射击孔派不上多大用场。

　　北京城各主要出入通道外加瓮城；或者更精确地说，内外两大门错位排列，留出一箭之地用于战略缓冲。北京的瓮城、主城大门错位排列，布局结构与欧洲的要塞略同；且雉堞保持建成之初的状态，没有部署任何武器设施。气势雄伟看上去坚不可摧的城墙之上、之后分布着大量高达九层的眺望塔，每层面向城外开阔地的墙面上均辟有炮孔——不过大清帝国留有炮孔的建筑物并不一定是炮台，因为赫然陈列其上的大炮有可能是画工的杰作；北京城眺楼的枪炮正属此例，一旦发生战事，再逼真的炮口也发射不出一枚炮弹。此情此景，令人想起我们那些拉大旗做虎皮、舷位布满画上去的大炮、游弋于汪洋大海间的商船。除多层眺塔上的大炮是摆设外，北京城墙上还分布着密密麻麻的箭孔，这是中世纪冷兵器时代城堡的标准配置；城门重点防御区的外郭，每隔六十码——弓箭的杀伤半径——即建一处与主城墙平齐、向前凸出四十英尺左右的翼护墙，用于侧击门下之敌。

围裹于四墙之内的北京城地域广大，但容纳的人口未见得比伦敦更多：粗略估计不超两百万。城市中心地带大部分被皇宫占据，加之水域及绿化面积较大，公共建筑设施低矮空旷，导致人口密度低于欧洲同类都市平均水平。北京有两横、两纵四条主街贯通全城，连接东、西、南、北对称分布的城门；各条大街宽逾一百英尺，其中南北走向的大街长达四英里以上。除了这四道通衢之外，北京的胡同与中国乃至欧洲大陆其他城市的小街一样，狭窄阴暗、阳光不入、不透空气，健康性、宜居性大打折扣。如果说这些小巷还有什么值得外人驻足流连的地方，那就是特色独具的民间建筑。从巷头到巷尾，冷冰冰的高墙相对而立；每隔一段距离可以看到有道小门嵌在墙体之上，不过常年紧闭、不容外人出入——这是后门，达官贵人或者有钱人家的正门是不会开向街面的；这样的建筑布局，充分暴露出中国人封闭、冷漠的一面。不过北京的那四条主街倒是热闹非凡，鳞次栉比的商铺，熙熙攘攘的行人，彰显出东方大都会生机勃勃的一面。主街两边的十字路口，屡屡可见纪念英雄烈士、清官巨擘的牌楼，他们用毕生的心血书写而成的华章被刻石勒碑，作为一个民族永久的记忆，伫立街头、流芳后世。

北京四大主街的两侧是清一色的店铺、货栈、娱乐设施，各家门前陈列的样品挨挨挤挤，给长街镶上了华丽的绲边。绝大多数的沿街建筑物装修风格统

一、外观乏善可陈，都是低矮的屋檐下撅一根木棍或者竹竿，挑着与经销产品或服务类别有关的标志性幌子。经营年代相对久远、享有良好业界声誉的老字号，门楣上均悬有一面绿色或殷红色打底的金字招牌，刻意彰显主人的身价。迎风招展的彩带，五颜六色的流苏，为了最大限度地吸引客源，中国人在幌子的制作上可谓煞费苦心。不过无论商品的种类多么齐全，制作多么精美、富有民族特色，金碧辉煌的屋顶、大红大紫的墙面、雕龙绘兽的柱石，在欧洲人眼里少了几分厚重严谨、多了一点滑稽玄幻，称之为市场，未免有点言过其实。珠宝与棺材相邻，富丽与寂灭为伍。棺材本来是死人最后的栖身之所，上面却画满了光怪陆离的图案。

北京的四条主街店铺如云，不过其活动范围有限，无权垄断店前的经营空间，谁都可以在这里摆摊设点，或者挑副担子沿街叫卖，与坐地商户和平共处、共享客户资源。长安街是北京最繁忙的商业街，名曰"长安"——意即永远安静宁谧的地方——实则竟日闹闹嚷嚷；勤劳如蜜蜂的市民穿梭街头，为一家人的生计奔波。但凡到过北京的异乡客，记忆最深刻的便是长安街景。从飞檐高挑、色彩斑斓的商店自家设置的展台始，剃头挑子、修鞋摊子、补锅打铁的档口里三层外三层排满街面，米面时蔬及茶叶贩子也赶过来凑热闹，搭起一街密密匝匝的帐篷，只在街心留下一条狭窄的通道；各色人等或立或坐，或行色匆匆，那一番胜景用"联袂如云、挥汗如雨"来形容，再恰当不过。人群中偶尔可以看到维持治安的捕快，雨伞、灯笼、令旗、号衣……穿一身标配的行头，给人鹤立鸡群之感。最滑稽可笑的一幕是，北京街头常有送丧、迎新的队伍狭路相逢：一边是披麻戴孝的亡者眷属牵挽的丧居，另一边是以着红挂绿的新郎为首的亲友团簇拥的花轿，但闻呼天抢地的哭声与声震屋瓦的笑声交织在一起，单调苍凉的唢呐声与急管繁弦的笙箫声酬唱应和，中间夹杂着西山煤厂矿工的一路吆喝及手推车木轮发出的吱吱呀呀的啸鸣，汇成飞溅的浪潮在大街小巷里流淌。更有小贩可着劲儿发出的叫卖声，顾客讨价还价的吵闹声，嘈嘈切切，不绝于耳；忽闻断金裂帛之声从某个角落传来，原来是剃头匠终于等到有人上门，故此习惯性地执剪在手、指端发力小试刀锋、刃口开合间发出的一连串的撞击声。

北京街头最赚钱的也许不是摆摊开店的正经生意人，而是跑江湖的魔术师、杂耍师，贩卖针头线脑的小货郎、走方郎中、算命先生、梨园弟子。这些人走到哪里，喜欢看热闹的小市民就追到哪里，攒聚的人群阻断交通、影响治安；冷不丁有高官显贵路过街面，闲人们一旦躲闪不及，鸣锣开道的小喽啰便会扬起大鞭子乱抽一气，挨上的人轻则鼻青脸肿、重则皮开肉绽；侥幸躲过鞭梢的人，也免不了饱受一番冲撞踩踏之苦。皮不糙、肉不厚、体力不佳的人，历来视北京的四大通衢为畏途：汉族妇女是绝对裹足不敢前，满族女性耐受力强一点，但胯下没马也不敢在这样的地方抛头露面。北京城的脸面、如此重要的商业街区，路面居然春夏两季尘土飞扬、秋冬两季泥泞难行；更有甚者，整座北京城没有一处下水道，市政设施之落后令人发指。姑且不论恶浊的空气、滋生病菌和害虫的土壤对人体健康造成的危害，单只满城弥漫的臭气，就让中华民族在世人面前声誉扫地。如果不是进门熏香料、出门带香囊，住在北京城里的人估计都得掩鼻求生。

仰慕东方古都、渴望一睹北京真容的游客，在当地导游的引领之下，就这样奔走在扰攘红尘之间；我们的使节也是顺着这样的大道，跟定大清朝廷派遣的礼宾抵近西直门——皇家内苑圆明园连接外城的通道。

北京街头的灯笼店铺

北京街头的灯笼店

手提一纸灯笼的中国人跨出大门，

面对沉沉夜色，他的内心闪过踌躇；

如豆的灯火照亮脚下的寸土，

那一缕人造的微光，怎比日月之明。

——T. M.

作为社会发展演进的产物，民风民俗生根发源的痕迹虽然会被淹没在历史的浩浩长流中，但其铸造国家民族之灵魂的作用却不会漫灭；乍闻某个国家的名字，首先浮入脑海的便是这个国家生动鲜活的世象。如果说风俗习惯是一个民族的名片，那么大清的名片就是打灯笼。夜幕降临以后，出现在公共场合的人必须手执书有本人姓名及家庭住址的灯笼，违者面临的处罚是身陷缧绁，直待官老爷审明原委后，再行采取相应的惩戒措施。无论小道通衢之上奔走的车马，还是江河湖海间游弋的船舶，入夜时分都要悬挂大清帝国的标志——煌煌灯笼，宛若夜空中张开的眼睛，守护着一方平安。

沉沉夜色，点点灯火，景致看上去非常壮观，颇有一番如梦如幻、诗意盎然的韵味，不过从安全的角度考虑，此俗带来的安全威胁是致命的。阿美士德使团初访大清帝国的首都北京，部分随团人员乘坐简陋至极的两轮小畜力车，车马如龙、灯光摇曳，在漆黑如墨的乡间小路上迤逦行进。虽然时间过了午夜，但天朝子民看热闹的兴致并未稍减，城郊便道两侧人头攒动、密密匝匝的红纸灯笼下面是一张张窥视的面孔；迎候外交团队的看客如此之多、灯火如此之盛，以致整条官道亮如白昼、满目都是飘忽不定的影子。看够了汗涔涔的人脸、光溜溜的头皮以及人群后面鳞次栉比的房屋，使团人员只能举目远眺，欣赏城畿广场那掩映在一片昏黄的灯光里、参差错落暗影幢幢的建筑物，缓解视觉疲劳。

中国人掌灯夜行是积年而成的习惯，自然、祥和，不带任何功利目的，跟寺院等公共建筑设施白日挂灯差堪仿佛。19世纪是热兵器盛行的时代，纸制灯具是天然的靶标和火攻助推器；军营内张灯结彩，无异于自掘坟墓。可惜大清帝国竭一国之智，竟然没有人勘破个中奥义，直到马克斯维尔舰长率领的"阿尔西斯特号"护卫舰一举拿下虎门要塞，朝野上下才意识到这个问题。英国炮舰逼近虎门之夜，阿娘鞋炮台里里外外灯火通明，守军阵地布防情况完全暴露在英舰的监视之下。战斗打响后，清军率先发起攻击，密集的炮火雨点般落在英舰四周的洋面。不过清军很快就见识了对手的强大："阿尔西斯特号"当下调转船头，一轮舷炮轰击过后，阿娘鞋炮台已不复存在——箭孔后的灯笼悉数熄灭，残破的雉堞内弥漫着死一般的寂静。如果说清军挑战装备舷炮的护卫舰是自不量力，那么他们撤退时的表现只能用愚不可及来形容：一触即溃的清军丢得了阵地、放得下武器装备，唯独不能舍弃大红灯笼。炮台后方的山坡上，明晃晃的红灯此起彼伏；训练有素的英军射手无须费力搜索、瞄准，灯光为他们勾勒出每一个射击目标的轮廓。某些鸟类在受到天敌的攻击时会将头颅埋入翅膀，以为只要遮挡住自己的眼睛、对手也会变成睁眼的瞎子；大清帝国的军人掌灯夜逃，愚蠢的程度与其相比，实有过之而无不及。如果不是扬着一颗灯光掩映下闪闪发亮的秃脑壳、身后垂一条风中芦苇般疯狂晃动的长辫子豕奔狼突的清兵太过滑稽可笑，以致我们的士兵不忍对他们痛下杀手，经此一役，阿娘鞋炮台的守军将遭受灭顶之灾。

中国灯笼制作材料不同、外观各异，极具观赏价值。球形、椭球形、方形、五棱柱形、六棱柱形、八角形……只要是规整的正交图形，中国的能工巧匠都能信手拈来、制作出美轮美奂的灯笼。至于制作龙骨使用的材料，木棍、竹片、象牙、金属丝等应有尽有；而制作精良的上等灯笼包含绘画、镂刻等中国传统工艺美术元素，清新雅致，形神兼备，本身就是不可多得的艺术杰作。虽是照明器具，但中国的灯笼鲜少使用密闭性和透光性最好的材料——玻璃（事实上，玻璃在中国的唯一用途就是制镜），而是代之以轻薄透亮的角片、贝壳、丝绸、纱布等。纱灯遮风挡雨的性能较差，中国灯笼匠采用的补救措施是使用印度次大陆周边岛屿盛产的一类杉藻的浸出液预处理纱布，形成坚固耐久的表面涂层。

灯笼在大清帝国子民日常生活中发挥的作用如此之大、社会覆盖面如此之广，制灯自然会发展成为这个东方古老帝国最赚钱的产业之一。制作一具完整的灯笼要经过多道工序，孰轻孰重还真不好界定：灯匠磨制与骨架严丝合缝粘接在一起的动物犄角蒙板，使用的工具非常简单：一把钳子、一口铁锅、一只火炉，除此之外别无他物。灯笼主体框架制作完成后，紧接着进入下一道工序：绘制灯笼蒙皮装饰图案、美化外观。从事相关工作的画师可不是泛泛之辈，他们通古知今、技艺精湛，悉知中国灯笼文化薪火相传的精神内涵，落笔多以洋溢着喜庆气氛的山水、花鸟、人物为主，与中国画审美意蕴一脉相承。虽然样板化的画风不尽符合诸如寺院、孔庙、宗祠等宗教设施的环境氛围，但削足适履是中华民族的长项，他们并不在乎所谓主题的协调一致性。

中国人悬挂灯笼没有任何数量上的限制。只要空间允许，无论民居还是宗教设施、公共场所，主人想挂多少就能挂多少，这就为灯笼经销商创造了巨大的商机，故此灯笼店主在装潢门面、招揽顾客方面做足了文章：七尺柜台，演绎市场竞争的波谲云诡；古街老店，凸显消费时尚的风云际会。中国灯笼的画饰讲究适时应景，画面内容随季节的变化不断调整，此风与欧洲国家丝、棉纺织行业流行的印花工艺规范如出一辙。清朝官员都有定期造访灯笼店的习惯，买几盏既精美又时尚的灯笼提回家去，装点夫人小姐的闺房绣阁。

前些年，海德公园国际展馆曾经展出过一具大清帝国只在举办重大国事活动场合悬挂的超级大灯笼，馆长对这件东方神物这样描述："灯体呈圆球形，通高八英尺、直径四英尺，灯架雕工细腻、描金镶银；红白相间的丝绸蒙面两端各绣着一圈图案精美、造价不菲的绳边，渲染出既雍容华贵又不失清新素雅的视觉氛围；上下檐所配的吊穗、流苏也极尽富丽堂皇，装饰风格与灯笼主体相得益彰、浑然天成。总而言之，这盏宫灯体现了中国雕刻、镶嵌、丝纺织、刺绣、珠宝加工多项技术成就，堪称手工艺品典范之作。"

骨架本身透光性能不佳，庞杂繁复的坠饰又将透出蒙绸的那一丝微光遮掩得暗影幢幢，这样的灯笼与其说是照明工具，不如说是徒有其表并无其实的摆设。宫灯内置一盏没有灯罩之类附加设施的普通油灯，提高亮度的唯一办法就是添加棉线灯芯。充作燃料的花生油可燃性、耐用性都很出色，燃烧时释放的烟雾也比较少——吃不起动物油脂的中国穷人，常用花生油烹制食品。

灯笼为人类的生产生活带来了极大的方便，其功用可以追溯到很久以前；

虽然罗马、雅典等欧洲古代邦国制售灯笼的历史有迹可循，但相关记录与中国史志典籍、文艺作品中洋洋洒洒的描述出现的年代相比，差距何止几个世纪！对世界各大文明古国的作家在个人作品中首提灯笼时间的考辨是一个有趣的史学课题，值得史家深入挖掘和仔细分剖，廓清笼罩在人类古代文明之上的迷雾。赫库兰尼姆、庞培等古希腊、罗马遗址考古发现表明，首次谈到灯笼的古希腊诗人、作家有塞奥彭普斯、生活在阿格里根特的恩培多克勒。据称古罗马马戏团夜场演出使用的照明工具就是灯笼；而暗昧不明的灯光下，古代希腊人也曾纵酒狂欢。普鲁塔克坚称，灯笼最初作为道具，曾经被广泛应用于占卜活动。如果在"阿尔西斯特号"战舰炮火轰击之下作鸟兽散的清军肯屈尊俯就，稍稍研读一点罗马史，想必会对灯笼的军事妙用有更深更好的理解。罗马军团夜间行军的时候，常将灯笼挑在戟端，指向最合适的位置。

街头猫贩

通州街头的猫狗贩子

什么！拿毛茸茸的小猫，我的最爱，

　　当盘中美食，恣意屠宰？

攒聚在邪恶的盘盏周围大快朵颐去吧，

　　你们这些贪食无厌的鼠辈！

我不会拿朋友的生命满足口腹之欲，

　　我身边的动物天使，永远自由自在。

——C.J.C.

白河可通航河段的终点、北京城外十二英里处是大清帝国的二等城市——通州府，高达六十英尺的城墙围出一座城池，人口密集且占尽京畿货收南北、财通海外之利，但繁庶带来的并不是富足，当地黎民百姓的生活明显相当困苦。这座城市在英国外交史上留下了浓墨重彩的一笔：除了以走私商品集散地闻名于世外，阿美士德勋爵一行觐见嘉庆皇帝遇阻、滞留通州期间，理藩院尚书和世泰、礼部尚书穆克登额专赴英国使团居所，向勋爵大人解说三拜九叩大礼的成礼规则。阿美士德使团最后无功而返，时人多怪勋爵不懂权变礼节有亏，拿破仑就曾出言讥诮阿美士德太过迂腐、因小失大。不过后来发生的一切表明，即便阿美士德委曲求全尽如大清朝廷之所请，难料嘉庆皇帝不会得寸进尺、裹挟更加苛刻的条件让英国使团知难而退，届时除跪拜清朝皇帝自取其辱之外，大英帝国的诉求依然得不到任何回应。拿破仑大放厥词的时候只是一介军官，及至皇冠加额的那一天，他肯定不会开明到让自己的使节俯伏尘埃，在众目睽睽之下向异域统治者山呼万岁的地步，至少不会在文明世界里开此风气之先河。

衣食足、民必惰，这是放之四海而皆准的真理。获取生活必需品的方式，取决于国家民族物质与精神文明的发达程度。不过这并不意味着欧洲人已经超越了唯利是图的发展阶段、转而追求更高层次的精神享受。欧洲国家与东方兄弟之邦一样，攫取物质财富的欲望一刻都没有止息，所不同者只是蒙上了一层文明的面纱而已。大清帝国是一个物欲横流之地，国人日出而作、日落而息，所有的活动都紧紧围绕着"食物"这一中心，其势利贪鄙之状，令人发指。富贵阶层耽于饕餮盛宴，小康之家尽享口腹之乐；只要供养得起，不惜醉生梦死；但凡入得了口，举食不择其物。作为世界上食性最杂的民族，只要毒不死，飞禽走兽游鱼、蔬菜水果粮食，自然界奉献的一切经由中国人之手，都会烹制成色香味俱全的美食——野马肉、蚕蛾蛹、熊掌，以及取自北起满蒙、南至暹罗柬埔寨的野生动物蹄爪，均被奉为珍馐异馔而广受追捧；桌上摆一盆"燕窝汤"[①]，更是身份地位的象征。通州是京师豪门官第采购食材的场所，"闲看屠夫或拎着狗肉在大街上走来走去，或驱赶着五六只狗赶赴屠宰场，真是别有一番滋味在心头，即将引颈就戮的小狗一路哀号，闻声或嗅到空气中弥漫的狗肉味、赶来解救'死难兄弟'的流浪狗跑前窜后，狺狺之声不绝于耳。屠夫手里拿一根棍子或者长鞭，抢得风车儿似的且战且退，一俟奔入自家的肉铺即闪上大门，躲在里面做那些见不得人的交易。"小商小贩挑着装有活体猫、狗、老鼠、鸟类以及海参、从甘蔗中扒拉出来的一种虫子等物的篮笼，从码头或各处街巷涌至集贸市场。中国肉狗市场上最常见的狗种是猎鹬犬，可怜的家伙困在囚笼里，两只大耳朵掩盖下的眼睛流露出哀告无门的凄凉神情，耷拉着脑袋等待着命运的宰割。但是家猫没有狗那种逆来顺受的精神，这些小动物上蹿下跳，不时发出凄厉的叫声，至死都没有放弃求生的努力。狗是人类最忠实的朋友，而猫驱蛇捕鼠，是人类最可靠的帮手，这样的场景对于任何一位外国人——包括信仰基督教的欧洲人和信仰伊斯兰教的突厥人——来说都是严峻的心理考验。中国古籍上有关于烹制猫肉美食的记载，不过根据考证，书中提到的"猫"实为北方蛮夷部族猎获、带到中原城市地区繁育出售的野猫，与家猫毫无关系。鼠肉也在大清帝国各地的食材市场屡见不鲜：自胸及腹剖开抹平，用竹签细木棍等穿过大腿，整串出售；经此一番加工，老鼠已变得面目全非，看上去不再那么令人作呕了。

通州码头有很多茶肆：竹竿撑起的竹布伞下摆一张石案、几条凳子，案头可见比我们日常使用的水杯小很多的茶盏，案侧是热气蒸腾的茶炉；设施虽然简陋，却也是过往行人打尖的好去处。竹料的开发利用是通州码头一道特殊的

---

① 大清帝国款待阿美士德使团的宴席上就有马奶、鸭血等稀奇古怪的饮料、菜式。

风景，除茶档里里外外所用的雨布撑竿、桌衬、茶托之外，锥形猫笼、猫贩子头上戴的斗笠、到处晃悠的买主手中的拐杖、沿岸驻泊的大船小筏以及配置的风帆、桅杆、缆索等，都是清一色的竹制品。

只要口味不是太过挑剔，鸟贩子到处摆卖的鹬鹰鹳鹫，还有偶尔现身市井摊档的猫头鹰等未尝不可下咽。欧洲市场并没有这些鸟类的踪迹，与其认为这是一种禁忌，毋宁说是约定俗成的消费习惯；个中秘辛，谁也无法厘清。中国人饲养最多的家禽是鸭子，大江南北、长城内外，但凡有水有中国人的地方，总能看到鸭子的身影。中国人对鸭子的习性了如指掌，懂得利用炉灶、粪堆等营造恒温环境，孵化小鸭。小鸭是早成鸟，出壳不久就被驱赶到河畔泥塘等泥螺一类软体动物麇集的地方，无须耗费人力物力，就能吃饱。"牧鸭"是中国农村的一大景观：鸭主人驾一叶扁舟将鸭子运载到觅食地，然后取出哨子或铙钹之类的响器吹打一下，鸭子便如听到进军的号令，齐刷刷投进河水之中，享受大自然免费提供的大餐。估摸填饱肚子以后，"放鸭人"会再次鸣哨击钹，小鸭子听到主人的召唤，当即从田间滩头赶至河边，争先恐后地游回主人的小船——哪怕眼前有千舟万舸，哪怕召唤鸭子的号角此起彼伏、响成一片，鸭子总能准确判断主人发出的信号，及时做出反应。这个时候主人则会将一块木板斜搭到河水里，专供小鸭子"登舰"之用。奖勤罚懒、"整饬军纪"是放鸭人的神圣职责，小鸭子收队的场景很有看点：抢在前面的鸭子，主人会奖励一些"点心"；落在后面的家伙，主人的一顿杖责是免不了的。令行禁止，奖罚分明，鸭子们自然会奋勇争先：看木板上攀爬的那些黄色毛绒球一样的家伙，弱者再努力，也会被后来居上的强者踩在蹼爪之下，难逃"打板子"的命运。中国鸭农采用的这种养殖办法对鸭肉的品质有一定的影响：运动有消脂健肌的作用，所以中国市场上出售的风干全鸭外形独特，像剔除了皮下脂肪层的动物标本。"背一大捆风干鸭子跋拉在大街小巷间的男子，这就是典型的中国人。"雷先生在旅行札记中写道，"中国人屠宰家禽，血一般都在动物垂死挣扎的过程中抛洒殆尽，但鸭血的待遇与众不同：他们用盆子接血，待放凉凝固后再搁到水里进行冷浸处理，提升血块的色香味品质。'唯独肉带着血，那就是它的生命，你们不可吃。'饮血固为禁忌，但只要好吃，中国人是不惮于犯禁的。"

剃头挑子

剃头挑子

明晃晃的天灵盖后垂一条辫子，

汉人的尊严，被满鞑子的铁蹄踩在脚底。

——《征服中国》①

————————

① 原文为"Conquest of Cathay"。

　　清朝以前的中国人有蓄长发的习惯，此俗不仅在中国由来已久，世界各地的部族均遵从此例。剪发是人类社会发展到下一阶段的产物，并且多与执政当局的法令或其他外部强制措施有关。满族人入关后全盘接受中原文化，唯独抓住发式不放，要求国民剃去额发，剩下的头发编成辫子，挑在半秃的头顶上，以此作为汉人对满族统治者臣服的标志。奉行"身体发肤，受之父母，不敢毁也"这一信条的中国人，初时的哀伤可想而知。不过随着时光的流逝，从一国之君到贩夫走卒概莫能外的那副尊容渐入人心，当初的抵触心理也日渐淡化，直到冰化雪消。举国之民半边头不能见发，这催生了一支庞大的理发师队伍。这些理发师没有固定的营业场所，不过管理非常严格——没有官府颁发的执照私自操刀，犯者将受到严厉的责罚。

　　中国人剃发的同时还要刮脸，过程烦琐，工具又简陋（只有剃刀一把），故此单凭一人之力根本无法完成。据称仅广州一地，剃头匠即达七千人之多。这些人挑着一副担子在大街上游走，闲时拨弄长长的火钳招徕顾客。剃头匠的挑子也有讲究：一头是装有剪刀、毛刷、洗头洁面用品的白铜箱，兼作顾客理发时的坐凳；另一头则是一口普通的板箱，内中收纳的是水囊、洗脸盆、火盆等专用器具。大胡子不准长、小胡子40岁以前也不准留，头发必须纹丝不乱地梳成辫子，面部哪怕有一丝半缕披散的头发就是干犯王法。这些剃头匠技艺精湛、手法纯熟，看他们一把剃刀运转如飞，不仅头皮刮得油光锃亮，颈项间的汗毛和多余的胡须也一根不留，着实令人叹为观止。这些理发师使用的剃刀非常简陋，但用起来很顺手；另外挑子里都备有磨刀石，刃口总是磨得锋利。

　　不过剃头只是街头理发匠全套服务中相对简单的一部分，洗理按摩才是体现真功夫的地方，配套器具也更加精巧繁杂。剪个头发也要牵上养生，这是东方国家流行的传统：顾客被安置在一张宽大的躺椅里，剃头匠先用双手拍打全身，继则大力抻胳膊扯腿，这就是中国人津津乐道的"舒筋活络通血脉"之术。有些按摩动作非常奇特：理发师一只手牵挽顾客的指掌、另一只手将顾客的头推向相反的方向；顾客的指关节在理发师揉捏下喀喀发响，期间理发师那双神奇的手还会腾出来，拍打顾客身体的重要部位。扮完理疗大师的角色，这个时候才轮到理发器械抛头露面：先是用耳挖掏一阵耳朵，然后用外观酷似金合欢花朵的刷子拂拭头面，最后粉墨登场的是剃刀和水壶。即便是眼睛这么娇贵的器官，一旦长了倒睫毛或者存在眉毛散乱一类瑕疵，理发师也是照修不误，专用工具还不止一种。譬如眉笔，就是一种用兽角精心削制的长条，末端粘有一粒珊瑚；用时剃头匠翻起顾客的眼皮，用此物轻触眼睑内膜——顾客瞬间泪落如雨，那种感受，没有切身体验过的人，根本无从想象。推拉按摩服务耗时大约半小时，最后一道工序是修甲：手指甲、脚趾甲挨个儿修剪一遍，总共收费一便士。大清帝国王法虽苛，法外之地照样存在：为亲人守孝期间，中国人依古制不得洗理须发。

剃头挑子

剃头匠

早出晚归穿梭在繁华市井，

他高亢的号子声响彻街坊；

理发修面他运指如飞，

谈古论今他巧舌如簧。

　　剃头匠在大清帝国社会经济生活中扮演的角色是如此重要，我们有必要深入探究这一特殊群体，并对此前某些含糊片面的说法做一点必要的补充和纠正。中国的剃头匠有两类：一类是走街串巷的挑子客，还有一类是坐地经营的固定理发摊点——当然，各家着落位置各有不同：店面、街角、自家的院落，都是施展顶上功夫、服务八方来宾的好去处。依据律法，大清子民不仅要编辫子，该剃干净的地方必须定期打理，发痕明显者将依例处罚，故而理发在这片广袤的大地上是相当发达的行业，仅广州一地即有两万余家。有人的地方就有江湖；与中世纪欧洲的发廊一样，中国的剃头铺子也是纵论天下之地、摇唇鼓舌之所：口耳相传的稗史神话、街坊邻居的逸闻趣事，经由这样的渠道四处扩散。

　　用惯了高端精工刀具的英国人，乍见中国人刮胡须的场面一定会大感毛骨悚然：中国人用的"剃须刀长两英寸、阔一英寸，刀片做工粗糙，刃口锋利、刀背宽阔，尾端铆接带槽的细木条——折起来是刀鞘，拉开后便是手柄，手感相当沉实。"然而就是这么一把简陋的工具，领教过中国剃头匠工夫的欧洲人都拍案叫绝：不仅剃得干净，而且没有任何不适感，整个剃须过程几乎是在无知无感的状态下完成的。中国的剃头匠一专多能：一只手修剪头面，另一只手梳弄发辫；大功告成之后，还有一些细枝末节的工作，诸如使用拔毛钳清除耳毛、鼻毛等，此时一种特制的棉签便会登场：竹签上缠些许棉花，专供清理眼睑污垢、掏耳朵积尘。这还不是理发匠工作的全部内容，如果有顾客提一些额外要求如修脚一类，剃头匠还会代剪趾甲、胼胝。当然，大清帝国子民头上那根大辫子还要抹油，这一点无须赘言。

　　中国的"理发师"有一个职业特点：服务对象仅限男性；女性理发多仰仗相同性别的家庭成员，如母亲、姐妹等，邀约擅长此道的亲朋好友上门服务也是家常便饭。听到剃头挑子经过发出的声响（这些人游街转巷招揽生意，路过各家各户的大门都会把手中的剪刀当乐器用，剪出疾徐有致高低错落的音韵），主人也会将剃头匠招至家中，不过剃头匠的活动范围有一定的限制：内室禁地，不得踏入。这是沿袭千年的礼教传统，在中国人看来完全合乎情理。

　　只要凭一己之力承担得起，中国多选择剃头匠挑担的方式运送货物。瓜果蔬菜粮食衣物……只要能塞到筐子里的，他们都会分成均等的两部分，一前一后用扁担挑在肩上。中国妇女不仅是家养的宠物，也是活跃在田间地头的劳动好手；像此等繁重的体力劳动，她们也无由回避。如果负荷太大、单人无力支撑，中国人照样有办法：他们将重物移至扁担的中部，然后改担为抬，两人分扛扁担的两头，合作完成运送任务，做法与我们欧洲的酒厂向货栈分送装在大木桶内的酒品如出一辙。中国是个产业不发达的国家，民间运输全仗人力，所以搬运工（所谓的"苦力"）不愁找不到活路。这一特殊人群经年累月劳作不休，肩部肌肉形成坚硬厚实的胼胝，负重能力极强且不易受伤。

定海城郊

定海城郊

这是纸上谈兵，这是园中跑马；

徒见刀光剑影，不见血肉横飞。

就像一群喊打喊杀的孩子，

用虚张声势掩盖内心的惶惑。

——奥利弗·戈德史密斯

　　中国没有法定节假日，不过这并不妨碍中国人忙里偷闲、举办各种节庆活动。中国人凑热闹的兴致如此之高，寻常事务也会成为他们庆祝的由头，披着宗教外衣的庙会自不待言。无酒不成欢、有会才是节，中国人特别看重聚会，普通的休闲活动根本入不了他们的法眼。至于训练有素、演技精湛的群众演员更是繁如过江之鲫。定海是个建城历史悠久、人丁繁庶的商业重镇，绿水青山，风景如画。野趣天成的自然景观，源远流长的人文胜迹，将这座万顷碧波之上的岛城装点得格外迷人。定海郊外大牌楼下，清溪奔涌、古桥生苔，向来都是市民游玩的好去处。地方性节日多和逢节必庆的民族文化传统，间以中国人好大喜功、凡事都要把排场讲到极致的特点，这块方隅之地终成会聚八方来宾的游乐场，承载鲜活民俗的博物馆。有宗教、政治等深厚人文背景的纪念性节日毕竟不多，变通手段总是有的：找些冠冕堂皇的理由制造无厘头节日，为自己蝇营狗苟的生活增添一抹亮色。此俗不仅在这个东方古老民族盛行，古希腊、罗马、埃及诸国也概莫能外。中国人深知物欲是快乐之本，他们眼中的神也是追求口腹之欲、纵情声色犬马的主儿，所以每到逢年过节，中国家家焚香、户户拜神，几案上摆满蔬果肴馔，大门口高悬红纸灯笼。大小寺庙里都是虔诚的信徒，俯伏在面目狰狞可怖的神像下面，一颗光头磕得砰砰作响。

　　中国节庆活动（庙会）中担纲主演的多非专事弘扬佛法的和尚，而是热衷法事的民间人员。无论老庙旧神龛，还是临时搭建的供台，神座的前面都摆放着精美丰盛的祭品。中国人的宗教信仰多跟迷信结合在一起，佛事仪式非常隆重；此类活动正是烧香叩头、祈福还愿的绝佳机会，善男信女的祷告声、钟磬铙鼓的敲击声、箫笛号角的吹奏声，响彻林野。当然，他们敬奉的神并没有那么灵验，琳琅满目的食品并不见有神前来摄取，最后都落入主祭者甚至旁观者的腹中。事实上，中国人举办庙会的本意并不在礼佛，寻欢逐乐才是他们的终极目标。过场走完后，好事者会就近点燃堆放在寺庙外的废纸或者柴草，宣告敬神仪式结束、节庆游行正式开始。扮演不同角色的参与者组成阵容强大的队伍，在惊天动地的锣鼓声、喑哑或悠扬的丝竹之音中徐徐前进，紧接着登场的是旗牌手：背负饰有宗教图腾或者英雄人物形象的彩旗，志得意满地行走在队列的前面，后面是可着劲儿吹打的乐鼓手——表演不怕动静大，中国人图的就是一个热闹。游行活动的组织还有一个讲究：随队携带一件象征权威、神圣不可侵犯的道具，诸如箱箧、珠宝之类显眼的东西，大家都以护持这样的神器为荣，拉大旗做虎皮，沾光领受众人的敬仰。在中国，结队游行的现象屡见不鲜——祭祖要吹打、迎娶新娘要吹打、埋死人也要吹打——然而活动的组织形式却是惊人的相似，以致旁观者根本猜不透那一彪人马动转的意图。

一位住在澳门的英国绅士某天一大早起床为居留中国多年的老朋友送行，半路邂逅一队吹吹打打的人马，抬顶轿子徐徐前行。这位绅士误以为遇上了迎亲队伍，于是驻足路边，准备一睹新娘的仙颜。在他掀起轿帘的那一刻，赫然发现端坐轿中的并非一身盛装的中国新娘，而是他要找的那位胡子拉碴的朋友！这是当地人专门为他的朋友组织的送行仪式，表达"斯人已去、盛德永存"的盛意。

元宵节

张灯结彩

他们用烛天的灯光张起幻影的大网，
　　内心世界里却弥漫着无边的黑暗。

　　　　　　　　　　　　——琼斯

中国人没有"周工作制"的概念，不存在礼拜天休息的问题。中国流行的是五花八门的节日：祭神拜妖魔的节日、纪念民间传奇主角或历史人物的节日、祀祖的节日，等等，一年到头节日不断，祷祝活动也是花样翻新。首先，举办婚丧嫁娶活动的规格不低于任何一个传统节日；其次是端阳节赛龙舟；另一个重要节日，当数流行地域最广、最具民族特色、风格也最为炫目的春节。这个节日从中国阴历年的首日开始，长达四十天的农闲时段基本就是一个节庆季：富人花钱雇请戏班子、穷人搬板凳看戏，男女老少都穿上最体面的行头，游玩数日享受那份难得的闲暇。被各种迷信禁锢头脑的中国人有个习俗，大年夜去附近的寺庙里"接火"：用庙里的长明灯点燃一支蜡烛，然后秉烛回家。如果灯火一路不灭，预示着主人来年交旺运，财源滚滚百事顺遂；如其不然（烛火半道被风吹熄或因其他原因熄灭），主人将触霉头，一年不顺。

中国阴历年的第一个月有个专用名称：正月。这个月的月圆之夜，也就是正月十五，是中国的传统节日"元宵节"，千门万户、衙门差馆……所有建筑设施的廊前檐下都要悬挂各式各样的灯笼，以志庆祝。此风发端于唐朝，大兴则在三个世纪以后的宋朝。与埃及光明节不同，中国的元宵节没有具体的纪念主题，衍至今日已经演变成灯笼制作、焰火燃放艺术的活动。此日晚间，整个中华大地灯火连天，恰如希罗多德笔下的埃及："从尼罗河上游水流湍急的河谷地带一直亮到地中海沿岸。"每一处高台都挂上了灯笼；每一家的房前屋后、每一座伫立山头的宝塔、每一处偏居林野的寺院、每一架桥、每一只船，都打上了这一民族文化表征的烙印。中国灯节令人叹为观止的地方不止于灯笼悬挂量（据称逾两亿），重点还在制作工艺的超凡入圣上。中国的灯笼外观精巧、风格多样，使用的材料也是种类繁多、不胜枚举。花草虫鱼、奇禽异兽，大自然所有能给人带来美感与享受的东西，都摇身一变成为了中国灯匠一手炮制的艺术品；至于灯体上的装饰，那更是制作者恣意挥洒个人才具的演武场，真实存在的景物、凭空虚构的意象，均可形诸画面、裱糊到笼骨之上；单看制作材料，中国的灯笼也不全是纸糊的：贝壳、云母、兽角、玻璃、棉布、丝绸……但凡透光的物事，中国人都会信手拈来，经过一番雕琢打磨，化身或质朴简约或美轮美奂的灯体。除了挂灯，中央帝国的子民还习惯使用手提灯。非至油干灯草尽的那一刻，谁家的灯笼都会那么明晃晃地亮着，星星点点在暗夜里放光。

元宵灯会，孔庙、佛教寺院是中国人惯常光顾的地方。这场盛事中发挥主要作用的角色还是灯笼焰火：这边是一条通体发亮的金鱼，不过大张着的嘴巴里吐出来的，不是晶莹剔透的水泡，而是忽短忽长的火舌；那边又是几条中国人最崇拜的龙，一双空洞洞的大眼睛喷射着火花，显得格外狰狞可怖；一些叫不上名字的怪兽倏忽间燃烧成一团火球，烈焰升腾、灼人眼球。这些灯笼都挑在高竿之上，游人擎在手中游走四方，划破澄澈而又暗淡的夜色，宛若幽暗的湖心往来穿梭的飞鸟游鱼、爬行动物，煞是好看。

天朝上国玩焰火的本事出类拔萃，当今世界恐怕没有哪个国家能与之相比。中国人也舍得在这方面花血本，再穷也要挂只灯笼出来。最近中英关系恶化，衍至最后不得不以战争的方式解决争端；就在两国罢兵休战的间隙，广州人便急不可耐地向异域人士展示了一把他们高超的花灯制作手艺。以下文字摘自一位西方人士描述大清帝国见闻的大作，姑且不论细枝末节方面的浮饰虚构，总体上对中国人国民性的把握就非常准确到位[①]：

"最引人注目的是一具葡萄藤状的架子灯，枝干疏离、繁叶密结，一挂挂葡萄悬垂在架下，绿的浓郁，紫的清新，那外观与真正的葡萄毫无二致；加之色彩斑斓的蝴蝶忽起忽落，翩然翻飞，恍惚间仿佛置身田园，满目养心怡性的

[①] 见威廉・B. 兰登《有关中国与中国人的一万个事实》（*Ten Thousand Things Relating to China and the Chinese People*，又译《万唐人物》）。

人间胜景。葡萄园之后是异彩纷呈的焰火：但见长蛇蛟龙，凌空飞舞；簇簇火箭，散成漫天繁星。如果说这只是戏剧舞台上预演的小品，紧接着上演的无疑是一出大戏：忽见烟花遍地升腾，照得四周亮如白昼；各式各样光怪陆离的大灯笼点染其间，灯面一律配饰彩色汉字和花鸟、团扇组成的绚丽图案。一幕未谢，另一幕已然登场：一根光环缠结而成的灯柱冲天而起，闪闪烁烁数分钟不灭，效果之玄幻，大有盖过前作之势。最后上演的是压轴戏：一条硕大无比的中国龙破空而出，上万只扑扇着火翼的小龙、锦旗彩幡游走周围，恰如众星拱月一般；电光火石间，龙背上突然闪现大清帝国皇帝的身影，'圣体'由蓝转黄，最后幻化成不可逼视的白光，煌煌如经天之日。此刻灯会怡游活动达到高潮，山呼万岁之声从四周响起，翻江倒海、震耳欲聋。不多时皇帝的头顶乍显一方绿色的华盖，宛若张开的火山口，无数条流光溢彩的火箭奔涌而出，直射渺渺夜空。"

迎春赛会

迎春大典

来吧，春天，让和煦的春风吹过大地，

漫天舒卷的春云，正在播撒无边的润泽，

春天的旋律在人们的指喉间流淌，

响彻漠漠平畴，轻抚婆娑玫瑰。

——汤姆森

中国的节庆活动有一个特点：充满神秘气息，多与斗转星移、天体运行等自然现象联系在一起。中国人研究天体拓展的不是天文学知识，而是弘扬另类的拜物教：他们密切观察、精心测算日月运行的轨迹，依据这两大天体所处的位置制定节气、举办隆重的节日庆祝活动。当太阳进入黄道15度宝瓶座所在的位置，亦即每年的2月份，中国的迎春盛会即告登场。虔诚的中国人节前都会赶山场、烧香敬佛、参谒道观、奉祀先贤古哲；而迷信思想不那么严重的中国人则利用这一年中难得的闲暇，走亲访友、览胜探幽，度过一段自得其乐的美好时光；另有一拨人则专以贺节为务，致力于筹办异彩纷呈的娱乐项目。延续旬月之久的拜祭，丰富多彩的日程安排，家禽、家畜、人、五谷、桑麻、菜豆……但凡与人类的休养生息有关的物什，都是中国人展示和膜拜的对象，春节期间各领风骚一整天；而此间最重要的节日，当数专为人和牛留置的两天。
"牛日"一到，各处乡民齐集路口，组成浩浩荡荡的队伍向附近的庙宇进发；当地最高行政长官早在庙中迎候游行队伍，面对五色杂陈的"牛神"偶像俯伏尘埃，按规矩献上一份祭礼。"牛偶"披红挂锦，全身的装束给人光怪陆离之感；部分游行者手持鼓锣唢呐一类乐器，另有一部分人各执旗幡灯笼或象征瓜果、凤梨之类大型水果之类的道具，吹吹打打，好不热闹。扮相与西方的林妖或者牧神差堪仿佛的小男孩或骑于树枝之上，或端坐藤木编结的小轿阁内，被固定在高台之上，任人抬着四处游走；而另一具高台上，打扮得花枝招展的小姑娘擎一束茶花，代表中国利用价值最高的经济作物之一，以花之柔媚叶之宝贵著称的茶树，颇有一番百花仙子的气度；而高踞于壮观阵容之上的是一具水牛框架，或泥塑或竹编，外部蒙一层画得花里胡哨的纸壳，驮行的是好几个身着春装的壮汉。迎春队伍中夹杂数百架高台或者简易抬桌：各置数名童男童女、一具水牛塑像或神祇的脸谱，一俟抵达庙会现场，前一天即到场张罗、主持祭礼的知府便会门外迎接。迎春大典举行期间，知府拥有至高无上的权威；即便总督钦差大驾亲临，也要唯知府马首是瞻。身披华贵的官袍、头顶绣边的麈盖，作为迎春大典一项议程，知府大人还须代表朝廷慷慨陈词、赞春劝耕，礼毕挥起皮鞭连抽牛雕三下，象征一年农事之发端。知府大人鞭牛意味着官方赞礼仪式到此为止，游行队伍赤膊上阵的时机已到。众人纷纷捡起石块投向牛身，那尊专为应景临时赶制的雕像顷刻间土崩瓦解。牛雕解体、事先放置其内的"好运钱"破壳而出，众人奋勇向前拼命抢夺，场面一时混乱不堪。之后游行队伍再度集结，敲锣打鼓向市区进发；每遇一处管事衙署，那一大拨人马便会停止前进，摆开阵势表演那一套多少年陈陈相因的闹春节目；主家的回报是撒一些喜钱：赏格不拘多少、只求点到为止，但值此良辰吉日，主人的表现一般不会太过寒碜。

"人日"祭拜的对象换成了一具有模有样的人像，连同展台、工役、"太岁"雕塑等一并由官府提供；"太岁"是司年之神，在中国代表六十年一个轮回，具有特殊的含义。意大利巴勒莫地区有庆祝圣罗萨利亚节的传统习俗，套路与中国的春节颇有几分相似，但内涵与中国的春节大相径庭。不过古埃及流行的"神牛节"，从活动主旨到组织形式，各方面均与春节如出一辙。

清明祭祖

清明祭祖

不要打破无边的黑暗，

红尘已非我们所恋。

——《泰特斯·安特洛尼克斯》

东西方民族纪念死者的仪式各有细微差异，但都具有一定的魔幻色彩。古希腊人定期大开魔宫之门，推放活人入内，向恶魔奥库斯献祭的习俗，中国人奉祀祖先，拉丁人掩埋遗骸并祝愿死者的灵魂早渡冥河飞升天堂的仪式，形式上惊人地相似，这些都不能简单地归结为一种历史的巧合。葬身大海的水手向阿尔库塔斯献祭，目的还在寻求庇护：

> 朋友，请不要轻慢我的虔敬，
> 拂落那一掬跪献的流沙。

根据古代传说，人死之后如果因故未能举办葬仪，则死者的灵魂在冥界游荡，无法进入极乐世界。中国人的死生教化之道与西方有别，其中更含着因果轮回、报应不爽等一系列恐怖元素：

> 我化身孤魂野鬼，咒怨共山高水长；
> 纵然你势焰熏天，最终也要血债血偿。

中国的迷信与古希腊、罗马神话传说之间的联系非止一端，以我们目前的研究水平，许多线索还有待发掘。中国人关于阴阳两界的观念来自一个古老的传说：相传古代有一位王子，为了救回魂归西天的母亲，不惜以身犯险进入阎罗王统治的阴间。大功告成之后，重返阳间的王子对他的国民讲述自己在阴间的所见所闻，包括积德行善者死后灵归天堂尽享欢乐、作恶多端者最后只能堕入十八层地狱接受骇人听闻的惩罚，以及阴灵靠阳间亲友的祭品维持生活诸般情状；古代希腊、罗马神话中，类似的情节人们耳熟能详：譬如俄耳甫斯为欧律狄刻招魂，埃涅阿斯拯救父亲安喀塞斯，尤利西斯向特伊西亚斯咨询生命的意义，等等——通灵题材与诗歌出现的年代一样久远，文艺复兴时代的但丁也曾围绕这一主题撰写过摄魂夺魄的华章。前述进入冥界、拯救母后生命的王子返回阳间的日子是中国农历的七月一日，整个农历七月随后成为祭奠死者、超度亡灵、向冥王献礼的鬼月。每年，中国人会搭建临时性祭台，竖起祖先的牌位，摆上珍馐佳果以及用彩纸剪成的寿衣、冥币等鬼魂在阴间行走用得着的祭品；与此同时大张旗鼓地张罗庙宇的门面，在四面墙壁上信手涂鸦、画满不伦不类的神祇肖像，面目狰狞的阎君鬼判，持斧执戟的刽子手，惨不忍睹的行刑场面，向世人昭示善恶有报、上苍难欺的处世规则。祭祀期间一般有和尚主持法事、适时点拨不谙此道的主祭人、吟唱安魂曲并伴以低沉舒缓的鼓乐，渲染出一派鬼气森森的幽暗氛围。祭祀结束后，花花绿绿的冥钱冥袍都会付之一炬，奉献的美味佳肴也将成为和尚的腹中之物——至于箪食壶浆、远道而来的孝子贤孙，心愿既了，落得两手空空、脑袋同样空空地打道回府。

龙舟竞渡端午节

端午赛龙舟

他们奋楫中流、鼓呼而前，
用意志和毅力挥洒胜利的希望。

——德莱顿

　　龙在西方人眼里是邪恶的化身、人类的宿敌，但在中国却成为全民族顶礼膜拜的偶像，地位极为尊荣，东西方文化间存在的对冲现象，发人深省。不过基督徒据此便沾沾自喜，得出中国人愚痴鲁钝、任人宰割的结论，那就大错特错了。一位对中国问题有独到见解的欧洲学者①曾经这样描述这个东方国家："中国人普遍讲迷信，这一点让人印象深刻。装神弄鬼、捏造神迹、托天之名行愚民之实，在他们眼里，所有的天灾人祸都是天意。"紧接着他又写道，"只要善于小赐恩惠笼络人心，魔鬼撒但也会成为中国人心目中的大救星；无论其本质是多么邪恶，这个民族的人都会供之高堂，唯命是从。"敬邪神、事魔道，占据国民意识之大流的是奴性思维，这是一个不争的事实；有数千年文明发展史的国家何以沦落至此，隐藏其后的原因还有待进一步发掘。

　　根据古老的传说，中国是四大瑞兽驮起的国度：麒麟司文，每有贤哲出世则现身；乌龟司德，国泰民安之期则临凡；凤凰主信仰，掌管天界人间善恶轮回；龙则代表王权，君临天下统驭万物。以"真龙天子"自居的皇帝，更是居龙庭、着龙袍、坐龙椅、乘龙辇，圣旨有龙纹、符玺有龙饰，处处以龙的姿态出现。龙是威权的象征，专擅呼风唤雨、掌管天地造化；龙的牛脾气一旦发作，则天地为之变色、山河为之倒悬；就连日食、月食之类的天象，在中国人眼里都是龙翔九天、吞吐星汉的异征。中国农历五月五日端阳龙舟大赛，便是专为苍龙筹备的节日大礼，旨在转移龙的注意力、满足龙的贪欲，防止"龙颜

---

① 指意大利传教士利玛窦。

大怒"制造无妄之灾。

龙舟造型奇特，舟身逼仄仅可容人，而长度足够容纳五十至六十名桨手安坐，整条船看上去就像一条昂首翘尾的出水苍龙。赛时千舟竞发，岸边一众看客的吆喝响彻云霄，再加上疾鼓繁弦的激励，在水手虎吼雷鸣般的号子声中，船桨同时起落，碧波漾珠、船行如梭，景象极为壮观。由于龙舟排列过于拥挤，行进中相互辗轧碰撞的情况屡见不鲜；不够高大坚固且航速不快的船只，樯倾楫摧，在所难免。不过观众的目光只会向胜利者聚焦，落水者的挣扎向来不会进入他们的视野。龙舟的中腹部位一般都安装有一面硕大无比的牛皮鼓，三名鼓手各持鼓槌、抡圆了胳膊敲打鼓面，那雄浑的鼓声回旋于浩渺烟波之上，闻之令人血脉偾张。露台旁边还有一个小丑，和着鼓点龇牙咧嘴、辗转腾挪，极尽滑稽搞笑之能事。船头小甲板上站着两名执戟武士，他们的职责就是耀武扬威耍花架子，以此壮大自家团队的声威。龙在中国文化中有善恶二重性：一方面代表皇家威严、具有广施甘霖普惠万民的特点，另一方面也扮演着涂炭生灵的恶魔角色，平时深藏于幽暗的水下，不时跳出来为祸人间。虽然水手人身财产安全的主要威胁来自海雕，而不是凭空虚构出来的什么怪物，但对于漂泊水上或寄居水边的中国人来说，神出鬼没的龙才是最大的敌人；故此他们平时敬之犹恐不及的偶像，一到每年6月这个特定的节日，便成为大家竞相驱赶的瘟神。先在国旗上绣龙、国玺上镌刻"飞龙在天"的金字，后又在长江、珠江河面上大张旗鼓地举办逐龙活动，如此首鼠两端的民族，放眼天下，绝无仅有。

中秋拜月

中秋拜月

庄稼已告收割，农事忽见闲暇，

任秋风吹过大地，淫雨不侵我家。

扎紧院外的篱笆，且与心上人絮语窗下，

冬日里漫天的飞雪，恰似心底落花。

——汤姆森

中国人敬神不需要理由。天神地仙、土妖瓦怪……自然界存在的一切，都有可能成为中国人顶礼膜拜的对象。中国人建庙宇、修祠堂，敬奉有来历没来历的各路神仙。体现一地建筑装潢艺术最高成就的殿堂内，摆放的却是面目狰狞、不成人形的泥塑木胎。中国人喜欢烧香上供，敬神是他们日常生活中不可或缺的重要组成部分。无论社会现实与个人信仰多么格格不入，中国人却至死不悟、始终不忘拜神礼佛的初心。中国两千年文明传承，充其量不过是一部罔顾事实、坚守蒙昧时代即已形成的各种妄念的历史。

中国的祭祀活动按隆重程度分大、中、小三种规格，秋收后的感恩祭拜属于"中祭"的范畴。在一个不敬苍生敬鬼神，将人世间所有的悲欢离合、祸福得失均归结为神意的国度里，不管年景好坏，劳神自然是分内之事。

中秋月圆之夜，中国人无论身在何处、所为何事，都要将手头的冗务弃置一边，拿出穆斯林人群中才有的那种接近狂热的虔诚祭奠五谷之神，这便是中国的拜月仪式。拜月不需要专门的场地参谒神庙，都是当庭放一张石桌、上面摆一圈粗制滥造、不伦不类的木偶，代表天上地下各路神仙，包括山神、土地、日月之神以及雷公电母等，所有与农业生产有关的神祇都被请了出来，享受各家各户供奉的血食素馔、佳果珍馐。

中国人非常重视五谷之神。中秋佳节来临之际，即便海上漂泊的旅人也会摆上诸神的偶像，然后奉茶三盏、燃香两柱，船长及以下齐跪在临时搭建的祭坛之前，行叩拜之礼。祭罢神祇，船长会高举火把绕船一周，同时嘴里念念有词，以其敬奉的守护神的名义驱散邪魔外道。其后船长以茶水飨祭各路神灵，在诸神牌位前挨个儿泼洒一遍，然后收作一处点燃，在震耳欲聋的爆竹与铙钹声中结束仪式。

古希腊有感恩节①、古罗马有农神节②，中国充满神秘色彩的中秋节与古代欧洲感谢司农之神的原始仪式差堪仿佛。秋收结束之后，或者更明确更具体地讲一年的农事接近尾声的第一个月圆之夜，蝇营狗苟、竟日奔忙的农民掸落一身尘埃，济济一堂，对月遥祝，忘记——

当月轮西坠、晨曦初开的时候，
他们又得踏着清露、为来年奔忙。

抛开无休无止的农事，尽得一日之闲暇，中国人过中秋节不是贪图人人享受，而是表现宗教情怀。中秋过后，紧跟着就是打谷之类工作，虽不似田间劳动那么紧张，繁重程度却不相上下；更何况中国人使用的谷场工具非常简单：打碾多用砧板、棒槌、连枷，选种仰仗的是竹筛和覆于其下的大块棉布——生计如此艰难，但这一切并不妨碍乐天知命的中国人以宗教般的虔诚，祭祀给予他们生之希望的保农之神，在一家之长的主持之下选择家宅附近的一处开阔场地，摆放好供桌神像，备齐香烛米蔬，然后恭恭谨谨施祭礼、欢天喜地度佳节。与人类的理性与力量背道而驰，此刻上演的正是一幕荒诞无稽的闹剧：前有女主人毕恭毕敬地站立在临时搭建的神龛前，撩一裙新熟的稻谷向神祷告，后有全部家庭成员长跪于拜毡之上，默求法力无边的神灵保佑来年拥有五谷丰登、幸福安康的生活，至诚至善，莫过于此。静观默察中国人的拜月仪式，我发现中华民族是一个拥有强大信仰力、集忠诚淳朴于一身的民族；只此一端，对于那些奉传播基督教文明为己任，孜孜不懈地将这块古老而封闭的大地上繁衍生息的人民带离偶像崇拜的精神泥潭，让他们在我主耶稣永恒的神光照耀之下走向开化的传教士来说，难道不是别样的福音吗？

匹配本节内容的插图，描绘的是扬州城外数里的野外风光，完美体现中国

---

① 希腊感恩节是由妇女主办、庆祝司掌农业的谷物女神得墨忒耳的节日。

② 罗马农神节是纪念五谷女神刻瑞斯的节日。

南方地区的风土人情。一座三级行政建制的城镇构成画面的远景，天光塔影，历历可辨；中景是漠漠平畴，稻谷头茬已收、二茬未播，正是农事交替的季节；而隆重的祭祀仪式、少到拿不出手的稻谷，充盈整个前景，活脱脱地再现了中国人的极度功利主义。

综观整个画面，中国人对堪称国树的竹子开发利用的广泛性和艺术性，令人不由得对这个民族产生敬意。竹庐、竹门、竹槛、竹篱，中国人的"华居"是竹子搭建的；竹筛、竹扒、竹笎、竹担，中国人的生产工具是竹竿削成的；竹垫、竹席、斗笠、竹桌、竹椅，中国人的生活用品也是竹子打造的……竹子在中国人手里是取之不尽用之不竭的宝藏，是生命的保障和财富的源泉。

九九重阳放风筝

重阳佳节放风筝

中国的节庆和健身娱乐活动都多多少少带有一点天真幼稚的色彩：斗蟋蟀、斗鹌鹑、踢毽子、掷骰子，大清帝国域内流行的游戏项目千奇百怪，不胜枚举；而其中最古老、最具活力的项目，就是放风筝。制作风筝骨架最合用的材料是竹片，强度高、韧性佳，可削到非常轻薄的程度而无断裂之虞；次品丝绢上不得台面、卖不出好价，做风筝的蒙皮却再好不过——轻致而密实，裹缚竹架天衣无缝。中国人心灵手巧，制作的风筝造型奇特、外观花哨，鸟兽虫鱼，信手拈来，大自然中的自在之物都是风筝设计最好的模型。秋高草黄、风动鸢飞，那漫天斑斓的色彩、那惟妙惟肖的效果，还有气韵生动的姿态，令人眼花缭乱、心旷神怡。农历九月九放风筝，这是中国沿袭多年的民间传统。到了每年的这一天，中国人不拘老少都会赶到郊外，拣选位置最高的场地放飞精心制作的风筝，其盛况在《锦绣山川》画卷中已有淋漓尽致的表达。画中人物个个活蹦乱跳、喜笑颜开，看得出来，能从蜗居一隅、蝇营狗苟的城市生活中求得一日之闲暇，所有人都心情大畅。直玩到夕阳西沉、暮色四合时分，筋疲力尽的人们才松开，或者在相互追逐嬉闹中扯断手中的引线，放飞那只争一日之风光的艺术品。中国人自诩为本民族发明、有助于增强这项群体娱乐活动可玩性的一项改进是在风筝的龙骨间绷上数量不等的丝线，由于龙骨存在对外张角，故而丝线的长度不一、在空气阻力的作用下振幅大小亦有细微差别，从而发出或清越或滞浊千变万化的音调；大批风筝在飞舞，和悦的弦响充塞天地间，如怨如诉、声若天籁。

风筝在富兰克林手里是探索雷电奥秘的工具；德罗马斯经过反复实验制造出静电计，使用的器材同样是风筝；丹塞船长对风筝稍加改装，便成为搁浅的船只对外发送求救信号的工具。而风筝在最初的开发者——中华民族手里，却自始至终扮演着玩具的角色，恰似印刷术、指南针施惠天下，发明者中国却并没有因此占尽先机、走在世界前列一样。

衙役与罪犯

衙役与囚犯

你们须谨记：

倒在地上的敌人，

不能再行攻击；

面对活蹦乱跳的对手，

你们也要做到进退有节，

为捍卫国王的荣耀而战。

警察扮演的是打击违法犯罪、维护社会治安的角色，在这个世界上，所有的国家莫不如是。中国的警察队伍——衙役的数量本就非常庞大，而军队作为维持国内秩序的中坚力量，同时也扮演着警察的角色。根据对"中国公门有深切了解"的蒙哥马利·马丁的说法，衙役是"中国社会最卑鄙无耻的一个群体，鼠窃狗偷之辈、明赌暗抢之徒、长于诡道善使伎俩的奸恶小人麇集衙门，勾结匪类，构陷良民，极尽作奸犯科之能事。"他们的薪酬并不高：每月一两枚银圆，收入虽然微薄，中国人却乐此不疲，为求一职各方通融打点，丑态百出——这说明了一个问题："这份差事油水不小。"他们不会拿来之不易的金钱打水漂。去过中国、对当地风土人情有直观印象的蒙哥马利说，衙役手眼通天，为地方官提供辖区内各方面的信息；有赖这一班人马的襄助，犯罪分子无处遁形。不过这些人私欲大于公心，贪赃枉法是通行的做法。

北京的治安管理比外省严格得多，正规八旗军直接参与街头巡逻。"他们腰挎佩刀手执皮鞭，举止不端的人当下就会招来严厉的惩罚。公共卫生管理也是他们的职责范围；如有必要，他们会赤膊上阵清除垃圾。他们夜间也不闲着，发现夜行而不挑灯的人，如果没有正当理由（如家中有人发病，急寻医生等），即行羁押。"广州的治安队伍以"敬业、高效"著称，与英国的巡警类似，这个群体内部也有分工，衙役负责抓贼平乱，狱卒负责看守犯人。除了国家配备的这些正规保安力量外，民间对周边环境治理的参与度也非常高，更夫彻夜报时巡街、提醒安全注意事项，大家大户一般都会安排守夜人。广州的大街两头安装大门，门后设禁室，形成一个封闭的系统；街门白天敞开、夜间关闭，抓到行为不轨的人，先留置禁室之内，盘查清楚后或送官或放行，酌情处理。每至冬春天干物燥时节，日常防盗之外，另加了一项防火任务；市民通常会用长长的竹竿搭建瞭塔，设立固定岗俯瞰民居、监视火情，与专司防贼的巡夜人遥相呼应。一旦出现警情，无论起火还是偷盗，警报很快便会传遍全城，嫌犯身处官、民联防编织的天罗地网之内，再也无处遁形，盘诘凌辱之余，还要押送官府，正应了一句中国成语："人为刀俎、我为鱼肉"。如果违法情节轻微，官府扣问翔实之后，一般以打板子之类即时性处罚了事，不消个把时辰即可结案放人。遇上多人啸聚街头起哄闹事的情况，衙役会从头到尾严密监察，一俟局面失控，他们会夹鞭带棒一顿猛打，直到驱离闹事者为止。

中国官员冠带出行，三班衙役浩浩荡荡组成扈从队伍，喝令闲杂人等"肃静、回避"的清场者在前，鸣锣开道者在后；铜锣按固定的节奏敲打，代表官吏的品秩官阶。后面就是一班形同仪仗队的侍从，引领官轿逦迤前行。捧烟袋、拿牌具盒、携伞的仆从跑前蹿后，始终不离官老爷大轿的左右。不省事或者手脚不灵便的人闪避不及，马上有人会甩一条铁链过来，套紧脖颈送地方衙门治罪。

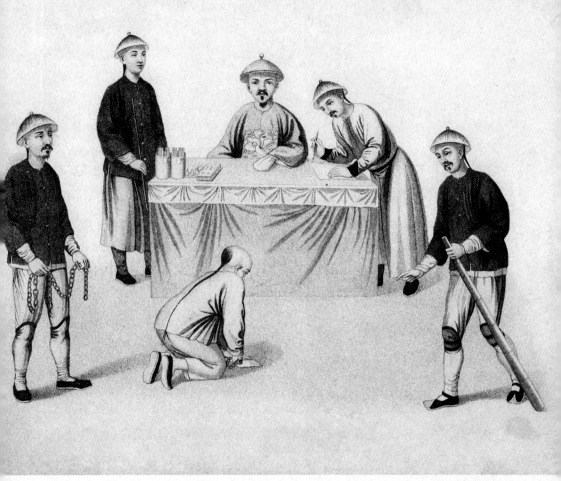

提审嫌犯

囚犯

人啊，骄傲的人们，

沐猴而冠而又诡计多端！

看你们的狂谬表演，

神灵也会泪洒江天！

中国并不是世界上犯罪率最高、犯罪手段最残忍、民风最彪悍法纪最不彰的国家。但中国的人口基数大，违法犯罪的现象层出不穷；犯某些罪名，国家采取的惩治手段会严酷到骇人听闻的地步。中国没有独立的司法机构，衙署就是法院，审判权由地方官一人独揽。中国的衙门外有一件固定的摆设：牛皮大鼓；自身权益受到不法侵害的上告者击鼓喊冤，相当于履行提告手续。司法体例如此简疏，这在欧洲人看来是不可思议的。审判过程也没有章法：只要人犯拘押到案，官员即当庭拷问、坐实罪名并酌定刑处，根本不存在程序是否合法的问题。

所谓的大清律例既简且少，没有形成完备的系统。衙役拘捕到人犯，会带到高坐大堂之上的地方主政官员面前；人犯依例跪于堂下，执板衙役立于两侧。地方官虽有自己的幕僚班子协助判案，但有助于保障司法公正的陪审、辩护人员一概缺少。官员传讯各方证人、证实嫌犯罪名之后，从置于几案之上的两只竹筒内抽出数量不等的朱签掷于地下，同时宣布判决结果。如果违法犯罪的情节相对轻微，一般只处以打板子、示众等精神、肉体凌辱类型的惩罚并即时执行；当众杖责、戴枷游街等也是判决的通例，官府借此晓谕市井，以儆效尤；重罪犯人或流放或判死刑，定案后即行收监或押赴刑场。中国人一旦缠上官司，几乎没有人能够全身而退：过几回堂、夹枪带棒吃几顿饱打，再无辜的人也会自证有罪。

广州的露天刑场设在城南的河滩，"明正典刑的死囚带到之后，面对帝廷的方向长跪于地。"一位见证人写道，"他们的头深埋胸前，在临死之前最后一次表达谦卑、顺从和对浩浩皇恩的感激之情。刽子手举起大片刀，抡圆胳膊砍向缩成一团的犯人伸长的脖颈，一颗人头顷刻间落地，留下满地横流的鲜血。"鸦片战争中城陷被俘、后解送至加尔各答的两广总督叶名琛治下，仅此一地正法的犯人即多达七万余名；有些罪犯的处决方式极不人道，零割碎剐、惨绝人寰，令人掩卷不能卒读。

广州城内外共有四座监狱，每一座都人满为患。这些中国人称之为"地牢"的设施堪称人间地狱，虽然目前有所改观，以其既往视同类如刍狗的一贯作风，难料将来不会故态复萌。1857年夺占广州后，闻知有欧洲人身陷缧绁，额尔金伯爵在法国特命全权专使葛罗的陪同下视察了这些监狱。目击者声称："囚笼围裹在高墙之内，双层竹板钉得严严实实，臭气熏蒸、脏污不堪，与畜栏兽舍几无差别。笼内尸体横陈，活着的囚徒也累于严刑拷打和饥饿，遍体鳞伤、奄奄一息。十多个这样的囚徒被带到检视团面前接受讯问，他们瑟瑟缩缩跪倒一地，其状堪怜。"有些人的双脚被夹残，只能跪行；有些人的躯干创痕密布，惨不忍睹；另有一些人当天上午方始受刑，鲜血滴沥，还戴着沉重的脚镣手铐。据称广州四所监狱的在押犯人达六千人之多，一地如此，别处可想而知。在押犯人中，检视团没有发现欧洲人的踪迹；不过查出早先死于此间的同胞有六人——两名法国人、四名英国人。额尔金伯爵不顾时任两广总督黄宗汉的抗议（此君指责英人干政、擅自处置本国要犯等），强令将伤病在身的犯人送医救治。英国人占领广州期间，对犯人的体罚一概禁绝，类似的人道灾难再未发生。

定海戴枷游街的犯人

游街示众

不是镣铐让你身陷囹圄，

不是放纵赐予你自由；

是身若飘萍的悲惨处境，

难敌命运的滔滔洪流。

——巴特勒

　　不枉不纵、审罪量刑是英国法治的精髓，英国学养渊深、智慧超卓的法学家们负笈案头、反复斟酌推敲的问题，就是如何确定刑名，并根据犯罪情节的严重程度采取相应的惩罚措施；制定严谨缜密的律条、体现慈悲为怀的法治精神，是英国的专家孜孜以求的治世目标。不过，再先进的国家、再开明的政府，还没有走到彻底废除死刑的那一步，也未能厘清该刑的适用范围，遑论采用各种辅助措施以济刑罚之不足。大不列颠施行的法律不尽合乎法理，鼠窃狗偷、巨贪大盗之流人物居然免于刑责，最严厉的惩罚无非是流放到某个海外殖民地、终生不许踏足大英帝国本岛。事实上，行迹不端的人本就不见容于社会，流放纯属狗尾续貂、多此一举。由此可见，英国亟须改弦更张，作为现有法律法规之有益补充，制定辅助刑实施细则，以期进一步完善司法体系。如果英国政要有机会阅读大清律例的原文或者英译本，他们会发现其中有许多不属刑罚范畴的自治手段，如游街示众等，直接诉诸道德良知和人格尊严，对稍具廉耻的人来说不啻斧钺加身，其在遏制违法犯罪行为方面发挥的作用，比发配更为直接有效。须知臭名昭著的罪人即使不被流放，也无颜继续混迹于桑梓故里。

　　平民鞭笞、贵族上枷，此风在英格兰由来已久，刑外加罚、肉体凌辱并非东方人的独创。不过从大英帝国走向繁荣富强的那一刻起，这类辅刑便退出历史舞台。优裕的生活条件，良好的教育，铸就了英国人完备的人格。对他们来说，与其枷槛加身暴露于大庭广众之下，不如以死谢罪、保全个人尊严。

　　几千年社会发展教会了中国封建统治者如何治世驭民——赏罚分明、有过必责，斯多葛主义①在这里没有用武之地。

> 谁对所有的罪行等量齐观，
>
> 那就是亵渎真理的王冠。
>
> 公序良俗，还有我们的智慧，
>
> 教会我们认清善恶，辨明忠奸。

　　阿洛姆先生描绘大清帝国衙役以打板子的方式处罚人犯的画作，是本书辑录的最耐人寻味的插图之一。当然，画面表现的不是滥施私刑的场景，而是正常的执法行为，打板子的数量与所担罪责相对应，是官老爷根据当朝法典详审细察、严格推敲之后方始做出的英明决断。

　　针对比较严重的违法行为采取的戴枷游街处罚措施，道德惩戒意义可能远大于肉体折磨。枷是一种两块木板拼合在一起的特制刑具，一端用铰链之类扣件固定，另一端上锁或者接拨插销、螺丝等。枷具中央位置是两个半圆形开口合成一个圆形的孔洞，用以勒卡犯事者的脖颈，双手则伸出开在前端的小圆孔，进一步限制当事人的行动自由。有时候衙役会网开一面，允许人犯腾出一只手扶枷，缓解瘦骨嶙峋的肩膀承受的压力。枷锁的插销位置贴有一张官府的封条，执事衙门的名称及封印等信息赫然在目；另一端则张贴类似判决书的官方公告，上书人犯的诸般恶行。

　　中国颈手枷的规格依人犯的体质而定，重量大概在六十到二百磅之间；上枷时间的长短同样取决于违法犯罪行为的严重程度，由地方官酌情裁定。据称有一位定海的犯人曾被判戴枷半年，夜宿囚室须臾不能安枕，白天还要被手持大棒或者蒺藜鞭的狱卒牵到人流量最大的一座城门示众，拴着一条粗大的铁链。犯人倚墙端坐，晴时头顶烈日、雨时一身滴沥，领受路人鄙夷的目光，体验遭人唾弃的落魄；好在可以卸去枷锁的部分重量，帮助犯人熬过规定的时

① 斯多葛主义，古希腊四大哲学流派之一，主张人定法之上存在绝对的自然法，主宰整个宇宙包括人类社会的秩序。

辰。如果犯人双手被铐，吃饭喝水都得靠狱卒饲喂：吃的是粗粝不堪的牢饭或者附近慈善人家施舍的饭菜干粮，喝的是就地取来的凉水。颈上那具沉重的枷锁压迫最甚的不是犯人的肩膀，而是他的灵魂：曾几何时，他也曾飞扬跋扈、横行乡里，现在却沦落到生活不能自理、靠嗟来之食苟延残喘的地步，忍受街头小混混日复一日的欺辱。

依据中国的法例，枷槛示众只是对犯人采取的惩治措施的辅助部分，如果官老爷认为有必要加重处罚，犯人服刑期满后，临释放还要挨一通板子；对于够不到死刑、罪行却也相当严重的犯人，发配边疆、驱逐出境也是常有之事。

西方人士对中国司法活动内幕一向知之甚少，直到大英国海军攻占广州、得窥城中监狱之端倪后，其律例之严苛、刑责之残酷，方始浮出水面。本书后续部分还将另辟专章，做出更加深入透辟的剖析。

游街示众（图一）

游街示众

看，执法小吏鸣锣开道，

罪犯脚步杂沓穿过市井城墟；

衙役手握粗长的鞭子，

不停抽打那赢弱的身躯。

游街示众（图二）

　　游街示众是中国人惯用的惩戒手段，这也许与同类相残、好热闹的民族心理有关。本书收录的东印度公司馆藏版画两幅，生动再现了大清帝国官府使用这种方式折辱犯人的情景。第一幅版画中出现了四个人物：江洋大盗的拷掠现场。画面中可以看到，犯人的头上插着两杆小旗——须知这两杆旗子没有任何固定装置，旗杆直接插入犯人的头皮里——那种痛楚，可想而知并不亚于鞭笞。走在最前面的衙役有板有眼地敲着铜锣，召唤远近各色人等"共襄盛举"；看热闹的人一多，敲锣的衙役便会扯开破锣嗓子，历数犯人的种种不端行为以及官府判处的刑罚——具体打多少板子。犯人亦步亦趋，紧跟在衙役的身后，双手反剪、敞衣赤足，那一脸悲苦凄凉的表情，透露出身体上难以忍受的痛楚和精神上无边广大的恐惧。随后出场的人物是执刑衙役：每走一段路程抡四下大竹板子，拿出作势欲打的样子，算是给围观者一个交代；第四位出场者是捕头，监督整个游街过程，确保刑处的贯彻落实。

　　第二幅版画中，嫌犯正遭受严刑拷打。其人被吊在一具单梁双柱的木架上，穿梁而过的绳索扎缚头脚，头部的位置保持在脚平面以下，整个身子呈倒悬之势；两名公人各持一根长竹棍的末端，支于嫌犯的胸下——此刑的执行方式是：公人奋力丢起受刑者，竹棍于身躯起落间，对其上半部分造成重创；如是循环往复，疼痛之烈，可想而知。

　　中国执行死刑的方式一般是砍头：精于此道的刽子手砍刀一挥，一颗人头早已落地，一切发生在电光火石的一瞬间。英国驻华公使馆翻译密迪乐①先生即曾于1852年在广州见识过一回大清官吏处决太平天国乱党的过程，场面极度阴森恐怖。据称刑场是一座大门包铁、低矮幽深的大屋，室内一端另设小屋一间，专供官吏监斩之用；小屋外生有一堆旺火，熊熊燃烧的檀木散发出醇厚的香气，遮掩充塞满屋的血腥味。待处决的囚犯有一部分行动自如，是在狱卒的押解下走入大门的；另有一部分则瘫软如泥，被人用柳条筐一类的载具抬至当庭，再倾倒地上，期间他们纹丝未动、阒无声息，宛若枯草一抔、僵尸一具——密迪乐先生言尽于此，对造成犯人失去行动能力的原因并未深究，不知是出于惊骇还是伤病。正法时犯人屈膝跪地，头颈前伸、脸部几乎贴于地，双手由一名差役生拉硬扯控于身后。在这种最困顿身心、最难以承受的姿态下，犯人如同待宰的羔羊，静等刽子手那干净利落的一刀。

---

① 密迪乐（Thomas Taylor Meadows，1815—1868），英国外交官，著有《关于中国政府和人民及关于中国语言等的杂录》（*Desultory notes on the Government and People of China, and on the Chinese Language*，1847）、《中国人及其叛乱》（*The Chinese and Their Rebellions*）等书。

打板子

中国式惩戒：打板子

你还是人吗？——在地上挣扎翻滚的那条汉子，

    遍体鳞伤，血流如注，俯伏在你的脚底。

    你还是人吗？——你的人性在哪里？

    他虽然罪恶滔天，但他是你的兄弟。

上下翻飞的竹板，打出来的只是一阵阵痛彻心扉的哀泣，

但你的惩戒换不来忏悔：被践踏的灵魂，只会充满戾气。

                    ——C. J. C.

中国人远离基督教文明，又没有西方国家独有的政治经济学理论支撑国家建设与社会发展，不过其国内经济生活仍然显得秩序井然、有条不紊，这与其传承千年、带有浓厚封建宗法制色彩的中央集权专制体系有关。政治、经济、军事、文化与社会生活，无不渗透以"三纲五常"为核心价值的伦理道德观念，在此基础上形成别具特色的中国式政权。以家庭为单位的人类社会形成之初，一家之长的权威不容挑战。自少及长，子女都得听任父亲的摆布，直到长辈亡故为止。这种亲子控制权代代相传、世袭罔替，在维持中国社会的稳定方面发挥了举足轻重的作用。中央帝国的政权组织形式，很多方面与作为社会细胞的家庭差堪仿佛，均以家长制为其显著特色。"自古君臣如父子"，中国人在皇帝面前就得俯首帖耳，恰如子女面对自己的父母。"官打民不羞，父打子不羞"，中国人自小耳濡目染，接受的是一套君权神授"天子"的权威不容置疑、忠孝乃立身之本的奴化教育。借助奴才体制豢养的讲愚忠不讲道义的官吏队伍，昏君、暴君得以维持自己的腐朽统治，祸国害民。览诸世界各国的施政实践，虽然中国在演绎酷刑方面不是登峰造极的国家——皇帝素以敬天地而悯苍生为驭国之最高境界，但在这个人口密度最大的国家，体罚之盛行，几至令人发指的地步。

打板子，或者叫"施肉刑"，是中国衙门惩治罪犯的通例。至于打多少大板，这取决于罪嫌的轻重。对于犯下十恶不赦之大罪的人，官府还会拉出去游街示众，然后带到城门等市民熙来攘往的地方，众目睽睽之下笞杖伺候。

中国人使用的刑具是一根长约六英尺、宽约两英寸的竹板，处罚时多名衙役将人犯按倒在地，两名领班轮番抽打大腿的后侧。一顿胖揍之后，皮开肉绽的犯人还得本着大错已铸的小孩应有的心态，向恨铁不成钢的"父母官"叩头谢恩。

19世纪初叶，造访过"天朝"帝国的传教士认为打板子是执政者整饬法纪、醇化民风的辅助手段，且有"王子犯法，与民同罪"之信条为司法公正背书，庶民自应安之若素。不过崇尚自由的国度里人身尊严不容侵犯的公民，无法理解视天下苍生如刍狗的专制王朝滥施刑罚，给国人带来精神与肉体的双重伤害，也无权就此问题大放厥词。在基督教社会看来，在施虐的政权与对强加于一己之身的肉刑甘之如饴的民众之间，谁更可鄙更应该为暴政负责，尚属未定之数。

打板子在中国司法实践中大行其道，"从九品小吏到四品高官，任何一级官僚均可对下属施加体罚。四品以上大员虽能享受'刑不上大夫'的礼遇，但这条规则仅适用于官场，在皇帝面前无人能享此特权。无论位极人臣的显宦，还是发齿尽没的耆宿，作奸犯科触犯朝纲者，皇帝照打不误。"乾隆皇帝就曾打过两位成年儿子的板子，其中一位便是嗣君嘉靖。

杖责之下，富贵者流概莫能外，这对地位卑下的草民来说多少是一种心理安慰。不过大板子操于酷吏之手，其公平与正当性便打了不少折扣。无论遭际多么悲惨，汉人对自己的命运尚能做到逆来顺受，心高气傲、以征服者自居的八旗子弟，衮衮朝堂之上被人按倒在地打个皮开肉绽，自然会衔恨终身。此外，建立在封建宗法制伦理基础之上的体罚规则，为"法外施恩"预设了一道方便之门——受刑者一旦抬出皇帝的恩典要求减轻对自己的处罚，打板子的次数就得五减其一。不过打板子是一项手工活，轻重由衙役掌握，减掉的那几板子，挡不住加重的力道；棍棒之下，无人讨得了便宜。

体罚作为不可或缺的辅助手段，从远古到现代贯穿中国司法实践之始终，这个东方泱泱大国抱残守缺、在反文明的道路上愈走愈远。英国军队中一度盛行"跑鞭墙"的酷刑：受罚者从长长的两列持鞭兵士组成的"夹墙"中走过，接受每人一鞭的肉体处罚。因为此刑严苛，受罚者轻则受伤、重则丧命，故此只适用于惩治犯下滔天罪行的军人。俄罗斯也盛行鞭刑，初为法庭对罪犯的责罚，后蔓延社会，成一大人文奇观①。

---

① 鞭刑比打板子更野蛮霸道，其刑具是一条特制的长皮鞭：一根粗绳，始端拴一细皮条，缠绕短棒之上并以铁丝扎缚，末端系一条宽约一英寸，厚度与硬币差堪仿佛的熟牛皮。一鞭下去，受刑者裸露至腰部的后背便会齐刷刷揭下一层皮，那场面真可谓血肉横飞、惨不忍睹。普通鞭刑有一行刑者背负罪人、另一行刑者执鞭抽打；罪大恶极的犯人可享受不到这么"优厚"的待遇：这些人被反剪双手吊于刑架之上，如果吊绳捆绑太紧，在滑轮上拉的瞬间肩关节即告脱臼。施行鞭刑的刽子手技法娴熟，可精确掌控吊打的力度，达到严格依循判决的鞭数致罪犯于死地的目的。——原注

杖责犯人

打板子

打板子虽然伤脸，
但身体不会致残。

中国人动辄得咎，最轻的处罚就是打板子。"板子"取材于斑竹——分布于中国各地，茎干坚硬结实，用途至为广泛的一类多年生禾本植物。

"打板子"是中国通行的处罚方式，上至达官贵人、下至黎民百姓概莫能外。举才不当、为政失察，衮衮大员也有可能面对抄家夺产之灾，另加"重责八十大板"之类的精神、肉体双重凌辱；大清帝国的官员都有每年一度的年终述职和"密考"，不称职者将领受四十大板的惩罚；医生开错药方延误就诊者的病情，打一百大板；喧哗扰民或出入官府不知敛迹屏声者，除当事人重打一百大板外，如为仆从还会连累主子代人受过，减半挨五十大板。重罪重责、轻过轻罚，打板子是中国处置罪人的通例，最轻者罚打五大板，在此基础上依违法犯罪的情节逐级累积，只要入罪、无人能免。衙役惩戒人犯使用的"竹板"重量在两英磅左右，长四至五英尺，末端厚两英寸，手持端收细变薄、便于拿捏；公堂之上，主审官一旦发令，嫌犯就得平伸四肢伏于地上，当着众人的面打判定的板数——绝大多数情况下，主审官员也在场。

同样的板子，不一样的痛楚——有钱人通过上下打点，既可以减轻处罚，也能让衙役手下留情、于执刑的过程中偷工减料。按照大清律例，衙役执刑须轮番上阵，每人限打五板或者六板，以免胳膊困乏影响"打板子"的质量；不过道高一尺魔高一丈，即使在官老爷的眼皮底下，衙役照样可以虚张声势、投机取巧，通过假打真吆喝的方式徇私枉法、捞取个人好处。更有甚者，中国还有一支代人受刑的替身队伍；只要有钱，这些人就会赤膊上阵，挨打、坐牢一条龙服务；真正的犯罪分子为祸乡里，却总能借由这一手段逃避罪责、逍遥法外。

那么结实的竹杖，多条壮汉抡圆了胳膊挨次打下去，不死也伤。犯人挨过打就得爬起来，接连叩头三次并感谢父母官的谆谆教诲之恩，一场煎熬方告结束。

其他
The Others

清军将领

大清将领

且慢痛心疾首、恶语相加，

百把铁锹，不逊千柄利剑。

关于清军建制，西方国家见诸报端的资料并不少，不过这些文字多属管窥蠡测，并不能反映这个东方神秘帝国军队的全貌。一位法国作家近期发表的文章指出，大清帝国八旗、绿营满汉军队编制总共九十万人左右；基思·麦肯齐①在他的《中英两国第二次冲突始末》一书中说，清军"编队总共有八个，每队均以不同颜色的旗帜为标志；其中皇家专用色——纯黄色旗帜标志的军队地位最高，当属精锐之师，名为'正黄旗'，其次为'正白''正红''正蓝'诸旗；这四种颜色的旗帜镶一圈异色绳边，便成了'镶黄旗''镶白旗''镶红旗''镶蓝旗'，军事地位等而下之。此八旗每旗领有一万名兵弁，另有汉人组成的一支军队，军旗的颜色为绿色，号称'绿营'。正黄旗是皇室嫡系，旗面中央绣有一条黄龙，以示有别于其下各旗。"

大清帝国军队步、骑兵齐备，中坚力量是满族职业军人。北方骑兵的装备以刀剑弓弩为主：清兵素以刀马娴熟著称，运用弓箭的能力比性能并不可靠的火铳强出不少；当然，这些中世纪的落后武器，自不可与明火枪一类的火器相提并论，更难望现代英军普遍使用的米尼、恩菲尔德来复枪之项背。清军步兵普遍使用弓箭，当然不排除刀矛剑戟一类的传统武器；火绳枪作为大清帝国最现代化的武备，军中也有配发。左腰悬佩刀，用时以右手从身后拔出刀鞘，这是清兵冲锋陷阵之时采取的标准战术动作：因为胸前拔刀极易为敌所乘，暴露的胳膊就是最好的攻击目标。根据基思·麦肯齐先生的说法，中国方始流行

---

① 基思·麦肯齐（Keith William Stewart–Mackenzie，1818—1881），英国作家，著有《中英两国第二次冲突始末》（*Narrative of the Second Campaign in China*）一书。

的火铳，与欧洲已经淘汰的火绳枪并无二致。1842年耆英代表大清朝廷与英国缔结和约后，清国军机大臣穆彰阿着手整顿武备，弓箭、火铳渐次退出历史舞台，代之以性能更加卓越的雷管枪。清兵所用的主战武器——长矛，长短不一、外观各异，但大都有一个共同特征：刃口宽大、杀伤力极大，参加过鸦片战争的英军士兵对此深有体会。一部分清兵配备特制的十字弓并且训练有素，战斗力不容小觑。清军官兵使用的弓箭结构、外形并没有多大差异，但制作材料大不相同。普通兵勇的箭袋负于身后，稳定起见一般都做成扁平形。

基思·麦肯齐先生对清兵装束的描述颇具调侃意味："他们的军装上衣要么用蓝布缝制，红布卷沿；要么红布缝制、白布绲边。内衬束腰大衫长及膝部，面料多为蓝色。清兵这一身打扮，堪称离奇古怪。"不过游历大半个中国、见多识广的俄罗斯旅行家季姆鲍斯基坚称："大清帝国兵民的衣着打扮并无不同，唯一的区别就是兵勇的大衫罩在外面。至于外套的颜色，则完全取决于军旗的规制，诸如正黄旗着纯黄色装，镶黄旗外加一道镶边，依此类推。每有战事发生，兵勇才能领到铁制的头盔、鳞片状的胸甲，以及竹片编结的盾牌。"1840年，英国人曾经研究过舟山战场清军阵亡将士的护具，铠甲外敷铁皮、内裹棉胎，铁制头盔经过抛光处理，抗击打性能优异。这一整套行头，与欧洲中世纪时期的军装差堪仿佛。"盔甲是清兵的标准配置，还是只有将领才能享受到的优遇，这个问题我无从查证。"

普通清兵"有二两白银月饷，相当于每天五便士的固定收入，另外伙食全部免费。"这在大清帝国已属不菲，相当于社会平均薪酬的两倍。"士兵的待遇为什么如此优厚，这可以从以下两个方面解释：其一，清兵是职业军人，驻防之地与家乡相去甚远，给养悉数依赖国家；其二，高薪养兵，以利驱使。"

阿洛姆先生的版画，描绘的就是一个正在执行军务的大清军官的标准形象。

八旗兵弁

八旗兵

他们四仰八叉躺倒尘埃，

无思无忧卧看白云苍狗。

试问天子的劲旅，帝国的铁骑，

虎狼之师的风采于今何有？

八旗兵是大清帝国建制军队中拱卫京畿、守护地方重镇的劲旅，皇帝的扈从——大内侍卫更是精锐中的精锐。身穿老虎补服、头戴三眼花翎的将军是一省军事首脑，其下设左、右都统各一名，分领左右两翼军机。将军通常不受衙门节制，但拥有参与地方军政大事的权力。

北京驻军号称"禁旅八旗（京八旗）"，每旗均有专属旗色、互不统属，其中包括：亲军营，兵源为满、蒙八旗精锐，设统领八名；步军营，集京师卫戍与治安纠察职能于一身，设提督两名；火器营，配有鸟枪和子母枪等火器，由满蒙掌印总统大臣一人、总统大臣若干人统领，其主要任务是守卫京师和扈从皇帝出巡；健锐营，管辖机构、人员与火器营相同；前锋营、神机营、护军营、善扑营。京八旗战时出征、战后回防，是首都常驻部队。

负责皇帝人身安全的大内侍卫身着虎皮纹外套、头戴双耳饰边盔帽，阿洛姆先生的版画对其形象的刻画，可谓惟妙惟肖。头盔由竹篾片编结而成，"结构相当致密，重力击打之下亦不会碎裂。"盾牌下面绘有类似虎头的猛兽图案，制作材料与头盔相同。大内侍卫的使命是随侍皇帝左右，击退一切来犯之敌。

清国最高的军阶是"将军"，依例由满族人充任。大清帝国的军队带有集团化特征，各旗兵马归属旗主统领——军权不授异族，这是大清律例。兵制烦琐不堪，然而对提升军队的战斗力并没有产生丝毫的作用：大清帝国满、汉各族将领对现代战略战术可谓一窍不通；中国山高皇帝远的地区至今不服王权，便是对这个国家军队战斗力的最好注脚。"了解中国军队建设的现状，有一个细节性问题不容忽略，那就是盛行体罚；兵勇动辄得咎，鞭笞棒打、戴枷示众，各种带有浓厚宗法制色彩的肉体摧残、精神凌辱手段在这里频频上演，高阶军官亦不能幸免。利用这样的方式提振士气，其效果令人怀疑。"

大清帝国实行的兵制还蕴含屯田的内容，具体做法与古罗马军队有得一比。秦始皇是中国屯田制的首创者，同时也是中国古代伟大军事工程长城的建造者。不过秦始皇屯兵旨在守土保国，打击域外盗掠团伙骚扰边民的行为，完全是运输不便造成粮秣短缺，迫于情势不得不采取的变通措施。后世统治者发现此策便于养兵，不仅代代传承一直沿用了下来，规模且有不断扩大的趋势；不唯边界地区，内地人烟稀少的地区也被一并纳入垦殖范围。与此相应，大清帝国的屯兵可分为两大类：一为戍边，二为满足政治经济与战略需要。1736年至1820年，大清帝国新建屯田基地多处，发展态势可圈可点。屯田是大清国民经济的一部分；军屯区从将军到普通兵勇，每个人都能分到面积大致相等的一块土地，自主开发、自负盈亏，收益贴补家用。屯兵无权买卖土地，死后也不能以遗产的形式传给后人，而是由国家收回，作为公产进行处置。1812年，大清帝国军屯总面积达到四百四十二万英亩；眼下（1858年）这一数字飙升至七百五十万英亩。当今皇上重视拓殖，军人的足迹遍及漠漠大荒。

清军弓箭手

弓箭手

杉木硬弩，雕翎长箭，
他们的武器精良而强悍。
左右开弓，矢如飞蝗，
他们的战斗力非同寻常。
弦响处条条笔直的箭道，
划向远处的四十个草标。

迈克尔·德雷顿在他的传奇史诗中描述过的人物，罗宾汉及其麾下那一帮草莽英雄的故事，至今在舍伍德丛林地带广为流传。罗宾汉活动的时代，十字弓是标配武器，这种武器一直延续到火器时代——随着火药的发明应用，枪等杀伤力更强的武器进入军事领域，冷兵器逐渐退出历史舞台。大英帝国的军队里难觅弓箭手的身影，但射术作为一项有趣有益的运动项目，并没有就此销声匿迹。

如前所述，弓箭迄今为止还是大清帝国军队常规武器之一；阿洛姆先生的版画，对清兵弓箭手的刻画，可谓形神兼备、入木三分。画中的士卒面带微笑、怡然自得——须知弓马娴熟可是无数中国人追求的共同目标；中国训练箭术的兵书战册，完全可以用"车载斗量"来形容。不过目今之势，射术再精湛也挡不住船坚炮利，就像欧洲人的剑术临阵杀敌的时候派不上任何用场一样，抱残守缺的结果，只能是贻人笑柄。

长居中国传播圣教福音的米怜神父，对1843年间他与一位中国弓箭手的邂逅有如下精彩描述：

"与我的住所相距一箭之远的地方有一处演武场。有一天吃完早饭，我发现清兵正在操练。便急匆匆地赶了过去一探究竟。操场并不大，长二百码、宽五十码；主将当时并不在场，几个下级军官团在一顶帆布大篷下，向排成两行、跪在地上领命的八个骑勇发号施令。一俟长官训话完毕，射手们即刻起身下场，打马如飞、挽弓如月，将随身携带的一筒利箭射向对面的靶标。完成任务的骑士折回凉篷，跪受长官的指导训斥或者褒扬。箭靶与布篷的距离约略六十码远近，靶心是三枚堆叠在一起的红色小球，嵌在苇秆编织而成的靶面中央，靶框是粗壮的竹段。训练的规则和目标是：在疾驰的马背上射击红球，以击中当心的一枚为最佳。根据我的观察，射手的表现有优有劣；每有正中靶心的情况出现，鼓手便会击鼓相庆。"

此前我们探讨的对象一直是大清帝国的八旗兵，故此有必要就分布在辽阔地域的清军主力做简单的介绍，以对这部分人的本质特征有深刻全面的了解，借机生发，不枝不蔓。

哲人有言：欲知其国民，先观其所好。以此推断，中华民族是个好战的民族，数千年历史可谓是用血与火铸就的丰碑，演戏都少不了打斗的场面。不过中国人的尚武精神只是停留在戏台上，真到两军对垒生死相搏的时候，那种气吞山河视死如归的英雄很少见到。听说在古代中国，士兵曾经被冠以"飞龙""疾云"之名；实践证明，大清帝国现在的军人没有"飞龙"的强悍，倒有"疾云"的风范：稍触即溃，逃跑起来比疾风中的乌云还要快，枉负了衣衫上那个大写的"勇"字。

大清帝国的军队捍卫的是皇权而不是国家，与其认定这是一支国防力量，毋宁说是武装警察。公元1644年明亡后，清朝八旗大军一度忙于平叛，与境内桀骜难驯的苗族山民作战，不过除定期召集起来、敲锣打鼓进行一番操练或接受廷臣钦差、方面大员的检阅外，大部分时间都处于闲散无为的状态。清兵的主要训练科目就是传统的马术、搏击、射箭一类，辗转腾挪、尽显身手，热烈的气氛与舞台有得一比，只是场面更为宏大；偶一为之的"检阅"无非是"查验鸟铳、刀矛一类落后武器的使用和维护状况；配备盔甲的兵勇自然会披挂整齐、随之登场。"赋闲、操练之余，这些"勇卒"还扮演衙役、门禁的角色，帮助地方当局维持治安、把守城门；或者身兼税吏之职，布设于各大路口、河畔、港湾收取税赋厘金。一位记者曾经对清兵做过如下生动具体的描述："无论在戏台上还是在实际生活中，他们的穿着打扮都极具戏剧效果，与我们国家乡间剧院上演的理查、罗拉彪下花里胡哨的后备军人一副德行：纸盔缎鞋，拼接的外套，外加衬垫缝制的衬裙；大清帝国的军中也没有规范化的军礼，下级晋见上级一律叩头；大热天他们手里都拿把扇子，像7月里高坐包厢之内看戏的贵妇一样，扑喇喇摇个不停。"

清兵的着装可能不尽统一，因为另有作者指出："中国士兵穿宽大的南京布裤子，红色束腰外衣的前襟缀有一块白布。"更有作者提出第三种说法——清兵没有特制的军服，所穿无非是民族服装："他们的军服除了饰有铭牌一样醒目的'兵''勇'字样之外，其他方面与普通的民装并无二致；他们头上戴的帽子外观也非常奇特，款式造型世所罕见。"绿营兵的待遇不及八旗兵优厚，虽可获得每天四便士的报酬，但伙食费完全自理。"清兵有编队，每队配数名旗手，不过这些旗手对肩头的荣誉并不重视；两军对垒之时，他们喊得最多的不是激励斗志的口号，而是'快跑'。"

下面就大清帝国炮兵建制做一简单评述。

中国人掌握大炮铸造与使用技术的历史，至少不下二百年。据可靠资料记载，1636年，耶稣会士应大明朝廷之命，曾对寇边的清朝军队发起炮击。广州之战结束后，英军登陆部队发现珠江沿岸一处炮台配备十六磅大炮，炮身上镌刻着大清帝国徽记，周围是汉字标识及藤蔓纹饰，正中位置可见十字架图案及"1697"字样。研究表明，此炮铸于康熙年间；耶稣会士波西诺神父负责监工的军工厂——江南制造局，即于其人治下建成。尽管火炮开发使用的年限不算短暂，但中国的军工技术一直处于原地打转的状态，数百年来未见丝毫进步；另外军人对现代化武器的运用热情不高、技能不强，导致这一战争利器明珠暗投、效能大打折扣。他们制造的火炮船陆通用，炮身笨重无比，口径却没有相应地增大，自爆、起火事故频频发生，安全性不堪一哂。第二次甲午战争缴获的一门四十二磅大炮，总重量竟然达到惊人的七吨。他们的炮架没有机动性，炮身无法俯仰旋转，炮口总是指向一个固定的位置，命中短途目标的概率基本为零：匠心是这个民族最缺乏的东西。他们的防御工事均用普通的泥土筑就，庞大厚重却不堪一击。他们也有手榴弹、火箭一类投射武器，不过平心而论，他们的火箭只能当玩具、当笑话看，战场上根本发挥不了作用。若云大清帝国的炮卒没有一点战斗力，却也不敷事实：他们投掷石块的能力天下独步，力度和准确度比枪炮高得多。

大清帝国的最高军事决策指挥机关是兵部，水陆各路兵马统属该部管辖。兵部下设四个职司机构：兵部、职方、驾部、库部，负责兵力部署、军饷筹集、武器的调拨发放等一系列事务。

潮白河畔的军营

潮白河畔的军营

未见马革裹尸，

不曾陈兵沙场；

宛若足不出户的老处女，

侈谈跃马边疆。

——他就是这么一位勇士，

不谙兵戈、专打嘴仗。

——莎士比亚

中国绝大部分可通航河流，特别是与大运河交汇的白河沿岸一线，大清帝国均派有驻兵把守。至于兵员的众寡，这与河道在国家政治军事、航运经济等方面发挥作用的大小直接相关。水运是中国最重要的交通运输手段，故此沿岸设立的兵营，与我们国家的警察局差堪仿佛，均为满足维护一地治安之需要。另外，这些兵营充其量只能算作准军事设施，因为组成人员均为民兵，而非正规军编制。除去保一方平安这一中心任务外，清代河防兵弁还扮演着漕运税赋征收员、河道清淤夫的角色。本书所配插图采自一级兵营，常备水上警备人员多达百人以上：每有大员的舰队通过，这些兵就得列队迎送，仪式中有燃放专用礼炮三响这一程序。礼炮制作很简单：在竖直放置的金属筒内放入少量火药，填土夯实，用时点燃引信即可。典礼结束后，士兵穿戴的盛装——包括滚边长衫、缎靴以及武器装备均将纳入库中妥为保存，直待再遇隆重场合，方才启用。这些乡勇出则为兵，并能领取到相当于每日三便士的薪水；入则做工务农，生活上与普通乡民一般无二。就那么一点油水，加上行伍生涯带来的其他附加福利，这一切对普通民众产生的吸引力是如此强大，以至于当兵成了人人争抢的"肥缺"，朝廷根本不需要担心兵源不足的问题。这一现象不是孤例，他国何尝不是如此？

奔流的潮白河上，人头攒动的军营是一道引人注目的景观。潮白河是一条大河，水面宽阔，交通繁忙。中国式帆船、游艇、花船、舢板、"西瓜扁"……形形色色的船只往来不绝，摇曳一江的昼暗晨昏。沿岸码头迎来送往，一派欣欣向荣的繁忙气象。流动人口密集的地方，治安事件自然时有发生。除官府哨探跟船员争吵一类的小事频频发生外，拘押惩罚江洋大盗、流窜小贼的壮观场面，这些地方也屡见不鲜。扬国威于域外、播皇恩至四方，作为区域内最强盛的国家，大清帝国无须担心邻国侵扰。但内患如疾，不避强者，帝国腹心地带也常有作奸犯科之徒、啸聚山林之辈寻衅滋事，这些守土有责的官兵衙役也是东奔西突、难得一日之闲暇。兵营入口处一律悬挂着国旗：黄、白、红、蓝、五色杂陈。满兵卫戍营的大旗又与普通营盘不同：绿旗镶红边或红旗镶绿边，正中展示的是这个国家的图腾：一条张牙舞爪的金龙。

大清帝国的八旗兵与绿营兵待遇不同，服饰和武器装备也有差异。西方传教士称之为"虎贲军"的八旗子弟兵身着象征皇家尊严的黄色虎皮纹战袍，充当头盔使用的帽子也配有帽耳，突出其兵中贵胄的世袭身份，这一点与汉人组成的"绿营兵"或乡勇截然不同。大清帝国士兵戴的头盔和盾牌一样，均使用竹篾片编结而成，做工精巧、坚固致密，具备一定的抗击打能力。盾牌正面饰有阴森可怖的兽头，用以在近身肉搏时震慑对方。清兵每五人中必有一个身背短旗，两军对垒之时，但见阵容严整、彩旗猎猎，气势颇为壮观。有人也许会问：打仗拼的是兵力，披坚执锐、冲锋陷阵才是每个士兵的应尽之务；配备那么多花花绿绿的旗帜，这跟战争胜负有什么关系？或者不如跟我们的枪骑兵一样，每人擎一杆旗，岂非更显威风八面、夺人心魄？手有五指，中国人基于这一生理特征，向来对"五"这个数字情有独钟。清兵编制以五人为一"伍"，十个"伍"为一"队"，八个"队"为一"营"，各营设主将五人、辅助将领五人。清兵号衣的胸部位置绣有一个"勇"字，一位参加过鸦片战争的英国军官不无调侃地说："如果'勇'字只出现在清兵的前胸，那倒无可厚非。问题是，每个清兵的后背同样绣着这么一个大字，以至临阵脱逃的懦夫和奋勇向前的猛士一样，向敌人展示的都是'勇'敢的一面。"负责地方治安事务的团练是清一色的汉人武装，他们的胸颈部套着一块铭牌，上题"壮丁"标识。团练的服饰比"虎贲军"逊色不少：一袭蓝色外套镶一圈红色绲边或者反其道而行之——红衣蓝边，外罩一领做工粗糙的夹衣。团练的"头盔"与旗兵、绿营相似，多为竹编锥形帽，戴布料、丝绸缝制帽子的情况也屡见不鲜。相形之下，八旗兵的戎装体面不少：外套挂里加厚，缀有金属纽扣；头盔呈半球形，马尾饰顶。清兵使用的火器不堪一晒，都是那种枪身笨重、枪管细长、配备两根叉棍支撑的火铳。这些在西方人眼里极尽简陋的武器，在清兵手里杀伤力还打了折扣：保养不当，用于点燃引信的火石（不过现在已经换成了火柴），不仅可靠性差，在中国也属于稀缺资源——中央帝国没有火石岩矿脉，单兵携带的那一点"火种"少得可怜，战时不敷使用的情况，实属司空见惯。现代枪弹制造技术，中国人闻所未闻。据说中国的刀枪剑戟等冷兵器外观乏善可陈，但都经过千锤百炼、制作工艺一丝不苟，质量堪与西班牙同类产品一较短长。近期英中军事冲突中，钦差大臣林则徐在单兵武器领域内推行过一些改良措施。他的水勇中有相当一部分被称为"双刀手"："双刀同置一鞘中，鼓鼓囊囊的，看上去非常笨重。刀身长两英尺左右，刀柄末端略弯，握持牢靠、不易脱手。刀手突击时，双手持刀互相拍击，刺击剁削，上下翻飞，一副狰狞可怖的面目再辅以如雷暴吼，追求'不战而屈人之兵'的效果。"①事实上，这些可笑的"军事改革"措施另有推手，林则徐只在总结前人经验的基础上训练出一支成建制兵种，并在其人主导的鸦片战争中投放前线，从而一战成名，载入史册。

大清帝国的军队上战场，仰仗的往往不是坚甲利刃，也不是蹩脚的火绳枪，而是他们从祖先那里继承而来、敝帚自珍几可称之为"军魂"的弓箭。这种远距离战具由弓、箭两部分组成：弹性韧性俱佳的木头凿削而成的内胎、外包兽角加固体的弓臂，和前端嵌有铁制锐簇、末端扎缚羽毛起平衡作用的长箭。弓箭的杀伤力与弓臂的扭力有关。经测验，中国士兵使用的角弓，扭力足有八十至九十磅。中国式射箭的标准姿势是：左手引弓、右手搭箭，箭杆前端按弓臂出箭皮位置、尾端扣弓弦中点，直到左臂撑圆、箭尾抻至耳郭部位时，右手迅速释放箭体，弓体弹性形变产生的巨大动力，能以较高的初速度将长箭推送出一定的距离。大队弓箭手密集发射，处于其有效射程范围内的敌人遽难闪避，当者非死即伤，在中国古战场上一直发挥着巨大作用。

长袍马褂形同赘物、军服设计不合理，加上武器装备早为时代所淘汰，这样的军队，保卫皇权、镇压内乱游刃有余，但不能与武备精良、战力强悍的欧

---

① 参见大英帝国海军将领 J.E. 宾厄姆所著的《英军在华作战记》（*Narrative of the Expedition to China*）。——原注

洲现代化部队同日而语。拥赫拉克勒斯之力、阿喀琉斯①之勇，在硝烟弥漫的现代战场，除了枉送一条生命之外，绝无施展的余地。事实情况是，大清帝国对现代战争一窍不通。几百年的和平发展，造就的是歌舞升平的生活和统治者的骄奢淫逸，久则民无大志、君无铁腕，国家屏障日渐衰微。中国的军人也早已退化为装潢门面的工具，而不是驰骋沙场的战士。如果有人质疑我的论断，请到大清帝国广袤的大地上走一遭：你看不到秣马厉兵、整修武备的景象；你唯一能够见识中国军威的地方，就是每有朝廷大员出行，就有沿途军营倾巢出动，那些垂一条大辫子的清兵夹道而跪，吼叫声惊天动地、像身上扎了刀子似的那么难听。这还不算，乐队的表演更加夸张：钟磬铙钹、大鼓唢呐，一旦演奏起来，那声音确乎有一番响彻云霄的味道。

大清帝国兵多将广，八旗、绿营正规军加乡勇团练，总兵力达七十四万，其中骑兵四十万、水军三万。八万八旗满兵是清军精锐中的精锐，攻城略地、保境安民，靠的就是这支部队。如此泱泱大国，幅员辽阔、人丁繁庶，核心战力仅维持在区区数万人的水平，堪称重文治、轻武力的典范。不过大清采用的是募兵制，吃饷领薪的兵员多达七十万人。清军最高统帅一例由满族人充任，汉人可以担当次职。从最高阶的将军到最低级的士兵，谁违反军中戒条都会受到打板子甚至监枷示众的处罚。如果大清军队按律行事、奖罚分明，那么我们有理由相信，如此勇敢、如此顽强、如此吃苦耐劳的中华民族养育出来的军队，放眼天下，敢撄其锋者，寥寥无几。

---

① 赫拉克勒斯、阿喀琉斯为《荷马史诗》中塑造的英雄人物。赫拉克勒斯，希腊神话中的大力神；阿喀琉斯为参与特洛伊之战的所有英雄之中最耀眼的将星，全身除脚踝之外刀枪不入，拥有战无不胜的超能力。

大角战役

穿鼻之役

战壕已经挖好，战幕已经拉开，
呼啸的炮弹如暴虐的死神在战场上徘徊：
撕裂坚固的城墙，扬起漫天的尘雾，
激烈的还击令天地失色。

——拜伦

　　珠江航道夹在穿鼻、大角两炮台间，为大清帝国江南都会——广州提供可靠的屏障。河口向西，便是地域辽阔的珠江三角洲；其上河流广布但水深有限、流量不大，仅可承载普通的平底小船。即便存在航行限制，珠江三角洲水系依然是地方商贸活动的强大后盾，为广州、澳门两地繁忙的货运提供了有力的支撑。鸦片战争期间，迫于清廷钦差大臣林则徐的咄咄逼人之气势，英国皇家海军不得不采取军事手段占领穿鼻。阿洛姆先生的版画展现的就是中英两国兵戎相见的场景。

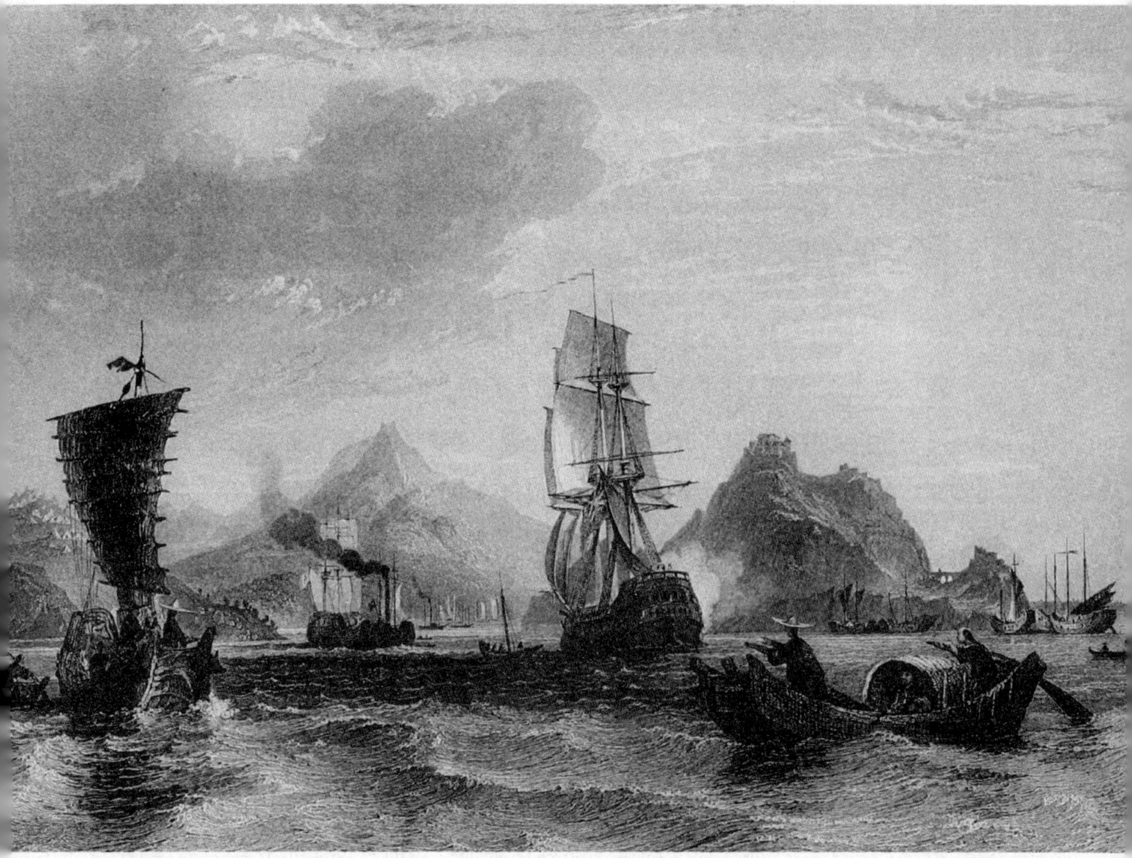

甬江口

甬江口

森森危崖突起万顷波涛，

天边氤氲着一抹淡淡的乡愁。

艰险的旅程即将结束，

长烟散处，锚落帆收。

——L. E. L.

甬江口洪波涌动、水势浩大，两岸壁立千仞、怪石嶙峋，景色蔚为壮观。加之沿岸布设的防御工事高低错落、忽隐忽现，更将偌大一片海陆交汇地带装点得巍峨庄严、气象万千。远眺巉岩之上的炮台，虽然久经战阵创痕累累，处处透着落日晚景般的沧桑，但其凭险固守居高临下的雄姿，宛若桀骜不驯永不言败的部落酋长，面对强敌环伺的惨烈局面，昂起那颗不屈的头颅。江水东流、海波西涌，舟山群岛横亘其间，卷起滔天巨浪，造就了甬江三角洲狰狞的地表。复杂的地质水文状况在创造人间胜境的同时，又为往来船只的安全平添了许多变数。

英国商人百年来一直视宁波为英中贸易之要冲，但英国政府的疏于照应和中国人的迂腐，导致其地发展缓慢、英企难以立足。1701年，我们在定海建造过一家工厂，专司宁波一线商贸通道的维护管理。当时宁波尚未开放，擅往其地经商的外国人有斧钺加身的危险。英国人能否在宁波站得住脚，完全取决于当地头面人物的态度。位于甬江口的金塘岛奇峰兀立，许多久经沙场功成身退的商人都喜欢隐居此地，颐养天年。前出小岛有英国士兵的雕像，系于一艘护卫舰之侧，镇守波翻浪涌的江面。这里是英中贸易的自由港，英国商船可以随意驻泊，卸装各类货物均不受限制。金塘岛的美景与友善，在最初远渡重洋、涉足对华贸易的西方人士心中留下了一抹至为温馨的记忆。

金塘岛一处俯瞰甬江口的岬角长满密密匝匝的茶树，枝叶扶疏的桑树间杂其间，构成一幅参差披拂、错落有致的图画。作为最重要的经济收入来源及西方国家对华贸易大宗产品，茶叶种植与蚕桑是当地居民的支柱产业，外国商人在这些相对偏远地区的采购成本，也比广州低一半不止。但是，愚昧偏执、懦弱无能的中国朝廷害怕西风东渐，排斥欧洲资本渗透，不仅明令禁止外国商人染指宁波，舟山群岛贸易活动也被取缔，对外通商口岸仅设广州一处。1736年，外国商团联名上书宁波衙门，要求开放商埠、维护贸易自由。然而，外国人的交涉换来的是大清政府的强烈反弹，舟山外企被悉数捣毁，宁波地方当局还严饬境内居民不向过往外国商船提供生活补给用品。

然而，险恶环境并没有浇灭英国人的对华贸易热情。尽管广东衙门重重设障，警告外国在华商人安分守己、不得越雷池半步，弗林特先生还是激流勇进，试图恢复势成烫手山芋的宁波口岸开放事宜。求告无果的情况下，他只身北上，觐见京师衙门方面大员面商机宜。中国官员巧言令色、虚与委蛇，在他滞留北京期间给了他最好的礼遇，对他提出的要求无不应允；然而一俟南下广州，其人即遭地方当局拿问并被投入澳门监狱，身陷图圄达两年之久；刑满释放后，其人即被驱逐出境，算是彻底领教了一番与背信弃义之徒打交道的风险。

马戛尔尼勋爵对舟山群岛一地做过实地踏勘，并以其待人接物温文有致的风范和良好的个人声誉赢得岛民的敬重。不过根深蒂固的排外心理，加上怀疑他动机不纯、从事为英国舰队进攻南京侦测水路之类间谍活动，使他处处碰壁、所获无多，甬江三角洲连带附近的岛屿这个占尽天时地利的良港，其神秘面纱始终未能向世人揭开。

阿美士德爵士后来率船远征、为我们绘制了第一幅中国宁波港口一带水陆地图[①]；1841年至1842年的鸦片战争，更是取得了地理位置优越、风景如画的宁波城及甬江水域对外开放的结果。

---

① 参见插图《宁波，舟楫如云的甬江河道》。

攻占定海

舟山之战：攻占定海

> 猛烈的炮火轰击城墙，
>
> 昔日的堡垒摇摇欲坠。
>
> 攻城的士兵斗志昂扬，
>
> 不下此城，誓不回归。

——拜伦

　　舟山不仅以物产丰饶、风景秀丽著称，更以扮演中英鸦片战争始发地这一角色而名垂史册。舟山岛方隅之地，却拥有一处安全保障措施最完备、景观最独特的港口：长三英里、阔一英里的码头，船舶容量不逾百艘；岛礁密布、洪波汹涌的海况，加上船只航行产生的旋涡，进出该港口稍不留心，就有可能遭受灭顶之灾。舟山岛人丁繁庶、开发年代很早，公元2世纪即有三级建制的地方行政中心城市坐落于此。虽然历史上数易其名，且在明清两代交替之时一度毁于战火，但大清帝国第二位皇帝——康熙励精图治，于1648年在原城址的废墟上建起了一座全新的城市，那便是定海。地理学家测定该城的坐标位置是北纬30度0分20秒，东经122度5分18秒。东印度公司在此处设立的大贸易商行，自1700年起一直运转到1757年。马戛尔尼爵士1793年踏足此岛，其时一位曾经为东印度公司效力的翻译尚在人世。

　　舟山港系舟山群岛内外交流之要津，与定海县城相距一英里有余。前文介绍英国占领军二十六团驻扎地——东岳山一带地形时，对舟山岛上的河流、灌渠做过简单的介绍，其中一条经此港口入海的小溪，即发源于东岳山。这条流域不广的小河，两岸防波堤绵延两英里之长，干流河道遍设水闸，形成蓄水、排泄功能兼具的治水网络。依托完备的水利工程，港口向内陆延伸的滩涂地带，变成了旱涝保收的农田。而蜿蜒其间的河汊水道，在翼护人口众多的定海城的同时，又为舟山岛提供了内部通航之便利。定海城依山而建，城址选在甬东峡谷向沿海低地过渡的缓坡带上，高二十英尺、厚十六英尺的城墙围出六英里见方的坚城，四道城门与东、南、西、北地理方位严密契合。定海城三面有宽约二十三米的护城河环绕，剩下的一面为修有城防工事的山体。四座阶梯式拱桥飞跨护城河与堑壕，构成连接定海城内外的安全通道。设计风格与威尼斯的著名建筑物——雷雅托桥颇有几分相似，这些特征令诸多想象力极为丰富，思维却不大严谨的西方人士由衷喟叹：水上城市定海，堪称东方威尼斯！定海城内民居交连、街道狭窄，街心留有阴沟，汩汩流淌的污水，还有街头上演的中国式恶习令人掩鼻。作为大清帝国东部的前哨，为了防备"海上蛮夷"的骚扰，定海城内建有三座兵工厂，配备弹药库两座，各类武备自不待言。定海城内可圈可点的标志性建筑物不少，公共设施、官员府邸之外，尚有官办典当行一家、戏园多处。至于散见于街角巷尾的寺院，香火之鼎盛不亚于内地。据称中国敛财最巨、最奢华的寺庙藏于定海一城。包括舟山港在内，定海城常住人口维持在三万左右。

大英帝国与大清帝国积怨难解，长期处于敌对状态，导致近期双方兵戎相见，美丽富饶的定海城在大英帝国远征军勇士的凌厉攻势之下一朝倾颓："象征女王陛下赫赫威势的大英帝国旗帜，注定于1840年7月5日早晨插上天朝上国的城头。欧洲国家之大旗在中华锦绣江山之上飘扬，这还是开天辟地头一回。"攻占定海的战役几无悬念，寥寥数语即能将整个战斗的过程表述清楚。2点30分，英方"威里士厘号"舰首开战端，打响了对华战争第一枪；定海守军船队以及舟山岛近岸炮台当即发起反击，一时枪炮齐鸣、硝烟四起。我船舰艇编队迅速切入攻击位，不到半个小时，舟山港以及附近周边区域的各类建筑物，包括大清帝国精心布设的军事防御设施便化为灰烬。我们的士兵旋即登陆，穿过散落一地的尸体、刀枪剑戟一类冷兵器与些许火绳枪，和空落落、阒无人迹的海滩，小心翼翼地向定海城进发。抵达城墙高厚、貌似固若金汤的定海城下后，英方当天再未采取任何军事行动，直到次日黎明方才发起进攻。在强大火力的支援之下，英军士兵借助云梯攀缘而上，"数分钟内"，这座拥有数万人口的大城市已属英方。未费一兵一卒而轻取一城，实力如此悬殊的战斗对我们来说显得有些胜之不武；不过换个角度看问题，不战而屈人之兵，远比血流成河更符合人性的法则。次年11月1日，英方舰队再发舟山，制裁公然违背契约精神、处心积虑损害大英帝国利益的定海官府。深知大兵当前、一场恶战在所难免，在英勇顽强的葛云飞总兵带领下，定海士兵拼死抵抗数个昼夜，守城官兵血染沙场，几被屠戮殆尽。经此一役，葛云飞等三位壮烈殉国的大清总兵声名远播，与第一次定海麈兵黯然收场的结局大相径庭。此战令人触目惊心的地方在于，明知交战双方实力悬殊、抵抗无异于以卵击石，英明神武如葛总兵却不知当止则止，致使无辜的兵民死于非命，这样的愚忠难免招来四方物议。根据英国军方发回的前线战报，第二次定海战役"英军死两人，伤二十八人"。

宁波，舟楫如云的甬江河道

宁波，舟楫如云的甬江河道

希望的曙光冉冉升起，

照亮光辉灿烂的前程。

科学，贸易，和林立的工厂，

为我们铸就成功的人生。

　　宁波位于剡溪左岸，与舟山群岛相去约十二英里，系浙江第四大城市，下辖四个三级行政区，水陆交通发达，市井繁华。剡溪又名奉化江，在宁波市区与余姚江汇成甬江再北流入海，故宁波又名"三江六岸之地"。宁波是中国大陆与日本直线距离最近的城市，对日贸易一直相当活跃。宁波城背山面海，方圆数英里的河谷盆地之外，群山如聚，黛色参天。宁波冲积平原土质肥沃、阡陌纵横，稻谷、棉花、豆类作物养育着这块土地上勤劳的人民。田间地头、桑前柳下，但见耕牛悠然自得地啃食青草；极目远眺，金碧辉煌的楼阁隐现于林莽之上。宁波平原水利设施之完备，整个中华大地上罕有其匹：引自周边山地的六条主渠横贯全境，完成灌溉任务之后全部汇入集流大坝，外与剡溪相接。水光山色、满地花木，围裹着一团一簇古色古香的村落；清新的空气，湿润的气候，加上悬空的翠玉一般的天空——这是大自然绘就的一幅绝美图画，一曲流淌在大地上的动人乐章。"宁波的山水，秀冠中国。"大英帝国的远征军指挥官宾厄姆先生感叹道。

　　宁波城方圆五英里有余，摄人心魄的城墙全部使用石块砌筑，五道大门控扼进出坚城的通道，其中两道为水门：光秃秃的城墙上开两孔邃洞，除了升降水闸之外再没有任何附属设施。城内公共建筑物寥若晨星，外观也不怎么起眼。当地人唯一关注的是如何做生意赚钱，在浓厚的市侩习气冲击之下，文化艺术等高级层面的精神生活已难觅踪迹。偌大一座宁波城，值得一提的建筑物只有朴实无华的砖塔一处，另外使用船体支撑的剡溪浮桥历经三百余年的风雨侵凌，至今还顽强地坚守着阵地。宁波的街面比广州宽阔，商铺也齐整了许多，尤其是销售日本货的小店。不过与凸出街面的屋宇相比，这些店铺就像夹缝求存的弃儿，更显狭小壅塞。上世纪末英国人曾获准在此经商，无奈俄罗斯、葡萄牙两国居间起衅，加之大清帝国朝廷本身迂腐颟顸、忠奸莫辨，英国势力最终被赶出了这块宝地，只能在广州、澳门两地分对华贸易的一杯薄羹。不过鸦片战争结束后，中英两国签订的条约再次确认了英商在宁波经营活动的合法性，此城一跃成为大英帝国对华贸易窗口，最大宗的英国毛纺织品、五金机械产品及中国蚕丝、棉花、茶叶、瓷器的进出口交易，均在此地达成。

尽管大清帝国一贯采取排英政策，并教导自己的国民与"黑鬼"、"红毛"（均为大清官僚对外国人的蔑称）保持距离，但搭乘"阿美士德号"战舰造访宁波的胡夏米①指出，宁波普通市民对"大英国人"的态度相当热情友好。不出熟悉中国政治环境的英国人所料，因地方官吏以无权处理涉外事务百般推诿，胡夏米先生的宁波之行无果而终。封建专权体制压榨之下的大清子民，良知早已泯灭，人性尽数沦丧，这点从鸦片战争期间他们对大英帝国失事运输船"风鸢号"幸存者的处置方式上可见一斑：船长詹姆士·诺布尔死难，夫人安娜被擒后遭到严酷的惩罚，杖责之余还被套上枷锁游街示众，旬月之间遍游多个人口密集的城镇，受尽市民的折辱迫害，最后按大清律例被判重刑，身陷缧绁；安斯特拉瑟上尉的遭际并不比安娜·诺布尔好多少，该船所有落难水手均被打入水牢，幽闭环境、超越人类承受极限的待遇，将这些非战争俘虏折磨得不成人形，以至于当他们重返自由的时候，一个个都像披枷戴镣、行走在阳光之下的冢中枯骨。

公正是天道，更是人伦，报应来得总是比想象中的更早。义律透彻虽多方着力，试图营救那些身陷囹圄的船员，但不讲信义、惯于耍奸使诈的清朝政府根本不给他转圜的余地。这桩事故发生后的第二年，定海陷落，清兵损失惨重；大英帝国舰队在巴加海军中将的带领下，一鼓作气向宁波进发。面对由"威里士厘号"等十四艘大小战舰、二十二艘运输船及"班廷克号"测量船组成的强大阵容，定海一役早成惊弓之鸟的宁波守军弃城而逃，留给大英帝国

---

① 胡夏米（Hugh Hamilton Lindsay，1802–1881），原名为休·汉密尔顿·林赛，英国商人。

占领军的是一座死气沉沉的空城。陆战队在托马斯·赫伯特爵士率领下破关落锁、一路打到市场的城市中心位置——其实英军一枪未放、一炮未发，说"打"不符事实。随军转战前线、激励士气的第十八乐队凯歌高奏，动听的苏格兰风笛声招来不愿背井离乡、选择守护家园的当地人，他们站在廊前阶下，好奇地打量着纪律严整的大英帝国军队走过街头。凌辱拿布夫人、安突德上尉那一箭之仇，终得报偿。

攻占宁波府之后，大英帝国兵锋所指，中国守军望风而逃，英国对华的军事优势就此奠定。璞鼎查爵士所率舰队溯江而上，长驱直入四十英里占领余姚。因江水过浅限制大船通行，另有一座六孔石拱桥拦住去路，英军方才止戈休战。

宁波这座拥有五十万人口的千年古城的陷落，为占领军奉上了一道世间罕有的饕餮盛宴。受官府蛊惑、视英军如洪水猛兽的宁波人，城破之际只顾四散逃命，家中日常用度之物及金银细软遗落无数。英军入城后大肆掳掠，无主之家悉数遭殃，公共财物也未能逃过此劫，其中最为人津津乐道的战利品是一口大钟。这口钟高五英尺、直径三英尺，使用铜、银、锡三种金属熔铸而成，上镂精美的人物群像、花纹图案和文字。钟面人物描绘的是印度僧侣，其上镌刻的文字据大英博物馆著名东方学家塞缪尔·伯奇解读，系标示大钟铸成时间及安放处所一类信息的梵文：天宁寺造，道光十九年八月，亦即1839年。这口曲线流畅、造型端凝、外观酷肖风铃的大钟是大英帝国劳师远征取得辉煌战果的最佳纪念品，由白金汉宫博物馆收藏。

"伊莫金号"与"安德洛玛刻号"战舰进逼虎门炮台

"伊莫金号"与"安德洛玛刻号"战舰穿越虎门

凭着中国人抱残守缺的智慧，

怎能理解英国的橡木桶烽烟①？

他们的战船只能随波逐流，

他们的帝王只懂落锁闭关。

他没有见识过我们遮天蔽日的舰队，

怎知日不落帝国兵锋莫挡？

夜郎之国不闻特拉法加的马革裹尸，

无惧纳尔逊上将铸就的辉煌。

——C. J. C

　　大清帝国的战争艺术靠的是嗓子，他们迷信"狭路相逢勇者胜"那一套不着边际的战争艺术，认为只要己方的鼓声够响、士气够旺，仅凭鼓吹般的喊杀声就能夺敌魂魄，取得战场上的主动权。时年在位的大清皇帝年号"道光"——"道"的中文意思是用头行走，亦即理性驾驭行为的意思，这个"理性"就体现在所有的国家权力机构，诸如军事设施及审判、惩治犯人的场所，均无一例外地饰以狮子、老虎、龙蛇等巨枭猛兽的雕像；城防工程上的瞭望马、炮眼，周围也多点缀一些稀奇古怪的鸟兽图案；再看清兵那一身装扮：身上穿的号衣非虎纹即豹斑，擎在手中的盾牌面目狰狞——到底代表何种神兽，那就不得而知了。大虎岛是全中国最著名的军事堡垒，数量惊人的大炮被部署在沿岸地带，用心控扼支离破碎的珠江口，全套浩大的军事工程有个令人浮想联翩的名字——虎门，意即老虎张开的血盆大口。

　　珠江三角洲江水横流、港汊密布，与大英行商盘踞之地相去不远。穿鼻、大角嘴炮台夹江对峙，将浩浩江面收束成两英里宽的一段走廊。穿鼻以下，江岸迤逦向东，三海里外有阿娘鞋岛炮台；大角嘴上游不远处，地形呈狭条状的南、北横档岛兀立江心：此三岛所围长度不足两英里的一段河道，便是举世闻名的"虎门"。出虎门逆流上行两英里可见大虎岛。阿娘鞋炮台守护严密，常备火炮一百四十门；与阿娘鞋炮台相对的北横档岛炮

---

① 橡木桶战争：原指发生在现意大利北部艾米利亚—罗马涅大区境内，博洛尼亚与摩德纳两大城邦之间、从中世纪一直延续到文艺复兴时期长达三百年之久的军事冲突。此处作者借意大利橡木桶战争比喻 1337 年至 1453 年发生在英、法两国间的百年战争。

台，配备火炮更多达一百六十五门。南横档岛与新建的阿娘鞋炮台间，一条由粗重的铁链与木筏连接而成的拦江索横亘其间，每至向晚时分便抬升至江面，用以阻断水上交通。船只通过此段水域，需要交验通告证；拦江索升起后抵达的船只，只能坐等天亮。这些炮台还有横在江面的铁索的国防意义不大，勒索商船倒是驾轻就熟。大清帝国的钦差大臣琦善在发动著名的虎门海战前，即对此类江防工事的先天缺陷洞若观火。他的先见之明有后来大英帝国舰队多次突防、以极小的代价占领大角、沙角等处炮台做背书，清廷也因此对他额外加恩，在适度惩戒其人军事指挥失误之后又起复任用，外放多地封疆大吏。广州时任大英帝国驻华商务总监的律劳卑不堪大清朝廷的轻慢羞辱，派遣"安德洛玛刻号"与"伊莫金号"战舰越虎门、抵黄埔，数发舷炮即将珠江口组织的抵抗消于无形，且对沿线炮台防御工程没有造成任何实质性损伤。

1841年初，被大清帝国衮衮大员翻手为云覆手为雨的丑恶行径彻底激怒的英国使节，决定放弃外交努力，再度用武力表达自己的诉求。这一场对垒的后果是：海军司令伯麦爵士[1]亲率舰队摧毁阿娘鞋、横档岛炮台，控制虎门一地的珠江口水面。十二艘机帆船、四艘战舰，拥有如此强大的战力，庸碌之辈也能取得辉煌战绩，何况伯麦这样的军事天才。此役打出了英国皇家军队的声威，更使伯麦本人跻身海军英雄之列，得以名垂青史。战斗以"卡利俄伯号"与"萨马兰号"两舰炮轰北横档岛发端，期间只有被大清帝国地方当局认为无关紧要的南横档岛榴弹炮营做过有限还击，并在英军舰队反制火力的压迫下很快作鸟兽散外，几乎没有遇到有效的抵抗。迨至英军舍舰登岛，逃跑的清兵前堵后壅，遗弃路侧的伤者、填于沟壑的败兵，多如过江之鲫。在南、北横档岛之役发生的同时，夺占阿娘鞋岛的战斗也在如火如荼地进行。森豪思爵士[2]发

---

[1] 伯麦爵士（James John Gorden Bremer，1768–1850），出身英国海军军官家庭，英国历次侵华战争军事统帅之一。

[2] 汉弗莱·弗莱明·森豪思（Humphrey Le Fleming Senhouse，1797–1841），鸦片战争期间侵华英军舰长，虎门战役后不久即因罹患登革热，于1841年6月13日客死行旅、收葬澳门。

起对阿娘鞋炮台的猛攻，未费多大周折便再下一城①。两支舰队遥相呼应，号称固若金汤的虎门防线顷刻间土崩瓦解。经此一战，不仅大英帝国的对华军事优势得到确立，且依外交惯例，大清帝国当放下身段，拿出真诚友好的态度与战胜国建立良好的合作关系。可不无遗憾的是，清廷骨子里的虚伪奸诈，决定了他们在外交舞台上的一切表演都是虚与委蛇，鸦片战争的失败并没有给他们带来任何实质性的教益或者收获。

香港岛成为英国的租界地之后，中英贸易形势发生了重大变化；多处通商口岸的开放，也改变了广州一城独大的垄断地位。黄埔一带江面上常有小驳船往来游弋，这些船扮演着一个特殊的历史角色：引导大型商船进出广州；黄埔港口也建有永久性的船篷，负责对这些小驳船课税。珠江口岛域、陆域广大地区，包括黄埔岛的农业生产以甘蔗、水稻种植为主。阿伯德先生考察过几家糖厂后，对当地制糖工艺的落后及设备的老旧印象深刻："糖厂里使用的设备都非常简陋，这符合清廷抱残守缺、不思进取的一贯风格：甘蔗榨汁设备是粗壮的圆木挑三根碌碡，铸铁蒸锅——亦即发达蔗糖生产国的制式设备沸腾釜——轻薄如纸且焊接不大牢靠，时有爆锅或者开裂之虞。这些锅横七竖八地摆放在作坊里，置早已为业界普遍采用的结晶流程管理规范于不顾。这里的工坊根本谈不上管理，从来不考虑优化费效比，故此一项简单的工作，常被人为复杂化，导致雇用的人力成倍增长。榨汁工作间位处沸腾釜之下，甘蔗原汁只能以手提肩挑的方式运送。煮沸的蔗汁也不是利用过滤管道节节传输，而是手工提送到作坊的另一端，经过蒸馏处理后，再分送至摆放在各个角落的大锅里。"

---

① 攻取阿娘鞋炮台期间遇到轻微抵抗，登岛战由时任陆战队炮兵上尉、战后升迁上校军衔的诺尔斯指挥。这位勇敢的军人身先士卒，率先登陆后藏身沙袋之后，探察炮击己方阵地的清兵所处位置，引导英军炮兵升降炮管、提高命中率（事见《宾厄姆海军准将·英军在华作战记》）。——原注

耸立在广州—黄浦航线上的高塔

黄埔，孤岛长天

你的船队宛若天际游弋的巨龙，

直挂云帆碾平奔涌的海浪；

那凌波驭虚的雄姿，

如天纵之雄主，冲决激荡；

点点轻舟滑过你的暗影，

宛若朝凤的百鸟浅唱低吟；

但是你高贵的头颅不屑反顾，

云天深处是你的归程。

——莎士比亚

　　在大英帝国舰队与大清帝国的对决中完全占据上风之前，黄埔是中国唯一的对外通商口岸——广州的商品转运港，外国船只驻泊之地。起自虎门，清朝政府在珠江口设有两道关卡：第一道设在入海口附近，第二道上傍一组岛礁，其中较大者分称欧洲岛、法兰西岛、丹麦岛、黄埔岛[①]。鸦片战争前外国人即享有登岛自由，不过个人行动受到诸多限制，除经贸方面不能越雷池半步，还得尊重当地稀奇古怪的风俗习惯：与大清帝国的臣民打交道，时有如履薄冰、如临深渊的感觉。另外，黄埔一带的岛礁获准埋葬外国人，条件是付得起高昂的墓葬费。外国商人、水手上岸闲逛，无非是为了购买一两样纪念品。逮着这样的机会，中国人可是不讲客气的：价格高得离谱，还不准还价。年轻的华人个个都是羞辱外国人的行家里手，年长的也好不到哪儿去：变着法儿坑外国人，坑蒙拐骗，无所不用其极。据称，登上黄埔及周边小岛的英国、美国及其他西方国家的水手都曾因饮用当地一种名叫"稀粥"[②]的饮品——大米等谷物发酵后的提取物，导致意识错乱举止失常，做出大闹寺院、损毁神像等在中国人眼里罪无可恕的恶行，无异授人以柄，使排外情绪根深蒂固的华人愈加视"蛮夷"如寇仇。这些偶发事件的真实性毋庸置疑，因为欧洲人撰写的旅行见闻录中也屡有提及。事实上，欧洲人与华夏民族向来井水不犯河水，单就无过获咎的情况来看，个别人的不端行为未必就是挑起大清帝国与西方国家军事外交争端的直接原因。

---

① 此处援引的岛礁名可能与中国通称有出入，遵从原文翻译。

② 此处英文原文为"seaou-tchoo"，可能是指醪糟一类经过配制、含有酒精的小吃或饮料。

位于丹麦岛西侧的法兰西岛构成这幅画的衬景，岛上两座坟墓平分秋色：一为埋骨他乡的外国人而建，漫灭的荒草、低矮的墓碑，见证一位英年早逝的异域人士在大清帝国的凄凉际遇；另一处则是本地人的墓葬，外观呈半球形，从其建造规制和清扫维护的状态来看，墓主当为达官贵人，生前享尽奢华，死后化黄土一抔。画面左缘依稀可见浩瀚的珠江水道，以及与黄埔岛相对的另一座小岛。

风光旖旎的黄埔岛及散落在周遭水面的沙洲曾经兵连祸结，饱受战火的洗礼。该岛扼珠江口海陆航路之咽喉，与广州城相距仅十英里之遥，一岛当关，万舰莫入，本应重兵防守并配备最先进的武器设施。但大清当局过分倚重穿鼻、大角、虎门、沙角诸处炮台，舍要冲而盘流地，实属自毁长城。中英广州一战，一支"摩底士底"级轻型巡洋舰队长驱直入，在黄埔岛水域仅遇到的抵抗如此轻微，以致英军发布的战报中一笔带过、对战事细节未着一字。其后英军如法炮制，派出一艘"赫克拉"级炮舰"硫黄号"溯江而上，黄埔西北角的浩官堡①以及与之正对面的律劳卑要塞②均未形成有效的抵抗。浩官堡由整块巨石斧凿而成，始建于大英帝国海军上将度路利撤兵之后，外观呈四方体，配机枪二十八挺。这座没有大炮的炮台以捐建者伍浩官（本名伍秉鉴）冠名，这位富甲天下的传奇商人本是中西贸易的先驱，在西方国家享有崇高的商誉。中英外交危局和军事冲突的不期而至，迫使这位同情外邦、思想开明的生意人不得不选边站队，摆出一副爱国者的姿态逃避大清帝国的清算和责罚。至于"律劳卑要塞"之得名，这个很好理解：这里是迫于两广总督衙门施加的种种压力包括驱离广州等，律劳卑指派护卫舰两艘（"安德洛玛刻号"和"伊莫金号"）率先驻泊的地方。总督卢坤急调大船十二艘沉于两要塞间的江底，并急投大量木桩试图堵塞航道。孰料英国皇家海军自前次访问黄埔港后即悉数装配蒸汽轮船，这些小把戏如螳臂当车，起不到任何作用。

自认保全设施固若金汤的大清朝廷，在黄埔岛上修建了数座大型谷仓。大

---

① 浩官堡（Howqua's Folly），晚清大买办伍秉鉴助资修建的军事防御设施。

② 即横档炮台，西方称"Napier's Fort（律劳卑要塞）"。名称取自大英帝国驻华商务总监廉·约翰·律劳卑（William John Napier）之姓氏。

清粮仓事涉国家粮食安全，由帝国有司部门管理运营，丰年大量购入原谷以实仓廪，防止"谷贱伤农"，保护农民利益；歉年大肆抛售以弥补市场供应之不足，灾年则开仓放粮、赈济饥民，在平抑粮价、保障民生方面发挥着至关重要的作用。

黄埔村西侧毗邻河岸处地势抬升，耸立着一座高达一百七十英尺的宝塔；其右侧河涌对面礁渚另有一座宝塔，无论塔高还是外观均远逊于黄埔塔；稍远的河对岸，一座向上收束略呈锥形的小塔隐约可见，独秀层林，轮廓优美。浩浩荡荡的珠江水南引东折，自黄埔岛、法兰西岛一带奔涌入海；直达广州的航道向上游延伸，隐现于如障如幕、悬垂天地的群山之中。

厦门牌楼

厦门之门

金碧辉煌的高阁层楼，

与满目凄凉的牢狱为伍；

我伫立街头看到的一幕，

演绎着人生的巅峰，还有低谷。

——玛丽·霍维特

　　福建省境内部分沿海地区地瘠民贫，做生意是当地人赖以养家糊口的重要手段。厦门岛地理位置优越，开发年代久远，很早以前便成为东南形胜、名闻遐迩的商贸中心。厦门岛拥有良港，水深港阔，排水量大，可容巨型舰入内驻泊，且外有环岛阻挡强风，港内波平如镜，地理位置优越，水文条件极佳。暹罗人、交趾人很早以前即在厦门落脚，英国人也曾在此设厂；但因大清朝廷奉行闭关锁国的政策，英商终被扫地出门，外迁广州苟延残喘。事实上，厦门在中国的对外贸易史上发挥过举足轻重的作用，其海运中心的地位至今无可替代。东方自由港、相对完备的码头建筑设施、雄厚的人力资源、内陆商贸跳板……得天独厚的经济地理优势使厦门岛重现昔日辉煌，风头大有盖过作为大清帝国窗口城市宁波之势。厦门岛公共建筑相较宁波有数量上的优势，内部空间也相对宽敞，但风格粗犷，外观乏善可陈。在官方强迫英资企业外迁、禁止一切外国资本渗入的政治大环境下，虽然厦门岛各项建设工程一直没有停止过，但发展势头大受遏制，繁华的背后是难掩的疲态。

　　厦门的城门尺寸不小但气势不大，门楼上最显眼的装饰图案是一条张牙舞爪的龙、而最有价值的雕刻当数孔夫子的名言警句。台湾海峡的渔业资源极其丰富，绝大部分厦门人常年航行海上，以打鱼捕捞海鲜为生；厦门城楼的顶饰是前后甲板托起一对大鱼的小船，这比"龙的传人"共有的龙图腾崇拜更能体现风口浪尖里讨生活的厦门人真实的一面。厦门岛是弹丸之地，大清王朝的防务工作并不松懈，这点从至今留存的炮台、兵工厂、水师造船厂等完备的卫戍及军工设施上可见一斑。1841年我国远征舰队进抵厦门港的时候，发现岸上守备森严，驻扎的清兵为数不少。

金门炮台

1841年8月25日，英国发动对天朝上国的第二次战争。大英远征舰队在厦门一带海域活动，遭到金门守军数轮炮击，英方"摩底士底"战舰当即予以还击。次日，一名厦门官员手持和谈的旗帜来到英军舰队，向英方指挥官发出照会，严令英军立即离开大清帝国海面，否则强大的清国海军将采取必要的军事行动，大英舰队将遭受灭顶之灾，云云。璞鼎查男爵的答复是：他有强烈的愿望和足够的信心迫使厦门守军缴械投降，并在大英帝国女王与大清皇帝签订条约、妥善解决一切争端前据有此地。璞鼎查同时承诺只要清军放弃抵抗，英军可保大清官兵全身而退，绝不妄开战端。清营使者自信满满地表示，以厦门坚固的防御设施与强大的兵力、武器配置，大清帝国不惜一战并有克敌制胜的绝对把握。厦门岛设有炮台两座，其一长二百码，配备重型枪械九十支；其二在胡里山，拥有大清帝国射程最远、杀伤力最强的火炮。扼进出厦门之咽喉的鼓浪屿另有守军若干，配各型枪炮七十六门，整座山头深沟高垒、沙袋掩体一类防御设施相当完备；另一处防御设施建在屿仔尾，数尊大炮雄踞高地之上，控扼厦门内港附近一带的洋面。

这些貌似坚不可摧的堡垒，面对英军的凌厉攻势，没能支撑多久便告土崩瓦解。大英帝国海军久习水战，每逢两军对垒之时，各级指挥官视强敌如无物，审时度势制定最合理的战法，往往能做到一击而中、不给对方还手的机会。由"摩底士底号""布朗底号""都鲁壹号"等主力战舰组成的强大舰队在靠近厦门港的同时，与沿岸守军激烈交火。等舰队推进至与鼓浪屿炮台相距不足百码的位置，大英舰队舷炮齐发摧毁岸基炮台，埃利斯舰长率所部海军陆战队、庄士敦少校率二十六团一部顺利登陆，五六轮射击过后，清军全线溃逃。紧接着"摩底士底号"战舰突入厦门港，利用火力优势彻底打哑港口地带布设的炮台，缴获清军战船计二十六艘、弃置船上的火枪一百二十八支。抢滩登陆战打响后，清军主力曾顽强抵抗，与英军五名士兵交火；期间英方分兵登岸、绕击石壁炮台后方。清兵猝不及防，多人死于刺刀之下。经此一击，清兵阵脚大乱，当下放弃一切抵抗四散奔逃。打马如飞、一条大辫子在身后乱晃的清军将领，号称"勇冠天下"、跑起来跟漫山遍野的兔子有得一比的八旗子弟兵，还有紧随其后奋力追赶的英军士兵，构成了一道平生难得一见的壮丽景观。

"此役清军伤亡甚巨，英方战死者一人、伤者七人，损失微不足道。"清兵统领投水自杀，另一高级官员为英方追兵所困，走投无路之际拔剑自刎，当场死亡。厦门岛没有发现大清帝国银两铜钱之类的通用货币，但被遗弃的金条价值高达两万美元。

乍浦战事——战后火光烛天的郊野

乍浦之战

天高风急，鼓角齐鸣，

复仇者脚步沓沓，奋勇前行。

　　乍浦位于浙江北部的杭州湾，是大清帝国最早开放的对外通商口岸之一，拥有官船六艘，专擅对日贸易之利。杭州湾一带海水倒灌、波涛汹涌，航行安全得不到保障。上海开放以后，全面取代乍浦已成定势，这座盛极一时的城市疲态尽显。乍浦群山环抱，周边数英里一马平川，水道灌渠密如蛛网，大者直通江南名城杭州。从乍浦扬帆出海，三日即可抵达上海，不过两地的水文地理条件却大相径庭：上海的浪高记录是八英尺，而乍浦这一指标的峰值数据达二十四英尺以上。不过对乍浦来说，浪涌有利有弊：涨潮的时候这里会变成深水港口，可容大型船只自由出入。

　　乍浦占地面积不小、建筑空间迂阔，城市布局与中国所有的城池一样，高大的城墙将整座城市包裹得严严实实。四墙之外，阡陌纵横、炊烟袅袅，升斗小民的田舍、富贵人家的别墅，为漠漠平畴增添了几许活力。乍浦是镶嵌在杭州湾惊涛骇浪间的一粒明珠，举目远山叠翠，俯首秀水盈盈。游人至此，不思乡关何处；就连日理万机的皇帝，每年也不忘拨冗前来，安享静好时光。不过本土人士可没有那么多浪漫情怀：每至溽暑时节，此地红眼病大起，几乎每个人都要经受一番病痛的折磨，苦不堪言。

　　1842年5月17日，大英帝国一支舰队在海军副帅威廉·巴加爵士的率领下直扑乍浦。次日一大早，休·高夫子爵麾下一千三百名士兵不费一枪一弹，在乍浦城东两英里处抢滩成功，将战场主控权牢牢掌握到自己的手中。清军畏敌如虎，临战之际举措失当，八千名士兵被悉数集结到城内，把周围的战略高地，包括一处雄踞山巅、虎视乍浦整个街区及港口的炮台拱手相让。英军七百水兵登陆后当即发起冲锋抢占各处山头，留守炮台的孤军试图反击，但在英方舰队强大火力攻击下迅速放弃了阵地，狼狈退回城里。休·高夫轻而易举地占领了炮台，乍浦城内清兵不战而溃、开始全线撤退的情况尽收眼底。他发现退却的清兵军容起初还算整肃，不过城内每落一发炮弹，队伍中就会出现一阵骚乱，但见满街豕奔狼突，偌大一支军队完全失去了战斗力。英军步步紧逼，榴炮弹等重型近战武器轮番上阵，迨至最后叔得上校的火枪队翻越城头，以秋风扫落叶之势肃清了外围战场。

近万兵力一触即溃，不甘心失败的满族旗兵三百人退守城中一处坚固的建筑物内，与大英军队拼死一战。这一小股武装力量初时并未引起占领军的注意，如果不是攒击爱尔兰一部的后队，他们"宁为玉碎，不为瓦全"的壮怀也许会随着战事的结束，永远失去彪炳史册的机会。爱尔兰联队受到伏击，大约二十名左右的队员当即掉头，扑向清军火力点。清兵奋力抵抗，爱尔兰兵被打得晕头转向，数人被击倒，剩下的全部撤了下来。爱尔兰联队很快发起第二轮冲锋，直捣清兵盘踞的那栋建筑物并夺占大门，期间汤林森上校及数名官兵中弹，伤重不能起。清军负隅顽抗的行为激起了英军的斗志，眼见战友喋血街头的芒廷上校率领火枪队鼓噪而上，猛攻这处堪称东方乌格蒙①的小据点。饶是拥有英雄主义民族特色的芒廷上校英勇善战，战事却始终未能取得实质性进展，战至最后身受重创，累及两名军官血洒疆场。如果不考虑武器的先进和战术运用情况，这一场厮杀到底鹿死谁手，殊难逆料。然而现代战争拼的是综合实力，无论武器装备，还是士兵的战斗力、指挥官的军事素养，英军都高出一大截。诺尔斯上校携炸药筒、火箭炮适时介入，清军阵地很快陷入一片火海。三百勇士进退失据，除二十名士兵被能征惯战的大英帝国军人生擒活捉之外，余皆战死。

乍浦一战，当地官民心胆俱寒。居高临下、一直做着天朝上国大梦的大清帝国人士何曾见过此等阵仗，一千七百名八旗子弟、六千五百名绿营兵弃城而逃，满城妇孺受民族偏见和男人恐怖情绪的影响，视大英帝国军人如洪

---

① 乌格蒙，比利斯一处断崖上的农家大屋，位于拿破仑被英国主导的欧洲联军打败、落得折戟沉沙之下场的滑铁卢周边。

水猛兽。英方士兵巡城时看到不少悬梁自尽的老人和妇女，曾经美好的家园一夜间变成坟场，那场景着实令人唏嘘。如果英方军队反应更加敏捷一些、行动更加迅速一些，这些有悖天道人伦的悲剧应可以避免，他们宝贵的生命也不会以这样的方式结束。在乍浦，英方缴获的战利品包括九尊大炮以及大量抬枪、火绳枪、弓弩、火药等轻兵器；人员伤亡情况是大清兵民死伤一千五百人左右，英方亡九人、伤不逾五十人。

伫立九龙远眺香港

九龙维多利亚炮台

让我们暂时罢兵息战，
焚烧和盛殓英雄的残躯；
安抚完战士的亡灵，我们再刀戈相向，
伟大的朱庇特将裁决胜负。

——蒲柏

566

香港是大清帝国南部海域近岸岛屿，与大陆隔一道最窄处仅约半英里、最宽处可达五英里的海峡，对岸便是九龙半岛。半岛前端设有两座清军炮台，夹峙一条通往近几年蓬勃发展起来的英国殖民小镇的便道。因为香港是东海首届一指的天然良港，倘若防范措施不够严密，狡猾的中国人必然上下其手、大钻空子。香港的优势在于水深港阔、大型船只可长驱直入、靠岸抛锚，这对航行在台风肆虐的东海洋面的船只来说，无疑是最可靠的安全屏障。香港的主峰叫大雾山，远看如孤悬在陆岛之间那道幽邃的海峡之上的螺髻，黛色接天、雾气氤氲，景色十分雄奇秀丽。不过就近观察，这座山岩石裸露、草木荒疏，实在算不得物华天阜的宝地，唯一有助于造福生民的地方，就是为当地人提供取之不尽用之不竭的建筑石材。与世界各地具有类似地质构造的山峰一样，大雾山一峰突起、巉岩柱天，海拔高度达两千英尺。

中国不是海洋国家，虽拥有漫长的海岸线，但国民更习惯于在江河湖沼中或者海岸线附近逡巡，而不是与大英帝国船队一样，在浩渺无际的大洋里到处游弋，探究未知世界、拓展外贸渠道。这也许与中国人的天性有关：偏安一隅，不想与外国人做生意，累至今日，逐渐形成闭关锁国、盲目排外的政治经济格局。对于既无远洋航行经验又缺乏冒险精神的中国人来说，风平浪静的香港水域就是海洋天堂。加之鸦片战争前九龙半岛既是香港海峡往来船只的锚地，又有一处祖祖辈辈生于斯养于斯的近岸村落和两座直抵半岛东南隅的炮台翼护，故而这一带洋面关乎当地人的命脉。九龙半岛不似香港湿热，土壤相对肥沃，气候也比较稳定，驻军和设置商埠的条件远比大清帝国抛给我们的香港优越。

　　1842年，英国舰队曾经驻泊香港，在九龙半岛备办军需给养。登岸人员发现当地集市贸易非常活跃，不过规模不大，属于地方互市的性质。根据英国与没有契约精神的大清朝廷签订的第一份条约，九龙将作为"中立区"脱离帝国管辖，原有两座炮台自条约签订之日即行拆除，九龙一地的社会治安归英国殖民当局署理。当地人的宗教信仰自由没有受到任何干预，他们照常烧香拜佛、供奉偶像。友谊不足恃、结盟不可靠，但英国还是选择了信任，将九龙置于大清地方衙门事实控制之下，以企构建缓冲地带，确保香港社会的繁荣稳定。

译后记

　　翻译历史著作殊非易事，其中牵扯到诸多业已湮没在岁月长河里的背景知识，如果没有探究精神，是很难满足线索明晰、细节准确这一基本要求的。翻译清史资料尤其如此。大清末期国门初开，虽在与西方列强的连番争斗中屡屡败北，朝廷依然不肯放下泱泱华夏威服四夷的身段，裹挟世界四分之一的人口对抗现代文明，对外昏招迭出、对内虚张声势，勉强维持摇摇欲坠的统治体系。大者如违背国际惯例在朝见仪式上纠缠不清、拘押迫害外交使节等不论，仅在翻译外国人名这一点上即将专制者的野蛮体现得淋漓尽致。还在读中学的时候接触到"律劳卑"（William John Napier）、"渣甸"（William Jardine）等姓名时，只觉得大清这一"中央帝国"没有确立处理专有名词的音译规范进而导致追溯困难；后来才知清廷有意使用侮辱性字词宣示桀骜不驯之旨，并曾因此引起不必要的外交争端。持国若此，大清之最终覆亡，实可谓"取死有道"。而这些异彩纷呈的名词术语，无疑是中外史料对比研究的一道障碍，也给翻译工作造成了莫大的困扰。

　　大清帝国与我们所处的时代相去不远，但恰恰是这个历时276年之久、在中华民族演进史上发挥过里程碑式巨大作用的朝代，国人的了解却不无标签化、歧义化之嫌：论国力每则"积贫积弱"，论政治动辄"腐朽黑暗"，但埋葬在这些政治墓碑之下的国家面目究属如何，普通读者很少深入发掘。著名历史学家安格斯·麦迪森（Angus Maddison）认为中国经济总量曾长期领跑世界，即到第一次鸦片战争前后仍占全球份额的将近三分之一，是那个时代当之无愧的第一经济大国。人口众多、经济相对繁荣，又有中央集权的体制作后盾，占尽天时地利的大清何以如此不堪，面对区区几千兵力的英国远征队一败涂地从此跌落神坛，令国家民族承受百年劫难？从社会生产力发展的角度解剖，自给自足的小农经济模式、损有余而济不足的治世哲学，导致古代中国始终没有建立起社会化、集约化的生产格局，以分工协作为基础、以自动化机械化为目标、以解放劳动力为归宿的现代工业化进程也就无从谈起；从政治演进的角度分析，自大汉以降中国始终不脱政儒合一的蒙昧主义治世哲学，历代君王居庙堂之高惯以"代天牧民"的圣者形象出现，貌似神圣实则奉行"有天下而不姿睢，命之曰以天下为桎梏"的窃国逻辑，每个朝代都无法摆脱始于明清终于昏聩、非亡于内乱必灭于外患的命运，频繁更替的朝代未能推动上层建筑领域的进步，从文化教育到政治生态等以维持千年不变之局为务。

意大利史学家贝内德托·克罗齐（Benedetto Croce）有一句流传甚广的名言："一切真历史都是当代史。"史学是否从属于主观意志，能不能基于某时代或者某团体的利益不断更新诠释？事实上，无论时代如何更迭，真实的历史都是镌刻在"客观事实"年轮上的图卷，学者的根本任务不是解释历史，而是无限趋近并还原真相。"一千个人眼里有一千个哈姆雷特"，这仅仅属于文艺欣赏的范畴，且观众固有纵情恣意理解舞台形象的权利、演员却没有就哈姆雷特这一特定角色妄自穿凿的自由。《中央帝国》一书的意义也即在此：以亲历者的视角记录一个国家民族的政治经济、文化习俗、人民生活点滴轶事，还原大清王朝逝去的背影。

何守源

2019年1月1日

图书在版编目（CIP）数据

中央帝国 /（英）乔治·N.赖特（George N. Wright）著；何守源译 .-- 北京：北京时代华文书局,2017.11（2023.11 重印）

ISBN 978-7-5699-1810-6

Ⅰ.①中… Ⅱ.①乔… ②何… Ⅲ.①中国历史-清后期-通俗读物 Ⅳ.①K252.09

中国版本图书馆 CIP 数据核字（2017）第 215829 号

George N. Wright
THE CHINESE EMPIRE

中 央 帝 国
ZHONGYANG DIGUO

作　者｜［英］乔治·N.赖特
绘　者｜［英］托马斯·阿洛姆
译　者｜何守源

出版人｜陈　涛
策划编辑｜杨海明　王雅观
责任编辑｜徐敏峰　王雅观
封面设计｜赵　瑾
版式设计｜段文辉
责任印制｜刘　银　范玉洁

出版发行｜北京时代华文书局 http://www.bjsdsj.com.cn
　　　　北京市东城区安定门外大街 138 号皇城国际大厦 A 座 8 层
　　　　邮编：100011　电话：010-64263661　64261528
印　　刷｜三河市兴博印务有限公司　0316-5166530
　　　　（如发现印装质量问题，请与印刷厂联系调换）
开　本｜710mm×1000mm　1/16　印　张｜38　字　数｜586 千字
版　次｜2019 年 3 月第 1 版　印　次｜2023 年 11 月第 9 次印刷
书　号｜ISBN 978-7-5699-1810-6
定　价｜158.00 元